警官高等职业教育“十二五”规划教材

民事诉讼法
原理与实务

Minshi Susong Fa Yuanli yu Shiwu

主　编◎陆岳松
副主编◎宋志洁
撰稿人◎（以撰写章节先后为序）
陆岳松　褚利民　宋志洁
杨璐娜　张　剑

中国政法大学出版社
2014 · 北京

主编简介

陆岳松 女，1964年生，安徽枞阳人，安徽警官职业学院法律系副教授，长期从事民商法学教学和研究工作，兼职律师。主编、参编《民事法律原理与实务》、《民事诉讼法》、《劳动与社会保障法》等公开出版教材6部，在《合肥工业大学学报》、《淮北师范大学学报》、《安徽警官职业学院学报》等期刊公开发表《论法院调解制度的改革》、《对民事法律行为概念的质疑》、《高职民事诉讼法课程教学改革与研究》等多篇学术论文。

编写说明

作为高等职业教育的重要组成部分，警官类高等职业教育正随着经济社会的快速发展和一线政法工作对专门人才的迫切需求而与时俱进。近年来，全国警法类高职院校都积极探索高职教育教学规律、改革专业人才培养模式，以适应经济社会发展对警法类专门人才的客观需求，改革内容涉及各个方面，包括专业建设、课程建设、师资队伍建设等，当然也少不了至关重要的教材建设。编写一套以就业为导向、以能力培养为核心、以服务学生职业生涯发展为目标、突出当前警官高等职业教育教学特点的系列规划教材就显得尤为重要。

为适应警法类专业人才培养的需要，安徽警官职业学院决定遴选理论功底扎实、教学能力突出、实践经验丰富的优秀教师组成编写组，对警官类高等职业教育原有的系列教材进行重新编写。本次编写工作按照“就业导向、能力本位、任务驱动”等职业教育新理念的要求，遵循高职学生自身的认知规律，紧密联系司法工作实务、相关专业人才培养模式以及课程教学模式改革实践，对教材结构和内容进行了革故鼎新的整合，力求符合教育部提出的“注重基础、突出适用”的要求，在强调基本知识和专业技能的同时，强化社会能力（含职业道德）和方法能力的培养，把基础知识、基本技能和职业素养三者有机融合起来。

本系列教材的主要特点是:

1. 创新编写思路，培养职业能力。“以就业为导向，注重培养学生的职业能力”是高等职业教育课程改革的方向，也是职业教育的本质要求。本系列教材针对警法类高职院校学生的特点，在教材编写过程中突出实用性和职业性，以我国现行的法律、法规和司法解释为依据，使学生既掌握法学原理，又明晓现行法律制度，提高学生运用法律知识解决实际问题的能力。同时，在教材内容编排上，本系列教材遵循由浅入深和工作过程系统化的编写思路，为学生搭建合理的知识结构，以充分体现高职的办学要求。

2. 体例设计新颖，表现形式丰富。为了突出实践技能培养，践行以能力为本位的职业教育理念，本系列教材改变以往教材以理论讲述为主的教学模式，采用新颖的编写体例。除基本理论外，本系列教材在体例上设置了学习目标、工作任务、导入案例、案例评析、实务训练、延伸阅读等相关教学项目，并在每章结束时通过思考题的形式，启发学生巩固本章教学内容。该编写体例为学生课后复习和检验学习效果提供便利，对提高学生的学习兴趣、促进学以致用、丰富教学形式、拓宽学生视野、提升职业素养具有积极的推动作用。

3. 课程针对性强，职业特色明显。高等职业教育教材突出相关职业或岗位群所需实务能力的教育和培养，并针对专业职业能力构成来组织教材内容。而法律实务类专业在社会活动中具有与各方面接触频繁、涉及面广的特点，要求学生具有较高的综合素质和良好的应变能力。因此，本系列教材采用案例教学法，通过大量的案例导入，并辅以简洁的案例分析，提供规范的实务操作范例，使学生能够更为直观地体会法律的适用，体验工作的情境和流程，增强学生的综合能力。

4. 文字表述简洁，方便学生使用。本系列教材在概念等内容编写中，尽量采用简洁明了的语言表述，使学生明确概念的要点即可，从而避免教材“一个概念多个观点”、“理论争论较多”的现象。

本系列教材共14本，在其编写过程中借鉴吸收了相关教材、论著的成果和资料；中国政法大学出版社也给予作者们大力支持和指导，责任编辑在审读校阅过程中更是付出了辛勤的劳动，在此我们深表谢忱。同时，由于时间紧、任务重，教材中难免出现不足和疏漏，恳请广大师生和读者给予批评指教，以便我们再版时进一步改进和提高教材质量，更好地服务于警官类高等职业教育事业。

警官高等职业教育“十二五”规划教材编审委员会

2013年12月

前 言

民事诉讼法是规范人民法院与诉讼参与人在审理民事案件过程中所享有的诉讼权利义务的程序法。《民事诉讼法原理与实务》是培养学生参与诉讼、处理解决民事纠纷能力的核心课程，同时也属于高职高专法律类专业的主干课程之一。

《民事诉讼法原理与实务》教材在“工学结合，项目导向”教育模式下，结合民事诉讼法课程的教学内容与特点，设置模块体系，以学习任务为前引，以案件为载体，设置知识点，依据民事诉讼的基本脉络，通过纠纷发生、管辖选择、当事人确定、证据收集与证明、参与法庭审理、协助案件执行等过程性知识内容，系统介绍民事诉讼的基本理论和基础知识，实现传统课程体系与学习过程系统的有机结合，切实满足高职高专法律类专业教学改革和建设的需要。

本教材融入了2012年《民事诉讼法》的修正内容及最高人民法院关于民事诉讼的主要司法解释以及其他相关的民事诉讼规范，逻辑严谨、深入浅出；通过图表、举例、程序流程等方式突出教材的直观性和实用性。

《民事诉讼法原理与实务》分为八大模块，即导论、诉讼主体、民事证据与证明、诉讼保障制度、民事审判程序、非讼程序、民事执行程序及其他民事程序规定。本书可作为高职高专学校法律事务、法律文秘等专业的基础教材，也可作为高等院校法律专业师生、律师及其他从事法律服务工作的社会相关人员的学习和参考用书。

本书由陆岳松老师任主编，宋志洁老师任副主编，褚利民、张剑、杨璐娜三位老师参与教材的编写工作。具体编写分工如下（以撰写章节先后为序）：

陆岳松：第一、四、五、十三章；

褚利民：第二、十二章；

宋志洁：第三、九、十、十一章；

杨璐娜：第六、七、八、十四、十五、十六章；

张剑：第十七、十八、十九、二十章。

全书最后由主编修改定稿。由于水平有限，本书在内容及文字表述上，缺点和错误在所难免，敬请读者批评指正。

编　者

2014 年 4 月

目 录

模块一 导 论

模块二 诉讼主体

模块五　民事审判程序

模块六　非讼程序

模块八 其他民事程序规定

模块一　导论

第一章　民事诉讼法导论

学习目标

1. 了解民事纠纷处理机制。
2. 掌握民事诉讼的含义及特点。
3. 了解民事诉讼法的概念、体系及其效力范围。
4. 理解民事诉讼法的基本原则、基本制度的内涵。

学习任务

正确选择民事纠纷的解决方法。

第一节　民事纠纷的处理

导入案例

某日晚，施先生到住家附近的百姓超市购物。当他到收银台准备买单时，被超市的一名安保人员叫住并将其带到超市二楼办公室进行长达几个小时的“审讯”，称施先生在超市偷了三盒燕窝及其他物品。万般无奈，施先生拨打了110电话。民警赶到现场后要求超市调阅监控录像，超市才承认可能是认错人了。在民警的干涉下，超市同意施先生离开。感到异常愤怒的施先生于次日向当地消费者委员会投诉，要求超市赔礼道歉并赔偿精神损失费10万元。消费者委员会经过调查，确认施先生反映基本属实。经调解双方达成赔偿协议。

问题：超市实施的自助行为是否合法？解决民事纠纷的方法有哪些？

知识点：民事纠纷的特点及其解决机制。

一、民事纠纷

纠纷，即争执、冲突。无论怎样有违人们的愿望，纠纷总是与人们的社会生活相伴相随。民事纠纷，又称民事争议，是指平等的民事主体之间发生的有关民事权利义务方面的冲突。如合同纠纷、邻里纠纷、名誉权纠纷、婚姻纠纷、继承纠纷、损害赔偿纠纷等。形成各种民事纠纷的原因相当复杂。概括地说，这是源于不同的民事主体对同一的民事权益存有不同的认识或主张所致。从总体上看，民事纠纷具有以下特点：

1. 民事纠纷主体的平等性。发生争议的民事主体无论是自然人之间还是法人、其他组织之间或者是相互之间，不存在命令监督或隶属关系，在纠纷中始终处于平等的地位。

2. 民事纠纷内容的特定性。平等主体之间产生的民事纠纷从其内容上说属于民事权益之争，即由民事法律规范的财产权利和人身权利发生了争议或冲突。如果超出这个范围就不是民事纠纷。

3. 民事纠纷的可处分性。即民事主体对纠纷的解决依法享有自由处分权。民事纠纷是有关私权的争议，而私法的意思自治原则决定了民事纠纷的当事人可以自由地处置自己的民事权利。当然，这主要是针对财产关系争议，人身关系争议在多数情况下不可自由处分。

二、民事纠纷的处理

纠纷是人类社会存续过程中一种常见的社会现象。民事纠纷不仅使当事人的合法民事权益无法正常实现，而且容易使矛盾激化，将民事纠纷转化为刑事案件，并可能波及纠纷当事人之外的成员，甚至引发严重的社会问题。因此，世界各国纷纷寻求解决纠纷的有效途径，创设各种解决民事纠纷的合理制度。这种缓解和消除民事纠纷的方法和制度被称为“民事纠纷处理机制”。根据纠纷处理的不同特点和方法，民事纠纷处理机制具体可划分为三种，即自力救济、社会救济和公力救济。

（一）自力救济

自力救济即“私了”，纠纷的主体依靠自身力量解决纠纷，包括自决、和解两种方式。自决，即自行解决，纠纷主体凭借自身力量使对方服从。自决方式又包括自助和自卫。自助是权利人受到意外或不法侵害之后，为保全或者恢复自己的权利，依靠自身力量，对他人的财产或自由施加扣押、拘束或其他相应措施的行为，如将正在实施偷窃的小偷逮住等。自卫是为了使国家、公共利益、本人或者他人的人身、财产权利和其他权利免受不法侵害而实施的防卫行为，如正当防卫、紧急避险等。和解是指纠纷双方当事人相互妥协和让步，自行解决纠纷的行为，即人们常说的“握手言和”。

案例（1－1）：一日，倪某称为结交朋友，而且有事相商，特邀张某、王某到某市一家四星级饭店共餐，倪某还亲自点了价值3000余元的菜肴。席间酒醉饭饱，气氛热烈之际，倪某借机出去打电话，就此一去不复返。张某、王某等待了20来分钟，方知被骗。为逃避付餐费，二人欲溜走，被饭店服务员逮住，要他们付清餐费，否则不能离开。张某、王某二人以被倪某邀请吃饭，自己也是被骗者，且身上未带现金为由拒付餐费。双方争执不下。

本案中，饭店在情况紧急请求有关机关援助之前，对拒付饭钱的王某、张某二人实行临时扣留，是一种自助行为。但是，需要注意的是，采取这种临时性措施不得超越法律允许的范围，如不能实施殴打、搜身甚至拘禁等侵犯人身自由、人格尊严的违法行为。饭店工作人员的自助行为符合法律规定，应当得到法律的认可。

自力救济是最原始、最简单的纠纷解决机制，对解决日常生活中常常出现的一些争议不大的民事纠纷有其自身的优势，但由于当事人是利害关系人，任何一方不肯让步或妥协，往往就达不到预期目的。另外，当事人一旦把握不住分寸，超越法律底线，极易产生不良后果。

（二）社会救济

社会救济是依靠社会力量处理民事纠纷的一种机制，包括调解（诉讼外调解）和仲裁。调解是在第三人（调解机构或者调解人）的主持下，通过说服教育，用一定的法律规范和道德规范劝导冲突双方，促使他们在互谅互让的基础上达成解决纠纷的协议。调解协议虽然不具有法律意义上的强制执行力，但具有契约意义上的约束力。常见的调解有人民调解、行政调解等；仲裁是由双方当事人选定的仲裁机构对纠纷进行审理并作出裁决的一种方式。与调解协议效力不同的是，仲裁裁决对双方当事人具有法律上的强制力。但仲裁也是以双方当事人的自愿为前提条件，只有纠纷的双方达成仲裁协议，一致同意将纠纷交付裁决，仲裁才能够开始。运用调解、仲裁方式解决纠纷，标志着人类社会在解决纠纷方面的进步，体现了社会对私人权益争议的有序干预。

案例（1－2）：某社区居民崔某与孙某是邻居，因孙某经常不经意间把垃圾掉在楼道里，导致两家关系紧张，继而多次发生争执。当地社区居委会得知此事后，主动找到当事人进行调解。调解员了解到两家关系自从发生矛盾后就一直不好，经常有小摩擦。于是，调解员分别找两家人谈话，了解两家人的要求与想法，分析有关法律关系和利害后果，就问题的解决进行多次协商。最后，当事人双方都认识到邻里之间要多谦让，远亲不如近邻。邻里纠纷就此圆满解决，双方没有再为此事发生过矛盾。

从某种意义上说，相邻关系是人们日常生活中最为重要的法律关系，相邻的任何一方都应该为他方提供方便，一旦发生相邻纠纷，适当的社会干预，往往能起到非常好的效果。

（三）公力救济

公力救济即诉讼，是国家运用司法权力来解决民事纠纷的一种纠纷解决方式。诉讼的实质是司法机关在纠纷主体参与下处理特定的社会纠纷的一种权威、有效的机制。自人类进入阶级社会以来，诉讼即成为民事纠纷解决机制中最为核心、最具保障性的一种方式。国家为了保证诉讼的权威及诉讼的顺利进行，往往要对诉讼的主体、程序、制度等作出严格的规定。

综上所述，和解、调解、仲裁、诉讼是当前解决民事纠纷最常见的方法。它们各有其特点和优势。和解最为理想但往往因冲突较大而难以达到目的；调解的广泛性、灵活性、经济性导致该方法最具有群众基础，无论从接受调解的数量上还是从解决纠纷的效果上看，调解都是人们广为熟识的一种纠纷解决方式；仲裁的保密性、专业性为人称道，但它的受案范围有很大限制；诉讼的公权性、规范性决定了诉讼解决纠纷的权威性和强制效力，但往往成本消耗大而有失效益。同时，和解、调解、仲裁、诉讼这四种纠纷解决方式又是相互联系，相辅相成的。民事纠纷发生后，当事人无法达成和解时，可以通过第三人进行调解；调解不成的，既可以选择仲裁机构仲裁，也可以向人民法院提起诉讼；在仲裁或诉讼的过程中亦可以实施和解或调解行为。

应该说，每个民事纠纷都有最适合它的解决方式，不能绝对地说哪一种方式最好。在多元化的纠纷解决机制中，每起民事纠纷根据其性质、特点，总可以找出适合的解决方式。对当事人而言，针对已发生的民事案件，一方面把握该类型案件的特点，另一方面对各类纠纷解决方式进行比较，从中选择对自己最为有利的一种或几种方法或途径。但总体上说，民事诉讼是纠纷解决的最后一道防线，起着支撑和维持其他纠纷解决方式的作用。

案例（1-3）：赵、李两人是邻居，为了一台空调主机的室外安装位置，两人进行了长达四年的诉讼，结果一家老人气急心脏病突发不治而亡，另一家无奈搬家，寻谋他处居住。

在这个纠纷解决过程中，两人解决纠纷的时间、经济成本远远超过他们所追求的诉讼价值。很显然，当事人双方对纠纷解决方式的选择不是最佳的，属非理性的选择。

当今世界，诉讼案件剧增是一种普遍的社会现象。诉讼的高成本和审判迟延成为世界性话题，多元化的社会需要多元化的纠纷解决机制，尤其是在我国实行社会主义市场经济、依法治国、构建和谐社会的背景下，更迫切需要建立一套完善的、功能互补的、程序有序衔接的多元化的纠纷解决机制，提供多种多样、形式各异的诉讼与非讼纠纷解决路径让当事人进行选择。即在各类纠纷发生时，当事人可以通过对和解、调解、仲裁、诉讼等各类纠纷解决方式的优势（如金钱、时间、效益、可能的影响等）进行权衡与比较，作出理性的选择，以实现纠纷解决的最大实效化。

引例解析：施先生在超市购物时，超市工作人员误认施先生有偷窃行为而采取过激的“审讯”手段。这种“自助”行为过当，导致施先生名誉权受到侵害。解决纠纷的方式通常有和解、调解、仲裁和诉讼四种。在与超市的争执过程中，施先生选择了消费者协会进行调解的方式，纠纷最终得到了圆满的解决。假如施先生对调解协议不满或双方未达成协议，最终可以诉诸法院，通过诉讼的方式解决纠纷。

第二节　民事诉讼

导入案例

吴某历时一年有余，亲手绣制了“花开富贵”十字绣成品，意赠与外甥结婚装饰新房使用。在交由陆某装裱期间，由于陆某的不慎，致使绣品丢失。吴某于是诉讼至法院，要求陆某退还押金200元，赔偿各项损失3万元。

问题：吴某可以通过什么途径来维护自己的合法利益？

知识点：民事诉讼含义、特点及其相关诉的理论。

一、民事诉讼的概念和特点

从字面意义上说，诉是告诉，控诉；讼是辩解、争辩。诉讼即告诉、争辩的过程。民事诉讼的意思就是向法庭告诉，通过是非曲直的争辩过程来解决纠纷。通俗地说就是“打民事官司”。从法律角度完整地给民事诉讼下定义，即是：民事诉讼是人民法院、当事人及其他诉讼参与人，围绕民事案件的审理所进行的一系列诉讼活动以及他们之间发生的诉讼权利义务关系的总和。简单地说，民事诉讼就是诉讼活动和诉讼关系的总和。诉讼活动是人民法院和诉讼参与人在诉讼过程中围绕民事案件的审理所进行的各项行为，既包括法院的审判活动，如案件的受理、调查取证、采取强制措施、作出裁判等；也包括人民检察院的法律监督活动，如提出检察建议、再审抗诉等；还包括当事人在内的诉讼参与人的诉讼活动，如原告的起诉、被告的应诉或反诉、证人的出庭作证等。诉讼关系则是人民法院和诉讼参与人在诉讼过程中发生的以诉讼权利和诉讼义务为内容的法律关系。诉讼活动能够产生、变更和消灭诉讼关系，而诉讼关系又通过诉讼活动表现出来。

民事诉讼作为解决民事纠纷的一种独特的方式，与解决民事纠纷的其他方式相比，具有特殊性。

（一）民事诉讼性质的公权性

与调解、仲裁这些诉讼外的解决民事纠纷的方式相比，民事诉讼是以司法方式解决平等主体之间的纠纷，是由法院代表国家行使审判权解决民事争议。它既不同于由群众自治组织性质的人民调解委员会以调解方式解决纠纷，也不同于由民间性质的仲裁委员会以仲裁方式解决纠纷。民事诉讼的公权性，必然体现出法律强制的重要属性。例如，只要原告起诉符合民事诉讼法规定的条件，无论被告是否愿意，诉讼均会发生；再如，当事人不自动履行生效裁判所确定的义务，人民法院可以依法强制执行。

（二）民事诉讼内容的特定性

民事诉讼解决的争议是有关民事权利义务的争议，即有关平等的民事主体之间发生的民事权利义务的争议。不属于民事主体之间的民事权益争议，不能纳入民事诉讼程序处理，如伦理冲突、行政争议、宗教纷争等都不能提起民事诉讼。

（三）民事诉讼客体的可处分性

民事诉讼反映了民事主体权益之争，民事纠纷的可处分性决定了民事诉讼客体的可处分性。民事主体不论在实体上还是在程序上，都有依法处分其权利的自由。民事诉讼中的原告有权依法处分其诉讼权利和实体权利，被告也有权处分其诉讼权利和实体权利。

（四）民事诉讼程序的规范性

民事诉讼是由若干诉讼程序与诉讼阶段相互衔接、相互联系，构成严密、统一的民事诉讼程序体系，具有严格的规范性。无论是人民法院还是当事人和其他诉讼参与人，都需要按照民事诉讼法设定的程序实施诉讼行为，违反诉讼程序常常会引起一定的法律后果，如法院的裁判被上级法院撤销；当事人失去为某种诉讼行为的权利等。

国家通过民事立法为民事主体确定了一系列民事权利，以此搭建了有序的社会秩序。当发生各种民事权益纠纷时，人们就可以借助民事诉讼这一途径和方法，通过法官运用国家审判权对案件进行审理并依法作出裁判，一方面确立民事主体应有权利，另一方面对有损他人权益的行为予以一定的制裁，从而正确、及时、合法地解决民事纠纷，维护和稳定法律所确定的社会秩序。

值得一提的是，民事诉讼是一个约定俗成的传统概念，现代意义的民事诉讼已经远远超出了狭义的民事范围。20 世纪以来，随着社会产业结构的大工业化，出现了有别于传统诉讼的所谓“现代型诉讼”，如环境诉讼、消费者诉讼等。这类诉讼所解决的纠纷常常具有群体性、利益整体性的特点，表现出强烈的公益性色彩。为了弥补传统诉讼制度对公共利益保护的欠缺，我国现行民事诉讼的范围从狭义的私益诉讼扩大到保护公共利益的公益诉讼，赋予了权利人更多的救济途径。如《中华人民共和国民事诉讼法》(以下简称《民事诉讼法》)第 55 条规定，对污染环境、侵害众多消费者合法权益等损害社会公共利益的行为，法律规定的机关和有关组织可以向人民法院提起诉讼。此外，随着社会和经济的迅猛发展，应当适用民事诉讼法审理的各类非讼案件也将会越来越多。民事诉讼法通过协调各种民事程序法律系统，对保障我国社会主义市场经济进一步深入发展发挥着巨大作用。

二、民事诉讼的价值

民事诉讼是通过审理和裁判解决民事纠纷的一种方式，这种方式对社会起着一定的积极作用，而这就是诉讼的价值所在。一般认为，民事诉讼基本价值就是诉讼公正与诉讼效益。民事诉讼价值旨在揭示民事诉讼存在的意义，为立法者进行程序设计、为司法者从事审判行为以及为当事人进行诉讼活动提供价值指引。

1. 诉讼公正。诉讼公正包括程序公正和实体公正。

（1）程序公正是指一种过程的正义性。诉讼从本质上说，是实现一定程序框架内的正义。只要是经过正当程序所得到的判决结果，都应该受到尊重。判断程序公正的标准：一是法官中立。法官同争议的事实和利益没有任何关联，在审判中不能有任何偏私。二是当事人平等。当事人在诉讼中地位平等，享有平等的诉讼权利、承担平等的诉讼义务。三是程序参与。当事人必须拥有影响诉讼过程和裁判结果的充分的参与机会，如参与法庭辩论等，未被赋予此机会而收集的事实、证据材料，不得作为裁判的依据。四是程序公开。即将程序的过程和裁判结果最大限度地公开，确保司法透明度。英国有一句古老的法律格言："正义不但要伸张，而且必须眼见着被伸张。"[1] 没有公开则无所谓正义。程序公正因其公开而成为真正的公正，也使司法裁判获得最广泛的为人所信赖的权威。

（2）实体公正是指一种结果上的正义性，主要表现为事实认定和法律适用的正确与合法。这也是当事人进行诉讼所追求的最终结果。正常情况下，有了公正程序的前提就能够有力地保障实体公正的实现，两者是一致的，但它们也可能存在着相互冲突的一面：公正的程序有时不能够带来实体公正的结果，案情的复杂、证据的有限等可能阻碍实体公正的实现；人们有时为追求实体的公正，会以违反诉讼程序为代价。正确对待和处理程序公正与实体公正的关系，是当代诉讼理论研究的使命和任务。笔者认为，应当坚持程序公正优先的理念，克服"重实体、轻程序"的观念和做法。即是说，只要违反了公正的程序，即使得到的裁决结果是正确的，也应当对作出这一裁决的民事诉讼程序作出否定性评价。

案例（1－4）：某县法院开庭审理何某诉孙某房屋租赁合同纠纷案。完成法庭审理前准备事项后，审判长宣布开庭审理。先是进行法庭调查，法庭调查结束后，审判长随即宣布休庭，进行合议庭评议，之后合议庭当庭作出宣判。孙某收到判决书后不服，提起上诉。上诉理由中，孙某对一审判决实体处理部分没有提出异议，仅对一审法院审理程序提出异议，认为法庭没有经过法庭辩论就作出判决，剥夺了其在法庭上发言的权利。而一审法院称，当初之所以没有经过法庭辩论阶段，是因为合议庭认为经过法庭调查就对案件事实完全清楚了，适用法律是法官的事情，再进行法庭辩论实属多余，为节约审理时间，于是就省去了法庭辩论阶段。

应该说，一审法院庭审过程中取消法庭辩论阶段的做法是"重实体、轻程序"思想的典型反映。被告孙某在对一审判决实体处理结果没有异议的情况下，以审判程序违法为由提起上诉正是追求程序公正价值的体现。

2. 诉讼效益。效益是表示一种投入与产出的关系，这种投入中包括时间投入、财力投入及其他投入。诉讼效益就是纠纷当事人和国家在民事诉讼中，以比较少的人力、物力和时间成本，获得较好的效果。常言道，"迟来的正义为非正义"。公正的裁判如果来得太迟，其价值也会大打折扣。因此说，追求诉讼公正的同时必须兼顾效益。诉讼效益价值的实现，表现为降低诉讼成本，缩短诉

---

〔1〕［美］伯尔曼：《法律与宗教》，梁治平译，生活·读书·新知三联书店 1991 年版，第 48 页。

讼周期，简化诉讼程序。现行《民事诉讼法》设置小额诉讼程序，赋予当事人程序选择权，扩大简易程序适用范围等都是追求诉讼效益的体现。

三、民事诉讼法律关系

（一）民事诉讼法律关系的概念和特点

民事诉讼中的人民法院和当事人及其他诉讼参与人之间围绕民事案件的审理而发生的诉讼权利义务关系即为民事诉讼法律关系。它是审判法律关系和争讼法律关系共同构成的一种特殊的社会关系。审判法律关系是人民法院与当事人以及其他诉讼参与人之间形成的、由民事诉讼法律规范所调整的具体社会关系。在审判法律关系中，法院分别与当事人、其他诉讼参与人等发生诉讼法律关系，法院始终是一方主体，其拥有的审判权是审判法律关系得以存在的重要条件。争讼法律关系是当事人之间以及当事人与其他诉讼参与人之间形成的由民事诉讼法律规范所调整的具体社会关系。它包括当事人之间形成的诉讼关系以及当事人与其他诉讼参与人之间形成的诉讼关系。

应该说，民事诉讼过程中的全部现象和一切复杂问题，都可以简单地用诉讼权利义务关系来概括。因此，研究民事诉讼法律关系，有利于全面了解民事诉讼法的整体内容，理顺民事诉讼脉络，对于发展我国民事诉讼理论、指导民事诉讼司法实践都具有积极的意义。

（二）民事诉讼法律关系的要素

民事诉讼法律关系的要素，是指构成民事诉讼法律关系的基本因素。与其他法律关系一样，民事诉讼法律关系也由主体、客体和内容三个要素构成。

1. 民事诉讼法律关系的主体。它是指在民事诉讼中诉讼权利和诉讼义务的承担者，包括人民法院、诉讼参加人和其他诉讼参与人。人民法院是国家的审判机关，依法对民事案件行使审判权。诉讼参加人是指当事人以及与当事人诉讼地位相类似的诉讼代理人。当事人是与案件有直接利害关系的民事诉讼的重要参加者。诉讼代理人是为了维护他所代理的当事人的民事权益而参加诉讼的自然人。其他诉讼参与人是指除法院以外所有参加诉讼活动的人，包括证人、鉴定人、翻译人员和勘验人等。

现行《民事诉讼法》规定，人民检察院有权对民事诉讼实行法律监督。因此，人民检察院是特殊的民事诉讼法律关系的主体，它与人民法院、诉讼参加人和其他诉讼参与人在民事诉讼活动中发生特定的诉讼权利义务关系，其诉讼权利和诉讼义务的基础是法律监督权，具体表现为抗诉权和提出检察建议权。这既是检察院的权利，也是其作为国家法律监督机关应当履行的义务。检察院参与民事诉讼，目的是监督人民法院公正审理民事案件，维护法律的正义和权威性。

另外，在我国民事诉讼理论中，还有一个与民事诉讼法律关系主体既相联系又有区别的概念，即民事诉讼主体（以下简称诉讼主体）。诉讼主体不是民事诉讼法律关系主体的简称，而是指民事诉讼法律关系主体中能够直接对诉讼程序的发生、发展和终结产生影响的主体，是民事诉讼法律关系主体中的特殊部分。诉讼主体一般是指人民法院和诉讼当事人。这些诉讼主体除享有诉讼权利和承担诉讼义务外，还能实施使诉讼程序发生、发展和终结的诉讼行为。诉讼主体一定是诉讼法律关系主体，如当事人既是诉讼主体，又是民事诉讼法律关系主体；而民事诉讼法律关系主体则不一定是诉讼主体，如证人、鉴定人、翻译人员、勘验人等。

案例（1-5）：某太阳水泥有限公司排放的污水污染了东岭村甲、乙、丙三人共同承包的水库，水库损失达5万元。三人联合向法院提出诉讼，要求索赔。在法院审理过程中，甲委托丁作为自己的诉讼代理人，法院指定鉴定人戊进行与本案有关的专门事项的鉴定。

本案中，民事诉讼法律关系主体就包括人民法院、太阳水泥有限公司（法定代表人）以及甲、乙、丙、丁、戊七类主体。

2. 民事诉讼法律关系的内容。它是指民事诉讼法律关系主体依法具体享有的诉讼权利和承担的诉讼义务。诉讼权利是指民事诉讼法律关系主体在诉讼中依法可以或要求他人为或不为的可能性；诉讼义务是指民事诉讼法律关系主体在诉讼中依法应当为或不为的必要性。

人民法院的诉讼权利和诉讼义务就是行使审判职权，行使职权与行使诉讼权利紧密结合在一起。具体来说，在诉讼中，法院享有审查起诉状和答辩状、核实证据、指挥诉讼、对民事案件进行审理和裁判等诉讼权利。人民法院行使诉讼权利和履行诉讼义务，是国家赋予法院的审判职责在民事诉讼中的具体表现。

基于法律赋予的诉权，当事人在诉讼中享有广泛的诉讼权利，以此维护当事人在诉讼中的正当实体权益，如起诉、答辩、申请回避、提供证据、上诉、申请再审和申请执行等。与此相对应，当事人也承担较多的诉讼义务，如按时到庭、如实陈述、遵守诉讼秩序、履行生效裁判和交纳诉讼费用等。随着当事人程序主体地位的提高，其在诉讼中的权利范围将更加宽广，对其保障力度也将不断加强。

诉讼代理人是依诉讼代理权限而产生的，经特别授权，诉讼代理人的诉讼权利和诉讼义务可以与当事人基本相似。

其他诉讼参与人是基于协助法院查明案件事实的需要而参与民事诉讼的，因而他们在诉讼中围绕案件事实依法享有一定的诉讼权利并承担相应的诉讼义务。各个诉讼参与人的权利义务因其具体身份不同而具有差异性和局限性的特点。

3. 民事诉讼法律关系的客体。它是指民事诉讼法律关系主体诉讼权利和诉讼义务所指向的对象。

当事人的起诉、应诉，参加民事诉讼的全过程，目的就是请求人民法院查清案件事实，依法保护自己的合法权益；法院在审理案件过程中，在查清案件事实基础上依法对案件作出公正处理；证人、鉴定人等诉讼参与人参加诉讼的目的是为了协助法院查明案件的客观事实。尽管各个法律关系主体在诉讼中的着眼点略有不同，但基本的方向是一致的，即他们诉讼权利义务指向的目标主要是处于争执中的民事案件事实及实体权益的诉讼请求。因此，“案件事实及诉讼请求”是民事诉讼法律关系的客体。当然，由于证人、鉴定人、翻译人员、勘验人之间与争议实体法律关系并无直接联系，他们参加诉讼活动，权利义务所针对的客体仅为案件事实。

（三）民事诉讼上的法律事实

一个具体的民事诉讼法律关系不是永恒存在的，它有着其发生、变更、消灭的过程。凡是能够引起民事诉讼法律关系发生、变更和消灭的事实，都被称为民事诉讼上的法律事实。民事诉讼上的法律事实包括诉讼事件和诉讼行为两类。

1. 诉讼事件。它是指不以人的意志为转移，但能够引起民事诉讼上一定的法律后果的客观情况。构成这类事件的情况主要有：时间、自然人死亡、法人终止、不可抗力、意外事件等。如离婚案件中一方当事人死亡，导致诉讼程序的终结，从而使民事诉讼法律关系归于消灭。

2. 诉讼行为。它是指民事诉讼法律关系主体所实施的能够引起民事诉讼上一定的法律后果的各种活动。它是引起民事诉讼法律关系发生、变更和消灭的主要原因。在民事诉讼中，绝大多数的诉讼后果，是由民事诉讼法律关系主体所实施的诉讼行为引起的。

诉讼行为分为合法行为和违法行为。合法行为自然能够带来法律关系产生、变更或消灭的后果，如当事人依法起诉，引起了诉讼法律关系的发生。违法行为也可能引起这样的后果，如原告经两次合法传唤无正当理由拒不到庭，法院按撤诉处理，诉讼法律关系由此消灭。

诉讼行为也可表现为作为和不作为两种形式。前者如原告起诉、被告反诉等；后者如当事人在上诉期间不提出上诉、债务人收到法院的支付令后在法定期限内不提出异议等。作为和不作为的诉讼行为都可能引起诉讼上的法律后果。

四、民事诉讼中的诉

（一）诉与诉权

当事人在民事权利受到侵害或因民事权利义务发生争议时，可依法向法院提出保护自己合法权益的请求，这种请求就是“诉”。诉不同于起诉。起诉是当事人提起诉讼的行为，它是实现诉的具体方式。诉是起诉的基础和内容，起诉的功能是启动诉讼程序，使诉的目的得以实现。

对于诉，须从四个方面理解：①诉是一种诉讼请求。②诉是由当事人向法院提出的。当事人向法院以外的其他机关、组织提出的请求不是诉。③诉的提出原因是基于民事权利义务发生争议或因民事权利受到侵害。④诉的目的是保护当事人的合法权益。

基于诉的理论，当事人请求法院依法解决民事争议以维护自己的合法权益的权利就称为诉权。诉权的基本含义可以从以下几方面来理解：

1. 诉权是一种要求司法裁判的权利。当民事主体的民事权益遭受侵犯或者与他人发生争议，就可以依法行使诉权启动公力救济方式来解决私权纠纷，从而获得国家的司法保护。诉权也可以说就是司法救济权。

2. 诉权是一种程序性权利。诉权不是一种实体上的权利，当事人有无实体上的权利与诉权的存在没有必然的联系。也就是说，即使当事人没有实体上的权利也有可能享有诉权。如当事人提出，要求法院确认其与对方不存在某种法律关系即属于这种情况。诉权实际上是法律赋予当事人的一项诉讼上的权能，是一种可以启动诉讼程序的资格。

3. 诉权与诉讼请求的关系。诉权是当事人向人民法院提起诉讼的一项权利，通常表现为当事人向法院提出具体的诉讼请求。因此，诉讼请求就是行使诉权的具体表现形式。

4. 诉权与诉讼权利的关系。一般来说，诉权是当事人的一项基本权利，是享有诉讼权利的基础，而诉讼权利是诉权的具体表现形式，如起诉权、上诉权等。既不能把诉权当做是一种特殊的诉讼权利，也不能简单地认为诉权是多种诉讼权利的总和。

诉权是民事主体主张法律保护最基本的权利。民事主体是否行使诉权，应当由当事人按照自己的意思来支配，国家不得依职权主动干预，除非当事人的行为有损于国家和社会公共利益。

（二）诉的构成要素

诉的构成要素是指构成一个完整的诉所必备的要素。只有具备了这些要素，诉才能够特定化，法院才能确定审理对象。确定诉的构成要素是判断诉能否成立，以及是否构成重复诉讼的理论依据，同时在司法实践中也是对诉量化的标准。

学理上关于诉的构成要素也存在争议，主要有两元说和三元说。传统理论认为诉的要素包括诉讼标的和诉讼理由两类，即“两元说”。而目前大多说学者主张诉的要素应当在诉讼标的和诉讼理由两要素的基础上，增加“当事人”这一主体要素，即“三元说”。本书采取“三元说”，即：诉的构成要素应当包括当事人、诉讼标的、诉讼理由三种。

1. 当事人。诉的要素包括当事人，这是由民事诉讼的本质决定的。民事诉讼是由当事人发动的，民事诉讼的目的是解决当事人之间的争议，实体权利也只能由当事人主张。按照现行法律的规定，只有当事人才能主张法律保护，所以当事人当然是诉的要素之一。

2. 诉讼标的。诉讼标的是对民事案件进行审理和裁判的对象，即当事人向法院提出的要求法院予以审判的争议民事法律关系。如甲与乙之间为租赁合同发生争议，请求法院裁决，甲与乙所争议的租赁关系即为本案的诉讼标的。诉讼标的是每一起民事案件都必须具备的要素之一。它是整个诉讼的核心，在民事诉讼理论及审判实务中均具有十分重要的地位。

3. 诉讼理由。诉讼理由是指当事人主张权利、请求保护的事实依据和法律依据。《民事诉讼法》第119条第3项明确将“有具体的诉讼请求和事实、理由”作为起诉的条件之一。这是诉的构成要素在立法中的体现。

所谓事实根据，是指当事人提起诉讼所依据的客观事实。如合同订立的事实、迟延履行的事实等。

所谓法律依据，是指当事人提起诉讼所根据的实体法律规范和相关的程序法律规范。一般说来，对案件事实作出法律上的评价是法官的职责，但案件的双方当事人有时会对法律理解、适用产生不同见解，当事人选择不同的法律条款就可能带来不同的法律后果。因此，法律本身也就成了诉的理由之一。如一起投资纠纷，关于投资的性质，一方当事人认为是“借贷关系”，那么他就引用《合同法》的规定并作一番解释；而另一方当事人认为是“合伙关系”，那么他就要引用《合伙企业法》的相关规定并加以解释。

（三）诉的种类

根据当事人的诉讼请求所确立的目标和内容，可将诉分为确认之诉、给付之诉和变更之诉三种。

1. 确认之诉。确认之诉是原告请求法院确认其与被告是否具有某种民事法律关系的请求。如请求法院确认原告、被告之间是否有亲子关系、合同关系等。确认之诉具有以下几个特征：

（1）是法院对双方当事人之间是否存在某种民事法律关系进行确认。确认之诉存在的前提是双方当事人之间的法律关系不明了，由于当事人对彼此之间的法律关系认识不一致，一方认为双方之间有某种民事法律关系而他方却否认这种关系的存在，因而就产生了确认之诉。

（2）当事人提起确认之诉的目的既非主张权利，也非要求对方承担义务，而是为谋求法院对某一民事法律关系是否存在，以及存在的范围作出肯定或否定的裁判。

（3）由于确认之诉不涉及当事人之间具体的实体权利义务，故不存在给付问题，更谈不上强制执行。

2. 给付之诉。给付之诉是指一方当事人依据与他方当事人存在的民事法律关系，请求法院判令对方当事人向自己给付一定的金钱、财产或行为的请求，如请求返还财产之诉。给付之诉的法律特征表现在以下几个方面：

（1）给付之诉提出的前提是当事人对双方之间存在的民事法律关系没有分歧。他们之间存在特定的权利义务关系。要么一方享有权利，另一方承担义务，要么双方互有权利义务。

（2）双方当事人之间存在权利和义务之争。即对于如何行使权利和履行义务存有争议，故请求法院判决对方履行义务。

（3）法院的裁判不仅要确认当事人之间确实存在一定的民事法律关系，而且要在此基础上判令一方当事人履行一定的给付义务。如果判决生效后，当事人不履行的，由法院强制执行。

与确认之诉相比较，给付之诉最显著的特点是它具有执行性。原告的给付请求权只有通过被告的履行才能实现。而在确认之诉中，无须被告为一定行为，原告的请求即可实现。但确认之诉与给付之诉也存在联系，法院对确认之诉的判决结果，对将来可能发生的给付之诉具有预决作用。

3. 变更之诉。变更之诉是指一方当事人向法院提出变更或消灭与他方当事人既有的民事法律关系的请求。如离婚、解除收养关系、变更合同内容等诉讼。其具有下列法律特征：

（1）变更之诉发生的原因是双方当事人对他们之间现存的法律关系是否需要变更或解除发生争议。双方当事人争议的核心不是民事法律关系是否明了，也不是民事权利的实现和民事义务的履行，而是民事法律关系应否予以改变或归于消灭。

（2）双方当事人只是要求法院对某一法律关系加以变更或解除，而不要求解决权利或义务的具体承担问题。

（3）在法院的变更判决生效以前，当事人之间的法律关系仍然保持不变。

（四）反诉

反诉是指在已经开始的民事诉讼中，本诉的被告以本诉的原告为被告所提出的旨在抵销、吞并或排斥其诉讼请求的独立的反请求。最初提起的诉，称为本诉。本诉的原告在反诉中称“反诉被告”；本诉的被告在反诉中称“反诉原告”。反诉与本诉一样，都是法律规定用以保护当事人合法权益的制度，体现了法律给予双方当事人同等获得司法保护的机会。《民事诉讼法》第51条规定：“原告可以放弃或者变更诉讼请求。被告可以承认或者反驳诉讼请求，有权提起反诉。”

反诉是被告对抗对方当事人以维护自身合法权益的一种诉讼手段。但反诉不同于反驳，反驳仅是被告对原告提出的诉讼请求所进行的一种抗辩。而反诉是一种独立的诉，法院必须对此进行审理并作出裁判。

关于构成反诉的要件，除需要具备起诉的一般条件外，还要符合以下几个方面的特殊条件要求：

1. 反诉主体要求。反诉的原告应当是本诉的被告，反诉的被告应当是本诉的原告。

2. 反诉管辖法院的要求。反诉管辖法院只能是受理本诉的法院，且不能违反法律对级别管辖和专属管辖的规定。

3. 反诉程序上的要求。反诉与本诉应当适用同种诉讼程序，如果本诉适用普通程序而反诉适用特殊程序，则不能合并审理。

4. 提出反诉的时间要求。根据我国民事诉讼法的规定，反诉应当在本诉法庭辩论终结前提出，否则将不产生反诉的功效，不成立反诉。

5. 反诉与本诉要具有牵连性。这是提起反诉的实质要件。当事人提起反诉的目的就是将两诉合并审理以降低诉讼成本，实现纠纷的一次性解决，因此，本诉与反诉之间一定存在某种牵连关系，否则就失去反诉的应有意义。

对于什么是牵连性，我国尚无立法和理论上的定论。目前，我国关于牵连性问题的主流观点认为，反诉与本诉之间的牵连性只能表现为两者之间在法律上或事实上的联系。所谓“法律上的联系”，是指两者源于同一或者相关联的法律关系。例如，原告要求交付标的物，被告则反诉请求支付价款；再如，原告基于所有权而要求返还动产，被告则反诉请求确认其享有质权。所谓“事实上的联系”，是指反诉与本诉的诉讼请求或诉讼理由是基于同一案件事实或者理由。如双方当事人之间因斗殴受伤，各自向对方主张赔偿的情形就是基于同一事实所发生的本诉与反诉。事实上，认定本诉与反诉间是否具备牵连性是很困难的。为更好地适用反诉制度，各国都有弱化牵连关系的趋势。

案例（1－6）： 某煤炭公司因购销合同纠纷，向某县人民法院提起诉讼，要求某贸易公司支付煤款500万元并承担违约责任。县人民法院受理此案后，贸易公司提起反诉，要求煤炭公司返还多付的120万元的货款。

本案中，煤炭公司诉求贸易公司支付拖欠的货款，而贸易公司诉求煤炭公司返还多支付的货款，两诉即是“源于同一法律关系”，所以构成反诉，法院应当依法予以支持该项请求。

反诉制度的法理基础是基于民事诉讼法的“两便原则”。反诉制度的立法初衷已不仅仅是抵销债权债务和保护诉讼权利平等，还在于反诉制度能够注重诉讼的经济效益，节约诉讼成本，能够避免法院作出相互矛盾的判决。

引例解析： 由于陆某的过失致使绣品丢失，侵害了吴某对绣品的所有权。陆某与吴某之间发生的是典型的民事纠纷。吴某作为受害人，得以原告的身份起诉陆某，通过民事诉讼的方式要求人民法院依法作出裁判，维护自身的合法利益。

第三节　民事诉讼法

导入案例

李某是某村村民。一日上午其在自家地里干活时，被突然坠地的10千伏高压电线击伤，李某在住院治疗期间花去医疗费5000元。李某认为5000元医疗费应当由该县供电局承担，但其与该县供电局的多次交涉均无结果。现李某欲通过法律手段解决这个问题，但他对我国《民事诉讼法》又不甚了解。

问题：如果你是律师，可以为李某提供哪些帮助？

知识点：民事诉讼法的含义、体系及适用范围。

一、民事诉讼法概念、性质及任务

民事诉讼法的概念有狭义与广义之分。

狭义上的民事诉讼法，是指《民事诉讼法》，是由中华人民共和国全国人民代表大会制定的一部民事诉讼法典。

广义上的民事诉讼法，是指由国家或有关部门制定或者认可的，调整民事诉讼活动、确定民事诉讼法律关系的相关法律规范的总称。其包括民事诉讼法典在内的国家宪法和其他法律中有关民事诉讼的规定。例如，《宪法》规定“人民法院依照法律规定独立行使审判权，不受行政机关、社会团体和个人的干涉”；《婚姻法》规定“人民法院审理离婚案件，应当进行调解”；《民法通则》规定“被宣告死亡的人重新出现或者确知他没有死亡，经本人或者利害关系人申请，人民法院应当撤销对他的死亡宣告”等都属于民事诉讼法律规范。此外，最高人民法院有关民事诉讼的司法解释、批复和指导性案例也属于广义上的民事诉讼法范畴。

我国民事诉讼法体现了工人阶级和广大人民群众的意志，是为巩固和发展社会主义经济基础服务的，是一部社会主义性质的、具有中国特色的、新型的民事诉讼法。它既是人民法院处理、解决民事案件的操作规程，又是当事人起诉、应诉，进行诉讼和申请执行的行为准则，也是除当事人之外的所有诉讼参与人必须遵循的法律规范。现行《民事诉讼法》第2条明确规定了其任务：“中华人民共和国民事诉讼法的任务，是保护当事人行使诉讼权利，保证人民法院查明案件事实，分清是非，正确适用法律，及时审理民事案件，确认民事权利义务关系，制裁民事违法行为，保护当事人的合法权益，教育公民自觉遵守法律，维护社会秩序、经济秩序，保障社会主义建设事业顺利进行。”可以预计，随着社会的进步和发展，我国民事诉讼法将不断得到丰富和完善。

二、民事诉讼法的结构体系

现行《民事诉讼法》是1991年4月9日第七届全国人民代表大会第四次会议通过并实施的。该法经过2007年10月28日第十届全国人民代表大会常务委员会第三十次会议的第一次修正、2012年8月31日第十一届全国人民代表大会常务委员会第二十八次会议的第二次修正。新修订的《民事诉讼法》自2013年1月1日起生效。

《民事诉讼法》分4编27章。具体内容包括：

1. 任务、适用范围和基本原则。规定民事诉讼法实现的任务，以及贯穿民事诉讼始终并起指导作用的基本原则。

2. 主管与管辖。规定人民法院受理民事案件的范围和内部分工问题，以及对受理民事案件过程中一些特殊情况的处理。

3. 诉讼主体。包括人民法院、当事人、共同诉讼人、第三人、诉讼代表人及诉讼代理人的资格、地位、诉讼权利与义务等。

4. 诉讼证据。规定民事诉讼证据的种类、证明标准、证明责任、质证、认证、证据保全等内容。

5. 其他制度的规定。包括期间、送达制度、对妨碍民事诉讼的强制措施制度、诉讼费用制度、法院调解制度、保全与先予执行制度等。

6. 民事案件的审理程序。包括一审普通程序、简易程序、二审程序、再审程序、特别程序、督促程序、公示催告程序等。

7. 执行程序。规定执行的一般原则、执行开始、执行措施及执行中止、终结等内容。

8. 涉外民事诉讼程序的特别规定。涉外民事诉讼程序的设立是基于涉外民事案件的特殊性，而作出的一个补充性或特殊性的规定，主要对涉外民事案件的原则、管辖、期间、送达、仲裁和司法协助作出了具体规定。根据我国的国情，审理涉港、澳、台的民事案件时，原则上可以比照该规定处理。

三、民事诉讼法的效力范围

民事诉讼法的效力范围是指民事诉讼法在何时何地对何人何事发生作用。正确理解民事诉讼法的效力，是实现民事诉讼法任务的前提。

（一）对时间的效力

对时间的效力即民事诉讼法的效力期间，包括民事诉讼法的生效时间和失效时间。现行《民事诉讼法》是 1991 年 4 月 9 日第七届全国人民代表大会第四次会议通过并生效的，1982 年《中华人民共和国民事诉讼法（试行）》同时宣告废止。

（二）对空间的效力

对空间的效力是指民事诉讼法适用空间的范围。民事诉讼法适用于中华人民共和国的一切领域，包括陆地、水域及其地下层和上空。根据外交豁免原则，凡是发生在驻华使领馆或取得了豁免权的外交机构内的民事纠纷，除符合法律规定不予豁免的情形外，我国法院无权管辖，自然也就不适用我国民事诉讼法。

（三）对人的效力

对人的效力是指民事诉讼法适用于哪些人。《民事诉讼法》第 4 条规定："凡在中华人民共和国领域内进行民事诉讼，必须遵守本法"。这就表明，现行民事诉讼法适用于中华人民共和国全体公民、法人和其他组织；适用于在我国进行诉讼的外国人、无国籍人或国籍不明的人，以及在我国进行诉讼的外国企业和组织，享有司法豁免权者除外。

（四）对事的效力

对事的效力是指法院依照民事诉讼法审理的民事案件的范围。对事的效力也称法院的主管。明确对事的效力，有助于法院受理并审结案件，避免法院和其他国家机关之间因职责不明而可能发生的争执，同时也方便当事人起诉。根据民事诉讼法及其他有关法律、法规的规定，法院依法审理的民事案件有两大类：一是平等主体之间因民事法律关系发生的争议；二是法律规定适用民事诉讼法审理的其他案件。

引例解析： 作为律师，应该向当事人讲解我国民事诉讼法的基本内容，按照民事诉讼法的规定，告知当事人应该享有的诉讼权利及承担的诉讼义务，并接受当事人委托，给当事人提供充分、有利的法律帮助，以维护当事人的合法民事权益。

第四节　民事诉讼法的基本原则

导入案例

王某年近六十，单身。两年前雇请张某照料其生活，后两人同居。张某为王某生一女婴。一日，两人外出旅游，因飞机失事，双双遇难身亡。王某之弟王甲、王乙为继承王某的遗产发生诉讼。法院在审理该案过程中查清了王某有一非婚生女的事实。不待法院作出判决，王甲匆忙表示他们兄弟俩愿意互作让步，协商解决遗产分割问题，并以书面形式申请撤诉。法院驳回王甲的撤诉申请后，王甲、王乙又四处活动，以是否告状是他们的私事为由，指责法院强迫他们进行诉讼。

问题：法院驳回王甲撤诉申请是否违反民事诉讼法的基本原则？

知识点：调解、辩论及处分原则在民事诉讼中的运用。

民事诉讼法的基本原则，是指在民事诉讼的整个过程或者重要阶段中起指导作用的准则，也是人民法院、当事人和其他诉讼参与人进行民事诉讼活动所必须遵循的准则。我国民事诉讼法的基本原则是以宪法为依据，以国情为出发点，按照社会主义民主与法制的要求，结合民事诉讼的特点而制定的。

《民事诉讼法》第一章规定了一系列的基本原则，可以分为两类：一类是根据宪法规定制定的与刑事诉讼法、行政诉讼法共有的原则，如《民事诉讼法》第6条规定，“民事案件的审判权由人民法院行使。人民法院依照法律规定对民事案件独立进行审判，不受行政机关、社会团体和个人的干涉”。第7条规定，“人民法院审理民事案件，必须以事实为根据，以法律为准绳”等。另一类是根据民事诉讼法的特殊要求制定的特有原则。下面就民事诉讼法的特有原则加以阐述。

一、当事人诉讼权利平等原则

当事人诉讼权利平等，是指当事人在民事诉讼中平等地享有和行使诉讼权利。《民事诉讼法》第 8 条规定："民事诉讼当事人有平等的诉讼权利，人民法院审理民事案件，应当保障和便利当事人行使诉讼权利，对当事人在适用法律上一律平等。"根据此条规定，当事人诉讼权利平等原则应包含以下几个方面的内容：

1. 双方当事人在诉讼中的地位完全平等。虽然诉讼当事人在社会地位、经济状况、文化程度等方面存在着一定的差异，但他们在民事诉讼中的地位是完全平等的。

2. 保障和便利当事人平等地行使诉讼权利。民事诉讼的相关制度和具体规范，充分体现了诉讼权利平等原则，为当事人平等享有和行使诉讼权利提供了法律依据。在司法实践中，法院应当依法保障当事人双方平等地行使诉讼权利，并且为他们行使诉讼权利创造和提供平等的机会和条件。

3. 当事人在适用法律上一律平等。一切诉讼当事人，不论民族、种族、性别、职业、宗教信仰、受教育程度、财产状况、居住期限等因素，在享有民事权利、承担民事义务方面都具有平等性。这也是"公民在法律面前一律平等"这一宪法原则在民事诉讼法中的体现。

二、法院调解原则

法院调解是指在人民法院审判人员的主持下，诉讼当事人就争议的问题，通过自愿协商达成协议以解决其民事纠纷的活动。

法院调解是法院审理和解决民事纠纷的重要形式。早在革命战争时期，各根据地和解放区的政权组织，在总结法院审判工作经验的基础上，把调解作为处理民事案件的重要制度和方法，著名的"马锡五审判方式"便是这一时期法院调解的典型表现。新中国成立初期，最高人民法院就调解工作提出了"依靠群众、调查研究、调解为主、就地解决"的十六字方针，调解成为了民事审判工作不可或缺的重要组成部分。1982 年的《民事诉讼法（试行）》，正式确立了"着重调解"原则，使其在实际解决民事纠纷中发挥了重要作用。为了纠正司法实务中出现的一调再调、强迫调解，甚至以调代判的现象，1991 年修订《民事诉讼法》时，将"着重调解"修改为"自愿和合法调解"原则："人民法院审理民事案件，应当根据自愿和合法的原则进行调解；调解不成的，应当及时判决。"

以调解方式解决民事纠纷，是我国民事审判工作的优良传统和成功经验。司法实践证明，法院调解有利于及时、彻底地化解当事人之间的民事纠纷，简化诉讼程序，提高诉讼效率，达到预防纠纷、减少诉讼的目的。基于此，《民事诉讼法》虽几经修改，但都无一例外地坚持将法院调解作为民事诉讼的一项基本原则，并贯穿民事诉讼各个程序阶段。当然，法院调解工作中应当杜绝强迫调解、违法调解现象的发生，调解不成应当及时判决。

法院调解原则应包含以下几个方面的内容：

1. 法院调解原则贯穿于审判程序的全过程。无论是在一审程序（包括普通程序和简易程序）、二审程序还是再审程序中，凡是能够调解的案件，人民法院都可以进行调解。但要注意的是，除离婚等少数诉讼外，法院调解并非诉讼的必经程序。依照特别程序、督促程序、公示催告程序等审理的案件，以及在执行程序中不能适用法院调解原则。

2. 法院调解应当遵循自愿、合法和查明事实、分清是非的原则（具体内容详见第十一章）。

3. 正确理解调解与判决的关系。调解结案与判决结案都是法院行使审判权、解决民事争议的方式。民事诉讼法规定了法院调解原则，并不说明调解方式在地位上优于判决方式。在民事案件审判过程中，具体采用何种方式，法院应当根据案件的具体情况和当事人的意愿进行合理的选择。如当事人不愿意进行调解，或者经调解未达成协议，或者调解书送达前一方或双方当事人反悔的，法院也不能久调不决，而应当依法及时作出判决或告知当事人另行起诉。

三、辩论原则

辩论原则是指在法院的主持下，当事人有权就案件所争议的事实和法律问题，各自陈述自己的主张和根据，互相进行反驳与答辩，从而查明案件事实，以维护自己的合法权益。《民事诉讼法》第12条规定："人民法院审理民事案件时，当事人有权进行辩论。"辩论原则的确立，是诉讼程序民主化的重要表现。辩论权是法律赋予当事人维护其合法权益的重要诉讼权利之一，也是法院核实证据，查明案件事实，作出正确裁判的重要基础。

辩论原则的主要内容，包括以下几个方面：

1. 辩论权的行使贯穿于民事诉讼的全过程。虽然法庭辩论是当事人行使辩论权的集中体现，但辩论不局限于法庭辩论。在民事诉讼的各个阶段，当事人都可以通过各种形式展开辩论。如针对原告起诉，被告应诉答辩行为就是双方当事人展开辩论的一种有效方式。

2. 当事人辩论的具体内容，既可以是实体方面的问题，也可以是程序方面的问题。实体方面的问题，如所争议的民事法律关系是否成立、民事权利受到侵害的事实是否存在等，往往是双方当事人辩论的焦点，也是法庭认定事实的重要根据。对于程序方面的问题，如原告或被告是否适格、代理人是否有代理权、受诉法院对该案是否有管辖权等，如果当事人之间存在争议，也可以进行辩论。

3. 当事人行使辩论权的方式，包括口头和书面两种。口头辩论也称言词辩论，是双方当事人进行辩论的主要形式，集中于开庭审理阶段。而书面辩论则主要适用于庭审以外的各阶段，从原告提交起诉状、被告提交答辩状开始，一直到法院作出裁判之前，双方当事人都可通过递交各种诉讼文书或诉讼资料展开书面形式的辩论。

四、处分原则

民事诉讼中的处分原则，是指在法律规定的范围内，民事诉讼当事人有权自由支配和处置自己的民事权利和诉讼权利。《民事诉讼法》第13条第2款规定："当事人有权在法律规定的范围内处分自己的民事权利和诉讼权利。"处分原则是民事诉讼的一项重要原则，它对民事诉讼的制度设立、民事诉讼程序的运行，以及当事人对权利的主张都具有重要的影响。需强调的是，为了防止当事人滥用处分权进而危害国家利益、社会公共利益或他人的合法权益，当事人必须依法行使处分权。

在民事诉讼中，当事人的处分权主要表现在：

1. 当事人在其实体权利受到侵犯或与他人发生争议时，是否诉诸法院请求司法保护，由当事人自行决定。

2. 诉讼中，原告可以放弃或变更诉讼请求，可以撤诉；被告可以提起反诉，对抗原告的诉讼请求。

3. 当事人可以请求法院和解、调解；不服一审判决，可以在上诉期内自行决定是否上诉。

4. 对已经生效的裁判和调解书，当事人认为确有错误的，可以决定是否提出申请，请求再审。

5. 对生效的裁判或其他具有执行力的法律文书，义务人拒不履行其法定义务的，享有权利的当事人有权决定是否申请强制执行。

五、诚信原则

道德意义上的诚实信用要求人们在社会活动中应当讲究信用、恪守诺言、诚实不欺，在不损害他人利益和社会利益的前提下追求自身的利益。诚信原则一直是民法的基本原则，并在民法的债权理论中占据重要的位置。而将作为民事实体法准则的诚信原则运用到民事诉讼中，则是现代社会善意诉讼、真实诉讼的法律化要求。民事诉讼诚信原则是指人民法院、当事人及其他诉讼参与人在民事诉讼中必须遵循公正、诚实和善意的原则。

在日益追求诉讼民主自由的现代社会，伴随着诉权的扩张和保障，民事诉讼中出现了一些违反诚信原则的诉讼现象，如恶意诉讼、虚假诉讼等。非诚信现象的存在，浪费了稀缺的司法资源，损害了司法的公信力。民事诉讼法确立诚信原则对于制约诉讼主体的诉讼行为，防止诉权、审判权的滥用，弥补民事诉讼立法的空白，具有其他诉讼基本原则所不能替代的作用。同时，在当前我国司法制度尚不十分健全的情形下，诚信原则对改革和完善诉讼制度，推进社会主义法治文明建设具有重要的现实意义。

作为现代民事诉讼的一项基本原则，它应贯穿于民事诉讼的整个过程。诚信原则在民事诉讼中具体表现为：

1. 要求法官依法独立行使审判权，不得滥用司法权力；不得无理剥夺或限制当事人对私益的处分权。人民法院在诉讼审理中违反诚信原则，徇私舞弊、枉法裁判的，应当依法承担法律责任。

2. 要求当事人在诉讼中依法行使诉讼权利，不得在法庭上作出前后矛盾的陈述；不得规避法律，恶意拖延诉讼或者阻挠诉讼的进行；不得指使证人作假证，实施诉讼突袭行为等不正当的手段损害对方当事人的合法利益。对当事人违反诚信原则实施恶意诉讼的，《民事诉讼法》第112条明确规定：“当事人之间恶意串通，企图通过诉讼、调解等方式侵害他人合法权益的，人民法院应当驳回其请求，并根据情节轻重予以罚款、拘留；构成犯罪的，依法追究刑事责任。”

3. 诉讼代理人不得在诉讼中滥用和超越代理权；证人不得作虚假证词；鉴定人不得作与事实不符的鉴定意见；翻译人员不得故意作与诉讼文件陈述或书写原意不符的翻译。其他诉讼参与人违反诚信原则，依法应当承担相应的法律责任。

引例解析：该案中，王甲（属第二顺位继承人）撤诉是为了侵犯原本属于王某的非婚生女（属第一顺位继承人）的合法权益，有非法的目的，属于滥用其处分权，违反了民事诉讼法的处分原则，法院驳回其撤诉申请是合法的。

第五节　民事诉讼法的基本制度

导入案例

王林与刘平打架斗殴导致王林受伤，王林起诉到人民法院要求刘平赔偿经济损失。人民法院开庭审理此案，在法庭辩论阶段，王林向人民法院提交书面申请，要求审判员朱华回避。理由是朱华是刘平的学生，学生当然会作出有利于老师的判决。经了解，刘平曾是某中学的教师，朱华是该中学的毕业生，但朱华进该校时，刘平已经由于打架斗殴被开除公职，朱华与刘平并不认识。于是该法院院长作出决定，驳回王林的申请。王林不服，要求复议。法院经复议，在第三天作出复议决定，维持驳回王林回避申请的决定，并通知王林。

问题：本案法院驳回王林的回避申请是否正确？

知识点：合议制度、回避制度、公开审判制度、两审终审制度的基本内容。

民事诉讼法的基本制度，是在民事诉讼活动过程中的某个阶段或几个阶段，对人民法院的民事审判起重要作用的行为准则。其主要包括合议制度、回避制度、公开审判制度和两审终审制度。

一、合议制度

合议制是人民法院审理一般民事案件的组织制度。它是指由审判员、陪审员共同组成的审判集体，或由审判员组成的审判集体，对具体案件进行审理和裁判的制度。我国民事案件审理的组织形式以采用合议制为原则，目的是为了发挥集体的智慧，弥补个人能力上的不足，以保证案件的审判质量。

按合议制组成的审判组织，称为合议庭。根据民事诉讼法的规定，在不同的审判程序中，合议庭的组成人员有所不同。总体来说，合议庭由三人以上的单数的审判人员组成。合议庭的审判工作，由审判长负责主持。合议庭成员地位平等，享有同等的权利。合议庭评议案件，实行少数服从多数的原则。评议应当制作笔录，由合议庭成员签名。评议中的不同意见，必须如实记入笔录。

合议庭是我国人民法院最主要的审判组织形式，除适用简易程序审理的第一审民事案件由审判员一人独任审理外，适用其他程序审理的民事案件都必须组成合议庭。合议制与独任制作为两种不同的审判组织形式，是根据案件的不同情况、适应不同需要而确立的。独任制适用于审理简单的一审案件，合议制是审理一般案件的组织制度，我国民事诉讼中的组织形式以采用合议制为原则。

案例（1－7）：原告张某诉被告韩某合伙纠纷一案，原告方请求人民法院判决解除其与被告方合伙经营饭馆的合同关系。此案由某县人民法院进行审理，判决解除原告之间的合伙关系。被告方不服，向某市中级人民法院提起上诉。二审人民法院指定审判员沈某处理此案。沈某经过调查审理，判决维持原判。

《民事诉讼法》第40条规定，人民法院审理第二审民事案件，由审判员组成合议庭。本案中，二审人民法院指定审判员沈某一人审理此案，在程序上显然是不正确的。

二、回避制度

回避制度，是指为了保证案件的公正审判，而要求与案件有一定利害关系的审判人员或者其他有关人员，不得参与本案的审理活动或诉讼活动的审判制度。

1. 回避适用的对象。根据民事诉讼法的规定，适用回避的人员包括：审判人员（包括审判员和人民陪审员）、书记员、翻译人员、鉴定人、勘验人员等。

2. 适用回避的情形。根据《民事诉讼法》第 44 条的规定，应当回避情形有：①是本案当事人或者当事人、诉讼代理人近亲属的；②与本案有利害关系的；③与本案当事人、诉讼代理人有其他关系，可能影响对案件公正审理的。所谓“其他关系”，是指有除与案件有利害关系及与当事人有近亲属关系之外的特殊亲密或仇嫌关系的存在，足以影响案件的公正审理，如朋友关系、同学关系等。

另外，民事诉讼法还明确规定，审判人员接受当事人、诉讼代理人请客送礼，或者违反规定会见当事人、诉讼代理人的，当事人有权要求他们回避。

3. 回避的方式和程序。回避的提出，可以是当事人提出申请，也可以是审判人员或其他人员主动自行提出。回避应当在案件开始审理时提出，回避事由在案件开始审理后知道的，可以在法庭辩论终结前提出。提出回避申请应当说明理由。回避申请提出后，是否准许申请，由法院决定。具体程序为：审判人员的回避，由法院院长决定；其他人员的回避，由审判长决定。法院对当事人提出的回避申请，应当在申请提出的 3 日内，以口头或书面形式作出决定，申请人对决定不服的，可以在接到决定时申请复议一次。

4. 回避的法律后果。在当事人提出回避申请到法院作出是否同意申请的决定期间，除案件需要采取紧急措施之外，被申请回避的人员应暂停执行有关本案的职务。法院决定同意申请人回避申请的，被申请回避人退出本案的审判或诉讼；法院决定驳回回避申请而当事人申请复议的，复议期间，被申请回避的人员不停止参与本案的审判或诉讼。

三、公开审判制度

公开审判制度是指人民法院审理民事案件，除法律规定的情况外，审判过程及结果应当向群众、社会公开。所谓向群众公开，是指允许群众旁听案件审判过程；所谓向社会公开，是指允许新闻记者对庭审过程作采访，允许其对案件审理过程作报道，将案件向社会披露。公开审判是审判民事案件的基本制度。人民法院审理民事案件应当开庭 3 日前公布当事人姓名、案由和开庭的时间、地点，以便群众旁听、记者采访和报道。

根据法律规定，公开审判也有例外，下列案件不公开审判：一是涉及国家秘密的案件，包括党的秘密、政府的秘密和军队的秘密；二是涉及个人隐私的案件；三是离婚案件、涉及商业秘密的案件，当事人申请不公开审理的，可以不公开审理。无论是公开审理的案件，还是不公开审理的案件，宣判时一律公开。

> **案例（1-8）**：甲公司向人民法院起诉乙及丙公司。起诉状中称，被告乙原是其营销部经理，被丙公司高薪挖去，在丙公司负责市场推销工作。乙利用其在甲公司所掌握的商业秘密，将甲公司的销售与进货渠道几乎全部提供给了丙公司，甲公司因而损失严重，故请求法院不公开审理其与乙、丙公司的侵权案件。
>
> 本案中，甲公司的销售及进货渠道，对甲公司的经营有重大影响，一旦公开，很可能使其损失进一步扩大。因此甲公司认为案件涉及商业秘密，申请不公开审理符合《民事诉讼法》的规定，受诉人民法院应当同意原告不公开审理的要求。

四、两审终审制度

《民事诉讼法》第10条规定，人民法院审理民事案件，依照法律规定实行两审终审制度。所谓两审终审制就是指一起案件经过两级法院审判终结的一种审判制度。法院审判案件，就审判程序而言是两审终审制，就法院体系而言是四级两审制。也就是说，地方各级法院按照审判管辖权的规定，对由它审判的第一审（初审）案件做出判决或裁定以后，若当事人不服，可以在法定期限内向上一级法院提起上诉；上一级法院有权受理针对下一级法院第一审判决或裁定不服的上诉案件，有权经过对第二审案件的审理，改变或维持第一审法院的判决或裁定。这时，上级法院的第二审判决、裁定，就是终审判决、裁定，当事人不得上诉。审级制度的实质是要求审判必须按审判程序严格进行，不得越级审理案件。

两审终审制度主要针对发生了民事权利义务争议的诉讼案件，而非讼案件则适用一审终审，主要包括人民法院适用特别程序、督促程序、公示催告程序审理的案件。另外，还有两种情形不适用两审终审，而是一审终审，即最高人民法院审理的第一审案件及民事诉讼中适用小额诉讼的案件。

五、公益诉讼制度

公益诉讼是与私益诉讼相对而言的概念，顾名思义，公益诉讼是针对侵犯国家利益、社会公共利益或不特定的他人利益的行为，由有关机关或社会组织向法院提起的一种诉讼。《民事诉讼法》第55条明确规定："对污染环境、侵害众多消费者合法权益等损害社会公共利益的行为，法律规定的机关和有关组织可以向人民法院提起诉讼。"公益诉讼制度在一定程度上弥补了传统诉讼法制度的不足。

当前，随着中国社会主义市场经济体制的确立及发展，经济交往的日益频繁，社会领域的冲突和矛盾日益激烈，一些侵权行为呈现出损害扩散、受害范围广泛、受害持续时间较长和受害者众多等特点。涉及公共利益保护的各类案件大量出现，突出表现为侵吞国有资产、侵犯众多消费者权益、环境污染等各类民事公益违法行为层出不穷。建立我国的公益诉讼制度刻不容缓。

相对于私益诉讼，公益诉讼有其明显的特征：

1. 公益诉讼的目的在于维护国家利益和社会公共利益。公益诉讼的目的不是对特定的法人、公民及其他组织的合法权益进行保护，而是为维护国家利益、社会公共利益及不特定的他人利益。

2. 公益诉讼案件的原告可以是与案件本身无直接利害关系的有关机关或组织。只要有违法行为侵害了国家利益、社会公共利益或不特定多数人的合法权益，法律规定的机关或组织都可以以自己的名义提起诉讼。

3. 公益诉讼具有国家干预的成分。建立公益诉讼制度，国家允许符合条件的组织对他人的行为提起诉讼，无疑具有国家干预的色彩。

案例（1－9）：2011年，吴海涛与淄博市溶剂化二厂的法定代表人杨德宏协商，由吴海涛以每车5000元的价格，外运该厂生产的工业废水。协议达成后，吴海涛寻找垦利县境内某低洼荒地为倾倒地点。一日，吴海涛将从溶剂化工厂运出的工业废水向荒地中排放时，被垦利县环境保护局的执法人员发现，将其车辆拦截。经查，吴海涛倾倒工业废水共13车，约260吨，污染土地面积达66亩。垦利县环境保护局以原告身份，将吴海涛、淄博市溶剂化工厂作为共同被告起诉到法院，要求赔偿因环境污染而造成的各项损失。

法院审理认为，吴海涛未取得收集、贮存、处置危险废物的经营许可证，而淄博市溶剂化工厂在明知的情况下仍与其共同协商外运、倾倒工业废水，造成严重污染，理应对污染导致的后果共同承担环境污染责任。遂判决两被告共同赔偿原告环境污染损失费用742余万元。

目前，绝大多数西方资本主义国家都规定有公益诉讼制度，对这些制度的有益借鉴，建立具有中国特色的公益诉讼制度，有利于加快我国法治化进程，极大地促进社会主义法治。同时，也对完善我国司法体系，适应加入WTO的需要具有重要的现实意义。

现行民事诉讼法对公益诉讼的规范还很粗疏，对提起诉讼的主体、请求范围及与私益诉讼的协调，还有待于其他立法及司法解释进一步发展和完善。

引例解析：法院驳回王林的回避申请正确。本案中，法院查明被告刘平与审判员朱华并不认识，刘平与朱华之间不存在利害关系，也不存在其他可能影响案件公正审理的关系。因此，王林的回避申请并无法律依据。

本章重点内容小结

1. 民事纠纷是平等主体之间发生的有关民事权利义务方面的冲突，如合同纠纷、婚姻纠纷、损害赔偿纠纷等，它具有可处分性的特点。解决民事纠纷的方法有和解、调解、仲裁和诉讼四种。

2. 民事诉讼是国家为保护当事人的民事权益，通过司法机关在诉讼参与人的参加下解决民事纠纷的活动，它是解决社会冲突最重要、最有效的方式之一。

3. 民事诉讼法是调整民事诉讼活动的法律，它既是法院解决民事案件的操作规程，又是当事人进行诉讼和申请执行的行为准则，也是其他诉讼参与人必须遵循的法律规范。

4. 当事人诉讼权利平等原则、法院调解原则、辩论原则、处分原则、诚信原则自始至终贯彻于民事诉讼全过程，体现了民事诉讼法的精神实质和基本特色。同时，在民事诉讼审判过程中，人民法院还应当坚持合议制、回避制、公开审判制、两审终审制。

关键词：民事纠纷　民事诉讼　民事诉讼法　原则制度

实务训练

（一）示范案例

案情：朱某向李某借款10万元。一段时间后，朱某归还李某一部分钱，李某收到钱后向朱某出具了一张字据："朱某还欠款4万元。"一年后，李某催促朱某将剩余欠款还清未果，李某便向法院起诉，要求朱某偿还欠款6万元。朱某辩称，自己已还6万元，只欠4万元未还，并出具那张字据。本案争议焦点是字据中的"还"是读"huán"还是"hái"。双方为此产生激烈争辩，但都没有进一步提出有力的证据。调解中，朱某提出各自让一步，愿还款5万元。李某再三考虑后同意了该提议。法官认为，朱某若真的已还了6万元，是不会主动提出这个建议的。因此，法院不同意该调解方案，判决朱某在判决生效之日返还李某欠款6万元并支付相应利息。

分析：根据民事诉讼法的自愿合法调解原则，双方当事人可以在真实意愿基础上达成调解协议以彻底解决纠纷。但主审法官以该调解方案有悖常理（朱某若真的已还了6万元是不会主动提出这个建议的）而不予认可。这种以主观臆断干预当事人的利益取舍的行为，有违调解自愿原则，可能会给双方带来更大的矛盾。因此，法院的做法值得商榷。

（二）习作案例

1. 安徽省繁昌县农民王某购票乘坐本县运输公司的客车前往北京打工。途经山东省境内时，客车与当地一辆货车发生追尾事故，交警部门认定事故由货车驾驶员负全责。本次事故致使王某身体多处受伤，先后支付医疗费1万多元。伤愈后，王某向本县运输公司提出索赔要求，但该公司以己方无责任为由加以拒绝，并提醒他应找本次事故的肇事方索赔。王某认为，如果到相隔千里的山东省寻求索赔，不仅路途遥远，而且费时耗钱，因而感到左右为难。

问：在本案诉讼中，当事人可以采取什么方式解决纠纷?

2. 顾某在2008年10月外出打工以后，一直杳无音信。两年多后，顾某的姐姐顾霞向人民法院提出申请，申请宣告顾某失踪。后人民法院按法定程序于2012年底宣告顾某失踪，并指定顾霞为顾某的财产代管人。2013年3月，王秀荣找到顾霞，拿出顾某在2008年8月借款3万元的借款条，要求顾霞偿还，顾霞以顾某已经失踪为由拒绝偿还。于是王秀荣向人民法院提出诉讼。在诉讼中，顾霞在顾某家中发现了王秀荣借款给顾某且以顾某两台6千瓦的电动机为质押担保的凭据，凭据写明还款必须返还电动机。顾霞据此向人民法院提出要求原告返还电动机。

问：本案反诉能否成立?

思考题

1. 举例分析民事纠纷的类型和特点。

2. 我国法律规定了几种纠纷解决的方式？请阐明它们各自的社会效果以及优越性。

3. 什么是诉？举例说明诉的构成要素及种类。

4. 简述法院调解原则的含义及其在民事诉讼中的作用。

延伸阅读

替代性纠纷解决机制——ADR

ADR概念源于美国，是英文Alternative Dispute Resolution的缩写，可译为替代性纠纷解决方式，或非讼纠纷解决方式。为了满足纠纷解决的多方位需要，世界各国都设置了不同形式和不同内容的ADR。因此，ADR在现代国际社会被赋予了更多的使命，在解决纷繁复杂的纠纷中得到不断的扩展、创新与发展。

根据主持纠纷解决主体的不同，ADR主要可分为：①民间团体或组织的ADR，如日本的交通事故纷争处理中心、美国的邻里司法中心等；②国家行政机关所设或附设的ADR，如各国的劳动争议仲裁、消费者协会调解等；③司法ADR（又称法院附设ADR），即虽不同于审判，但与诉讼程序相关联，或在法院主持下的纠纷解决制度，如美国法院内设“和解会议”，专用于法官帮助当事人和解的一种方法。需注意的是，和解法官一般不是将对该案进行审理的审判法官。

尽管各国ADR的具体形式与运作方式不尽相同，但ADR仍显示出共同的特点：

第一，自愿性。ADR程序及其采用的形式是自愿的，依双方协商而定。这样的方式很容易达成“双赢”的局面。

第二，保密性。双方在ADR程序中所陈述的事实、理由均被保密，不得公开，通常不能作为证据向法庭出示，极大地保护了双方的商业秘密和隐私。

第三，效益性。从起源上讲，追求迅速、简易、低廉地解决纠纷始终是ADR最重要的价值取向之一。可以说，ADR就是针对诉讼的迟延、复杂和高费用的弊端而采取的对策。

第四，替代性。诉讼程序本身的弊端有些是诉讼与生俱来的、难以根治的。对于某些案件，如小额纠纷，诉讼无疑是成本高昂的一种解决方式；对于家事、商事纠纷，保守秘密、维系信任关系的要求有时高于查明事实的要求，而这又是诉讼所不能保障的。ADR正是当事人对诉讼不满意时可以选择的一种替代性的方法。

可见，ADR是双方当事人之间的友好协商的一种延伸。现代法治社会给ADR留下了很大的发展空间，ADR是诉讼必不可少的辅助解决纠纷方式，而且作用也将越来越大。

模块二　诉讼主体

第二章　人民法院

学习目标

1. 了解人民法院的地位、组织体系和职责。
2. 掌握人民法院的受案范围及与其他机关、团体处理民事争议的关系。
3. 理解民事诉讼管辖的含义、确立管辖的原则、标准。
4. 掌握法定管辖和裁定管辖的相关法律规定。

学习任务

熟练运用管辖的法律规定正确选定常见案件的管辖法院。

第一节　人民法院的地位和职责

导入案例

2010年8月23日晚10时45分左右，在北京地铁2号线鼓楼大街站内，21岁西南交大08级英语专业学生马跃跌落轨道遭电击身亡。因监控设备发生故障没有监控录像而无法得知马跃跌倒的原因。司法鉴定意见是：排除外伤、机械性窒息以及中毒死亡，符合电击导致急性呼吸心脏骤停而死亡。西城区政府组成事故调查组对该起死亡事故进行调查，作出事故调查意见批复，认定该起死亡事故不属于生产安全事故，北京地铁公司无过错，没有责任。死者家属孟朝红认为该批复缺乏事实依据，提起行政复议。在行政复议被驳回后，孟朝红向北京市第一中级人民法院提起行政诉讼要求确认西城区政府批复行为违法。

问题：孟朝红能否针对本案提起民事诉讼，人民法院对能否行使民事审判权？

知识点：人民法院组织体系及审判职责。

一、人民法院的地位和组织体系

我国《宪法》第123条规定："中华人民共和国人民法院是国家的审判机关。"这一规定明确了人民法院的性质。根据这一规定，在我国，审判权必须由人民法院统一行使，即只有人民法院才有审判权，其他任何机关、团体和个人都无权进行审判活动。

人民法院的任务是审判刑事案件、民事案件和行政案件，并且通过审判活动，惩办一切犯罪分子，解决民事纠纷和行政纠纷，维护社会主义法制和社会秩序，保护社会主义的全民所有的财产、劳动群众集体所有的财产，保护公民私人所有的合法财产，保护公民的人身权利、民主权利和其他权利，保障社会主义建设事业的顺利进行，并通过全部审判活动教育公民自觉地遵守宪法和法律。

审判权与立法权、行政权一样，是国家权力的重要组成部分。人民法院代表人民独立行使审判权（包括刑事、民事、行政）。通过依法打击犯罪，调节民商事关系，监督和支持行政机关依法行政，维护广大人民的根本利益，保障改革开放和社会主义现代化建设的顺利进行。

人民法院的组织体系由地方各级人民法院（基层人民法院、中级人民法院、高级人民法院）、最高人民法院和军事法院等专门人民法院组成。与人民检察院、人民政府相比较，人民法院的上下级之间在审判工作上体现的只是审判监督关系，而不是领导与被领导的关系。

（一）地方各级人民法院

1. 基层人民法院。基层人民法院包括县（县级市）、自治县、市辖区人民法院。基层人民法院除审判案件这一职责外，还负责处理不需要开庭审判的民事纠纷和轻微的刑事案件，以及指导人民调解委员会的工作。

需要特别说明的是，依据《人民法院组织法》第19条的规定，基层人民法院可以根据地区、人口和案件情况设立若干人民法庭。人民法庭是基层人民法院的组成部分，它的判决和裁定就是基层人民法院的判决和裁定。其性质属于基层法院的派出机构。

2. 中级人民法院。中级人民法院包括：在省、自治区内按地区设立的中级人民法院；在直辖市内设立的中级人民法院；省、自治区辖市的中级人民法院；自治州中级人民法院。中级人民法院负责审判的案件包括：法律、法规规定由它管辖的第一审案件；基层人民法院移送审判的第一审案件；对基层人民法院判决和裁定的上诉案件和抗诉案件；人民检察院按照审判监督程序提出的抗诉案件。同时，中级人民法院还负责监督辖区内基层人民法院的审判工作。

3. 高级人民法院。高级人民法院包括省、自治区、直辖市高级人民法院，负责审判的案件包括：法律、法规规定由它管辖的第一审案件；下级人民法院移送审判的第一审案件；对下级人民法院判决和裁定的上诉案件和抗诉案件；人民检察院按照审判监督程序提出的抗诉案件。同时，高级人民法院还负责监督基层人民法院和中级人民法院的审判工作。

（二）最高人民法院

最高人民法院是国家最高审判机关，负责审判的案件包括法律、法规规定由它管辖的和它认为应当由自己审判的第一审案件；对高级人民法院、专门人民法院判决和裁定的上诉案件和抗诉案件；最高人民检察院按照审判监督程序提出的抗诉案件。同时，最高人民法院还负责监督地方各级人民法院和专门人民法院的审判工作，并对在审判过程中如何具体应用法律、法规的问题进行解释。

（三）专门人民法院

专门人民法院是针对某种特定的组织体系或特定类型的案件设立的审判机关，其受理案件的范围由法律特别作出规定。目前，我国专门人民法院有军事法院、海事法院、铁路运输法院等。

军事法院是设立在中国人民解放军中的审判机关，包括中国人民解放军军事法院（军内的最高级）、各大军区及军兵种级军事法院（相当于中级层次法院）和军级军事法院（相当于基层级层次法院）三级，负责审判军职人员的犯罪案件和依照法律规定或者最高人民法院授权由它管辖的案件。2012 年 9 月 17 日起施行的《最高人民法院关于军事法院管辖民事案件若干问题的规定》中，对军事法院的民事案件管辖权作了更为详细的界定。

海事法院只设一级，其建制相当于地方的中级人民法院，负责审判海事案件、海商案件和依照法律规定由它管辖的其他案件。目前，在我国的广州、上海、青岛、天津、大连、武汉、海口、厦门、宁波、北海等港口城市均设立了海事法院。对海事法院判决和裁定的上诉案件由其所在地的高级人民法院审理。

铁路运输法院是设立在铁路沿线的专门人民法院，分为二级，分别为在各铁路局所在地设立的铁路运输中级法院和在铁路管理分局所在地设立的铁路运输基层法院，负责审判危害铁路运输的刑事案件、铁路运输纠纷案件和依照法律规定或者最高人民法院授权由它管辖的案件。对铁路运输中级法院判决和裁定的上诉案件由其所在地的省、自治区、直辖市高级人民法院审理。

人民法院组织体系的建立和完善，是人民法院正确行使国家审判权的组织保证。在司法过程中，必须依法公开、公正、公平地行使审判权，依法保护当事人的合法权益，维护法律的高效运行，最终维护社会和谐秩序。

二、人民法院的民事审判权

民事审判权，是法院对民事案件进行审理，并通过审理对案件作出裁判的权力。民事审判权源于国家宪法和法律规定，是人民法院用以解决民事纠纷的一种司法权力，是保障当事人的诉讼权利和实体权利得以实现的手段。

案例（2-1）：一村长酒后将村民打伤，经法医鉴定为轻伤（已进行换骨手术）。事发三天后其家属报案，但派出所并未立案受理。此村民出院后，其家属向村长索要所花费的5万余元的手术费。可村长避而不见，拒绝赔偿。该受害村民欲到法院起诉，要求村长赔偿损失。

本案属于典型的因人身侵害而带来的损害赔偿案件。依照民事诉讼法的规定，人民法院可以对民事纠纷案件依法行使民事审判权。

人民法院的民事审判权具体表现在以下几个方面：

（一）对民事诉讼的开始和结束具有决定权

虽然民事诉讼实行“不告不理”，没有当事人的起诉和上诉人的上诉，法院不得启动一审和二审程序，但案件能否真正进入实质性的诉讼程序，是由法院审查同意后才可以决定的。同样，当事人也可以通过撤诉等方式使诉讼结束，但其请求或行为也需经过法院的审查同意后才能产生法律上的结果。

（二）对民事诉讼程序运行的指挥权

由法院指导诉讼的进程，是世界民事诉讼发展的共同趋势。所谓诉讼指挥权，是法官为保证诉讼程序高效、有序地运行，对程序指挥、控制及对诉讼参与人和其他案外有关人员进行引导、监督、约束的权能，具体表现为指定诉讼程序中的期日和期间、决定案件是否应当予以合并或分离、组织当事人有效地进行质证和辩论、决定是否追加当事人、是否同意变更诉讼请求、对有妨害民事诉讼行为的个人和单位采取强制措施等。法院通过指挥权的行使，可以提高诉讼效率，减少诉讼成本，合理利用司法资源，防止当事人滥用诉权，实现公正与效率的最佳平衡。

（三）对民事诉讼运行结果的决定权

在民事诉讼中，无论是解决当事人纠纷的实体问题的判决，还是解决有关程序问题的裁定，都是由法院依法作出的。即使是以调解方式结案的，也必须在法院的主持下进行；当事人所达成的调解协议，必须经过法院的审查同意后才能产生法律约束力。

（四）对判决和裁定等的强制执行权

对已经发生法律效力的民事判决书、裁定书、调解书和其他依法具有强制执行效力的法律文书，义务人应按照其内容主动履行义务。否则法院可以根据权利人的申请，或依职权强制义务人完成其所承担的法定义务，以保证权利人的权利得以实现。强制执行权专属于人民法院，其他任何国家机关、社会团体和个人均不得享有。

当然，基于民事诉讼的特点，人民法院对审判权的行使必须是在充分保障当事人的诉讼权利和实体权利的基础上进行的。同时，为了保证民事诉讼的公平、公正，法院独立行使审判权还应接受法定机关和社会的监督。《人民法院组织法》第16条第1款规定："最高人民法院对全国人民代表大会和全国人民代表大会常务委员会负责并报告工作。地方各级人民法院对本级人民代表大会及其常务委员会负责并报告工作。"《民事诉讼法》第14条也规定："人民检察院有权对民事诉讼实行法律监督。"

三、审判组织

民事诉讼中的审判组织，是指代表法院行使民事审判权，对民事案件进行审理和作出裁判的组织机构。其设立目的是通过审判组织来代表法院审理案件，实现审判职能。

在我国的民事诉讼中，法院对案件的审判分别实行由一个审判员代表法院行使审判权的独任制和由若干个审判人员代表法院行使审判权的合议制，与这两项制度相适应的两种审判组织的形式就是独任庭和合议庭。

（一）独任庭

独任庭，是指由一个审判员代表法院行使审判权的审判组织形式。根据《民事诉讼法》的规定，独任制法庭的适用有一定的范围，概括起来，可以确定为：

1. 独任庭只适用于对简单的诉讼案件和一般的非讼案件的审理。

2. 独任庭只在基层法院及其派出法庭适用，中级和中级以上的法院不适用独任制。

3. 独任庭只在一审时适用，二审时不适用。

（二）合议庭

按合议制组成的审判组织，称为合议庭。合议庭是我国人民法院最主要的审判组织形式，除适用简易程序或特别程序审理的民事案件外，其他案件不论第一审程序、第二审程序或者再审程序，均适用合议庭形式。合议庭的具体组成如下：

1. 第一审合议庭。法院审理第一审民事案件，除对简单民事案件适用独任庭以外，其余的均适用合议庭。合议庭的组成则有两种形式：①由审判员、陪审员共同组成合议庭。②由审判员组成合议庭。

2. 第二审合议庭。作为上诉审法院，第二审法院的主要职责是监督和指导下级法院的工作；其审理的对象则是针对一审作出的尚未生效的裁判，不仅要审查裁判认定的事实和适用的法律是否正确，同时还要对当事人所争议的实体权利义务关系作出最终的决定。因此，法院审理第二审民事案件时，只能由审判员组成合议庭。

3. 重审合议庭。当事人不服一审法院判决提起上诉，二审法院裁定撤销原判决、发回重审的案件，原一审法院应按照第一审程序另行组成合议庭，原审合议庭的组成人员不得参与重审案件的审理。

4. 再审合议庭。法院依照审判监督程序决定再审的案件，因进行再审的法院不同，其合议庭的组成方式也有所不同：①如原生效裁判是由一审法院作出，而且仍由该一审法院依法进行再审的，则按第一审程序另行组成合议庭，原审合议庭的组成人员不得参与再审案件的审理。②如原生效裁判是由一审法院作出，但二审法院依法决定对该案提起再审的，再审合议庭只能由审判员组成。③如原生效裁判是由二审法院作出的，则只能由二审法院按二审程序另行组成合议庭。

合议庭由审判长主持。审判长由院长或庭长在合议庭中指定一名审判员担任；院长或庭长参加审判的，由院长或庭长担任审判长。陪审员不得担任审判长。合议庭的组成人员在审判过程中享有同等的权利和义务，审判案件由集体讨论、集体评议并作出决定，制作笔录，由合议庭成员签名。意见不一致时，实行少数服从多数的原则，但评议中少数人的意见应如实记入评议笔录。

引例解析：人民法院是国家审判机关，依法独立行使审判权。本案当事人遵循的是行政程序，通过行政复议、行政诉讼来实现自己的合法利益。如果未能如愿，当事人可以遵循民事诉讼程序，即依法向法院提起民事诉讼，要求法院就地铁公司是否有民事责任作出认定。人民法院依法对该民事案件行使民事审判权，通过立案、审前准备、开庭审理，运用民事诉讼证据规则作出公正裁判。

第二节　法院主管

导入案例

某日，兴山县技术监督局的工作人员到宏兴公司进行食品卫生检查，发现该公司一门市部出售的部分食品存在过期和其他质量问题。事后，监督局将此事在该县有线电视台上进行了通报。宏兴公司以监督局侵犯其名誉权为由向兴山县人民法院提起诉讼，要求监督局更正报道内容并赔偿损失。一审法院将该案定性为民事侵权诉讼；二审法院认为该案是一起因行政执法行为而引起的纷争，性质当属行政诉讼。

问题：本案是否属法院民事主管范围？

知识点：人民法院对民事案件的受案范围。

一、法院主管的概念及意义

法院主管，也称民事诉讼主管，是指法院依法受理和解决一定范围内民事纠纷的权限。

在法治国家，任何一个国家机关或社会团体的职权范围都必须依据法律的规定确定。法院是国家的审判机关，依法行使国家审判权，审判民事案件，解决民事纠纷，是它的重要职能之一。但从实践中来看，民事纠纷错综复杂，有的适合通过民事诉讼方式解决，有的则只需通过人民调解、仲裁等途径就可以得到有效的处理。当多个主体都有权解决民事纠纷时，便必然会产生法院与其他国家机关和社会团体在受理民事纠纷方面的分工和权限的问题。究竟哪些民事纠纷可以由法院负责解决，哪些民事纠纷应当由其他国家机关和社会团体负责解决，需要在法律上加以明确，即应该明确划分法院和其他国家机关、社会团体处理民事纠纷的职权范围。民事诉讼主管则起到了这一作用，它解决了法院与其他国家机关、社会团体之间在解决民事纠纷（包括经济纠纷，海事、海商纠纷）方面的外部分工问题。

确定民事诉讼的主管，主要具有以下两个方面的意义：

1. 有利于当事人及时、正确地行使起诉权。在法治社会，随着法律意识的普遍提高，越来越多的当事人在民事纠纷发生以后，会将其提交到法院要求解决。但按照法律的规定，有的民事纠纷属于法院的主管范围，有的却是属于其他国家机关、社会团体的主管范围，或者说通过非诉讼的方式解决更为适合。因此，当事人只有在明确了法院民事诉讼主管范围的基础上，才能及时、正确地选择最佳途径解决矛盾，以此实现当事人的实体权利。

2. 有利于法院正确行使审判权。为合理利用司法资源，更加全面、有效地对当事人的合法权益加以保护，各个国家往往在充分尊重当事人程序选择权的基础上，建立起多元化的纠纷解决机制。明确了法院的职权范围，也就划清了法院同其他国家机关、社会团体之间解决民事纠纷的权限与职责，这样有利于各司其职、各尽其责，从而形成一个良性互动、协调有序的纠纷解决程序体系，避免因职权不明而越俎代庖或互相推诿。同时，明确法院的主管范围，也有利于法院依法审查起诉和立案，防止某些法院自定立案标准，随意决定是否受理案件。

二、主管的标准和范围

《民事诉讼法》第3条规定："人民法院受理公民之间、法人之间、其他组织之间以及他们相互之间因财产关系和人身关系提起的民事诉讼，适用本法的规定。"由此可见，我国民事诉讼主管范围的确定采用的是概括性标准而非用列举的方式加以确定，这是由民事纠纷本身的特点所决定的。民事纠纷种类繁多，并且随着社会的发展还会不断有新型的案件出现，民事诉讼法不可能将法院受理民事案件的种类一一列明，而只能通过规定这种概括性的标准，为民事诉讼主管范围的确定提供原则性的法律依据。

在实践中，确定主管主要依据两个标准：一是根据法律关系的性质，即以发生争议的实体法律关系是否属于民事法律关系为标准，来确定法院主管的民事案件的范围；二是根据国家法律和最高人民法院的规范性文件，将某类案件也明确归于民事诉讼的主管范围，如《民事诉讼法》规定的选民资格案件、宣告公民失踪或死亡案件、认定公民无民事行为能力或限制民事行为能力案件，以及宣告财产无主案件，《最高人民法院关于适用〈中华人民共和国民事诉讼法〉若干问题的意见》（以下简称《民事诉讼法意见》）第2条规定的海事、海商案件等都属于民事诉讼的主管范围。

根据上述标准，我国法院主管的民事案件主要有以下几类：

1. 由民法调整的平等主体之间因财产关系和人身关系发生纠纷而引起的案件。如因财产所有权、债权、著作权、专利权、商标权、人格权、身份权等纠纷所发生的案件。

2. 由婚姻法、继承法、收养法调整的婚姻家庭关系、继承关系、收养关系引起的诉讼。如离婚案件，追索赡养费、扶养费和抚育费案件，财产继承案件，解除收养关系的案件等。

3. 由商法调整的商事关系发生纠纷的案件。如票据案件、股东权益纠纷案件、海商案件等。

4. 由经济法调整的部分经济关系发生纠纷的案件。如因不正当竞争行为、产品质量问题引起的损害赔偿案件。

5. 由劳动法调整的部分劳动关系发生纠纷的劳动争议案件。如劳动者与用人单位在履行劳动合同过程中发生争议的案件，因企业开除、辞退职工而发生争议的案件等。

6. 法律规定由法院适用民事诉讼法特别程序解决的案件。

三、民事诉讼主管与其他国家机关、社会团体处理民事争议的关系

在我国，民事纠纷的解决机制是多元的，解决民事纠纷的机关除法院外，

还包括仲裁机构、人民调解委员会及行政机关等。公民之间、法人之间、其他组织之间以及他们相互之间发生了民事纠纷，是直接向法院起诉，还是必须先经过其他主管机构处理后，才可以向法院起诉？民事纠纷经有关机关处理后，是否还可以向法院起诉？这就是我们所说的民事诉讼主管与其他国家机关、社会团体处理民事争议的关系问题。

根据我国法律规定及司法实践经验，在解决民事诉讼主管与其他国家机关、社会团体组织处理民事争议的关系问题上，原则上应采取司法最终解决的原则，即凡是其他国家机关、社会团体不能解决的民事纠纷，最后由法院依照民事诉讼法进行审判，予以最终解决；如果民事纠纷发生后，当事人在向其他国家机关、仲裁机构或社会团体申请处理的同时，又向法院起诉的，即在法院的主管与其他组织的主管发生重合的情况下，除法律另有特别规定之外，应由法院主管，并由法院作出最后裁判。具体来说，应该从以下几个方面加以把握：

（一）人民法院与人民调解委员会在解决民事纠纷中的关系

人民调解委员会是村民委员会和居民委员会下设的调解民间纠纷的群众性组织，在基层人民政府和基层法院指导下进行工作。它的主要任务就是调解民间纠纷，并通过调解工作宣传法律、法规、规章和政策，教育公民遵纪守法，尊重社会公德。

法院与人民调解委员会在解决民事纠纷的过程中，主管的范围有相当一部分是重合的。对二者都有权处理的纠纷，可由当事人自由选择。如果双方当事人都同意交人民调解委员会调解的，由人民调解委员会调解；如一方向人民调解委员会申请调解，另一方向法院起诉的，由法院主管。经人民调解委员会调解后达不成协议或者达成协议后反悔，任何一方当事人向法院起诉的，由法院主管。

案例（2－2）：甲（7岁）在小区里玩耍时不慎碰伤乙（6岁）的眼睛。乙父丙赶紧将乙送到社区医院就诊，甲父丁以及所属街道居委会工作人员、派出所民警也随即赶到医院。在了解事情发生的原委后，相关工作人员进行了调解，丁愿意承担所需检查费、治疗费800元，丙当场表示同意。一年后，乙因视力下降而就诊。医院诊断，眼睛仍需进一步检查和治疗。丙要求丁承担部分医疗费用，遭丁拒绝。居委会与双方家长进行了多次沟通，但没有达成一致意见。乙的父母以乙的名义向区人民法院提起诉讼，要求甲承担部分医疗费、护理费、交通费等共计3600元。

本案是一起因未成年人的不当行为而带来的人身侵权案件，纠纷发生时能够通过调解及时解决纷争对双方都有益处，但最终无法通过调解解决纠纷时，任何一方当事人都可以依法向法院提起民事诉讼，通过法院审理、裁判来彻底解决纠纷。

（二）人民法院与仲裁委员会在解决民事纠纷中的关系

仲裁委员会是在直辖市、省、自治区人民政府所在地的市或根据需要在其他设区的市设立，用于居中裁决民商事纠纷的专门机构。根据仲裁法的规定，仲裁委员会受理案件的范围是平等主体的公民、法人和其他组织之间发生的合同纠纷和其他财产权益纠纷，婚姻、收养、监护、扶养、继承等具有人身权属性的纠纷则排除在仲裁之外。而这些纠纷均在人民法院民事诉讼主管的范围之内，法院主管的范围要宽于仲裁委员会主管的范围。法院与仲裁委员会在解决民事纠纷中的关系主要表现为：

1. 对法院和仲裁委员会都可解决的民事纠纷，究竟由何机构主管取决于当事人的选择。如果当事人双方达成了书面仲裁协议，应由仲裁委员会主管，法院不能受理；如果当事人之间没有仲裁协议或协议无效，则由法院主管。

2. 仲裁裁决作出后，当事人就同一纠纷再向法院提起诉讼的，法院不得再予受理，但仲裁裁决被法院裁定撤销或不予执行的，仍可基于当事人的选择确定主管。当事人在未重新达成仲裁协议的情况下向法院起诉的，由法院主管；当事人重新达成仲裁协议申请仲裁的，则由仲裁委员会主管。

3. 当事人达成仲裁协议，但一方向法院起诉未声明有仲裁协议，法院受理后，另一方在首次开庭前提交仲裁协议的，法院应当驳回起诉，但仲裁协议无效的除外；另一方在首次开庭前未对法院受理该案提出异议的，视为放弃仲裁协议，法院应当继续审理，即该案应由法院主管。

需要特别注意的是，劳动争议仲裁委员会与民间性质的仲裁委员会不同，它是为解决劳动争议而专门设立的仲裁机构。其通常由劳动行政部门、工会及企业三方面代表组成，具有行政属性。劳动争议仲裁委员会的受案范围按照《劳动法》及《劳动争议调解仲裁法》的规定执行。一般情况下，劳动争议仲裁是当事人将劳动争议提交法院裁判的前置程序。即在劳动争议发生后，当事人向劳动争议仲裁委员会申请仲裁，对仲裁裁决不服的，可以自收到裁决书之日起15日内向法院起诉。

（三）人民法院与行政机关在解决民事纠纷中的关系

在我国，行政机关在履行对社会事务的管理职能时，也在其职权范围内处理部分民事权益纠纷，从而产生了法院民事诉讼主管和行政机关主管的划分问题。

1. 对于法律规定应当由行政机关进行行政确权的争议，法院不受理。例如，

《最高人民法院关于贯彻执行〈民法通则〉若干问题的意见（试行）》第96条规定，因土地、山岭、森林、草原、荒地、滩涂、水面等自然资源的所有权或使用权发生权属争议的，应当由有关行政部门处理，法院不予受理。

2. 对于一些民事纠纷的发生，法律规定可任由当事人选择法院诉讼或者请求行政机关调解。例如，我国《水污染防治法》第86条规定：“因水污染引起的损害赔偿责任和赔偿金额的纠纷，可以根据当事人的请求，由环境保护主管部门或者海事管理机构、渔业主管部门按照职责分工调解处理；调解不成的，当事人可以向人民法院提起诉讼。当事人也可以直接向人民法院提起诉讼。”再如，我国《专利法》第60条规定，未经专利权人许可，实施其专利，即侵犯其专利权，引起纠纷的，由当事人协商解决；不愿协商或者协商不成的，专利权人或者利害关系人可以向人民法院起诉，也可以请求管理专利工作的部门处理。

引例解析： 本案中，双方主体之间为行政管理关系，地位不平等，不属于民事纠纷，因而不属于民事诉讼的主管范围。

第三节 法院对民事案件的管辖

导入案例

A省某市的个体户姜某由B省的甲县运5吨化工原料到丙县，途经B省的甲、乙、丙三县交界时，化学原料外溢，污染了甲县王某、乙县李某和丙县张某的稻田，造成禾苗枯死。受害村民要求赔偿，但由于赔偿数额争议较大，未能达成协议。为此，甲县的王某首先向甲县人民法院提起诉讼。与此同时，村民李某、张某也分别向自己所在地的基层人民法院提起诉讼，要求赔偿损失。

问题：如何确定本案的管辖权？

知识点：人民法院对各类民事案件的管辖权。

一、管辖的概述

（一）管辖的概念及意义

民事诉讼管辖，是指确定上下级法院之间，以及同级法院之间受理第一审民事案件的分工和权限。它是在法院内部从纵向、横向两个方面具体落实民事审判权的一项重要制度。

民事诉讼主管与管辖既有联系又有区别。二者的联系是：主管是确定管辖的前提和基础，只有属于法院主管的民事纠纷，才需要确定由不同的法院管辖；而管辖则是主管的体现和落实，只有进一步确定民事纠纷由哪一级的哪一个法院管辖，才能最终将法院主管的案件落实到具体的法院。二者的区别是：主管是从外部解决法院同其他机关、社会团体之间处理民事纠纷的分工与权限问题，而管辖解决的是法院系统内部受理第一审民事案件的分工与权限。正是主管和管辖这两种法律制度的有机结合，才使得某一民事纠纷发生后，能迅速判明其是否属于法院解决的事项，以及应该由哪一级法院和同级的哪个法院来行使审判权。

正确确定民事案件的管辖，对审判实践具有重要的意义。

1. 有利于法院在自己的辖区范围内及时地行使审判权，有效避免法院之间互相推诿或者争夺管辖权的现象发生。

2. 有利于上级法院对下级法院予以监督，及时纠正违反管辖规定受理案件的程序违法行为。

3. 有利于当事人在民事权利受到侵害或发生争议时，知道自己应该到哪一级、哪一个法院去请求司法救济，并通过充分、有效地行使诉权，使自己的合法权益得到及时的保护。

4. 在涉外诉讼中，明确管辖问题能够保证我国司法机关对相关涉外民事案件行使审判权，从某种程度上来说也有利于维护国家主权。

（二）确定管辖的原则

确定管辖的原则，是民事诉讼立法在确定管辖时所应遵循的准则。我国民事诉讼法在管辖的规定上，主要遵循了以下几项原则：

1. 便于当事人进行诉讼。从立法精神来看，我国民事诉讼法将如何便利当事人起诉、应诉，以及进行其他各项诉讼活动作为确定管辖的首要原则，尽可能为当事人提供诉讼上的便利，减少其诉讼成本。如民事诉讼法规定，绝大部分的第一审民事案件都由当事人住所地的基层法院管辖。

2. 便于法院公正行使审判权。民事诉讼法在规定管辖时，充分考虑到其规定是否有利于人民法院对案件的审判。法院在民事诉讼中需要实施一系列的诉讼行为，如向当事人送达诉讼文书、调查有关证据、组织开庭等。这就要求在确定管辖时，应将便利法院进行审判工作作为一项重要原则，以切实提高法院办案效率。

3. 兼顾各级法院的职能和工作负担的均衡。根据人民法院组织法的规定，我国法院分为四级，各级法院的职能和分工都有所侧重。中级以上的法院除要审理一审案件外，还要审理上诉案件，并承担监督、指导下级法院审判工作的职能；最高人民法院除了对地方各级人民法院、各专门法院的审判工作进行监督、指导外，还要负责总结和推广审判经验，制定有关文件和司法解释。因此，民事诉讼法在确定管辖时，要充分考虑各级法院分工上的基本均衡，规定大多数的第一审民事案件由基层人民法院管辖，而中级以上人民法院级别越高，管辖的第一审民事案件的数量就越少。

4. 确定性与灵活性相结合。管辖的确立原则上应当明确、具体，以便纠纷发生后能迅速、准确地辨明相应的管辖法院，有利于法院和当事人及时行使审判权和诉权，尽量避免管辖上的争议，减少诉讼过程中的障碍。但民事诉讼案件具有多样性、复杂性等特点，不可避免地会出现一些特殊的情况。因而，在确定管辖时，还须有一定的灵活性规定，以适应审判实践发展变化的需要。

5. 有利于维护国家主权。司法管辖权是国家主权的重要组成部分，直接涉及国家和人民的利益。因此，在确定涉外案件的管辖时，应从维护国家主权和我国公民利益的原则出发，对应由我国法院管辖的案件，作出明确、合理的规定。

（三）管辖的分类

立法上，民事诉讼法把管辖分为级别管辖、地域管辖、移送管辖和指定管辖四种；学理上，根据不同的标准，把管辖分成三类：

1. 法定管辖和裁定管辖。以管辖是否由法律直接规定为标准，将管辖分为法定管辖和裁定管辖。法定管辖是指法律明文规定的管辖，法定管辖是针对诉讼管辖的一般情形作出的，是整个管辖制度的主体，民事诉讼法中规定的级别管辖和地域管辖均属于法定管辖。裁定管辖是指法院基于一定的事实和理由，以裁定方式确定案件的管辖法院。裁定管辖是针对特殊情形而作的规定，是法定管辖的个别调整和补充，民事诉讼法中规定的移送管辖、指定管辖和管辖权转移等均属裁定管辖。

2. 专属管辖和协议管辖。以管辖是否由法律强制规定，是否允许当事人协议变更为标准，将管辖分为专属管辖和协议管辖。专属管辖是法律明确规定某类案件专属于特定的法院管辖，其他法院无管辖权，也不允许当事人以协议方式加以变更的管辖。协议管辖是当事人在法律允许的范围内通过协议方式加以变更而产生的管辖。协议管辖虽然也是法律规定的管辖，但法律同时又允许当事人在一定范围内自主合意选择管辖法院，从这个意义上说，协议管辖是一种任意性规定，但不得违反民事诉讼法对级别管辖和专属管辖的规定。

3. 共同管辖和合并管辖。以诉讼关系为标准，将管辖分为共同管辖和合并管辖。共同管辖是指两个或两个以上的法院依法对同一案件都具有管辖权。如同一诉讼的几个被告住所地、经常居住地在两个以上法院辖区的，各法院都有管辖权。对于共同管辖，原告可以向其中一个人民法院起诉，原告向两个以上有管辖权的人民法院起诉的，由最先立案的人民法院管辖。合并管辖是指对某个案件有管辖权的法院，可以一并审理与该案件有牵连的其他案件。适用合并管辖的主要情形有三种，即原告增加诉讼请求、被告提出反诉、第三人提出与本案有关的诉讼请求。合并管辖的实质是使对某个民事诉讼有管辖权的法院，基于牵连关系将另一原本可能无管辖权的民事诉讼并归自己管辖。但适用时应注意，被合并管辖的民事案件必须是不属于其他法院专属管辖的案件。

二、级别管辖

级别管辖，是指上下级法院之间受理第一审民事案件的分工和权限。级别管辖是在法院系统内部对各级法院的分工和权限所作的纵向划分，它解决的是各类第一审民事案件应由哪一级法院管辖的问题。

（一）确定级别管辖的标准

我国各级法院由于职能分工不同，受理第一审民事案件的权限范围也不同。从民事诉讼法的有关规定和司法实践来看，我国划分级别管辖的依据除了要便于法院行使审判权，便于当事人进行诉讼之外，主要还须考虑以下三个方面的因素：

1. 案件的性质。即案件的属性，主要是指案件的类型，以及是否具有涉外因素。该标准主要是考虑到某些特殊类型的案件，如海事、海商案件，知识产权纠纷案件和涉外案件等。因其具有不同于一般民事案件的特殊性，审理的难度和社会影响力也大于一般的民事案件，因而有必要将其区分开来，对其级别管辖作出特别规定。

2. 案件的繁简程度。案件不同，其情节也有简单和复杂之分，审理的难易程度，以及对法官素质的要求也有所不同。因而有必要区分不同案件的繁简程度，将情节复杂的案件分配给级别相对较高的法院管辖，而将情节较简单的案件划归级别相对较低的法院管辖。

3. 案件的影响范围。即指案件本身的涉及面，以及案件处理的结果可能对社会产生影响的广泛程度。案件影响范围越大，对案件审判的质量要求就越高，受理该案件的法院的级别也就应该相应越高。

我国民事诉讼法将以上三个方面的因素作为确定级别管辖的标准，有一定的合理性，但由于标准本身的不确定性，使其往往难以真正把握和操作。在审判实践中，对于级别管辖的划分，通常借鉴大多数国家民事诉讼法关于级别管辖的规定，以争议标的的金额为主导性标准，辅之以案件的性质等标准加以确定。在 2008 年 2 月 3 日最高人民法院发布的《关于调整高级人民法院和中级人民法院管辖第一审民商事案件标准的通知》中，就是以诉讼标的额为主要标准，结合当事人住所地、有无涉外或涉港澳台因素等调整了第一审民商事案件的级别管辖标准。同时该《通知》还规定，婚姻、继承、家庭、物业服务、人身损害赔偿、交通事故、劳动争议等案件，以及群体性纠纷案件，一般由基层人民法院管辖；对重大疑难、新类型和在适用法律上有普遍意义的案件，可以依照《民事诉讼法》的规定，由上级人民法院自行决定由其审理，或者根据下级人民法院报请决定由其审理。

（二）各级人民法院管辖的第一审民事案件

《民事诉讼法》第17～20条对各级法院管辖的第一审民事案件作了原则性规定。

1. 基层人民法院管辖的第一审民事案件。《民事诉讼法》第17条规定："基层人民法院管辖第一审民事案件，但本法另有规定的除外。"依该条规定，第一审民事案件原则上由基层人民法院管辖。

在法院组织系统中，基层人民法院数量多、分布广，审判人员的数量也较其他级别的法院为多，且没有审理上诉案件的任务。同时，由于民事纠纷的发生地、当事人住所地或者争议的财产所在地，都与基层人民法院辖区相联系。因此，由基层人民法院作为第一审法院，既方便当事人诉讼，又方便人民法院审理。

2. 中级人民法院管辖的第一审民事案件。根据《民事诉讼法》第18条的规定，中级人民法院管辖下列第一审民事案件：

（1）重大涉外案件。重大涉外案件是指争议标的额大，或者案情复杂，或者居住在国外的当事人人数众多的涉外案件。这类案件由中级人民法院作为一审法院，有利于保证办案质量和效率，而一般的涉外案件则由基层人民法院管辖。为进一步提高审理涉外案件的审判质量，最高人民法院出台《关于涉外民商事案件诉讼管辖若干问题的规定》的司法解释，对第一审涉外民商事案件作了集中管辖的特别规定（参照本书第十九章有关涉外管辖一节）。

（2）在本辖区有重大影响的案件。在中级人民法院的辖区内有重大影响的案件，是指案情复杂、涉及范围广、诉讼标的金额较大，案件处理结果的影响超出了基层人民法院的辖区范围的案件。这是一项弹性规定，可由各中级人民法院根据案件的具体情况加以把握。

（3）最高人民法院确定由中级人民法院管辖的案件。实践中，确定中级人民法院管辖的第一审民事案件时，除依据民事诉讼法的规定外，最高人民法院可根据案件的特点和审判工作的实际需要，以通知、决定等形式确定某种特殊类型案件的管辖法院。此类案件目前主要有以下几种：

第一，有关知识产权民事纠纷案件，由各省、自治区、直辖市人民政府所在地的中级人民法院和最高人民法院指定的中级人民法院或基层人民法院管辖。

第二，海事、海商案件，由作为专门法院的海事法院管辖。海事法院在级别上与中级人民法院同级。

第三，证券市场因虚假陈述引发的民事赔偿案件，由省、直辖市、自治区人民政府所在的市、计划单列市和经济特区中级人民法院管辖。

第四，因垄断行为引发的民事纠纷案件，由省、自治区、直辖市人民政府所在地的市、计划单列市中级人民法院，以及最高人民法院指定的中级人民法院管辖。经最高人民法院批准，基层人民法院可以管辖第一审垄断民事纠纷案件。

第五，确认仲裁裁决效力的案件，由仲裁协议约定的仲裁机构所在地的中级人民法院管辖；仲裁协议约定的仲裁机构不明确的，由仲裁协议签订地或者被申请人住所地的中级人民法院管辖。申请确认涉外仲裁协议效力的案件，由仲裁协议约定的仲裁机构所在地、仲裁协议签订地、申请人或者被申请人住所地的中级人民法院管辖。涉及海事、海商纠纷仲裁协议效力的案件，由仲裁协议约定的仲裁机构所在地、仲裁协议签订地、申请人或者被申请人住所地的海事法院管辖。

3. 高级人民法院管辖的第一审民事案件。《民事诉讼法》第19条规定，高级人民法院管辖在本辖区有重大影响的第一审民事案件。

高级人民法院的主要任务是对本辖区内的基层人民法院和中级人民法院的审判活动进行指导和监督，同时审理不服中级人民法院裁判的上诉案件。因此，其没有必要也不可能管辖大量的第一审民事案件，而只对在其辖区内有重大影响的第一审民事案件行使管辖权。所谓“重大影响”，一般是指诉讼标的额较大，诉讼主体关系复杂，案件处理涉及面广，案件社会影响面广，以及适用法律上有较大难度的案件。除此之外，高级人民法院还可以对最高人民法院指定其管辖的案件或由下级人民法院报请提审的案件行使管辖权。

4. 最高人民法院管辖的第一审民事案件。最高人民法院是我国最高审判机关，其主要任务是指导和监督地方各级法院和各专门法院的审判工作，审理不服高级人民法院裁判的上诉案件，并对审判过程中如何具体适用法律、法规进行司法解释。为了保证最高人民法院有效地行使上述各项职能，依据《民事诉讼法》第20条规定，它只受理两类第一审民事案件：

（1）在全国有重大影响的案件。即在全国范围内涉及面广、社会影响大、案件性质极为特殊、政策性强的民事案件。

（2）认为应当由本院审理的案件。最高人民法院认为应由其审理的案件，不论该案属于哪一级、哪一个法院管辖，也不论案件是否已开始审理，都有权将案件提上来由自己审判，从而取得对案件的管辖权。

三、地域管辖

地域管辖又称属地管辖、土地管辖、区域管辖，是指按照各法院的辖区和民事案件的隶属关系，确定同级法院之间在各自的区域内受理第一审民事案件的分工和权限。

地域管辖与级别管辖既有联系，又有区别。二者的联系在于：级别管辖是地域管辖的前提，只有明确了级别管辖，才能进一步确定地域管辖；而地域管辖是级别管辖的落实，在明确了级别管辖之后，还需要进一步确定地域管辖，才能使某个案件的管辖落实到具体的某个法院，从而使案件的审理得以进行。二者的区别在于：级别管辖是纵向的分工，即按法院的组织系统来划分上下级法院之间受理第一审民事案件的分工和权限，它要解决的是哪些案件由哪一级法院管辖的问题；地域管辖则是横向的分工，即按法院的辖区来划分同级法院之间受理第一审民事案件的分工和权限，它要解决的是案件由同级法院中的哪个具体法院管辖的问题。

民事诉讼法确定地域管辖时的主要依据是：

1. 法院的辖区与行政区划相一致。在一个行政区域内发生的民事案件，一般应由该行政区域内的法院管辖。

2. 当事人、诉讼标的、法律事实与法院的辖区相关联。即当事人住所地、诉讼标的、法律事实所在地在哪个法院辖区，案件就由该地法院管辖。

根据以上标准，民事诉讼法将地域管辖分为一般地域管辖、特殊地域管辖、专属管辖和协议管辖四种。

（一）一般地域管辖

一般地域管辖，又称普通管辖或一般管辖，是指按照当事人的所在地与其所在法院的隶属关系确定的管辖。

1. 一般地域管辖的原则规定。民事诉讼法确定一般地域管辖的原则是“原告就被告”，即民事诉讼由被告住所地的人民法院管辖。这既有利于防止原告滥用诉权，又有利于法院传唤被告参加诉讼，也有利于法院的调查取证和判决的执行。

关于“住所地”的确定，根据民事诉讼法及相关司法解释的规定，公民的住所地通常是指公民的户籍所在地，公民的户籍地与其经常居住地不一致的，视经常居住地为住所。所谓经常居住地，是指公民离开住所地至起诉时已连续居住1年以上的地方，但公民住院就医的地方除外。法人或其他组织的住所地是指其主要营业地或者主要办事机构所在地。如果被告是不具有法人资格的其他组织形式，又没有办事机构，则应由被告注册登记地的法院管辖。

案例（2-3）：刘某、王某、赵某三人合伙做生意，三人共同向李某借款6000元，言明半年之后还钱，并写了借条，由刘、王、赵三人共同签名。半年之后，刘、王、赵未按约还钱，李某向他们索还，三人互相推诿，仍不还钱。李某住A市东区，刘某住A市西区，王某住A市北区，赵某住A市南区。李某应向哪个法院起诉？

本案属一般债务纠纷，根据一般地域管辖规定，原告应向被告住所地法院起诉。该案中的被告有三个，他们分别住在A市西区、北区、南区。根据民事诉讼法规定，如果几个被告住所地、经常居住地在两个以上人民法院辖区的，各该人民法院都有管辖权。因此，这三个法院都有管辖权，原告可以选择其中一个法院起诉。

2. 一般地域管辖的例外规定。“原告就被告”原则，在某些特殊情况下无法适用或者适用后对当事人、对法院都带来许多不便。为此，民事诉讼法对地域管辖又作出例外的规定：在特殊情况下，民事诉讼由原告住所地的人民法院管辖，即所谓的“被告就原告”。

根据《民事诉讼法》第22条的规定，适用原告住所地人民法院管辖的情形有：①对不在中华人民共和国领域内居住的人提起的有关身份关系的诉讼；②对下落不明或者宣告失踪的人提起的有关身份关系的诉讼；③对被采取强制性教育措施的人提起的诉讼；④对被监禁的人提起的诉讼。

此外，最高人民法院根据司法实践的需要，对一般地域管辖作了以下的补充规定：

（1）被告一方被注销城镇户口的，由原告住所地或经常居住地法院管辖；双方均被注销城镇户口的，由被告居住地的人民法院管辖。

（2）当事人的户籍迁出后尚未落户，有经常居住地的，由该地人民法院管辖。没有经常居住地，户籍迁出不足1年的，由其原户籍所在地人民法院管辖；超过1年的，由其居住地人民法院管辖。

（3）双方当事人都被监禁或被采取强制性教育措施的，由被告原住所地人民法院管辖。被告被监禁或被采取强制性教育措施1年以上的，由被告被监禁地或被采取强制性教育措施机构所在地的人民法院管辖。

（4）追索赡养费案件的几个被告住所地不在同一辖区的，可以由原告住所地人民法院管辖。

（5）不服指定监护或变更监护关系的案件，由被监护人住所地人民法院管辖。

（6）非军人对军人提出的离婚诉讼，如果军人一方为非文职军人，由原告住所地人民法院管辖。离婚诉讼双方当事人都是军人的，由被告住所地或者被告所在的团级以上单位驻地的人民法院管辖。

（7）夫妻一方离开住所地超过1年，另一方起诉离婚的案件，由原告住所地人民法院管辖。夫妻双方离开住所地超过1年，一方起诉离婚的案件，由被告经常居住地人民法院管辖；没有经常居住地的，由原告起诉时居住地的人民法院管辖。

（8）对没有办事机构的公民合伙、合伙型联营体提起的诉讼，由被告注册登记地人民法院管辖。没有注册登记，几个被告又不在同一辖区的，被告住所地的人民法院都有管辖权。

3. 对涉外离婚诉讼管辖的特别规定。离婚诉讼在通常情况下也适用一般地域管辖的规定，但对于涉外离婚诉讼管辖，《民事诉讼法意见》作了以下特别规定：

（1）在国内结婚并定居国外的华侨，如定居国法院以离婚诉讼须由婚姻缔结地法院管辖为由不予受理，当事人向人民法院提出离婚诉讼的，由婚姻缔结地或一方在国内的最后居住地人民法院管辖。

（2）在国外结婚并定居国外的华侨，如定居国法院以离婚诉讼须由国籍所属国法院管辖为由不予受理，当事人向人民法院提出离婚诉讼的，由一方原住所地或在国内的最后居住地人民法院管辖。

（3）中国公民一方居住在国外，一方居住在国内，不论哪一方向人民法院提起离婚诉讼，国内一方住所地的人民法院都有权管辖。如国外一方在居住国法院起诉，国内一方向人民法院起诉的，受诉人民法院有权管辖。

（4）中国公民双方在国外但未定居，一方向人民法院起诉离婚的，应由原告或者被告原住所地的人民法院管辖。

（二）特殊地域管辖

特殊地域管辖是指以诉讼标的所在地或者引起民事法律关系发生、变更、消灭的法律事实所在地为标准确定的管辖。特殊地域管辖是相对于一般地域管辖而言的，是法律针对特别类型案件的诉讼管辖作出的规定。属于特殊地域管辖的案件没有统一的管辖标准，《民事诉讼法》第23～32条，规定了特殊地域管辖的几种情形：

1. 一般合同纠纷。《民事诉讼法》第23条规定，因合同纠纷提起的诉讼，由被告住所地或者合同履行地法院管辖。合同履行地，一般是指合同规定履行义务和接受该义务的地点，主要是指合同标的物的交接地。在司法实践中，合同履行地的确定是一个非常复杂的问题，对此，最高人民法院的有关司法解释和批复作了相应的规定，主要包括：

（1）如果合同没有实际履行，当事人双方住所地又都不在合同约定的履行地的，应由被告住所地法院管辖。

（2）确定购销合同的履行地，应依照下列规定：①当事人在合同中明确约定履行地点的，以约定的履行地点为合同履行地；未明确约定履行地点的，以约定的交货地点为合同履行地。合同约定的货物到达地、到站地、验收地、安装调试地等，均不应被视为合同履行地。②当事人在合同中明确约定了履行地点或交货地点，但在实际履行中双方以书面方式或其他方式变更约定的，以变更后的约定确定合同履行地。③当事人在合同中对履行地点、交货地点未作约定或约定不明确的，或者虽有约定但未实际交付货物，且当事人双方住所地均不在合同约定的履行地，以及口头购销合同纠纷案件，均不依履行地确定案件管辖。

案例（2-4）：河北省雄县粮食公司与湖南省茶陵县粮食公司签订了粮食购销合同，合同没有约定履行地点。1991 年 9 月，雄县粮食公司将 508 袋粮食用汽车运到河北省徐水县火车站。茶陵县粮食公司采购员对粮食验收合格后，由雄县粮食公司交铁路部门承运到长沙，运费由供方自理。茶陵县粮食公司自费用汽车将粮食从长沙运至茶陵。

该合同的履行地点应该是湖南长沙。因为本案虽然未约定履行地，但实际的交货地点是长沙，因此交货地点即为合同履行地。

（3）加工承揽合同，以加工地为合同履行地，但合同中对履行地有约定的除外。

（4）财产租赁合同、融资租赁合同以租赁物使用地为合同履行地，但合同中对履行地有约定的除外。

（5）补偿贸易合同，以接受投资一方主要义务履行地为合同履行地。

（6）借款合同以贷款方所在地为合同履行地，当事人另有约定的除外。

2. 保险合同纠纷。保险合同是投保人和保险人约定，由投保人支付保险费，保险人在保险标的发生保险事故时负给付保险金义务的协议。《民事诉讼法》第 24 条规定，因保险合同纠纷提起的诉讼，由被告住所地或保险标的物所在地人民法院管辖。保险合同发生纠纷后，被告住所地或保险标的物所在地法院都有管辖权。如果保险标的物是运输工具或运输中的货物，则由被告住所地或者运输工具登记注册地、运输目的地、保险事故发生地的法院管辖。

3. 票据纠纷。票据纠纷是指因票据的签发、取得、使用、转让、承兑、保证等引起的纠纷。《民事诉讼法》第 25 条规定，因票据纠纷提起的诉讼，由票据支付地或被告住所地人民法院管辖。这类纠纷引起的诉讼，票据支付地和被告住所地法院都有管辖权。票据支付地，是指票据上载明的付款地；票据未载明付款地的，票据付款人（包括代理付款人）的住所地或主要营业所所在地为票据付款地。

4. 公司设立、确认股东资格、分配利润、解散纠纷。《民事诉讼法》第 26 条规定，因公司设立、确认股东资格、分配利润、解散等纠纷提起的诉讼，由公司住所地人民法院管辖。与公司有关的诉讼，往往会涉及多数利害关系人的利益，为了避免当事人、法院在管辖方面出现争执，防止出现不同法院针对相同事实的案件作出的裁判可能出现相异的情况，民事诉讼法采用特殊地域管辖，由公司住所地人民法院管辖。根据《公司法》、《民法通则》等相关法律的规定，公司以其主要办事机构所在地为住所地；公司主要办事机构所在地不明确的，由其注册地人民法院管辖。

5. 运输合同纠纷。运输合同纠纷，是指承运人与托运人双方在履行运输合同过程中发生的权利义务争议。如因托运的货物被损坏、丢失引起的纠纷，承运人给旅客人身造成伤害引起的纠纷等。《民事诉讼法》第 27 条规定，因铁路、公路、水上、航空运输和联合运输合同纠纷提起的诉讼，由运输始发地、目的地或者被告住所地人民法院管辖。运输始发地，即旅客或货物的最初出发地；目的地，即合同约定的客运、货运最终到达地。根据最高人民法院的规定，水上运输或水陆联合运输合同纠纷发生在我国海事法院辖区的，由海事法院管辖；铁路运输合同纠纷则由铁路法院集中管辖。

6. 侵权纠纷。《民事诉讼法》第 28 条规定，因侵权行为提起的诉讼，由侵权行为地或者被告住所地人民法院管辖。侵权行为地包括侵权行为实施地和侵权结果发生地。通常情况下，侵权行为实施地和侵权结果发生地两者相一致，但特殊情况下也会出现两者不相一致的情况。针对该侵权行为提起的诉讼，侵权行为实施地、侵权结果发生地和被告住所地的法院都有管辖权。如因产品质量不合格造成他人财产、人身损害提起的诉讼，产品制造地、产品销售地、侵权行为地和被告住所地的法院都有管辖权。

7. 交通事故损害赔偿纠纷。《民事诉讼法》第 29 条规定，因铁路、公路、水上和航空事故请求损害赔偿提起的诉讼，由事故发生地或车辆、船舶最先到达地、航空器最先降落地或被告住所地人民法院管辖。车辆、船舶、航空器在运行过程中发生事故造成他人财产、人身损害是一种特殊的侵权行为，针对这种特殊侵权行为引起的诉讼，民事诉讼法规定了特殊的地域管辖。所谓“事故发生地”是指车辆、船舶、航空器侵权行为发生的具体地点或一定的行政区域；“车辆、船舶最先到达地”是指事故发生后该车辆、船舶最先到达的车站或港口；“航空器最先降落地”是指事故发生后，航空器（飞机、飞艇、热气球、卫星等）最先降落的机场或其他地点，或者是坠毁的地点。

8. 海事、海商纠纷。《民事诉讼法》第30～32条分别对因海事损害事故、海难救助费用及共同海损而发生的纠纷规定了具体的管辖法院。《民事诉讼法》第30条规定，因船舶碰撞或者其他海事损害事故请求损害赔偿提起的诉讼，由碰撞发生地、碰撞船舶最先到达地、加害船舶被扣留地或者被告住所地人民法院管辖。第31条规定，因海难救助费用提起的诉讼，由救助地或者被救助船舶最先到达地人民法院管辖。第32条规定，因共同海损提起的诉讼，由船舶最先到达地、共同海损理算地或航程终止地人民法院管辖。

海事损害事故，即海损事故，是指船舶在航行过程中所发生的损害事故，包括船舶碰撞、触礁、触岸、搁浅、失火、爆炸、沉没、损害港口设施等。海难救助是指在海上或者与海相同的可航水域，对遇险的船舶和其他财产进行的救助。共同海损是指在同一海上运输中，船舶、货物和其他财产遭受共同危险，为了共同安全，有意地、合理地采取措施所造成的特殊牺牲及支付的特殊费用。因该三类海事、海商纠纷提起的诉讼，根据我国参加的国际公约相关规定和国际惯例，由与案件最密切联系地的海事法院管辖。

（三）专属管辖

专属管辖，是指法律强制规定某类特殊类型的案件专属于特定法院管辖，其他法院无管辖权，当事人也不得以协议变更管辖。与其他法定管辖相比，专属管辖具有极强的排他性：

1. 排除一般地域管辖和特殊地域管辖的适用。凡属专属管辖的案件，只能由法律规定的法院管辖，其他法院无权管辖。

2. 排除了协议管辖的适用。凡属专属管辖的案件，当事人不得以协议的方式变更管辖法院。

根据《民事诉讼法》第33条的规定，下列案件为专属管辖：

1. 不动产纠纷。因不动产纠纷提起的诉讼，由不动产所在地法院管辖。不动产，是指不能移动或移动后会改变其性质或降低甚至丧失其价值的财产，如土地及其土地上的建筑物、草原、山林、河流、滩涂等。因不动产发生的纠纷，主要是指因不动产的所有权、使用权、相邻权等发生的纠纷，如提起诉讼，则由不动产所在地法院管辖，以便法院进行调查、勘验，对案件作出正确的处理。

2. 港口作业纠纷。因港口作业中发生纠纷提起的诉讼，由港口所在地法院管辖。港口作业纠纷是指在港口进行货物装卸、驳运、保管等作业中发生的纠纷，以及船舶在港口作业中因违章操作等行为损坏港口设施、其他财产或者造成他人人身损害引起的侵权纠纷。因港口作业中发生纠纷提起的诉讼，都由港口所在地的海事法院管辖，以有利于法院调查取证、查明案情、及时采取保全措施，并及时作出正确裁判。

3. 继承纠纷。因继承遗产纠纷提起的诉讼，由被继承人死亡时住所地或主要遗产所在地法院管辖。继承遗产纠纷，主要包括当事人有无继承权的纠纷及当事人因分割遗产而发生的纠纷。在这类诉讼中，审理的关键在于确定继承权的有无和遗产的分配，因此，确定由被继承人死亡时住所地或主要遗产所在地法院管辖，便于法院查明继承开始的时间、继承人和被继承人的关系，以及遗产的种类、数额等案件事实。当遗产有多处且分布在不同法院辖区时，还需要区分主要遗产和非主要遗产。如果遗产既有动产又有不动产的，一般以不动产所在地为主要遗产地；如果动产有多项的，则以价值高的动产所在地作为主要遗产地。

（四）协议管辖

协议管辖，又称合意管辖或者约定管辖，是指双方当事人在民事纠纷发生之前或发生之后，以书面方式约定管辖法院。协议管辖是当事人处分原则的重要体现，便于当事人根据自己的意志行使诉讼权利，避免因管辖权的争议而延误纠纷的解决，同时也有利于抑制和克服地方保护主义，保护当事人的合法权益。

《民事诉讼法》第 34 条对协议管辖作了明确规定："合同或者其他财产权益纠纷的当事人可以书面协议选择被告住所地、合同履行地、合同签订地、原告住所地、标的物所在地等与争议有实际联系的地点的人民法院管辖，但不得违反本法对级别管辖和专属管辖的规定。"据此，协议管辖须具备下列条件：

1. 协议管辖适用于合同纠纷或者其他财产权益纠纷，除此以外的其他民事、经济纠纷当事人不得协议管辖。

2. 协议管辖只适用于一审民事案件，而不适用于二审、重审、再审、提审案件。

3. 当事人必须在法定范围内选择协议管辖的法院，即必须在原告住所地、被告住所地、合同履行地、合同签订地、标的物所在地等与争议有实际联系的地点的法院中选择。

4. 双方约定的管辖法院应明确、唯一。如果双方当事人选择管辖的协议不明确或选择五个法院中的两个以上管辖的，协议无效，仍然按照被告住所地或合同履行地确定管辖。

5. 协议管辖为要式行为，须采用书面形式约定，口头约定无效。

6. 协议管辖不能违背民事诉讼法关于级别管辖和专属管辖的规定。

以上六个条件须同时具备，缺一不可。

四、裁定管辖

裁定管辖，是指法院以裁定的方式确定案件的管辖。裁定管辖是为解决司法实践中复杂多变的情况而设置的，是对法定管辖的必要补充。按照民事诉讼法的规定，裁定管辖有三种表现形式，即移送管辖、指定管辖、管辖权的转移。

（一）移送管辖

移送管辖，是指法院受理案件后，发现本院对该案无管辖权，而依法将案件移送给有管辖权的法院审理。移送管辖实际上是法院错误受理案件时所采取的一种纠正措施。从审判实践看，移送管辖既可能发生在同级法院之间，也可能发生在上下级法院之间，但通常情况下多发生在同级法院之间，主要用于纠正地域管辖出现的错误。

《民事诉讼法》第 36 条规定："人民法院发现受理的案件不属于本院管辖的，应当移送有管辖权的人民法院，受移送的人民法院应当受理。受移送的人民法院认为受移送的案件依照规定不属于本院管辖的，应当报请上级人民法院指定管辖，不得再自行移送。"据此，适用移送管辖须具备三个条件：①移送的案件必须是法院已经受理的案件；②受理法院对本案没有管辖权；③受移送的法院是被认为对本案有管辖权的法院。

根据民事诉讼法的规定及最高人民法院的有关司法解释，下列情况下不得移送：

1. 受移送的法院即使认为本院对移送来的案件并无管辖权，也不得将该案退回移送法院或再自行移送给其他法院，应当报请上级法院指定管辖。

2. 两个以上法院都有管辖权的诉讼，先立案的法院不得将案件移送给另一个有管辖权的法院。

3. 有管辖权的法院受理案件后，根据管辖恒定原则，不得以当事人住所地、经常居住地变更或行政区域变更为由，将案件移送给变更后有管辖权的法院。

（二）指定管辖

指定管辖是指上级法院用裁定的方式依法指定其辖区内的某一个下级法院对某具体案件行使管辖权。根据《民事诉讼法》第 36 条和第 37 条的规定，指定管辖适用的情形主要有以下三种：

1. 接受移送案件的法院认为受移送的案件不属于本院管辖的，应报请上级法院指定管辖。

2. 对案件有管辖权的法院，由于特殊原因而不能行使管辖权的，由上级法院指定管辖。特殊原因既包括事实上的特殊原因，如有管辖权的法院所在地区发生了地震、水灾等严重的自然灾害；也包括法律上的特殊原因，如有管辖权的法院的法官需全体回避等。

3. 法院之间因管辖权发生争议且协商不成的，应报请他们的共同上级法院指定管辖。如双方为同属一个地、市辖区的基层人民法院，由该地、市的中级人民法院指定管辖；如双方同属一个省、自治区、直辖市的中级人民法院，由该省、自治区、直辖市的高级人民法院指定管辖；如双方为跨省、自治区、直辖市的法院，应报请各自所属的高级人民法院协商解决，高级人民法院协商不成的，由最高人民法院指定管辖。报请上级法院指定管辖应逐级进行。上级法院指定管辖时，应书面通知报送的法院和被指定的法院，报送案件的法院接到通知后，应及时告知案件当事人。

（三）管辖权的转移

管辖权的转移，是指经上级法院决定或同意，将案件的管辖权由上级法院转移给下级法院，或者由下级法院转移给上级法院。它是级别管辖的一种变通措施。

《民事诉讼法》第38条规定："上级人民法院有权审理下级人民法院管辖的第一审民事案件；确有必要将本院管辖的第一审民事案件交下级人民法院审理的，应当报请其上级人民法院批准。下级人民法院对它所管辖的第一审民事案件，认为需要由上级人民法院审理的，可以报请上级人民法院审理。"

据此，管辖权的转移须具备以下三个条件：①移送案件的法院对所移送的案件有管辖权；②案件的移送是在有直接隶属关系的上下级法院之间进行；③管辖权转移须经上级法院的批准或同意。

管辖权转移与移送管辖均属裁定管辖，在形式上也都表现为案件由一个法院转移至另一个法院，但二者具有本质上的区别：①性质不同。管辖权转移是有管辖权的法院将案件的管辖权转移给无管辖权的法院，案件的转移只是形式，管辖权的转移才是本质；移送管辖是无管辖权的法院将案件移送给对该案有管辖权的法院，移送的仅仅是案件而非管辖权。②作用不同。管辖权的转移主要用于调节级别管辖，是为了使级别管辖有一定的灵活性，以更好地适应复杂的案件情况。移送管辖则主要适用于地域管辖，其作用在于纠正移送法院受理案件的错误。

五、管辖恒定和管辖权异议

（一）管辖恒定

管辖恒定，是指管辖权的确定以原告起诉时为准，起诉时对案件享有管辖权的法院，不因在诉讼过程中确定管辖的因素发生变化而变化。管辖恒定有助于在复杂多变的诉讼过程中保持管辖的相对稳定，从而避免因管辖变动造成司法资源的浪费，同时得以减少当事人讼累，使诉讼尽快解决。

具体来说，管辖恒定表现在案件受理后，受诉法院的管辖权不因当事人住所地、经常居住地的变更而发生变化；受诉法院不得以行政区域变更为理由，将已经受理的案件移送给变更后有管辖权的法院。

案例（2-5）：原告刘某（女）与被告李某（男）于2008年10月登记结婚。婚后因工作原因，刘某居住在甲省A县，李某居住在乙省B县。由于长期两地分居，再加上性格不合，婚后两人多次因家庭琐事发生矛盾。2011年3月21日，B县人民法院受理了刘某诉李某离婚一案。2011年4月26日，李某因贪污罪被检察机关逮捕，B县人民法院遂根据《民事诉讼法》第22条第4款的规定，以"对被监禁的人提起的诉讼应由原告住所地人民法院管辖"为由，将案件移送A县法院。

根据管辖恒定原则，案件受理后，受诉法院的管辖权不因当事人住所地、经常居住地的变更而发生变化。B县人民法院移送案件的行为显然是不正确的。

应予注意的是，管辖恒定并不是绝对的，并不意味着管辖一旦确定后就完全不能再发生变动。在诉讼实践中，某些当事人可能会利用有关管辖恒定的要求故意规避级别管辖。针对此类情况，受诉法院应根据对方当事人的申请，将案件移送于相应级别的法院，以充分保障对方当事人的诉讼利益。

（二）管辖权异议

管辖权异议，是指当事人向受诉法院提出的不服管辖的意见或主张。民事诉讼法赋予了当事人依法提出管辖异议的权利，一方面是从立法上保证双方当事人在管辖问题上享有平等的权利，并通过管辖权异议的提出有效限制原告滥用起诉权；另一方面则是通过当事人行使管辖异议权，使法律关于管辖的规定得到正确适用。

1. 管辖权异议的条件。《民事诉讼法》第127条规定："人民法院受理案件后，当事人对管辖权有异议的，应当在提交答辩状期间提出。人民法院对当事人提出的异议，应当审查。异议成立的，裁定将案件移送有管辖权的人民法院；异议不成立的，裁定驳回。当事人未提出管辖异议，并应诉答辩的，视为受诉人民法院有管辖权，但违反级别管辖和专属管辖规定的除外。"根据该条规定，提出管辖权异议须具备以下条件：

（1）有权提出管辖权异议的只能是本案的当事人。提出管辖权异议的当事人通常是被告。原告是主动向受诉法院起诉的人，一般不存在提出管辖权异议的问题。但在一些特殊情形下，如对受诉法院移送管辖裁定不服的，或者诉讼开始后，被追加的原告认为受诉法院无管辖权等情况时，原告应当有权提出管辖权异议。

（2）管辖权异议的客体只能是第一审民事案件的管辖权。

（3）须在法定期间提出。管辖权异议应当在法院受理案件后，当事人提交答辩状期间提出。就被告而言，其提出管辖权异议期间，为其收到起诉状副本之日起15日内。逾期提出，法院将不予审查。当事人在规定的期间内未提出管辖权异议，并应诉答辩的，视为受诉人民法院有管辖权，但违反级别管辖和专属管辖规定的除外。

2. 管辖权异议的处理。当事人提出的管辖权异议，如符合上述条件，法院应当进行审查。法院对异议未作审查或审查后尚未作出裁定的，不得进入实体审理阶段。当事人如在法定期限内提出了异议，但在法院就此作出裁定前，又以书面或口头形式（须经法院记录在案并经本人签字）表示接受受诉法院管辖的，视为当事人自动放弃了异议。以后再提出的不予审议。

经法院审查，当事人管辖权异议成立的，受诉法院应当书面裁定将案件移送给有管辖权的法院审理；异议不成立的，书面裁定驳回。裁定应当送达双方当事人，当事人对裁定不服的，有权在10日内向上一级法院提出上诉。

在诉讼实践中，当事人提出管辖权异议主要针对地域管辖的问题。但是，根据2010年施行的《最高人民法院关于审理民事级别管辖异议案件若干问题的规定》，当事人对级别管辖也有权提出异议。

被告在提交答辩状期间提出管辖权异议，认为受诉人民法院违反级别管辖规定，案件应当由上级人民法院或者下级人民法院管辖的，受诉人民法院应当审查，并在受理异议之日起15日内作出裁定。提交答辩状期间届满后，原告增加诉讼请求金额致使案件标的额超过受诉人民法院级别管辖标准，被告提出管辖权异议，请求由上级人民法院管辖的，人民法院应当予以审查并作出裁定。

在管辖权异议裁定作出前，原告申请撤回起诉，受诉人民法院作出准予撤回起诉裁定的，对管辖权异议不再审查，并在裁定书中一并写明。

对人民法院就级别管辖异议作出的裁定，当事人不服提起上诉的，第二审人民法院应当依法审理并作出裁定。对于将案件移送上级人民法院管辖的裁定，当事人未提出上诉，但受移送的上级人民法院认为确有错误的，可以依职权裁定撤销。

引例解析：本案属于一般民事侵权案件，级别管辖应该是基层人民法院；地域管辖的确定，应当适用《民事诉讼法》第28条的规定，由侵权行为地或者被告住所地人民法院管辖。因此，甲县、乙县、丙县基层人民法院和A省某市基层人民法院均有管辖权。

本章重点内容小结

1. 人民法院是国家唯一的审判机关，依照法律规定独立行使审判权，不受行政机关、社会团体和个人的干涉。其组织体系由地方各级人民法院（基层人民法院、中级人民法院、高级人民法院）、最高人民法院和军事法院等专门人民法院组成，上下级之间在审判工作上体现的只是审判监督关系。

2. 民事诉讼主管是法院依法受理和解决一定范围内民事纠纷的权限。它解决了法院与其他国家机关、社会团体之间在解决民事纠纷（包括经济纠纷、海事、海商纠纷）方面的外部分工问题。

3. 民事诉讼管辖是确定人民法院之间受理第一审民事案件的分工和权限。它是在法院内部具体落实民事审判权的一项重要制度。管辖有级别管辖、地域管辖、移送管辖、指定管辖四种。案件受理后，当事人对管辖权有异议的，有权在法定期间内向受诉法院提出不服管辖的意见或主张。

关键词：人民法院　　主管　　管辖

实务训练

（一）示范案例

案情：王某（男）与刘某（女）于1984年6月结婚。1994年7月刘某向A市西区人民法院起诉与王某离婚，西区人民法院受理此案后，查明刘某户籍、工作单位是均在该市东区，王某的户籍、工作单位是在江西怀县，王、刘二人婚后住该市东区。基于此，市西区法院认为此案不属其管辖，遂将案件移送A市东区法院。A市东区法院以被告住所地在江西怀县为由将案件移送到江西怀县，江西怀县向A市东区法院复函称王某要求A市东区法院处理此案件，便又将全部案卷移至A市东区法院。

问：

（1）此案该由哪个法院管辖？说明理由。

（2）市西区法院对案件移送是否正确？为什么？

（3）东区法院应否受理受移送的案件？该院对于案件的移送是否正确？

分析：

（1）此案应由A市东区人民法院管辖。依级别管辖，民事案件一般由基层人民法院管辖。依地域管辖，民事案件一般由被告住所地人民法院管辖，被告住所地与经常居住地不一致的，由经常居住地人民法院管辖。本案属离婚案，被告王某系江西怀县人，户籍地江西怀县，但其婚后连续居住于A市东区达十年之久，东区为其经常居住地。故本案应由A市东区人民法院管辖。

(2) 市西区法院对案件移送正确。人民法院发现受理的案件不属于其管辖范围的，应当移送给有管辖权的人民法院。

(3) 市东区法院应当受理受移送案件，该院自行将案件移送是不正确的。《民事诉讼法》规定，受移送案件的法院对于移送的案件不得再自行移送，应当报上级法院指定管辖。因此，市东区法院如认为此案不属于该院管辖，就应报A市中级人民法院指定管辖。

(二) 习作案例

A县与C、D、E、F四县相邻。A县某加工厂和B县某食品厂于1995年9月10日在C县签订了一真空食品袋加工承揽合同。其中约定："运输方式：加工厂代办托运；履行地点：加工厂在D县的仓库；发生纠纷的解决方式：在E县仲裁委员会仲裁，也可以向C县和E县的人民法院起诉。"合同签订后，加工厂即在其设在F县的分厂进行加工，并在F县车站发货。食品厂收货后即投入使用。因真空食品袋质量不合格，致使食品厂已封装入库和销售出去的袋装食品大量腐败变质，损失5万元。两厂几经协商未果。食品厂的法定代表人即找到律师刘某咨询。最后提出："怎么起诉都可以，但必须在我们B县法院打官司，你能办到就委托你，否则我另请高明。"

就上述情况，请回答：

(1) 依照法律规定，此纠纷应通过仲裁解决还是应通过诉讼解决？为什么？

(2) E县法院是否有管辖权？为什么？

(3) C县法院是否有管辖权？为什么？

(4) F县法院是否有管辖权？为什么？

(5) D县法院是否有管辖权？为什么？

(6) A县法院是否有管辖权？为什么？

(7) 如果你是刘律师，能否满足食品厂的要求？为什么？

思考题

1. 概念辨析：主管和管辖；移送管辖和管辖权转移。
2. 确定管辖的原则有哪些？
3. 试述各级法院管辖的第一审民事案件的范围。
4. 简述一般地域管辖的原则和例外。
5. 我国民事诉讼法关于特殊地域管辖的规定有哪些？
6. 试述管辖权异议的主体和处理程序。

延伸阅读

审判委员会

审判委员会是我国法院内部对审判工作实行集体领导的一种组织形式。审判委员会是人民法院的最高审判组织，负责审理重大疑难案件并对审判业务进行指导。审判委员会的会议由法院院长主持，成员由院长1人，副院长、庭长、资深审判员若干人组成。组成人数是单数。对审判委员会的决议，合议庭必须服从。

在合议庭与审判委员会的关系上，审判委员会居于领导的地位。这种关系在民事案件的审判过程中具体表现为：合议庭审理重大、疑难的案件，由院长提交审判委员会讨论，合议庭对审判委员会的决议，应当作为对案件作出判决的参考；独任审判庭和合议庭审结的案件，所作出的裁判如果被发现确有错误，经院长提议，审判委员会有权讨论决定再审。

审判委员会是中国司法制度的重要组成部分，是中国司法制度的一大特色。为改革和完善人民法院审判委员会制度，提高审判工作质量和效率，最高人民法院于2010年出台《关于改革和完善人民法院审判委员会制度的实施意见》，进一步规范审判委员会工作机制及其工作程序，克服“审而不判，判而不审”的弊端，在总结审判经验，审理疑难、复杂、重大案件中发挥其应有的作用。

第三章 当事人

学习目标

1. 了解当事人的概念、当事人能力、当事人适格之间的关系。
2. 掌握当事人的确定标准及其法律规定。
3. 掌握共同诉讼人、第三人、诉讼代表人的分类及其相互关系。
4. 区分诉讼代理人的不同类型及权限差别。

学习任务

能够准确地确定具体民事案件中的适格当事人，并能够准确完成代理关系的建立。

第一节 当事人概述

导入案例

某女甲与丈夫乙离婚后发现自己怀有身孕，后生育双胞胎丙和丁，因无力独自抚养，现欲起诉要求乙承担两个孩子的抚育费。

问题：本案谁可以成为诉讼原告?

知识点：当事人的含义及其法律地位。

一、当事人的概念

民事诉讼当事人是指因民事权利义务关系发生争议，以自己的名义进行诉讼，要求法院依法行使审判权的人及其相对方。民事诉讼就是因当事人的起诉和应诉而开始，诉讼的整个过程也主要是由法院和当事人的诉讼行为所构成的。因此说，没有当事人，就没有民事诉讼。当事人作为诉讼主体在诉讼中具有十分重要的法律地位。

传统当事人是基于实体正义观念而赋予了实质意义上的含义，即因自己的民事权益受到侵害或与他人民事权益发生争议，以自己的名义进行诉讼并受法院裁判约束的利害关系人。根据这一表述，实质意义当事人可概括为：①以自己的名义进行诉讼；②与案件有法律上的利害关系；③受法院裁判效力的约束。但是，随着社会的进步，基于权利的强烈保护意识，这一传统的定义受到质疑和挑战，司法和立法更倾向于从程序意义上理解当事人的概念。

程序意义上的当事人是以自己的名义起诉或者应诉，要求法院就具体诉讼案件行使审判权并作出裁判的人及其相对人。当事人的诉讼地位一般通过起诉状记载的内容来判定，而不问其是否为争议的民事实体法律关系的主体。程序意义上的当事人包括适格的当事人，也包括不适格的当事人。

程序意义上的当事人具有以下明显的特征：

1. 以自己的名义进行诉讼。即当事人必须在起诉状中将自己列为或被列为原告或被告，并且起诉、应诉等诉讼行为均以自己的名义实施。以自己的名义进行诉讼，这是当事人与诉讼代理人的重大区别。不以自己的名义起诉、应诉的，不是当事人，而是诉讼代理人。

2. 请求法院依法行使审判权。诉权是国家赋予当事人维护自己的民事权益的一种手段。当事人因自己的民事权益遭受侵犯或者与他人发生争议时，可以依法行使诉权，请求法院行使审判权，依法对案件进行审判。

3. 请求法院依法对案件进行裁判。人民法院通过法庭审理依照事实和法律对案件作出裁判。裁判文书发生法律效力后，对双方当事人均有约束力。当事人应自觉遵守或履行生效的裁判，否则人民法院可以采取强制措施。

当事人的称谓因诉讼程序和诉讼阶段的不同而不同。在第一审普通程序和简易程序中，当事人被称为原告和被告；在第二审程序中，当事人被称为上诉人与被上诉人；在审判监督程序中，如适用第一审程再审，原审的当事人仍被称为原告与被告，如果适用第二审程序再审，原审的当事人被称为上诉人与被上诉人；在执行程序中，当事人被称为申请执行人与被申请执行人。在特别程序中，因通常情况没有对立的双方当事人，引起诉讼程序发生的人一般被称为申请人或起诉人。

民事诉讼当事人有广义和狭义之分。在一般情况下，狭义当事人是指原告一方和被告一方都是一人，即单一的原告和被告。广义当事人是指除单一的原告和被告外，还包括共同诉讼人、第三人和诉讼代表人。

二、当事人主体资格

（一）当事人能力

当事人能力，又称民事诉讼权利能力，是指成为民事诉讼当事人，享有民事诉讼权利、承担民事诉讼义务所必须具有的诉讼法上的资格。

通常情况下，当事人的民事诉讼权利能力与民事权利能力相适应，即凡是具有民事权利能力的人均具有民事诉讼权利能力，可以成为民事诉讼的当事人。

在某些特殊情况下，没有民事权利能力的人也可以依法享有独立的民事诉讼权利能力，如民事诉讼中的其他组织。

《民事诉讼法》第48条规定："公民、法人和其他组织可以作为民事诉讼的当事人。"依此规定，公民、法人和其他组织均具有民事诉讼权利能力，可以成为民事诉讼当事人。当事人民事诉讼权利能力的取得和消灭与民事权利能力的取得和消灭相一致。自然人的诉讼权利能力始于出生、终于死亡或宣告死亡；法人和其他组织诉讼权利能力始于依法成立、终于终止。外国人和无国籍人虽然不是我国公民，但法律也承认其民事权利能力，当他们与其他民事主体发生民事权利义务的争议时，也享有民事诉讼权利能力，成为民事诉讼当事人。

诉讼权利能力作为一种法定资格，是公民、法人或其他组织成为诉讼当事人的一种可能性。具有民事诉讼权利能力的人，能否最终成为具体案件的当事人，往往还要取决于其他的条件。

（二）当事人的诉讼能力

诉讼能力，又称民事诉讼行为能力，是指当事人可以通过自己的行为亲自参加诉讼，行使诉讼权利，承担诉讼义务的诉讼法上的资格。民事诉讼行为能力是我们判断当事人能否亲自参加诉讼的依据。

作为当事人的公民是否具有民事诉讼行为能力，需根据当事人的认识能力加以区别。通常认为，有完全民事行为能力的当事人具有民事诉讼行为能力，无民事行为能力或限制民事行为能力的当事人无诉讼行为能力。没有诉讼行为能力的当事人，不能亲自参加诉讼。因此，法律专门为他们设立了救济制度，由他们的监护人以法定诉讼代理人的身份代其参加诉讼。

法人和其他组织的民事诉讼行为能力则与其民事诉讼权利能力同时产生、同时消灭。但由于法人和其他组织是无生命的组织体，没有自然人那样的思维和意志力。因此，法人由其法定代表人进行诉讼，其他组织由其主要负责人进行诉讼。根据民事诉讼法及其相关司法解释，法人的正职负责人是法人的法定代表人。没有正职负责人的，由主持工作的副职负责人担任法定代理人。设有董事会的法人，以董事长为法定代表人；没有董事长的法人，经董事会授权的负责人可作为法人的法定代表人。

当事人诉讼权利能力与诉讼行为能力有着密切的联系，具有诉讼权利能力，即有了作当事人的资格，无此能力则不能成为当事人；具有诉讼行为能力，当事人就可以亲自进行诉讼，无此能力，需由其法定诉讼代理人或者法定代理人委托的诉讼代理人进行诉讼活动。

案例（3-1）：某高中二年级学生甲今年17岁，幼年父母双亡，一直随爷爷生活，擅长计算机操作与维修。因生活窘迫，就在课余时间利用自己的特长，组装电脑卖钱养活自己和家人。现因电脑组装质量问题和他人发生争执，甲欲起诉对方。

在本案中，甲可以亲自参加诉讼。根据《民法通则》规定，已满16周岁未满18周岁的公民，以自己的劳动收入为主要生活来源的，视为完全民事行为能力人。依据民事诉讼法的规定，完全民事行为能力人具有诉讼行为能力，可以以自己的名义亲自进行诉讼。

三、当事人适格

（一）当事人适格的含义

从程序意义上理解当事人的范围有助于降低诉讼的门槛，使当事人更容易获得司法救助的机会。但是，由于最终人民法院的裁判只有针对实体法律关系上的主体才会有法律意义。因此，在诉讼过程中人民法院对于非适格的当事人，一般会裁定驳回起诉或要求进行当事人更换。为使诉讼能够在适格的当事人之间进行，从而使人民法院的裁判具有实际意义，需要有一定的标准来判断起诉或应诉的当事人是否为本案的适格当事人。

当事人适格是指针对具体的诉讼个案，有作为本案当事人起诉或应诉的资格，又被称为正当当事人或实体意义上的当事人。

当事人适格与诉讼权利能力不同。诉讼权利能力是抽象的诉讼当事人的资格，与具体诉讼无关。当事人适格是针对具体的诉讼个案，当事人适格与否必须将当事人与具体诉讼联系起来，看当事人与特定的诉讼标的有无直接联系。

当事人适格与作为程序意义上的当事人也不同。程序意义上的当事人仅以原告递交的诉状上所记载的原告、被告主张为准，而当事人适格与否则要根据具体的诉讼标的，判断谁有权要求法院作出裁判和谁应当作为被请求的相对人。

（二）判断当事人适格的标准

人民法院裁判的目的是解决民事法律关系主体之间的争议，化解他们之间的纠纷。因此，一般而言，判断当事人是否适格一般是以当事人是否属于所争议的民事法律关系或民事权利的主体为标准。根据这一标准，只要当事人是诉争的民事法律关系或民事权利的主体，以该民事法律关系或民事权利为诉讼标的进行诉讼，就可以认定其为适格的当事人。

案例（3-2）：飞达公司的采购员张某在为该公司购买一批钢材时，与新月公司签订了一份买卖合同，后在合同履行过程中发生纠纷，新月公司欲向法院起诉。

在本案中，买卖合同的双方为飞达公司和新月公司，张某是飞达公司的代理人，是在履行职务行为，其行为后果应由公司承担。所以，新月公司起诉，应当以飞达公司为被告而非张某。

但在某些例外的情况下，非民事法律关系的主体，在有法律特别规定的情况下也可以作为适格的当事人出现。具体包括：

1. 根据当事人的意思或是法律的规定，依法对他人的民事法律关系或民事权利享有管理权的人，如失踪人的财产代管人、遗产管理人、遗嘱执行人、死者近亲属和清算组织等。当受其管理的民事法律关系或民事权利发生争议时，上述人员或组织可以以自己的名义起诉或应诉。

2. 在确认之诉中，对诉讼标的有确认利益的人。在确认之诉中，对适格当事人的判断，不是看该当事人是否属于该被争议民事法律关系的主体，而是看该当事人对该被争议民事法律关系的确认是否有确认利益，尤其是在消极的确认之诉中。一般来说，原告只要对该诉讼标的有确认利益，就可以成为适格的当事人，而被告只要与作为原告诉争的法律关系有争议，就可以成为适格的被告。

3. 公益诉讼中的原告。公益诉讼是指特定的国家机关、相关的组织或个人，根据法律的授权，对违反法律法规，侵犯国家利益、社会利益或特定的他人利益的行为，向法院起诉，由法院依法追究侵权人法律责任的活动。由于公益诉讼的利益归属主体一般比较模糊，难以界定，所以从各国立法情况看，多由法律直接对谁有资格提起诉讼直接作出规定。《民事诉讼法》第55条规定："对污染环境、侵害众多消费者合法权益等损害社会公共利益的行为，法律规定的机关和有关组织可以向人民法院提起诉讼。"这里所说的"机关和组织"虽然不是"公共利益"的利益"归属者"，但是可以根据法律的授权，提起公益诉讼，成为适格的诉讼当事人。

四、当事人的诉讼权利与诉讼义务

为了使当事人能够充分利用民事诉讼程序解决纠纷，维护自己或自己所管理的民事利益，同时也为了保障诉讼程序的顺利进行，民事诉讼法规定，当事人在诉讼过程中享有广泛的诉讼权利，承担相应的诉讼义务。

（一）当事人的诉讼权利

当事人的诉讼权利是民事诉讼法赋予当事人维护自己的民事权益的手段，是宪法确定的公民基本权利在民事诉讼法中的体现。民事诉讼当事人享有广泛的诉讼权利，具体包括：

1. 原告有提起诉讼的权利，起诉后有放弃、变更诉讼请求和撤诉的权利。

2. 被告有承认或反驳原告的诉讼请求和提起反诉的权利。

3. 有委托诉讼代理人的权利。

4. 提出回避申请的权利。

5. 收集、提供证据的权利。

6. 进行陈述、质证和辩论的权利。

7. 申请调解或自行和解的权利。

8. 查阅与本案有关材料并复制有关材料和法律文书的权利。

9. 申请证据保全、申请顺延诉讼期间、申请财产保全和先予执行的权利。

10. 提起上诉、申请执行的权利。

11. 认为法庭笔录确有错误，有申请补正的权利。

12. 认为发生法律效力的判决、裁定、调解协议有错误，有提出申请再审的权利。

（二）当事人的诉讼义务

当事人享有广泛的诉讼权利的同时，也应当承担相应的诉讼义务。诉讼义务是对当事人的诉讼活动加以法律约束，以保障诉讼程序的顺利进行。

1. 必须依法行使诉讼权利。当事人必须依照民事诉讼法的规定行使诉讼权利，不得滥用法律赋予的诉讼权利，损害他人的合法权益。

2. 必须遵守诉讼秩序。当事人必须遵守法庭秩序，服从法庭指挥，不得实施妨碍民事诉讼秩序的行为。

3. 必须履行发生法律效力的判决书、裁定书和调解书。法院的判决书、裁定书和调解书生效后，负有义务的一方当事人必须履行。义务人不履行的，法院可以根据权利人的申请或依职权强制执行。

五、当事人的变更

当事人的变更是指在诉讼过程中，根据法律的规定或基于当事人的意思，原诉讼的当事人发生变化，具体包括任意的当事人变更和法定的当事人变更。

（一）任意的当事人变更

任意的当事人变更是对不适格当事人进行的更换，是指在诉讼过程中，因原诉讼当事人不适格而发生的当事人变更。

民事诉讼法并没有关于任意当事人变更的规定，但司法实践中普遍认可任意的当事人变更。通常的处理方法是：案件受理后，发现原告不符合适格当事人条件的，人民法院通知更换原告，原告不愿退出诉讼的，法院裁定驳回起诉；符合条件的原告不愿意参加诉讼的，终结案件的审理。被告不符合当事人条件的，人民法院通知更换，原告不同意更换被告的，裁定驳回起诉；更换后的被告应当参加诉讼，如无正当理由，经人民法院两次传唤拒不到庭的，法院可以依法拘传或缺席判决。

（二）法定的当事人变更

法定的当事人变更是指根据法律的规定而发生的当事人的变更，也称诉讼权利承担。主要有以下情形：

1. 在诉讼中，当事人死亡，发生诉讼继承时。在诉讼中，如果一方当事人死亡，有继承人的，裁定中止诉讼，人民法院应当及时通知继承人作为当事人承担诉讼。死者的民事权利、义务转移给他的继承人，死者的诉讼权利、义务也一并转移给其继承人，但如果该民事权利、义务具有人身性，专属于死者，则不发生当事人的变更。变更前被继承人已经进行的诉讼行为对承担诉讼的继承人有效。

2. 因法人或非法人组织所发生的合并、分立等情形。合并、分立后承受原法人或原非法人组织的实体权利、义务的新组织或机构成为新当事人，继续承担原当事人的诉讼。

案例（3－3）： 2010年，甲公司不服A市B法院对其与乙公司买卖合同纠纷的判决，上诉至A市中级人民法院，A市中级人民法院经审理维持原判决。2011年3月，甲公司与丙公司合并为丁公司。之后，丁公司法律顾问在复查原甲公司的相关资料时，发现上述案件具备申请再审的法定事由。

根据民事诉讼法诉讼权利承担的原理，享有申请再审权的当事人应该是丁公司。原当事人甲公司因合并而导致诉讼主体资格的消灭，原实体权利义务和诉讼权利义务均由合并后的新法人丁公司承担。

3. 法人被撤销、依法被解散或宣告破产。在诉讼过程中，如果法人被撤销、依法被解散或宣告破产，将由清算组织接管法人财产，了结债权债务，参与诉讼，成为新的当事人。

发生法定的当事人变更后，新当事人承担原当事人的诉讼权利义务，其参加诉讼后，诉讼程序继续进行，而不是使诉讼程序重新开始。原当事人在诉讼中已经成立的诉讼行为对新当事人仍然有效。

引例解析： 本案中丙和丁可以成为诉讼原告。理由：丙和丁是享有抚养费的主体，具有诉讼权利能力，可以作为原告起诉。他们虽为婴儿不具有诉讼行为能力，但可由其母甲作为法定诉讼代理人代为进行诉讼行为。

第二节 原告和被告

导入案例

周强在某饭店（经理邱明）设宴招待王义等8位朋友。席间，服务员古丽误将装有碱水的瓶子当做白酒送至席上。已略有醉意的王义打开碱水瓶猛饮一口，导致口腔和食道烧伤。由于周强、饭店和古丽都不愿意赔偿王义的损失，王义准备向法院起诉。

问题：本案中谁是适格的被告？

知识点：原告和被告的诉讼地位。

一、原告和被告的概念

原告和被告是民事诉讼最基本的诉讼主体，能够最充分地体现诉讼当事人的基本特征。原告是指为维护自己或自己所管理的他人的民事权益，以自己的名义请求司法保护，从而引起诉讼程序发生的人。被告是指被原告诉称侵犯原告民事权益或与原告有民事权利义务争议，而被法院通知应诉的人。

原告与被告在民事诉讼中是对立双方，双方处于平等的法律地位，通常享有对等的诉讼权利和诉讼义务，但基于诉讼地位的不同，其具体的诉讼权利与义务并不完全相同。

原告、被告的称谓仅反映了他们进入诉讼程序的方式存在差异。原告进入诉讼程序是主动的，体现了对诉权的行使和对诉讼解决纠纷的选择。被告参加诉讼的方式是被动的，体现了诉讼程序一定程度上的强制性。民事诉讼法明确规定，被告如不参加诉讼，法院有权拘传强制其到庭，或者缺席判决。原告的诉请在法律上只是一种假定，其请求能否实现还需依据事实和理由，通过法庭审理、裁判才能得出结论。

二、原告与被告的确定

在我国，公民、法人和其他组织都可以作为民事诉讼的当事人，在与他人发生争议后，可以以自己的名义作为原告起诉或被告应诉。

根据《民事诉讼法》第119条的规定，作为适格的原告应当是“与本案有直接利害关系的公民、法人和其他组织”，即作为原告的公民、法人或其他组织，应当与发生争议的民事法律关系具有法律上的利害关系。相对于原告，被告的适格要求则较为程序化，即是被原告诉称侵犯其民事权益或与其有民事权利义务争议，而被法院通知应诉的人。原告在起诉时，必须有明确的被告，并且有被告的基本情况。

由于在实践中，民事活动的主体比较复杂，民事诉讼中适格的原告或被告，有些需要根据具体的情形来确定。为此，最高人民法院专门就一些特殊情况作出了相关的司法解释，以解决实践中的困惑。

1. 关于公民。

（1）个体工商户应以营业执照上登记的业主为当事人，有字号的，应在法律文书中注明登记的字号。

（2）个体工商户、农村承包经营户、合伙组织雇佣的人员在进行雇佣合同规定的生产经营活动时造成他人损害的，其雇主是当事人。

2. 关于法人和其他组织。

（1）法人或其他组织的工作人员因职务行为或授权行为发生的诉讼，该法人或其他组织为当事人。

（2）企业法人合并的，因合并前的民事活动发生的纠纷，以合并后的企业法人为当事人。

（3）企业法人未清算即被撤销，有清算组织的，以该清算组织为当事人；没有清算组织的，以作出撤销决定的机构为当事人。

（4）法人或其他组织应登记而未登记即以法人或其他组织名义进行民事活动的，或者他人冒用法人或其他组织名义进行民事活动的，或者法人、其他组织终止后仍以其名义进行民事活动的，以直接责任人为当事人。

（5）根据《民事诉讼法意见》，其他组织包括：①依法登记领取营业执照的私营独资企业、合伙组织；②依法登记领取营业执照的合伙型联营企业；③依法登记领取我国营业执照的中外合作经营企业、外资企业；④经民政部门核准登记领取社会团体登记证的社会团体；⑤法人依法设立并领取营业执照的分支机构；⑥中国人民银行、各专业银行设在各地的分支机构；⑦中国人民保险公司设在各地的分支机构；⑧经核准登记领取营业执照的乡镇、街道、村办企业；⑨符合本条规定条件的其他组织。

引例解析：本案中某饭店是适格的被告。理由：本案是民事人身侵权损害赔偿诉讼，王义是在某饭店就餐时受到人身损害，工作人员古丽是在执行职务过程中致人损伤，饭店应对此承担民事责任。饭店系争议的侵权损害赔偿关系中的一方主体，周强、古丽与王义之间均不存在直接的法律上的利害关系，因而他们不应成为本案的被告。

第三节 共同诉讼人

导入案例

红光化工厂排放的化学废液污染了东风村村民甲和乙共有的鱼塘，使鱼苗全部死亡。两村民向法院起诉，要求红光化工厂赔偿损失2万元。法院立案后，又收到东风村村民丙和丁的联名诉状，称红光化工厂的化学废液污染了他们各自的一块水稻苗床田，毒死了全部秧苗。因此，要求该厂分别赔偿每个村民3万元秧苗费。

问题：本案属于何种类型的共同诉讼？

知识点：共同诉讼人的诉讼地位。

一、共同诉讼概述

（一）共同诉讼的概念

共同诉讼属于诉的合并，是人民法院处理涉及多数人的民事争议时的一种诉讼制度。它是指当事人一方或双方为两人以上，诉讼标的是共同的或是同一种类，在诉讼中合并审理的一种诉讼形态。原告一方为两人以上的，称为共同原告；被告一方为两人以上的，称为共同被告。共同原告和共同被告通称为共同诉讼人。共同诉讼人是当事人的一种，属广义上的当事人。

共同诉讼制度的意义在于简化诉讼程序，节省诉讼时间和费用，可以避免人民法院在处理同一事件时作出相互矛盾的判决。

（二）共同诉讼的特征

与原告、被告均为一人的单一诉讼相比，共同诉讼具有以下特征：

1. 当事人一方或双方为两人以上。他们必须在同一诉讼程序中进行诉讼，共同享有权利、共同承担义务。

2. 诉讼标的是共同的或是同一种类。共同诉讼人之间存在着共有的法律关系或者同种类的法律关系，是共同诉讼产生的前提和基础，是共同诉讼的本质属性。

3. 人民法院合并审理。人民法院依据法律直接规定或根据案件的实际需要将若干诉讼合在一起审理。

（三）共同诉讼的种类

根据《民事诉讼法》第52条的规定，以共同诉讼人与诉讼标的之间的关系为标准，共同诉讼可以分为必要共同诉讼和普通共同诉讼。

必要共同诉讼又称不可分之诉，是指同一案件中当事人一方或双方为两人以上，其诉讼标的是共同的，同一方当事人必须或者应当共同参加诉讼，法院必须一并审理并判决的共同诉讼。

普通共同诉讼又称可分之诉，是指同一案件的当事人一方或双方为两人以上，其诉讼标的为同一种类，法院认可并经当事人同意合并审理的诉讼。

二、必要共同诉讼人的确定

（一）必要共同诉讼人的概念与特征

必要共同诉讼人是指在必要共同诉讼中，因诉讼标的的同一性而一同参加诉讼的共同原告或是共同被告。他们除具有当事人的一般特征外，还具有自己独有的一些特征：

1. 必要共同诉讼人对诉讼标的具有共同的权利和义务。必要共同诉讼中所强调的“诉讼标的的共同性”是指共同诉讼人在实体法律关系中存在着共同的利害关系，即享有共同的权利或是承担共同的义务。在司法实践中，诉讼标的共同的常见情形主要包括以下两种：

（1）共同诉讼人之间本身就存在着权利、义务的关系。在诉讼实务中，这种必要共同诉讼最常见的情形是基于特定的身份关系（夫妻关系、父母子女关系、兄弟姐妹关系等）、合伙关系、财产共有关系、连带债权债务关系而产生的共同诉讼。

（2）共同诉讼人之间原本并不存在共同的权利义务，后基于同一事实或法律上的原因才具有共同的权利或义务。例如，数人共同致他人损害，他人向数个加害人请求赔偿的诉讼。由于该数人的侵权行为构成民法上的共同侵权，而共同侵权人之间必须承担连带责任。因此，数个加害人就是必要共同诉讼的共同被告。

2. 必要共同诉讼人应当共同参加同一诉讼。由于必要共同诉讼的诉讼标的具有同一性，法院只能合一审理和判决，当事人只能一同起诉或应诉，如果有必须参加诉讼的当事人没有参加诉讼，法院应当进行当事人的追加。之所以共同诉讼人必须一同参加诉讼，是因为必要共同诉讼人自己不享有独立的诉讼实施权或诉讼管理权，诉讼实施权或诉讼管理权属于全体共同诉讼人。

案例（3－4）：陈某去世后，其亲属将死者骨灰存放在青山殡仪馆。死者的亲属除其弟陈甲外还有其妻王女，其子陈胜，其父母老陈、老刘，其兄陈乙，其妹陈丙。每年死者祭日之时上述人员均到殡仪馆去寄托哀思。某日，死者亲属去祭拜时，被殡仪馆人员告知骨灰已经丢失，致使者亲属异常痛苦。经多方寻找无效。于是，陈甲向人民法院提起诉讼，认为殡仪馆丢失其亲属骨灰，给其造成极大痛苦，要求殡仪馆进行赔偿。人民法院受理了本案，经审理认为殡仪馆工作人员过失致使原告之兄的骨灰遗失，给原告造成痛苦，殡仪馆应当赔偿。经法院主持调解，双方自愿达成了调解协议：由殡仪馆赔偿陈甲1500元，陈甲同意撤回起诉。人民法院裁定准予陈甲撤回起诉。

本案涉及当事人的资格问题。一般来说，死者的近亲属是与死者关系最亲密的人，死者去世对他们的精神打击最大，他们是和本案有直接利害关系的人，此类案件的诉讼主体应当限定在近亲属范围内。法律上没有规定此类案件只能由近亲属中的哪些人提起，或者限定起诉的顺序。因此，应当认为全部的近亲属都有提起诉讼的权利，即死者的全部近亲属都具有诉讼当事人资格，人民法院应当通知陈某的其他近亲属作为必要的共同诉讼人参加诉讼。本案审判人员未通知其他当事人参加诉讼，程序是违法的。

（二）必要共同诉讼人的确定

根据《民事诉讼法意见》的规定，下列情况下的当事人均应作为必要共同诉讼人参加诉讼：

1. 挂靠关系。个体工商户、个人合伙或私营企业挂靠集体企业，并以集体企业的名义从事生产经营活动的，在诉讼中，该个体工商户、个人合伙或私营企业与其挂靠的集体企业为共同诉讼人。

2. 个体工商户业主与实际经营者不一致。营业执照上登记的业主和实际经营者为共同诉讼人。

3. 个人合伙。个人合伙的全体合伙人在诉讼中为共同诉讼人。个人合伙有依法核准登记的字号的，应在法律文书中注明登记的字号。全体合伙人可以推选代表人；被推选的代表人应由全体合伙人出具推选书。

4. 企业法人分立。企业发生分立的，因分立前的民事活动发生的纠纷，以分立后的企业法人为共同诉讼人。

5. 借用关系。借用业务介绍信、合同专用章、盖章的空白合同书或者银行账户的，出借单位和借用人为共同诉讼人。

6. 继承关系。在继承遗产的诉讼中，部分继承人起诉的，法院应当通知其他继承人作为共同诉讼原告参加诉讼；被通知的继承人不愿意参加诉讼又未明确表示放弃实体权利的，法院仍把其列为共同诉讼人。

7. 代理关系。被代理人和代理人承担连带责任的为共同诉讼人。

8. 共有关系。共有财产权受到他人侵害，部分共有人起诉的，其他共有权人应当作为共同诉讼人。

9. 共同侵权。民事诉讼中因共同侵权引起的诉讼，所有实施侵权行为的人为共同诉讼人。

10. 共同危险行为。共同危险行为致人损害的，实施共同危险行为的人为共同诉讼人。

11. 担保关系。在因连带保证合同纠纷提起的诉讼中，债权人向保证人和被保证人一并主张权利的，法院应当将保证人和被保证人列为被告；债权人仅起诉保证人，除保证合同明确约定保证人承担连带责任的外，法院应当通知被保证人作为共同被告参加诉讼；债权人仅起诉被保证人的，可只列被保证人为被告。

12. 劳动关系中发生的共同侵权。原用人单位以新的用人单位和劳动者共同侵权为由向法院起诉的，法院应将新的用人单位和劳动者列为共同被告。

由于在必要共同诉讼中，诉讼标的具有同一性，法院必须合并审理和判决，当事人只能一同起诉或应诉，遗漏必要的共同诉讼当事人会影响案件的公正审理。因此，如果出现部分必要共同诉讼人不参加诉讼的，就需要追加当事人。当事人的追加可以由法院依职权进行，也可以由法院根据参加诉讼的当事人申请追加。审判实务中，针对某些被追加的当事人不愿意参加诉讼的情形，最高人民法院作出了相关的司法解释。其具体做法是：起诉时法院发现必须参加诉讼的当事人没有参加的，应当通知其参加。但应当追加的原告已明确表示放弃实体权利的，可不予追加。既不愿参加诉讼也不放弃实体权利的，仍应追加，其不参加诉讼，不影响案件的审理和依法作出判决。被追加的被告，如果不愿意参加诉讼，法院一般可以对其缺席判决，但对符合拘传条件的被告，则可以通过拘传强制其到庭参加诉讼。

案例（3－5）：甲、乙、丙三人合伙在新新家园生活小区开办一家送奶站，并登记字号为“顺心奶站”。后顺心奶站与小区内20户居民因牛奶质量发生争议，20户居民欲向人民法院起诉。

本案中应以甲、乙、丙三人为共同诉讼的被告。理由是三人开设奶站为个人合伙，根据《民事诉讼法意见》第47条规定，个人合伙的全体合伙人在诉讼中为共同诉讼人。个人合伙有依法核准登记的字号的，应在法律文书中注明登记的字号。

（三）必要共同诉讼人之间的关系

必要共同诉讼人之间的关系比单一诉讼的原告和被告更为复杂，前者不仅表现出共同诉讼人与对方当事人之间发生对立的原告、被告之间的外部关系，还存在着各个共同诉讼人之间的内部关系。由于各个共同诉讼人都是独立的诉讼主体，都有权独立地实施诉讼行为，当各个共同诉讼人实施的诉讼行为不一致时，就产生了如何处理的问题。

《民事诉讼法》第 52 条第 2 款规定，共同诉讼的一方当事人对诉讼标的有共同权利义务的，其中一人的诉讼行为经其他共同诉讼人承认，对其他共同诉讼人发生效力。承认一般为明示，但如果其他共同诉讼人对该共同诉讼人的行为没有表示异议，通常也视为承认。这是因为在一般的诉讼行为中，如果要求共同诉讼人的所有行为都要经其他共同诉讼人的明确同意，将会给诉讼带来不便，甚至延误时间。因此，在实务中采取较为灵活的做法，只要其他共同诉讼人不表示反对，一人行为就对全体诉讼人有效。当然，承认原则也有例外。如果共同诉讼人中的一人对一审判决不服、提起上诉的，如果上诉后仍为不可分之诉，上诉的效力当然及于其他共同诉讼人。

三、普通共同诉讼人的确定

（一）普通共同诉讼人的概念与特征

普通共同诉讼人是指因案件诉讼标的属于同一种类，当事人同意合并审理且人民法院认为可以合并审理，当事人一方或双方为两人以上的诉讼程序中的共同原告或共同被告。

与必要共同诉讼人相比，除当事人一方均为两人以上，且人民法院都在同一诉讼程序中合并处理多数当事人之间的民事争议外，普通共同诉讼人还具有以下特征：

1. 普通共同诉讼人的诉讼标的为同一种类。所谓的“同一种类”是指各个共同诉讼人与对方争议的民事法律关系的性质或请求权的性质是相同的，即他们各自享有的权利或承担的义务属于同一种类。

构成诉讼标的的同种类在司法实践中主要有以下情形：一是基于同类事实或法律上的同类原因形成的同种类诉讼。如数个业主拖欠物业管理费，物业公司向欠费的数个业主提起的缴纳拖欠物业费的诉讼。二是基于同一事实或法律上的原因形成的同种类诉讼。如某甲酒后开车肇事，导致数人重伤，数个受害人分别向肇事者提出要求赔偿的诉讼。

2. 每个普通共同诉讼人都有权独立进行诉讼行为。由于普通共同诉讼人对于诉讼标的没有共同性只有同类性，各共同诉讼人可以分别与对方当事人进行独立的诉讼，也可以基于诉讼的经济性进行共同诉讼。

在共同诉讼中，共同诉讼人之间并不存在共同的权利或义务，每个共同诉讼人所进行的诉讼行为不需要经过其他共同诉讼人的同意。当然，该行为也仅对行为人本人发生法律效力，对其他共同诉讼人不产生法律效力。法院对其中一个诉讼标的作出的判决，其效力也不及于其他共同诉讼人。

（二）普通共同诉讼人的确定

确定普通共同诉讼人，首先要确定若干独立的诉讼案件是否符合普通共同诉讼的条件。确定为普通共同诉讼之后，诉讼中当事人一方为两人以上的即为普通共同诉讼人。

1. 有两个以上属于同一种类的诉讼标的。要成为普通共同诉讼，必须有两个以上的当事人，就两个以上同一种类的诉讼标的向同一法院起诉或应诉。

2. 若干同一种类的案件属于同一法院管辖，且适用同一诉讼程序。

3. 符合合并审理的目的。普通共同诉讼的目的在于实现诉讼的经济性，因此即使一方当事人为两人以上且诉讼标的为同种类，但如果合并审理不符合经济性要求，也不能合并审理。

4. 法院认为可以合并审理，当事人也同意合并审理。若干原本独立的诉讼案件在符合上述条件的情况下，是否合并审理，由法院决定，但应征得当事人的同意。如果当事人不同意的，法院不能强制合并为共同诉讼。

引例解析：引例中的两起诉讼分别属于必要共同诉讼和普通共同诉讼。本案中，甲乙基于鱼塘的共有关系诉红光化工厂属于必要共同诉讼；丙、丁的联名诉状是基于诉讼标的的同一种类，属于普通共同诉讼。同时，因为两个诉讼的被告均为红光化工厂且诉讼标的均为同一种类——环境污染侵权损害赔偿法律关系，受诉法院可以将其合并审理，前提是法院准许且双方当事人同意合并审理。

第四节 诉讼代表人

导入案例

某房地产开发公司承建的棚户区改造项目和平街的120户居民入住1个月后，陆续发现该新建房屋散发着一种令人难以忍受的气味。后经环保部门检测，发现该批房屋的甲醛成分严重超标，会对人体健康产生严重危害。在与开发商协商未果的情况下，该区居民欲联名向人民法院起诉。

问题：（1）本案可以适用代表人诉讼制度吗？

（2）诉讼代表人如何产生？

知识点：我国诉讼代表人制度特点。

一、诉讼代表人的概念和特征

诉讼代表人是指在当事人一方或双方人数众多时，为便于诉讼，由当事人中数人作为代表，代表全体当事人进行诉讼活动的人。

诉讼代表人制度又称集团诉讼或群体诉讼制度，最早产生于英国，是以共同诉讼制度为基础，并吸收了诉讼代理人制度的机制。通过代表人实施诉讼行为可以扩大诉讼的容量，避免了因众多当事人均直接参与诉讼所带来的诸多问题。

诉讼代表人制度是共同诉讼制度与诉讼代理制度相融合的产物，既有共同诉讼制度和诉讼代理人制度的某些属性，又不同于共同诉讼制度和代理制度。具体表现为以下四点：

1. 主体的群体性。当事人一方或双方出现人数众多的情况，根据有关司法解释，人数应达10人以上。

2. 诉讼标的同一性或属于同一种类。众多一方的当事人要么存在共同的权利义务，要么他们相互之间的权利义务具有某种法律上的牵连，即针对的诉讼标的属于同一类型。

3. 诉讼行为的代表性。众多一方的当事人无须亲自参加诉讼，其所有诉讼活动由其推选的代表人代为进行。这是不同于共同诉讼最为明显的特征。

4. 判决效力的扩张性。一般来说，判决效力及于所有参加诉讼的当事人。但在代表人诉讼中，法院所作的裁判不仅对参加诉讼的代表人有效，对未参加诉讼的其他群体诉讼当事人也有效。而且在诉讼时效期间内，一些与该群体诉讼有关联的权利人只要向法院依法起诉，法院仍可以通过裁定方式让其适用代表人诉讼判决。

二、诉讼代表人的条件和权限

（一）诉讼代表人的基本条件

诉讼代表人应是本案的当事人，具有诉讼行为能力以及与进行该诉讼相应的诉讼能力，能够善意地履行诉讼代表人职责。诉讼代表人的人数为2～5人，每位代表人可以委托1～2人作为诉讼代理人。

（二）诉讼代表人的权限

诉讼代表人的诉讼地位具有双重性特点：一方面，他是诉讼当事人，具有一切诉讼当事人应该有的特点，享有诉讼权利，承担诉讼义务；但另一方面，他又类似诉讼代理人，他要对被代表的当事人负责。因此，法律规定，诉讼代表人的诉讼行为对其所代表的当事人发生法律效力。通常情况下，代表人的代表权限只限于一般代表权限，代表人在行使一般代表权限时，不需要征求被代表的当事人的同意。但在处分涉及被代表人的实体权利时，如诉讼代表人变更、放弃诉讼请求或承认对方当事人的请求或进行和解等，必须经过被代表的当事人同意。

三、诉讼代表人的确定

我国民事诉讼中的代表人诉讼制度可以分为两类：人数确定的代表人诉讼和人数不确定的代表人诉讼。其代表人确定的程序略有不同。

1. 人数确定的代表人诉讼中代表人的确定。人数确定的代表人诉讼是指在起诉阶段当事人人数已经确定，为方便诉讼才推选出代表人参加诉讼的一种诉讼制度。在人数确定的代表人诉讼中，通常是由全体当事人推选出共同诉讼代表人，也可以由部分当事人推选自己的代表人。推选不出代表人的当事人，在必要的共同诉讼中可由自己参加诉讼，在普通的共同诉讼中可以另行起诉。这是因为人数确定的代表人诉讼一般情况下不会过于庞大，其本质上仍属共同诉讼的范围，一些做法可以参照共同诉讼制度处理。任何一个当事人只要愿意参加，不得剥夺他参加诉讼的权利。如果诉讼标的属于同一种类，当事人还可以作为个案单独起诉。

案例（3－6）：某日，启明星公司15名员工到德盟饭庄聚餐，由于德盟饭庄的食物变质，15名员工食物中毒，被送到医院救治。启明星公司的15名员工遂一起起诉德盟饭庄，要求侵权损害赔偿。法院将该案作为代表人诉讼处理。最终张某、李某被推选为本案的诉讼代表人，15人中有2人持反对意见。

该案属于普通共同诉讼中的人数确定的代表人诉讼。诉讼代表人由该方当事人推选产生。根据《民事诉讼法意见》的规定，可以由全体当事人推选共同的代表人，也可以由部分当事人推选自己的代表人。对于15名员工进行代表人推选工作，其中11人同意由张某、李某作为代表人，因此可以将张某、李某作为共同诉讼的代表人代表他们13人进行诉讼，另外两人不同意的，可以另行起诉。

2. 人数不确定的代表人诉讼中代表人的确定。人数不确定的代表人诉讼是指当事人一方人数众多，在起诉时人数尚未确定，由向法院登记的权利人推选出代表人进行诉讼的诉讼制度。它仅适用于普通共同诉讼。相对于人数确定的代表人诉讼，人数不确定的代表人诉讼有以下特殊程序：

（1）公告和登记。人数众多一方在起诉时不确定，由法院发出公告，说明案件情况和诉讼请求并通知有关的利害关系人向法院进行登记。登记人须证明他与对方当事人的法律关系及其所受的损害，证明不了的，不予登记，当事人可以另案起诉。公告期间由人民法院根据案件情况确定，但最少不得少于30日。

（2）推选或商定诉讼代表人。向人民法院登记的权利人可以推选代表人进行诉讼；推选不出代表人的，人民法院可以与参加登记的权利人商定代表人，无法商定的，由人民法院依职权指定诉讼代表人。

引例解析：

（1）本案可以适用代表人诉讼制度，且属于当事人人数确定的代表人诉讼。因为该案中，居民一方人数众多，起诉时人数是确定的，为120户，而且众多当事人一方与对方之间的诉讼标的均是同一种类，都是属于环境侵权纠纷案件，完全符合当事人人数确定的代表人诉讼的条件。

（2）诉讼代表人可以由全体或部分当事人推选，如果有些人无法推选出代表人的，可以另行起诉。推选出的代表人在处分涉及被代表人的实体权利时，如诉讼代表人变更、放弃诉讼请求或承认对方当事人的请求或进行和解等，必须经过被代表的当事人同意。

第五节　第三人

导入案例

甲与乙因对一古董所有权发生争议诉至法院。诉讼过程中，丙声称该古董属自己所有，主张对古董的所有权。

问题：（1）如丙主动起诉，丙在甲乙的诉讼中处于什么样的诉讼地位？

（2）如丙没有起诉，法院知晓丙的情况后，可否依职权主动追加丙为第三人？

（3）如丙起诉后认为受诉法院没有管辖权，是否可以提出管辖权异议？

知识点：诉讼第三人法律地位。

一、第三人概念和特征

第三人是指对他人争议的诉讼标的有独立请求权或虽没有独立请求权，但案件处理结果与其有法律上的利害关系而参加到他人已经开始的诉讼中去的人。

一般而言，民事诉讼中只存在利益对立的双方当事人，但在特殊情况下，诉讼中双方争执的权利义务或法院处理的结果还涉及双方当事人以外的第三方当事人。为了顺利解决相关民事主体之间的权利义务纷争，民事诉讼法中规定了第三人诉讼制度：允许对他人争议的诉讼标的有独立请求权，或虽没有独立请求权，但案件处理结果与其有法律上的利害关系的人，可以参加到诉讼中来，将原被告之间正在进行的诉讼（本诉）与第三人后形成的诉讼（参加之诉）合并审理。其目的在于简化诉讼程序，节约时间和费用，也可以防止法院在相关联的问题上作出相互矛盾的判决。第三人具有以下的法律特征：

1. 第三人参加诉讼的依据是因为与案件有一定的利害关系。这种利害关系包括两种：一是第三人的权益受到本诉原被告双方的侵害或发生争议而产生的利害关系；二是本诉的处理结果可能对第三人产生有利或不利的影响而发生的利害关系。

2. 第三人参加的诉讼正在进行中。所谓“正在进行”是指人民法院已经受理了原被告之间的诉讼，但案件审理尚未结束、人民法院裁判尚未作出。在这期间，第三人均可以参加到诉讼中去。在诉讼理论上，他人之间正在进行的诉讼，称为本诉；第三人参加的诉讼，称为参加之诉。

3. 第三人具有独立的诉讼地位。第三人参加诉讼，无论其是提出独立的诉讼请求还是辅助一方当事人进行辩论，均是为保护自己的民事权益，有自己相对独立的诉讼利益。

在我国民事诉讼中，根据第三人参加诉讼的依据、参加诉讼的方式和诉讼地位的不同，第三人分为有独立请求权的第三人和无独立请求权的第三人两类。

二、有独立请求权的第三人

《民事诉讼法》第 56 条第 1 款规定：“对当事人双方的诉讼标的，第三人认为有独立请求权的，有权提起诉讼。”这里所指的“第三人”即为有独立请求权的第三人，是指对原告和被告争议的诉讼标的有独立的请求权而参加诉讼的人。

有独立请求权的第三人参加诉讼后，实际上形成了两个独立之诉的合并审理：一是原告与被告之间已经开始但尚未结束的本诉；二是有独立请求权的第三人与本诉原被告之间的参加之诉。由于两诉合并审理，本诉已经有了原告与被告，故将参加之诉的原告称之为有独立请求权的第三人，两诉合并形成的新诉讼，称之为有第三人参加的诉讼。

（一）有独立请求权的第三人参加诉讼的条件

1. 第三人针对本诉诉讼标的提出独立的诉讼请求。所谓独立的请求权是指第三人所提出的请求权直接针对本诉中的原被告双方，既不同于本诉原告对被告的请求权，也不同于被告对原告的反诉请求权，与原被告不是处于同一立场。

第三人向法院提出的独立请求权既可以全部否认原告和被告的实体权利，也可以部分否认原告和被告的实体权利。

2. 第三人以起诉的方式主动参加诉讼。有独立请求权的第三人须以起诉的方式参加诉讼，起诉的对象是本诉中的原告与被告。以起诉的方式参加诉讼，就要求有独立请求权的第三人的起诉行为必须符合民事诉讼法关于起诉条件的规定，原则上应以书面的方式递交诉状，书写确有困难的，也可以以口头的方式起诉并按规定缴纳诉讼费用。

（二）有独立请求权的第三人的诉讼地位

有独立请求权的第三人实际上是参加之诉的原告，他既反对本诉中的原告，又反对本诉中的被告，认为他们在本诉中对权利的主张均侵害了自己的利益，因此，对他们提起独立的请求，将他们同时置于被告的地位。因此，在诉讼中，有独立请求权的第三人在诉讼中具有独立的诉讼地位，即相当于原告，其应享有原告的诉讼权利，并承担原告的诉讼义务。只是，由于是第三人是以主动起诉的方式参加到正在进行的本诉中来，受身份地位的限制，有独立请求权的第三人的诉讼权利不能对案件的管辖权提出异议。

案例（3－7）：甲从乙手中购买一栋三层楼房，甲付清房款后，乙一直拖延未办理过户手续并要求甲追加购房款。甲向法院起诉要求确认买卖行为有效并要求法院强制乙办理过户手续。在法院受理案件后，丙请求参加诉讼要求法院确认该房屋买卖行为部分无效，理由是三层楼房中的第二层归其所有。

本案中，在甲乙之间的本诉进行中，丙提出了不同于甲乙的诉讼请求，要求确认甲乙之间的买卖关系部分无效，丙对甲乙诉争的诉讼标的物有独立的请求权，同时又是以起诉的方式参加到本诉之中，丙的行为符合有独立请求权的第三人的特征，丙处于有独立请求权的第三人的诉讼地位。

三、无独立请求权的第三人

《民事诉讼法》第56条第2款规定："对当事人双方的诉讼标的，第三人虽然没有独立请求权，但案件处理结果同他有法律上的利害关系的，可以申请参加诉讼，或者由人民法院通知他参加诉讼。人民法院判决承担民事责任的第三人，有当事人的诉讼权利义务。"此处所说的第三人即为无独立请求权的第三人。无独立请求权的第三人是指虽然不能对原被告之间的诉讼标的主张独立的请求权，但其与案件的处理结果有法律上的利害关系，为了维护自己的利益而参加到诉讼中去的当事人。

案例（3－8）：甲因出国学习，将钢琴委托朋友乙代管，后钢琴被丙借去使用。甲在回国后发现钢琴有毁损，对乙提起诉讼，要求乙赔偿损失。

在此案中，由于案件的处理结果可能影响丙的利益，因为乙在败诉后很可能要求丙承担赔偿责任。如果丙被通知参加诉讼，其在此案中即为无独立请求权的第三人。

（一）无独立请求的第三人参加诉讼的条件

1. 自己与本诉案件处理结果有法律上的利害关系。无独立请求权的第三人参加诉讼，不是因为对本诉中原告和被告之间的诉讼标的有独立请求权，而是与案件处理结果有法律上的利害关系。所谓的“法律上的利害关系”是指本诉当事人之间争议的诉讼标的与第三人同原被告之间的另一法律关系有牵连。也就是说人民法院对本诉原被告之间的法律关系的确认，将直接影响到无独立请求权的第三人的权利义务。如果与其有法律关系的一方当事人败诉，他可能要承担某种义务；如果胜诉，他可以维护自己的合法权益。

2. 自己申请参加诉讼或由人民法院通知其参加诉讼。无独立请求权的第三人参加诉讼的方式有两种：一是案外人以书面或口头的形式向法院提出申请，经人民法院同意后参加诉讼；二是由人民法院依职权通知其参加诉讼。一般而言，第三人自己申请参加诉讼，其目的是为了维护自己的合法权益，人民法院通知第三人参加诉讼，其目的是为了彻底解决民事争议。

（二）无独立请求权的第三人的诉讼地位

《民事诉讼法》第56条第2款规定，人民法院判决承担民事责任的第三人，有当事人的诉讼权利义务。《民事诉讼法意见》第66条规定：“在诉讼中，无独立请求权的第三人有当事人的诉讼权利义务，判决承担民事责任的无独立请求权的第三人有权提出上诉。但该第三人在一审中无权对案件的管辖权提出异议，无权放弃、变更诉讼请求或者申请撤诉。”由此可见，无独立请求权的第三人的诉讼地位比较特殊，其诉讼权利的享有因是否需要承担民事责任而有所不同。

无独立请求权的第三人参加诉讼，只是为了维护自己的权益，以免人民法院的判决于己不利。在诉讼中，他并没有向原告和被告提出独立的诉讼请求，常常是辅助本诉的一方当事人对抗另一方当事人，同时他也不是被辅助方的共同诉讼人。因为该第三人和被辅助方与对方之间没有共同的诉讼标的，该第三人不是原告与被告之间的诉讼标的的权利、义务主体。因此，无独立请求权第三人在诉讼中既不是原告，也不是被告，而是具有相对独立诉讼地位的第三人。

一方面，无独立请求权的第三人可以以自己的名义参加诉讼，选择辅助一方当事人，在诉讼中，他可以陈述意见、提供证据、参加法庭辩论，其诉讼行为的实施不受其他当事人的制约；另一方面，由于其对本诉的诉讼标的没有独立的请求权，因此无独立请求权的第三人无权放弃、变更诉讼请求或申请撤诉，只有在人民法院判决其承担民事责任时，他才享有上诉权与对调解的同意和签收权。

（三）关于无独立请求权的第三人参加诉讼的司法解释

针对司法实践中存在的某些利害关系人是否可以作为第三人的问题，最高人民法院作出了多项司法解释，具体如下：

1. 可以作为无独立请求权的第三人参加诉讼的情形。

（1）代位权诉讼中的第三人。债权人以次债务人为被告向人民法院提起代位权诉讼，未将债务人列为第三人的，法院可以追加债务人为第三人。

（2）撤销权诉讼中的第三人。债权人依照《合同法》有关撤销权的规定提起撤销权诉讼时只以债务人为被告，未将受益人或受让人列为第三人，法院可以追加该收益人或受让人为第三人。

（3）合同转让情形下的第三人。债权人转让合同权利后，债务人与受让人之间因履行合同发生纠纷诉至法院，债务人对债权人的权利提出抗辩的，可以将债权人列为第三人。经债权人同意，债务人转移合同义务后，受让人与债权人之间因履行合同发生纠纷诉至法院，受让人就债务人对债权人的权利提出抗辩的，可以将债务人列为第三人。合同当事人一方经对方同意将其在合同中的权利义务一并转让给受让人，对方与受让人因履行合同发生纠纷诉至法院，对方就合同权利义务提出抗辩的，可以将出让方列为第三人。

（4）劳动争议中的第三人。用人单位招用尚未解除劳动合同的劳动者，原用人单位与劳动者发生的劳动争议，可以将新的用人单位列为第三人。原用人单位以新的用人单位侵权为由向人民法院起诉，可以将劳动者列为第三人。

2. 不得作为无独立请求权的第三人参加诉讼的情形。由于追加无独立请求权的第三人能够在客观上产生让第三人承担民事责任的诉讼效果，因而在司法实践中出现了一些法院不当追加无独立请求权的第三人，或者一方当事人擅自将案外人引进诉讼以转嫁民事责任的不良现象。对此，最高人民法院于1994年12月颁布了《关于在经济审判工作中严格执行〈中华人民共和国民事诉讼法〉的若干规定》，该规定对无独立请求权的第三人的范围作了明确的限制，规定下列人员不得作为无独立请求权的第三人：

（1）与原被告双方争议的诉讼标的无直接牵连和不负有返还或赔偿等义务的人。

（2）与原告或被告约定仲裁或有约定管辖的案外人或者专属管辖案件的一

方当事人。

（3）产品质量纠纷案件中，原被告之间的法律关系以外的下列人员：①证据证明其已经提供了合同约定或符合法律规定的产品的人；②案件中的当事人未在规定的质量异议期内向其提出异议的人；③案件中的收货人已经认可其提供产品的质量的人。

（4）已经履行了义务或者依法取得了一方当事人的财产，并支付了相应对价的原被告之间法律关系以外的人。

四、对案外第三人权益受损的救济——第三人撤销之诉

第三人诉讼制度不能满足其未能参加诉讼而导致利益受损的正当程序要求。因为在司法实践中，无论是有独立请求权的第三人还是无独立请求权的第三人往往不知道本诉的存在，尤其是当事人以恶意串通、虚假自认等诉讼方式损害第三人的合法权益时，更是很难为第三人所知。法院往往也因不明确哪些人属于与本诉有利害关系的第三人而无法通知其参加诉讼。

为充分案外第三人的合法权益，《民事诉讼法》第56条第3款规定了第三人撤销之诉，即：第三人因不能归责于本人的事由未参加诉讼，但有证据证明发生法律效力的判决、裁定、调解书的部分或者全部内容错误，损害其民事权益的，可以自知道或者应当知道其民事权益受到损害之日起6个月内，向作出该判决、裁定、调解书的人民法院提起诉讼。人民法院经审理，诉讼请求成立的，应当改变或者撤销原判决、裁定、调解书；诉讼请求不成立的，驳回诉讼请求。

案例（3-9）：2011年6月20日，马某委托何某和王某为自己介绍地基、开发房屋，居间报酬60万元。居间成功后，何某购买马某在该地基开发的小区房屋两套，并签订了房屋买卖合同。该合同签订时，马某用应向何某支付的居间费用60万元冲抵了两套房款。2012年4月，小区工程竣工后，何某要求马某交付房屋，马某推托未给。后何某发现该房屋一房二卖，遂向法院起诉，请求马某履行双方签订的房屋买卖合同。若马某拒不履行，判令马某返还何某为购房冲抵的居间报酬60万元。经法院调解，双方达成协议：其中有一项内容为终止何某、马某双方签订的介绍建房分红协议书。

案件结束后，第三人王某申请撤销民事调解书第四项内容，即：终止原被告双方签订的介绍建房分红协议书，并赔偿因何某终止介绍建房分红协议书给申请人王某造成的居间报酬40万元、居间费用2万元的损失。

根据案情叙述，王某与何某共同为马某寻找地基，两人应该属于合伙关系，法院受理了何某与马某的居间合同纠纷，实际上是侵害了王某获得报酬的权利。因此，王某可以依法向法院提起撤销之诉，撤销原审案件对己不利的裁判。

根据《民事诉讼法》第56条第3款的规定，第三人撤销之诉必须符合下列要件：

1. 主体条件。只能是有独立请求权的第三人和无独立请求权的第三人。
2. 程序要件。第三人因不可归责于本人的事由未参加诉讼。
3. 实体条件。有证据证明发生法律效力的裁判文书部分或者全部内容错误。
4. 结果条件。错误的裁判损害了第三人的合法权益。
5. 时间条件。第三人应自知道或者应当知道其民事权益受到损害之日起6个月内提起撤销之诉。
6. 管辖法院。第三人向作出生效判决、裁定和调解书的法院起诉。

引例解析：

（1）丙主动起诉，对甲乙争讼的诉讼标的物古董主张所有权，根据民事诉讼主体理论，丙在诉讼中属于有独立请求权的第三人。

（2）有独立请求权的第三人必须以起诉的方式主动参加诉讼。因此，法院不能依职权追加丙为有独立请求权的第三人。

（3）有独立请求权的第三人是主动参加到他人正在进行的诉讼中来，所以无权对本诉的管辖法院提出异议。

第六节　诉讼代理人

导入案例

刘某对丈夫陈某提起离婚诉讼，要求法院判决解除婚姻关系并平分共有财产，在开庭审理时，刘某因担心在法庭上遇到陈某感觉尴尬，便向法院申请不出庭。得到法院同意后，刘某委托律师邓某代为出庭进行诉讼，但没有进行特别授权。后来，由于陈某同意离婚，邓某便代理刘某放弃了平分财产的诉讼请求，并与陈某达成离婚的调解协议。

问题：（1）刘某不出庭正确吗？

（2）邓某放弃刘某的诉讼请求可以吗？

知识点：诉讼代理人的法律地位。

一、诉讼代理人概述

诉讼代理人是指根据法律规定或当事人委托，代理当事人进行民事诉讼活动的人。由诉讼代理人代理进行诉讼的当事人，称为被代理人；诉讼代理人代理当事人进行诉讼活动所享有的权限，称为诉讼代理权。

诉讼代理人有其独立的诉讼地位，与当事人和其他诉讼参加人相比，具有下列特征：

1. 诉讼代理人必须具有诉讼行为能力。设立诉讼代理制度的目的之一，就在于为无民事诉讼行为能力的当事人提供帮助，以利于其实现诉权。这就要求诉讼代理人在整个诉讼代理期间，必须具有诉讼行为能力。

2. 诉讼代理人必须在代理权限范围内进行诉讼活动。诉讼代理人进行诉讼行为的根据在于代理权。代理权来自于法律规定或当事人的授权，诉讼代理人的诉讼活动只能在代理权限范围内实施。超越代理权限范围，代理行为就成为无效的行为，不产生诉讼代理的法律效果。

3. 诉讼代理人必须以被代理人的名义进行诉讼活动。诉讼代理人不是案件当事人，与案件无直接利害关系，其参加诉讼的根本目的在于维护被代理人的合法权益。因此代理人须以被代理人的名义进行诉讼活动，而不能以自己的名义为维护自己的利益进行诉讼活动。

4. 诉讼代理的法律后果由被代理人承担。诉讼代理人实施代理行为的目的在于维护被代理人的利益，且在诉讼中代理人是以被代理人的名义进行诉讼活动。因而，其诉讼代理行为的一切法律后果自然应当直接归属于被代理人。这是由代理制度的特点所决定的。但应说明的是，诉讼代理人是具有独立诉讼地位的诉讼参加人，也有其自身的诉讼权利义务。如果诉讼代理人违法进行诉讼代理行为，如唆使证人作假证等，也应承担相应的法律责任。

诉讼代理人在同一案件中只能代理一方当事人进行诉讼。这是由于在民事诉讼中，当事人双方的利益是彼此对立的，如果允许由一人同时代理双方进行诉讼，很难保证被代理人的利益能真正得到保护，诉讼代理制度也必然因此而失去其存在的价值。因而，双方代理的情形在同一诉讼中应予以禁止。

设立诉讼代理人制度，具有十分重要的意义：

1. 能够弥补当事人诉讼行为能力的不足，保证诉讼活动的正常进行。对无民事诉讼行为能力的当事人而言，如果没有法定诉讼代理人，他们难以进行民事诉讼活动，也就无法保护自己的合法权益。

2. 可以节省当事人的时间和精力，弥补当事人诉讼技能的不足。民事诉讼讲求对抗性。它要求当事人具备一定的法律知识和诉讼经验，如果当事人未能及时、有效地实施诉讼行为，就有可能承担对己不利的诉讼结果。因此，对当事人来说，寻求具有法律知识的专业人士的帮助是极为重要的。

3. 有助于提高诉讼效率，促进司法公正。在诉讼实务中，案件的诉讼代理人多由律师担任，作为专业法律工作者，他可以帮助当事人向法院提供有价值的法律意见，进行有效的庭前准备，提高开庭审理的效率，促进司法公正。

根据代理权的来源不同，民事诉讼法把诉讼代理人分为法定诉讼代理人和委托诉讼代理人两类。

二、法定诉讼代理人

（一）法定诉讼代理人的概念和范围

法定诉讼代理人，是指根据法律规定代理无诉讼行为能力的当事人进行诉讼行为的人。法律赋予法定诉讼代理人的代理权限被称为法定诉讼代理权。

法定诉讼代理人主要是为无诉讼行为能力的当事人设立的，即无民事行为能力和限制行为能力的当事人参加诉讼时，必须由其法定诉讼代理人代理进行诉讼活动。《民事诉讼法》第57条规定："无诉讼行为能力人由他的监护人作为法定代理人代为诉讼……"因此，法定诉讼代理人的范围一般与监护人的范围一致。关于无诉讼行为能力人的监护人的确定依《民法通则》的规定。

（二）法定诉讼代理权的取得和消灭

1. 法定诉讼代理权的取得。法定诉讼代理权根据法律规定自动产生，监护权人依法享有法定诉讼代理权。监护权的取得依据民事实体法的规定，一般因监护人和被监护人之间存在一定的身份关系或基于自愿而产生的某种扶养义务。在具体的诉讼活动中，法定诉讼代理人须向法院提交有关其与被代理人之间的身份关系和监护关系的证明以便法院审查。

法定诉讼代理权是监护权人的一项法定权利，同时也是一项不可推卸的法定义务。有监护权的人推卸法定代理责任的，法院可以强制其参加诉讼。数个有监护资格的人，应当协商由一人担任法定诉讼代理人，互相推诿监护职责，拒绝担任代理人的，人民法院可以依法在他们当中指定一人担任法定诉讼代理人。

2. 法定诉讼代理权的消灭。法定诉讼代理权的消灭与监护权的丧失同步。在诉讼持续期间，法定诉讼代理人如果丧失监护权，必然也会导致其法定诉讼代理权的消灭。具体来说，法定诉讼代理权消灭的原因一般有以下几种：①被代理人取得或恢复了诉讼行为能力；②法定诉讼代理人死亡或丧失诉讼行为能力；③法定诉讼代理人丧失对被代理人的监护权，如离婚或收养关系解除、法定诉讼代理人被法院依法撤销监护资格等。

案例（3－10）：甲精神病发作打伤邻居乙的儿子丙（12岁）。甲今年

26岁，父母双亡，与哥哥丁、戊共同生活，无其他亲人。乙与丁、戊商量赔偿事宜，丁、戊以“甲已成年，谁打人谁负责”为由拒绝赔偿。乙欲起诉。

本案中，丙是被打伤的人，与案件有直接利害关系，是本案适格的原告，因其未成年，无诉讼行为能力，其父乙作为其法定诉讼代理人参加诉讼；甲是本案的直接责任人，是本案适格的被告，虽已成年，但因其患有精神病而无民事行为能力，也无诉讼行为能力，依法由其监护人丁或戊担任法定诉讼代理人。

（三）法定诉讼代理人的代理权限

为了充分发挥法定诉讼代理人的作用和全面维护被代理人的合法权益，法定诉讼代理是一种全权代理，法定诉讼代理人在诉讼中所享有的代理权限十分广泛，凡当事人享有的诉讼权利，法定诉讼代理人都有权代为实施，如代为起诉、上诉、承认或放弃诉讼请求、达成调解协议等。法定诉讼代理人无须被代理人的授权即可自由处分当事人的诉讼权利和实体权利。

我国法律未对法定诉讼代理人的代理权限作限制性规定，但这并不意味着法定诉讼代理人不受任何限制。法定诉讼代理人的一切诉讼行为的实施均须以不损害当事人的合法权益为前提，否则，应承担相应的法律责任。在诉讼过程中，法院有必要对法定诉讼代理人的诉讼代理行为进行一定的监督。

尽管法定诉讼代理人的代理权非常广泛，但法定诉讼代理人毕竟不是当事人，他不是实体权利的享有者，也不是实体义务的承担者，他只能以当事人的名义进行诉讼，法院的裁判只能对当事人作出。因而，如果在诉讼中，法定诉讼代理人死亡或丧失诉讼行为能力的，只能导致诉讼中止，而不是诉讼终结。人民法院的裁判所针对的依然是当事人，而不是法定诉讼代理人。

三、委托诉讼代理人

（一）委托诉讼代理人的概念和范围

委托诉讼代理人是指受当事人、法定代理人的授权委托，在授权范围内以被代理人的名义代为进行诉讼活动的人。委托诉讼代理是民事诉讼中最常见也最为普遍的一种代理方式。由于其代理权的来源和权限范围大小均取决于委托人的意志，委托诉讼代理又被称为“意定代理”。

与法定诉讼代理人相比，委托诉讼代理人具有下列特点：

1. 诉讼代理权来自于当事人或法定代理人的委托授权，而非法律直接规定。《民事诉讼法》第58条第1款规定，“当事人、法定代理人可以委托1～2人作为诉讼代理人”。委托诉讼代理人的产生取决于委托人的意思表示，在诉讼中，委托诉讼代理人参加诉讼须向法院提交由被代理人签署的授权委托书。

2. 委托诉讼代理的事项和权限不同于法定诉讼代理。在民事诉讼中，委托诉讼代理人的代理事项和代理权限取决于委托人的授权，代理人只能在授权范围内进行代理活动。

为了保护被代理人的利益，确保民事诉讼的顺利进行，各国立法一般对诉讼代理人的资格均有限制。如日本、德国等采用律师强制主义，即诉讼代理人须由律师担任。也有的国家未将委托诉讼代理人的范围局限于律师，律师和非律师均可担任。考虑到我国的实际情况，我国民事诉讼法对担任委托诉讼代理人的范围规定得较宽泛。《民事诉讼法》第58条第2款规定，可以担任委托诉讼代理人的人员有：律师、基层法律服务工作者；当事人的近亲属或者工作人员；当事人所在社区、单位以及有关社会团体推荐的公民。

（二）委托诉讼代理人的代理权限

委托诉讼代理人的代理权限来源于当事人或法定代理人的委托，因此委托诉讼代理人只能在被代理人授权的范围内实施诉讼行为。在授权范围内实施的诉讼代理行为，其行为后果才能由被代理人承担。

当事人在民事诉讼中的权利大体可以分为两大类：一类是与处分实体权利有关的诉讼权利，如代为承认、放弃诉讼请求，进行和解，提起反诉或上诉等；另一类是纯程序性质的诉讼权利，如申请回避、提出管辖权异议、申请复议、提供证据、进行质证和辩论等。这两类权利的性质不同，前一类权利对当事人的利益影响更为重大。

当事人可以自行决定对代理人的授权范围。根据委托人是否将处分实体权利的诉讼权利授予给代理人，可以将委托诉讼代理权限分为一般授权和特别授权。

在一般授权的情况下，委托诉讼代理人只享有纯程序性质的诉讼权利，只能代为实施一般诉讼行为。如果当事人需要委托诉讼代理人代为实施一些与处分实体权利有关的诉讼行为，则需要在一般授权的基础上进行特别授权。《民事诉讼法》第59条第2款规定："……诉讼代理人代为承认、放弃、变更诉讼请求，进行和解，提起反诉或者上诉，必须有委托人的特别授权。"

在司法实践中，当事人进行特别授权时，应将特别授权的事项和权限在委托书中写明。有的当事人为图方便省事，在委托授权书代理权限一项中只概括写上"全权代理"。对此，《民事诉讼法意见》明确规定，授权委托书仅写"全权代理"而无具体授权的，诉讼代理人无权代为行使与处分实体权利的诉讼权利。

委托诉讼代理人应在委托人的授权范围内进行代理活动，但委托诉讼代理人也有自己独立的诉讼地位。委托诉讼代理人在授权范围内有独立进行意思表示的权利，而不是仅仅作为被代理人的附庸出现在诉讼中，消极被动地传达被代理人的意思。在为代理行为时，委托诉讼代理人应运用自己的知识、经验和才能，积极主动地履行诉讼代理职责，最大限度地维护被代理人的合法利益。但对委托人提出的违法的、无理的要求则应当拒绝。如果委托人坚持要求代理人从事违法活动或隐瞒案件事实，委托诉讼代理人可以拒绝进行代理。

当事人委托诉讼代理人后，本人可以出庭参加诉讼，也可以不再出庭。但鉴于离婚案件性质特殊，直接涉及夫妻感情是否破裂和由谁抚养孩子更合适等只有当事人自己说得清的问题。所以法律规定，离婚案件有代理人的，本人除不能表达意志的以外，仍应当出庭参加诉讼。确因情况特殊无法出庭的，必须向法院提交离婚与否的书面意见。

（三）委托诉讼代理权的取得、变更和消灭

1. 委托诉讼代理权的取得。委托诉讼代理权是基于委托人的授权产生的。而委托人和代理人之间意思表示一致所形成的委托合同则是委托人进行委托代理授权的前提和基础。委托合同成立生效后，委托人须向代理人作出授予代理权的单方意思表示，代理权方才产生。

与民事代理的授权不同，为保证授权行为的确定性和代理权限的明晰性，诉讼中委托诉讼代理权的授予必须以书面形式完成。即委托他人代为诉讼的，必须向人民法院提交由委托人签名或者盖章的授权委托书。授权委托书是委托诉讼代理人取得诉讼代理权的凭证，其中必须记明委托的事项和权限。如果一方当事人同时委托两人代理诉讼时，授权委托书应分别记明他们各自代理的事项和权限。

2. 委托诉讼代理权的变更和消灭。在诉讼过程中，遇到一定情况时，委托代理关系可能发生变化，或是诉讼代理人辞去委托，或是委托人变更代理权限和取消委托。诉讼代理权变更后，委托诉讼代理人应按照变更后的代理权进行诉讼活动，但其在变更前已经实施的代理诉讼行为，其效力不受变更或解除的影响。

委托诉讼代理人取得代理权后，可能因一定原因的出现而导致代理权丧失。导致代理权丧失的原因主要有：①诉讼代理人辞去委托或被代理人解除委托；②诉讼代理人丧失诉讼行为能力或死亡；③诉讼终结。

诉讼代理人的权限变更或解除，当事人应当书面告知法院，并由法院告知对方当事人。

引例解析：

（1）刘某不出庭不正确。因为虽然根据我国法律的规定，在民事案件中，诉讼当事人委托了全权代理人的，本人可以不出庭参加诉讼。但是由于离婚案件是涉及当事人身份关系的案件，应当由当事人亲自出庭陈述自己的观点。如当事人确因特殊情况无法出庭的，除本人不能表达意志的以外，应当出具书面意见。

（2）邓某放弃刘某的诉讼请求不正确。因为作为委托诉讼代理人的邓某只有在得到被代理人的特别授权时才能代为放弃诉讼请求。

本章重点内容小结

1. 民事诉讼中的当事人包括程序意义上的当事人和实质意义上的当事人。程序意义上的当事人由起诉状决定，实质意义上的当事人由实体法的地位决定。民事诉讼权利能力是成为当事人的资格，民事诉讼行为能力是当事人亲自进行诉讼的能力。当事人适格是指对于具体的诉讼个案，有作为本案当事人起诉或应诉的资格。

2. 狭义上的当事人仅指原告和被告；广义上的当事人还包括共同诉讼人、诉讼代表人和第三人。以各个诉讼人之间对诉讼标的的关系为标准，共同诉讼可以分为必要共同诉讼和普通共同诉讼。诉讼代表人制度是以共同诉讼制度为基础，并吸收了诉讼代理制度的机制。有独立请求权的第三人是指对原被告争议的诉讼标的有独立请求权而参加诉讼的人；无独立请求权的第三人是因为与案件的处理结果有法律上的利害关系而参加诉讼的人。

3. 委托诉讼代理人的代理权限来源于当事人、法定代理人，委托诉讼代理人只能在授权范围内实施诉讼行为。

关键词：当事人　共同诉讼人　诉讼代表人　第三人

实务训练

（一）示范案例

1. **案情：**于兰有二子一女，长子李辉，次子李明，女儿李静。于兰有房屋6间，她与次子李明一家居住在其中的四间房中，其余两间租给王凯居住。2010年10月于兰因病去世，次子李明在料理完母亲的丧事后，将6间房全部卖给王凯，得房款10万元。李辉得知后，将李明诉至法院，要求兄弟二人平分遗产。诉讼中，李艳也向法院起诉要求分得遗产。

问：本案中的人员在诉讼中各处于何种地位？

分析：本案中原告是李辉，被告是李明，李静为共同诉讼人，应和李辉一起作为共同诉讼的原告，王凯为无独立请求权的第三人。

李辉作为于兰遗产的合法继承人，有权在他人侵犯其继承权时，以自己的名义起诉；而李静和李辉、李明同为遗产合法继承人，和李辉就诉争标的物享有共同的权利，可以作为必要共同诉讼的原告人一同起诉。李明被李辉、李静诉称侵犯其继承权，由法院通知参加应诉，应为被告。王凯作为房屋的购买者，虽对诉争的继承法律关系无独立请求权，但因案件的处理结果与其有法律上的利害关系，故其如果参加诉讼，则应作为无独立请求权的第三人。

2. **案情：**甲、乙、丙三人于某日群殴正在路上行走的丁，以致丁花去医药费1000元治疗，于是丁以甲、乙为被告向人民法院起诉，请求赔偿医药费1000元。

问：

（1）法院是否应当追加丙为共同被告？

（2）如果丁放弃对丙的诉讼请求，而只要求甲、乙对1000元赔偿承担连带责任，那么法院如何处理？

分析：

（1）本案属于共同侵权致人损害案件，共同加害人甲、乙、丙均应当作为共同被告。受害人丁仅起诉部分加害人的，人民法院应当追加未参加诉讼的其他加害人作为共同被告，即人民法院应当追加丙为共同被告。

（2）根据相关法律规定，赔偿权利人在诉讼中放弃对部分共同侵权人的诉讼请求的，其他共同侵权人对被放弃诉讼请求的被告应当承担的份额不承担连带责任。责任范围难以确定的，推定各共同侵权人承担同等责任。本案中，如果丁在诉讼中放弃对丙的诉讼请求，而只要求甲、乙对1000元赔偿承担连带责任，而他的医药费总共是1000元，又难以确定三人的责任范围，则法院只能判决甲、乙各承担1000元的1/3，对于丙的赔偿责任不承担连带责任。

（二）习作案例

1. 合肥市庐阳区长顺运输公司于2012年7月2日承运淮南市美姿服装公司的一批衣料，车子行至长丰县境内，因司机吴勇违章驾驶，发生事故，撞坏长丰县视觉广告公司的广告牌，同时所运货物也受到毁损。8月15日，美姿服装公司和视觉广告公司同时以吴勇为被告，向长丰县法院起诉。

问：本案是否可以合并审理？如可以合并审理，请确定案件当事人；如不可以合并审理，请分别确定各案的管辖法院和当事人。

2. 2003年春，某市举办了春季名贵花展。甲约女友乙前去参观。两人因互相说笑，未注意门前挂有“展览之花，严禁采摘”的牌子。走到一花盆前，乙停下来对甲说："这花真好看，你摘一朵给我。"甲上前采摘，因用力过重，折断了花茎，并且造成花根松动，使花不能再存活。同时，甲因突然转身与正在身后参观花展的丙相撞，造成丙的眼镜破碎。该盆名花为丁所有，丁为此损失500元。丙的镜片损失共计300元。现丁、丙想提起诉讼。

问：在丙提起的诉讼中，丙应当以谁为被告？在丁提起的诉讼中，丁应当以谁为被告？请说明理由。

思考题

1. 简述我国民事诉讼法对适格当事人的认定。
2. 怎样理解民事诉讼权利能力与诉讼行为能力的区别？
3. 简述普通共同诉讼与必要共同诉讼之间的不同点。
4. 试分析有独立请求权的第三人与必要共同诉讼人之间的不同。
5. 如何理解代表人诉讼中判决的扩张性？
6. 试述委托诉讼代理人与法定诉讼代理人的异同。

延伸阅读

公益诉讼的主体

近年来，随着我国经济社会的快速发展和变化，出现了一些严重损害国家利益、社会公共利益的行为，是否建立民事公益诉讼制度来保护国家利益和社会公共利益引起了社会的广泛关注。在2012年8月31日发布的《民事诉讼法》修正案中正式增加了关于民事公益诉讼的规定。《民事诉讼法》第55条规定："对污染环境、侵害众多消费者合法权益等损害社会公共利益的行为，法律规定的机关和有关组织可以向人民法院提起诉讼。"本条规定在《民事诉讼法》第五章"诉讼参加人"第一节"当事人"之中，重点要解决民事公益诉讼原告的主体资格问题。

在民事诉讼法的修订过程中，对于公益诉讼的提起主体有各种看法。有人认为，保护社会公共利益是全社会的共同职责，应实行诉讼主体多元化，即检察院、行政机关、社会团体和公民个人都有权提起诉讼。因为在公益诉讼中，原告与案件是否具有直接利害关系，不是诉的构成要件。有人认为，允许公民个人提起公益诉讼会导致滥诉，让社会团体提起公益诉讼有可能让其借此挑战政府权威，影响社会稳定。有人认为，从我国国情出发，检察机关专业化程度高，又是公益代表，由其代表国家进行公益诉讼，非常合适。有人认为，检察机关有大量的刑事公诉任务，可能会怠于行使权力，同时检察机关作为法律监督机关，要对法院的诉讼活动进行监督，作为原告提起公益诉讼，难以保证诉讼的公正性，等等。《民事诉讼法》设立了这项制度，但对提起公益诉讼的主体仅仅是笼统地规定了“法律规定的机关和有关组织可以向人民法院提起诉讼”，明确了公民个人不能提起公益诉讼。

对于“法律规定”中的“法律”是指国家立法机关制定颁布的法律还是包括最高人民法院的司法解释？法律没有给出答案。目前，我国只有《海洋环境保护法》第90条第2款规定了：“对破坏海洋生态、海洋水产资源、海洋保护区，给国家造成重大损失的，由依照本法规定行使海洋环境监督管理权的部门代表国家对责任者提出损害赔偿要求。”“机关”概念比较宽泛，包括立法机关、人民法院、人民检察院和行政机关等。因此，需要根据立法本意进行解释，一般将“机关”解释为人民检察院和行政机关。迄今为止，我国各地法院包括四十多个环保法庭处理了十多起环境公益诉讼案件，检察院和行政机关作为原告起诉的案件有9起，结果都是以原告胜诉而告终。“有关组织”并非一个确定的法律概念，泛指社会团体、民办非企业性质组织和基金会等，有必要通过司法解释对可以发起诉讼的有关组织的范围进行过滤和限制，避免造成公益诉权的浪费。或可借鉴日本和我国台湾地区，由我国行政机关或最高人民法院对有关组织的起诉资格进行认定。

模块三 民事证据与证明

第四章 民事证据概说

学习目标

1. 理解民事证据的客观性、关联性和合法性特征。
2. 掌握民事证据的种类。
3. 了解民事证据的保全。

学习任务

学会辨析和判断民事案件中的各类证据。

第一节 民事证据的概念和特征

导入案例

齐某（女）与李某（男）系恋爱关系。齐某担心其男友变心，便要李某下个保证，内容是李某若移情别恋，就赔偿齐某10万元。为防止李某食言，齐某写下字据“李某欠齐某10万元”，并让李某签字。几个月后，李某以两人性格不合为由提出分手。齐某以字据相要挟拒绝李某的要求。未果，齐某便以该字据为证据，向法院起诉李某，要求李某偿还10万元欠款。

问题：该字据能否作为定案的依据？

知识点：证据的含义及其在民事案件中所起的作用。

一、民事证据的概念及作用

在日常生活中，人们广泛地使用“证据”一词，常用于以已知的事实来证明未知事实的场合。所以，通常意义上的证据是指能够证明事物真实存在的材料。民事证据，又称民事诉讼证据，是指在民事诉讼中，能够证明案件真实情况并以此作为裁判根据的各种客观事实。

在理解证据概念时，要准确区分证据与证据材料的不同含义。我们所说的证据应该同定案的证据一致。凡是未经查证属实的、用作证据的各种事实材料一律称为证据材料。证据来源于证据材料，证据材料要成为诉讼证据，必须经过法庭的审核、认定的过程。我国现行立法未将两者加以区分，人们也已习惯用“证据”一词涵盖证据和证据材料。因此，在具体使用时要区别特定场合的不同含义。

“打官司就是打证据。”这一俗语形象地说明了证据在民事诉讼活动中的重要作用。

1. 证据是诉讼活动的基础。诉讼中，一方面对案件的实体处理取决于能否运用证据准确地认定争议的事实；另一方面诉讼程序的推进及程序公正的实现也有赖于证据的合理有效地运用。诉讼的整个过程实际上就是运用证据的过程。因此，证据是诉讼活动的基础，是法院查清案件事实并作出正确裁判的重要依据。

2. 证据是维护当事人合法权益的手段。当事人的民事权益受到侵犯或者发生争议，可以依法向法院请求法律保护。当事人从起诉、答辩到参加开庭进行法庭调查、辩论，无一不与证据有关。不论原告还是被告，必须提出证据证明自己的主张，否则将承担败诉的风险。

3. 证据是使法院裁判获得公众信赖的保证。审理民事案件的过程中，法院在对证据的充分运用的前提下，以证据为依据认定各种争议的事实并以此作出裁判，尤其是对真伪不明的案件依靠举证责任分配所作的裁判，群众就会从中受到教育，领会法院的裁判绝不是法官的一人独断，并以此为戒，指导和规范自己的民事行为。

现行《民事诉讼法》对民事诉讼证据设专章规定。但由于规定过于原则、抽象，难以操作，远远不能满足诉讼法制发展的需要，也不能适应民事审判改革的形势。对此，最高人民法院于2001年12月21日通过的《最高人民法院关于民事诉讼证据的若干规定》（以下简称《证据规定》），以弥补民事诉讼法规定之不足。这是我国目前最为完整、系统地规定证据制度的司法解释，是当前实务中审理民事案件时，证据运用的主要依据。

二、民事证据的属性

民事证据的基本属性，是指作为民事证据应当具有的性质和要求。它是民事证据区别于其他事物的根本特点。一般认为，民事证据具有以下三个基本属性：

1. 客观性。证据的客观性是指证据本身是客观、真实、可靠的，而不是主观猜测、假想和杜撰的。证据的客观性表现在：①证据都表现为客观存在的事实；②证据的内容是对案件事实的如实反映，而不是主观想象或猜测；③证据与待证事实之间的联系是客观的，以没有客观联系的证据去证明待证事实，就可能会歪曲案件的真实情况，造成错误的判断，从而影响案件审判质量，损害当事人的合法权益。

2. 关联性。证据的关联性，是指证据与待证的案件事实之间具有某种内在的联系。多方收集来的各种证据材料最终能否被法庭采信，取决于证据材料是否具有关联性，没有关联性的证据材料不能作为证据来考虑。这种关联性表现在：①证据与待证事实之间存在客观、真实的联系而不是人们的主观臆断；②联系的表现形式多种多样，如因果联系、直接或间接联系、肯定或否定联系等；③能够为人们所认识。如果尚未为人们所认识，即使某些证据与案件事实存在一定的关联性，也不能作为定案的依据。

3. 合法性。证据的合法性，是指在民事诉讼中认定案件事实的证据必须符合法律规定的内容。在民事诉讼中，人们使用特定证据认定案件事实时必须符合法律规定的要求，不为法律所禁止，否则不具有证据效力。合法性体现在：①提供证据的主体合法。如不能正确表达意志的人不能作为证人。②证据的形式合法。如鉴定人必须具备鉴定资格；单位提交的证明文书须有单位负责人签名或盖章并加盖单位印章。③收集、提供和审查证据的程序合法。如视听资料的取得不得侵犯他人的隐私权；作为认定案件事实的证据必须在法庭上出示并由当事人质证等。

实践中，如何判断证据的合法性，如偷拍的证据是否合法等，常常会发生争议。为此，《证据规定》第68条明确规定："以侵害他人合法权益或者违反法律禁止性规定的方法取得的证据，不能作为认定案件事实的依据。"就是说，以侵害他人合法权益，如侵害隐私权，或者违反法律禁止性规定的方法，如以威胁、欺骗方法而取得的证据属于非法证据，应当排除在外。如果偷拍行为侵犯了他人的隐私权，偷拍的证据则为非法证据予以排除，反之可以予以采纳。

案例（4-1）：2009年5月，黄某向李某借了2万元，但未书写借据。2010年6月，李某要求黄某还款，黄某拒不偿还，并说"没有借据，我不还钱，你也拿我没有办法，在哪打官司也打不赢"。这些话被李某用随身带的录音机偷偷录了音。后李某起诉黄某，并向法院提交了他偷偷录制的录音带。

该录音带虽然是偷录黄某承认借款事实的谈话，但并未侵害他人合法权益或违反法律禁止性规定，不适用非法证据排除规则，应视为合法证据。

客观性、关联性与合法性是民事证据必须同时具备的属性，三者缺一不可。但客观性、关联性和合法性之间又绝不能等量齐观。客观性是民事证据的前提属性，没有客观性不可能有关联性和合法性；只有具有客观性的证据材料才有可能具备关联性；只有具有客观性和关联性的证据材料才有可能具有合法性。从某种意义上说，合法性是最重要的属性，它体现了现代诉讼法的精神和追求的价值目标。

三、证据的证明力

证据的证明力，又称证据力，是指证据能够证明案件事实强弱的能力。在诉讼中，对证据力的认定，实质上是对某一证据本身是否具有客观性，以及与待证事实是否具有关联性加以确认。通常来说，证据满足了客观性、关联性和合法性三性要求，就具有一定的证明力。但证明作用的大小不尽相同，有的证据具有较强的证明力，而有的证据只有相当弱的证明力。如直接证据强于间接证据，原始证据强于传来证据。

与证明力相似的概念是证据能力。证据能力是指能够作为诉讼证据的法律资格，亦即具有了证据能力才可能谈到证明力，否则谈不上证据的强弱效力。是否具有证据能力要由法律作出规定或由最高人民法院通过司法解释、判例来确定。如事实材料若不具备合法性，即无证据能力，就应当予以排除。事实材料只有具备了证据能力，才有资格进入诉讼程序发挥证明作用。

一般来说，判断证据的证明力的强弱、大小，一是根据法律规定，二是依法官判断。根据法律规定来确定证据的证明力的有无或大小，在诉讼理论上，被称为“法定证据原则”。如果证据的证明力依赖法官的自由判断，则被称为“自由心证原则”。法定证据原则要求法官在审理案件中运用证据，只需符合法律规定的各项规则就可以发现案件真实。由于这些证据规则是法律预先规定的，未免过于机械，难以作出符合案件真实情况的判决。而自由心证原则赋予了法官对证据在审核的基础上进行理性判断的权力。通常来说，证明力的确认本身是法官审判职责所在。考虑到权力的主观性强的特点，要求法官对证明力的判断必须客观化，即法官判断证明力的大小及有无，必须根据证据本身的特点，如证人平时道德操行表现，以及法庭调查、法庭辩论中，当事人对证据的态度、看法、分析和辩论等情况，进行辨别和确认。由于该项原则解决了诉讼证据本身存在的各种复杂性的问题，因此成为世界各国普遍实行的证据制度。

我国民事诉讼法回避了法官如何判断证据证明力的问题。《证据规定》第64条规定：“审判人员应当依照法定程序，全面、客观地审核证据，依据法律的规定，遵循法官职业道德，运用逻辑推理和日常生活经验，对证据有无证明力和证明力大小独立进行判断，并公开判断的理由和结果。”由此可见，在我国审判实务中，允许法官基于审理活动获得的一切证据资料和法庭调查与辩论的全部情况，形成对案件事实的确信，并依据这一确信去认定案件事实。当法律没有对各种证据的证明力作出具体规定时，法官就应依据理性、良心、生活经验等对证据的证明力作出判断。

引例解析：本案中，齐某持有一张李某签字的借条，表面看起来证据充分有力，但经审理查明，该借条是齐某逼迫之下所签，该字据不具有内容上的客观真实性，因此不能作为定案的依据。

第二节 民事证据的分类

导入案例

农村承包经营户赵、吴二人发现在其承包水塘投放的3万尾虾苗大量死亡。经市商品检验处化验，得出结论：虾苗可能是被邻近造漆厂排出的废水毒死的。但市环保部门对造漆厂排出的废水进行检验，结果是造漆厂排出的废水量没有超过国家规定的排污标准。由于赵、吴二人同造漆厂之间关于如何赔偿问题不能达成一致意见。赵、吴以原告身份向法院起诉被告造漆厂，要求被告赔偿损失。原告提供的证据：①购买3万尾虾的发票；②原告与村里签订的承包合同；③估算损害程度的书面材料。被告提出的证据：①原被告签订的防治废水污染虾塘的协议；②市环保部门的检验报告。

问题：原被告所提交的证据材料分别属何种证据？

知识点：各类民事诉讼证据的分类。

一、学理上的分类

证据的学理分类是在理论上按照不同的标准将证据分为不同的类别。

1. 依据证据与证明责任的关系可以将证据分为本证与反证。本证是指负有证明责任的一方当事人提出用以证明所主张事实存在的证据。不论原告或被告，只要依照证明责任所提出的证据都是本证。如某甲向法院诉称某公司违反合同，交付不符合国家质量标准的设备，举出当事人陈述两份、鉴定意见一份，这些证据即为本证；反证是指一方当事人为了推翻对方当事人所主张事实，而提出的相反的事实存在的证据。如针对某甲的起诉，某公司提出，双方交易的设备目前根本不存在“国家质量标准”，当事人陈述的“国家标准”纯属子虚乌有，并举出相应的书证与证人证言，这些证据即为反证。反证与本证是互相抵销的关系，反证所证明的事实正好与对方主张的事实相反，如果反证是真实可靠的，就可以推翻对方主张的事实。值得注意的是，反证不同于反驳，后者仅是否认本证本身的证明力，不必提出新的事实。

区分本证与反证的意义在于具体落实诉讼中双方当事人的证明责任。负有证明责任的当事人必须提出证据证明自己的主张，否则将承担不利的后果。同时，也有利于法官衡量双方当事人的举证效果，从而作出裁判。

案例（4－2）：韩某系某厂经理，一天下班时，在厂门外，被一只狼狗咬伤，造成实际损失5000元。后韩某向狼狗饲养人杨某索赔未果，遂诉至法院，要求赔偿损失。该案有以下证据：①韩某表明是杨某的狼狗咬伤自己的陈述；②杨某提出证人证言，证明韩某的伤不是其狼狗咬伤的；③杨某表明其狼狗之所以咬伤韩某，是因为韩某故意殴打其狼狗造成的陈述；④韩某提交的自己伤口的照片。

上述四类证据中，①、③、④属于本证；②属于反证。

2. 依据证据的来源，可将证据分为原始证据与传来证据。原始证据是直接来源于案件事实而未经中间环节传播的证据，即“第一手材料”，如合同原本、证人就亲自所见所闻提供的证言、物证的原件等。传来证据是指经过中间环节辗转得来，非直接来源于案件事实的证据，即“第二手材料”，如书证的副本、证人的转述、物证的复印件等。

区别原始证据与传来证据的意义在于揭示不同种类的证据可靠性程度的强弱。原始证据与传来证据的来源不同，决定了原始证据较传来证据更为可靠，具有较强的证明力。原始证据直接来源于原始出处，而传来证据与案件事实之间存在着中间环节，在转述、复制过程中有可能失真，故可靠性不如原始证据。

3. 依据证据与案件主要事实的关系可以将证据分为直接证据与间接证据。能单独证明案件主要事实的证据是直接证据，如亲眼看见违章超车的行人所作的证人证言；不能单独证明案件主要事实，需要与其他证据结合使用才能证明案件事实的为间接证据，如不是当场购买的物品。

区别直接证据和间接证据的意义主要表现在两者的证明力不同。一般来说，直接证据的证明力要强于间接证据。个案中应当尽量找出直接证据，单一的间接证据不能证明案件事实。但间接证据的作用也不容忽视，因为在没有直接证据时，从间接证据证明的事实中可以推导出待证事实，并且在很多情况下可以通过间接证据发现直接证据，并印证直接证据的客观真实性。

案例（4-3）：在甲诉乙借款纠纷一案中，有以下几个证据：①甲出具的由乙签名的借条一张：今借甲人民币3000元整，1个月内返还。②证人一证明，他曾听乙说，乙向甲借了3000元，准备到外地旅游时用。③乙向法庭陈述："我确实向甲借了3000元，但我2个月后就已归还，可收条找不着了"。④证人二向法庭陈述：自己与乙一起旅游时，听他说"这次出来玩的钱是向别人借的"。

在上述证据中，①、②、③是直接证据；④是间接证据。

另外值得注意的是，直接证据并不一定是原始证据，间接证据也不一定是传来证据，两类证据之间存在交叉关系。如医生诊断受害人伤势的病历，对证明损害结果而言是直接证据，但可能是原始证据（原始病历），也可能是传来证据（病历复印件）；该病历对证明受害人是否受到侵害人的加害来说则是间接证据。

二、立法上的分类

立法上的分类是指民事诉讼法对民事证据的分类。根据民事诉讼法的规定，以民事证据的表现形式为标准，将证据分为当事人陈述、书证、物证、视听资料、电子数据、证人证言、鉴定意见、勘验笔录八种。

（一）当事人陈述

当事人陈述是指当事人在诉讼中就与本案有关的事实向法院所作的陈述。当事人陈述作为证据的一种，并被放在证据类型的首位，体现了我国民事诉讼立法的特色，也反映了当事人陈述在民事证据中所起到的重要作用。在民事诉讼中，当事人是直接利害关系人，也是案件事实的亲身经历者，他的陈述是证明案件事实的证据的重要来源之一。其作用在于能够尽快理清案件事实的脉络，确认争议的民事法律关系发生、变更或终止的事实，是当事人充分行使诉权的表现。

在诉讼中，当事人向法院所作的陈述往往包含多方面的内容，如关于诉讼请求的陈述、关于证据来源的陈述、关于与案件有关的其他事实的陈述等，而可能作为诉讼证据的只能是当事人有关案件事实的陈述。由于当事人是案件亲身经历者，对案件事实最为了解，为彻底解决纠纷，很可能说出客观真实的事实，但基于同样的原因，他们会有意或无意地说出虚假、不真实的事实。因此，当事人陈述具有真实与虚假并存的显著特点。审判人员对当事人的陈述必须结合本案的其他证据进行审查核实，以确定作为认定案件事实的根据。

当事人的陈述分为对自己有利的陈述和对自己不利的陈述。当事人作了对自己有利的陈述，如果不能提出其他相关证据来相互印证，法院对该陈述不予支持。当事人作了对自己不利的陈述，在证据法上构成自认。自认则发生免除对方证明责任的法律效力。如原告提出被告迟延交货，而被告承认这是事实，则原告无须就对方迟延交货的事实加以证明。

（二）书证

书证是以文字、符号、图形等所记载的内容或表达的思想来证明案件真实的书面文件和其他物品。这种物品之所以被称为书证，不仅是因为它的外观呈书面形式，更重要的是它记载或表达的内容能够证明案件事实。常见的书证有各种证件、文件、票据、合同书、结婚证书、房产证、商标图案、设计图纸等。

书证具有以下两个显著特征：①它是以文字、符号、图形等形式反映出人的思想的物品；②物品反映出的内容或思想与待证事实之间有客观的关联性。随着人们法律意识的增强，民事主体更习惯于通过书面的方式从事各种民事活动。这样，一旦发生民事纠纷，就会存在大量的书面凭证。在民事诉讼中，书证是一种应用得最普遍的证据。

书证按不同标准可以作以下分类：以制作书证的主体不同划分为公文书和私文书；以书证内容的性质不同划分为处分性书证和报道性书证；以书证制作是否需要特定形式、格式将书证划分为一般书证和特别书证；以书证的制作方法不同划分为原件、副本、复印件和节录本。

对书证的分类，有助于掌握各种书证的不同特点并认定其法律效力，便于当事人举证，便于法院审查核实和判断书证。

案例（4－4）：甲向乙借款。因时间较长，乙向甲催还借款时，甲矢口否认。为此双方发生纠纷，乙便起诉到法院。法院要求乙提供借据原件，但乙说原件已丢失，只提交了借据的复印件，甲对此复印件不予承认，说是伪造的。但乙没有其他证据来证明甲向自己借款的事实。人民法院遂驳回了乙的诉讼请求。

借据是证明双方是否存在债权债务关系的凭证。乙提供借据复印件是想通过借据书写的内容来证明甲乙之间存在借贷关系，构成书证。但书证须提交原件，没有原件，复印件还需要其他证据相互印证，仅有复印件则不能独立作为证据。因此，人民法院驳回乙的诉讼请求是正确的。

（三）物证

物证是通过其外部特征和自身所体现的属性来证明案件的真实情况，它不受人们主观因素的影响和制约。因此，物证是民事诉讼中重要的证据之一。民事诉讼中常见的物证有对所有权、使用权有争议的物品，买卖合同纠纷中质量存在争议的标的物，侵权纠纷中受到损坏的物品等。

物证和其他证据相比，具有如下特征：①可靠性较强。如果能够判定物证是真实的，那么通过物证与案件事实的联系，就能够直接证明案件事实。因而，物证具有较强的证明力。②独立性较强。物证不像证人证言和当事人陈述那样易受主观因素和其他客观因素的影响。在多数情况下，物证能独立证明案件事实是否存在，而不需要其他证据加以印证，所以物证又被称为“哑巴证人”。③具有不可替代性。物证作为一种特定化的具体物质是不能用其他物品或者同类物品来代替的，否则就不能保持原物的特征。民事诉讼法明确规定，物证必须提交原物，在提交原物确有困难时，可以提交复制品、照片。这种复制品和照片，只是固定和保存原物的方法，作为物证的仍是原来的物品和痕迹，而不是复制品和照片。

物证从不同角度可以分为以下三种：以物证与争议标的物的关系为标准，可将物证分为争议标的物的物证和非争议标的物的物证；以物证是否便于保存为标准，可将物证分为易保存的物证和不易保存的物证；以物证是否属于原件为标准，可将物证分为原始物证和复制物证。

物证与书证虽然都属于以实物形态表现出来的证据，但二者之间有着明显的区别，其主要区别在于：①物证以其存在、外形等外部特征和物质属性证明案件真实情况；书证则以文书或物品所记载的内容证明案件事实。②法律对物证无形式上的特定要求，只要能以其存在、外形、特征证明案件事实，就可以作为物证；而书证则不同，法律有时规定必须具备特定形式或履行了特定的程序后，书证才具有证据效力。③物证是一种客观实在，不反映人的主观意志；而书证是特定主体制作的，反映了人的主观意志。

需要注意的是，在有些场合，同样一个证据可能既是书证又是物证。如李某在报纸上发表了一篇涉及胡某某的文章，胡某某诉李某侵害其名誉权。在诉讼中，胡某某提出其在某市购买的报纸，证明李某的侵权行为已经波及该市；而该报纸上的文章证明李某损害了胡某某的名誉权。该报纸对于证明侵权行为已经波及某市的事实属于物证；但对于证明该文章损害胡某某的名誉权的事实属于书证。

（四）视听资料

视听资料是指利用录音、录像、电子计算机储存的资料和数据等来证明案件事实的一种证据。一般认为，视听资料包括录音录像资料、电脑储存的资料和电视监视资料三大类。视听资料与传统的各类证据相比，具有以下几方面特点：①直观性。由于视听资料是采用现代科学技术手段记录的有关案件的原始材料，如实再现当事人的声音、图像和数据，所以能够直观、生动地反映案件事实。②广泛使用性。视听资料具有体积小、重量轻等许多优点。随着科学技术的发展，录音机、录像机、电脑、传真机的日渐普及，视听资料能够在民事诉讼中得到广泛的应用。③极易伪造性。视听资料是运用技术手段制作的产物，一方面可以如实记载案件客观情况；但另一方面，又可以通过技术手段进行任意篡改或伪造。因此，法院对视听资料应当辨别真伪，并结合案件的其他证据，审查确定其能否作为认定事实的根据。视听资料是我国的诉讼证据上新增的证据种类，它对于法院查明案情，提高审判质量，正确处理民事纠纷有着重要的价值。

视听资料与书证既有相同之处也有区别。相同之处在于它们都以一定的思想内容来证明案件事实。区别在于：首先，书证主要是以文字、符号、图形形式记载的思想或者内容来证明案件事实的。视听资料主要是以声音、图像、数据来反映案件的内容的。虽然不能否认视听资料中也有以文字形式反映人的思想或内容的形式，但不是单纯地用文字和符号证明案件事实的。其次，书证是以静态的方式证明案件事实，而视听资料则是以动态的方式来证明案件事实，其具有生动逼真的特点。

视听资料也不同于物证。物证是以外部的形态、质量、规格、特征等来证明案件事实，通常能够独立地证明案件事实，无须其他证据印证。而视听资料通常是以科技手段为载体再现案件事实，虽能够独立地使用，但由于它的极易伪造的特点，用作证据时，需要结合其他证据，以排除造假的可能。

（五）电子数据

电子数据是指基于计算机应用、通信等电子化技术手段形成包括文字、图形符号、数字、字母等在内的客观资料。电子数据证据是以数字化的信息编码的形式出现的，能准确地储存并反映有关案件的情况，是对案件具有较强证明力的独立的证据。从证据形式上看，电子数据证据介于物证与书证之间，如电子合同等。电子数据作为一种独立的证据，其特点是：

1. 电子数据证据具有特殊的物质载体。作为电子数据证据的数据和信息是以电讯代码的形式存贮在计算机各级存贮介质中的，输出的文件资料中的数据和信息，都是以不可直接读取的形式出现的。而且，审查、鉴定电子数据证据的真伪，也要靠专门的电子仪器、设备和特定的程序才能进行。

2. 电子数据证据信息大、内容丰富。表现在：①具有动态连续性。其他各种物证包括物品、文书、痕迹等大多是以静态的方式反映案件情况，而电子数据证据是现代高科技的产物，它能够再现与案件有关的文字、图像、数据和信息，生动形象地展现案件事实，所反映的案件情况是一个动态的过程。②具有高度的直观性和生动形象性。它可以将与案件有关的图像、声音、符号等信息，直观地再现在司法人员面前。③科技含量高，蕴藏的信息量极为丰富。

3. 电子数据证据具有便利、高效性。作为电子数据证据，只要保存好各级存贮介质，就可以反复再现，作为证据也易于使用，审查核实时便于操作。特别是若干年后仍可重现当时的真实情况，具有较长时间的稳定性。

但是作为新类型的一种证据，电子数据证据面临着合法举证的困难。比如在无纸化的电子邮件交易中，举证是个难题，证据难以保存。因此，当事人提取电子数据作为证据，应事先请公证机关进行公证或者采取律师见证、外交机构认证、工商行政管理部门鉴证，以及利用先进的电子设备制成视听资料等方式保存证据，或者申请人民法院采取诉前证据保全。

案例（4－5）：在一起劳动争议案中，员工通过电子邮件向公司提出辞职，随后双方在邮件往来和电话中讨论离职事宜。然而在案件审理时，虽然公司提交了电子邮件作为证据，但员工矢口否认自己主动辞职，并否认电子邮件是自己发的。公司无奈，提交了双方电话的通话记录。但这些记录只能证明公司与员工在某个时间段有频繁的电话沟通，并不能证明通话的内容，也不能证明员工主动辞职的事实。鉴于员工否认电子邮件的真实性，公司遂请公证员到公司对几个在职员工电脑里的邮件进行公证，证明这几个人都收到了那名员工的辞职邮件。这份电子邮件公证书证明了员工主动辞职的事实，法庭予以采纳。

（六）证人证言

1. 证人证言的概念和特征。证人是指知晓案件事实并应当事人的要求和法院的传唤到法庭作证的人。证人就其所了解的案件事实向法院所作的陈述被称为证人证言。客观事物的广泛联系性决定了有关案件事实的信息会或多或少地被第三人知晓，而第三人根据其记忆反馈出的各种信息就形成了证人证言。证人证言的内容往往与案件事实的部分或全部相联系，能够证明案件事实的部分或全部内容，从而具有较强的证明力。因此证人证言被喻为“活”的证据。证人证言具有以下几个特征：

（1）证人证言是了解案件事实的证人所提供的证明。它是证人就耳闻目睹与案件有客观联系的事实向法庭所作的陈述。因此，证人陈述的与案件无关的事实、分析评价的事实、传闻的事实都不应作为证言的内容。

（2）证人证言只包括能够正确表达意思的人就案件事实所作的陈述。精神病人、年幼的人或其他不能辨别是非、不能正确表达意思的人，所作的证言是无效的。

（3）证人证言的真实性、可靠性受到多种因素的影响。对大多数自然人证人来说，其所陈述的事实要受到主观和客观等各种因素的影响和制约。主观因素包括证人的自身素质及对事物的认知力和表达能力等。客观因素包括证人当时所处的客观环境，如光线明暗、距离远近等。这些因素导致证人证言不能独立作为证据，只能与其他证据相互印证。

2. 证人的条件和范围。根据《民事诉讼法》第72条的规定，凡是知道案件情况的单位和个人，都有义务出庭作证。有关单位的负责人应当支持证人作证。不能正确表达意思的人，不能作证。据此，作为证人须具备下列条件：①了解案情。即证人对诉讼案件的有关事实、情节有一定程度的了解和掌握。②能够正确表达自己的意思。证人是凭借自己的眼、耳、鼻等感觉器官感知案情的人，法律规定需要证人出庭如实陈述知晓的事实并接受当事人质询。不能准确表达意思的人无法做到这一点。下列人员不得作为证人：

（1）不能正确表达意思的人。如精神病人、年幼的人如果不具备这一条件就不能作为证人。

（2）诉讼代理人。对同一案件，诉讼代理人的身份与证人的身份是相互冲突的，因而诉讼代理人不能同时作为证人。如果诉讼代理人知道案件重要情况，有出庭作证的必要，可以单独作为证人参加诉讼。

（3）审理或参与本案的法官、书记员、鉴定人、翻译人和勘验人。这些人员如果同时作为本案证人，可能影响到司法公正。因此，当他们确有必要作为证人时，只能以证人身份参加诉讼，不能同时身兼两职。

针对司法实务中多数证人不愿意出庭作证的情况，民事诉讼法具体规定了证人出庭作证的法定原则及其出庭费用支付的方法，一定程度上缓解了证人出庭难的情况。

经人民法院许可，有下列情形之一的，证人可以通过书面证言、视听传输技术或者视听资料等方式作证：①因健康原因不能出庭的；②因路途遥远，交通不便不能出庭的；③因自然灾害等不可抗力不能出庭的；④其他有正当理由不能出庭的。证人因履行出庭作证义务而支出的交通、住宿、就餐等必要费用，以及误工损失，由败诉一方当事人负担。当事人申请证人作证的，由该当事人先行垫付；当事人没有申请，人民法院通知证人作证的，由人民法院先行垫付。

随着现代科技的发展，在诉讼活动中经常遇到专门性问题，这些问题单靠法院或当事人是无力应付的。从维护当事人诉讼权利的角度出发，民事诉讼法设置了专家辅助人制度，即人们常说的“专家证人”，他是依据自己的专业知识或经验向法庭提供意见并予以说明的证人。《民事诉讼法》第79条规定：“当事人可以申请人民法院通知有专门知识的人出庭，就鉴定人作出的鉴定意见或者专业问题提出意见。”

（七）鉴定意见

鉴定意见是指鉴定人运用专业知识、专门技能对案件中的专门性问题进行分析、鉴别、判断后作出的书面意见，例如，医学鉴定、产品质量鉴定等。鉴定意见的主要特点是：

1. 鉴定意见是针对诉讼中有待查明的事实问题作出的，而不直接涉及对案件处理的有关法律问题。对法律问题的评价，应由审判人员去解决，而不应属于鉴定结论的范围。

2. 鉴定意见是鉴定人根据案件的事实材料，按科学技术标准，以自己的专业知识、技能或现代科技手段独立对鉴定对象分析、研究、推论作出的判断。

鉴定人与证人不同。主要区别表现在：

（1）在资格条件上，证人的资格条件只要求具备正确表达意思的能力，即使证人有身体缺陷或者年幼，均可出庭作证；而鉴定人有严格的资格条件，须具备相关的专门知识和技能。

（2）在可否替代上，证人就其了解的案件事实向法庭作证，具有不可替代性；而鉴定人从事鉴定活动是受法院指派或聘请，因此，鉴定人是可以替换的。

（3）在能否回避上，证人不得以与案件处理结果有利害关系为由申请回避；而鉴定人如果有回避事由，则必须执行回避的规定。

（4）在发表意见上，证人只能就其知悉的案件事实陈述意见，不能发表自己根据这些事实得出的结论和意见；鉴定人作为专家则不受此规则的限制。

目前为数不少的诉讼案件都涉及专业知识，如医疗事故纠纷、产品质量纠纷、环境污染纠纷等，解决问题的关键往往就是对案件中的专业问题的鉴定。而在现实中，鉴定工作确实存在不合理现象，如鉴定机构选任、鉴定人的资格确认过于随意。为了规范鉴定工作，《民事诉讼法》第76～78条对鉴定程序及鉴定人的权利义务作了明确规定。当事人可以就查明事实的专门性问题向人民法院申请鉴定。当事人申请鉴定的，由双方当事人协商确定具备资格的鉴定人；协商不成的，由人民法院指定。当事人对鉴定意见有异议或者人民法院认为鉴定人有必要出庭的，鉴定人应当出庭作证。经人民法院通知，鉴定人拒不出庭作证的，鉴定意见不得作为认定事实的根据；支付鉴定费用的当事人可以要求返还鉴定费用。

《证据规定》第27～28条对鉴定意见也作了较为详细的规定。当事人对人民法院委托的鉴定部门作出的鉴定结论有异议，并能证明存在下列情形之一的，可以申请重新鉴定：①鉴定机构或者鉴定人员不具备相关的鉴定资格的；②鉴定程序严重违法的；③鉴定结论明显依据不足的；④经过质证认定不能作为证据使用的其他情形。

（八）勘验笔录

勘验是指法院工作人员，对与案件争议有关的现场、物品或物体进行检查、拍照、测量的行为。根据勘验的情况与结果制成的笔录叫勘验笔录。勘验笔录是一种独立的证据，也是一种固定和保全证据的方法。

勘验笔录以其文字、图表等记载的内容来说明一定案件事实，从这个意义上来说，它与书证有相似之处，但不能就此认为它是书证。与书证相比，勘验笔录具有如下几个特点：

1. 制作时间的特殊性。勘验笔录是在案件发生后，在诉讼过程中，为了查明案件事实，对物证或者现场进行检验后制作的。

2. 制作主体的特殊性。勘验笔录是办案人员或法院指定进行勘验的人，执行公务时依法制作的一种文书。

3. 内容的客观性。勘验笔录的文字、图片记载的内容，是对物证或者现场的重新再现，其内容不能有制作人的主观意思表示，完全是一种对客观情况的如实记载。

根据民事诉讼法的有关规定，在勘验物证或者现场时，勘验人员必须出示法院的证件，邀请当地基层组织或者当事人所在单位派人参加，当事人或者他们的成年家属应当到场。拒不到场的，不影响勘验的进行。有关单位和个人根据法院的通知，有义务保护现场、协助勘验工作的进行。勘验人员尽可能以拍照、检查、绘图、录像等方法详细、如实地记录物证或者现场一切与案件有关的客观情况。

引例解析：根据民事诉讼法的规定，原被告向法庭的陈述是当事人陈述；发票、承包合同、双方签订的防治废水污染虾塘的协议属书证；死虾为物证；有现场查看人员签名的书面协议属勘验笔录；市商品检验处的化验报告及市环保部门的检验报告为鉴定意见。

第三节 证据保全

导入案例

个体户鑫某向蔬果种植户金某购买了100斤橘子。出于信任，鑫某先付了钱。可是，随后鑫某发现金某送来的全是烂橘子。鑫某准备起诉，还拍了照片，但照片上看得不是很清楚。鑫某担心开庭时橘子会全部烂掉，没有证据，于是向律师求助。

问题：律师会给出什么样的建议？

知识点：证据保全的运用。

一、证据保全的概念和种类

证据保全是指法院在起诉前或在对证据进行调查前，依据申请人的申请或当事人的请求，或依职权对可能灭失或今后难以取得的证据，予以固定和保存的行为。法院解决民事纠纷，认定案件事实是必不可少的环节，认定案件事实必须依靠证据。由于民事案件的事实是过去发生的事实，民事案件的起诉、审理直至判决需要一个过程，所需的证据可能会由于没有及时地收集而因人为原因或客观原因灭失或难以取得，为了维护当事人的合法权益，为了法院公正审理民事案件，需要采取一定的措施，将可能灭失或以后难以取得的证据固定或保存下来。因此，有必要建立这样一套证据保全的制度。

根据证据保全适用的阶段不同，证据保全分为诉前证据保全和诉讼证据保全两种保全方式。

诉前证据保全是指起诉前，因情况紧急，在证据可能灭失或者以后难以取得的情况下，利害关系人可以在提起诉讼或者申请仲裁前向证据所在地、被申请人住所地或者对案件有管辖权的法院申请保全证据。采取诉前证据保全应满足以下几个条件：①应当在提起诉讼或申请仲裁前采取。②须利害关系人申请。由于尚未进行诉讼或仲裁程序，还不存在当事人，只能由与案件有法律上权利义务关系的人提出申请。③须是情况紧急，证据可能灭失或今后难以取得。如果时间来得及，完全可以在诉讼或仲裁过程中申请保全。④须向证据所在地、被申请人住所地或者对案件有管辖权的法院申请。

诉讼证据保全是指在诉讼过程中，在证据可能灭失或者以后难以取得的情况下，当事人向人民法院申请保全证据，人民法院也可以依职权主动采取保全措施。采取诉讼证据保全应满足以下几个条件：①应当在诉讼进行过程中采取；②被保全的证据必须与案件待证事实有关联；③须是证据有灭失的可能或者将来难以取得。“可能灭失”的原因有主观原因也有客观原因，如证人因衰老、疾病可能随时死亡；作为证据的物品容易腐坏、变质或被人为损害等。“将来难以取得”是指证据虽不至于灭失，但若不采取必要保全措施，会影响案件的及时处理，甚至影响办案的质量，因此应当及时保全，如证人即将出国。

二、证据保全的程序

证据保全的程序，可以参照《民事诉讼法》关于保全的一般规定。

1. 当事人或利害关系人提出申请，法院认为有必要采取证据保全措施的，也可以依职权主动进行。

当事人或诉讼代理人向法院提出证据保全的，应提交书面申请，写明申请保全证据的形式、内容，证据存在地点，以及申请保全的原因和理由。当事人申请诉前证据保全，必须向法院提供担保。当事人申请诉讼证据保全，法院可以责令其提供担保。当事人拒绝提供担保的，法院裁定驳回申请。

证据保全申请书

申请人：

申请人　　与　　因　　一案，已于　年　月　日向你院提起诉讼。现因该案证据即将灭失（或者以后难以取得），为此，申请给予保全证据。现将案件事实、理由和具体请求目的分述如下：

请求事项：

事实和理由：

此致

×××人民法院

申请人：

年　　月　　日

2. 证据的保全应在开庭前进行。具体来说，当事人向法院申请保全证据的，不得迟于举证期限届满前 7 日。如果是属于在庭审期间新发现的证据，可以直接向人民法院提供或由人民法院收集，没有必要进行证据保全。

3. 保全证据的方法，可根据证据的不同形式，采取不同的措施。《证据规定》第 24 条第 1 款规定：“人民法院进行证据保全，可以根据具体情况，采取查封、扣押、拍照、录音、录像、复制、鉴定、勘验、制作笔录等方法。”对书证，可以复制拍照；对物证，可以录像、拍照、制作勘验笔录；对证人证言，可以预先询问、制作笔录、录音、录像等。不管采取何种方法进行证据保全，均应客观、真实地反映证据情况。同时，法院在进行证据保全时，可以要求当事人或者诉讼代理人到场。

保全证据的材料，由法院存卷保管，以备将来使用。

引例解析：橘子是本案争议标的物，也是解决鑫某与金某之间合同纠纷的重要物证。基于橘子的自然属性（时间长会变质），若等到开庭时，该主要物证就会灭失。因此，鑫某在情况紧急来不及起诉时，可以在诉前向有管辖权的法院申请诉前证据保全，由法院及时对该证据采取录像、拍照等方法进行保全，以防证据的毁损和灭失。当然，如果情况不属紧急，鑫某也可在起诉后向受诉法院申请证据保全。

本章重点内容小结

民事诉讼证据是能够证明案件真实情况并以此作为裁判根据的各种客观事实，它具有客观性、关联性和合法性三个特征。我国民事诉讼法规定了当事人陈述、书证、物证、视听资料、电子数据、证人证言、鉴定意见、勘验笔录八种证据形式。当事人对自己提出的主张负有证明的责任。诉讼中，当事人提供的所有证据材料必须经过质证和认证才能够作为定案依据。

“打官司就是打证据。”诉讼程序的推进和民事纠纷的最终处理均取决于证据的合理运用。应该说，证据问题是全部诉讼活动的核心。

关键词：民事证据　　证据形式　　　证明力

实务训练

（一）示范案例

案情：甲在乙开的商店里购买××牌皮鞋一双，回家后发现系仿冒的××牌皮鞋，在数次要求退货未果后，持购物发票向法院起诉要求被告双倍返还购买皮鞋款400元。而乙则辩称，该皮鞋并非本店销售的皮鞋，这张发票只能证明甲曾经在乙处购买过××牌皮鞋，但不能证明是这一双，甲是把从别处购买的皮鞋拿到本店来索赔，纯是讹诈。

依据《证据规定》的证明力原理，乙的抗辩是否有合法依据？

分析：本案中，甲提供了该商店出具的购物发票，根据发票上商品的具体名称、数量、价格，应当可以认定该皮鞋是从该商店购得。根据生活常理，消费者是无法再举出其他证据来证明该皮鞋是从该商店购得的。《证据规定》第64条规定，法官审核证据要"运用逻辑推理和日常生活经验，对证据有无证明力和证明力大小独立进行判断"。因此，根据生活常理，消费者在商店购物，只能得到商品和购物发票，也就只能以这些东西作为证据。商店应当有能力也有责任提供该商品是否属于其销售的证明。如在皮鞋的内侧加盖商店的戳记等。如果未标明，商店则不能以皮鞋不是其所售的理由进行抗辩。

（二）习作案例

原告某汽车运输公司起诉被告某甲，要求返还其拾得的彩电。原告诉称：本公司的一辆东风汽车一天傍晚在路过李家庄时掉落了一台康佳彩电，被村民甲拾得，而甲矢口否认，拒不返还。

原告向法院提供了如下证据：①村民乙证实看见一辆东风汽车上掉下一个箱子，甲将大箱子搬上架子车匆匆忙忙运回家，但由于天色已晚，不知甲拾得何物。②村民丙证实当天傍晚正好遇见甲回家，用架子车推回了一台彩电，说是刚从县百货公司买的。③县百货公司证实近一段时间，由于缺货，没有卖过康佳彩电。试分析以上证据分类。

思考题

1. 如何理解民事证据的合法性特征？
2. 试比较证据能力与证明力概念。
3. 何为本证与反证？举例说明之。
4. 简述民事证据的几种形式。

延伸阅读

专家辅助人

所谓专家辅助人，又被称为专家证人，是指在科学技术及其他专业知识方面具有特殊的专门知识或者经验的人员，根据当事人的聘请并经法院准许，出庭辅助当事人对案件事实所涉及的专门性问题进行说明或者发表专业意见和评论的人。《最高人民法院关于民事诉讼证据的若干规定》创设了专家辅助人制度，2012年《民事诉讼法》对专家辅助人制度进行了明确规定，即第79条："当事人可以申请人民法院通知有专门知识的人出庭，就鉴定人作出的鉴定意见或者专业问题提出意见。"

设置专家辅助人制度，允许当事人申请专家出庭对鉴定结论进行质证，是民事审判方式由职权主义模式向当事人主义模式转变的一种表现。借助一切可能利用的社会资源运用于司法程序，使法官对案件事实的认定具备更高的科学性与更充分的客观性，从而解决因法官知识结构的局限性和专门知识的缺乏对于正确认定案件事实所产生的不利影响，维护法官的中立地位，有助于在证据制度上体现司法的公正与效率。

专家辅助人不同于鉴定人。鉴定人只能由法院指定，而专家辅助人由当事人申请、法院准许；鉴定人作出鉴定结论要依据鉴定物，并据此作出理性的分析，而专家辅助人是单纯就涉案的有关专门性问题提出有根据的科学的意见。

专家辅助人也不同于一般意义上的证人。证人是知道案情向法庭陈述案件事实的人，它可以是任何公民或组织，其证言内容部分或全部与案情有关联。专家辅助人是利用自己的技能对相关专业领域问题进行说明，是“专家证人”。

专家辅助人应当具备以下几个基本条件：①必须具有与参加诉讼案件所涉及的某一特定领域或某一特定行业内的专家所在具有的专门知识、技能、经验；②专家辅助人所表达的意见、推论或结论，是依靠专门性的知识、技能和经验而作出的，而不是依靠一般人所具有的常识；③必须对自己依据案件事实、证据所提出的意见、推论或结论作出合理、肯定而不是猜测、模糊的证明。

根据我国现有的法律规定，专家辅助人在诉讼中应该享有以下权利：①对案件中相关技术资料的知悉权；②对专门性问题的说明权；③对鉴定人的质询权；④获得报酬权。

专家辅助人在享有权利的同时，必然要承担与之相应的义务：①认真履行当事人的委托，不得在同一案件中接受双方当事人的委托；②遵守科学准则向法庭提供专家意见，不得任意解释；③保守在诉讼中所知悉的国家秘密和当事人的商业秘密，不得泄露当事人的隐私；④出庭的义务，接受当事人和法官的询问。

当事人可以根据自己的选择指定特定专业的专家，法庭应当对当事人提出的专家进行审查，认为案件审理确实必需的，应准许经当事人同意的任何专家出庭就案件的专门性问题进行说明，专家辅助人出庭的有关费用由提出申请的一方当事人承担。法院在必要时也可以指定专家辅助人。法庭或任何一方当事人指定或选择出庭的专家辅助人，将接受对方当事人和法庭审判人员的询问。如果双方当事人都申请了专家辅助人，审判人员可以让双方申请出庭的专家辅助人就案件的专门性问题进行对质，以使法官能够更准确地把握案件事实。

专家辅助人意见不属于独立的证据种类，需要通过法庭的质询、辩论等严格的审查，才可以被法院采纳。采信的标准，一是看专家辅助人意见所依据的基础材料是否真实可靠；二是作出专家辅助人意见所依据的技术标准或规则是否被该领域普遍认可。

第五章　民事诉讼的证明

学习目标

1. 了解证明对象的范围。
2. 掌握证明责任的含义及责任分担。
3. 了解民事证据的质证和认证。

学习任务

确定民事案件中当事人的证明责任分担。

第一节　证明对象

导入案例

原告李国昌称被告陈晓梅曾于2007年9月16日向其借款5000元并写下借据。2008年2月，原告向被告索要借款时，被告找借口予以推辞。之后，原告多次索债未果，故起诉至法院，请求被告还款。

诉讼中，原告提供的证据是被告书写的借据复印件一份，原告称借条原件已丢失。被告承认其向原告借过5000元钱并留下借据，但声称在2008年2月原告提出还钱时，被告提出用其兄陈志华的摩托车来抵押，原告表示同意。最后，被告拿陈志华的摩托车作价5000元抵偿了欠款，同时从原告手里要回了借据，并予以销毁，故拒绝再付款。审理中，双方各持己见，争议较大。同时，双方无法提供其他证据。

问题：本案的待证事实有哪些？

知识点：证明对象的范围。

一、证明对象的概念及特征

所谓证明对象又称待证事实，是指证明主体运用证据予以证明并对审理案件有重要意义的事实。证明对象是证明的出发点。在民事诉讼中，原告起诉须提出一定的证据，被告进行答辩、反驳或者反诉时也要提出一定的证据。而当事人提供证据仅是一种诉讼手段，其真实目的是为了证明自己的主张成立，进而获得胜诉。因此，为实现这一目的，首先就需要确定哪些事实需要证明，这就是证明对象。确定证明对象有利于审判人员和当事人有目的、有选择地收集和提供证据，便于法院及时查明案件事实，正确解决民事纠纷。

但是，在民事诉讼中，不是所有案件的事实都能成为证明对象，要成为证明对象必须具备以下的条件：

1. 能够成为证明对象的事实必须是与审理的案件有关联，即具有关联性。如果某一事实与案件无关联或对认定事实无任何法律上的意义，就不能成为证明对象。

2. 作为证明对象的事实必须处于真伪不明状态。也就是说，该事实存在与否必须由证明主体进行证明，以消除真伪不明这一状态。

3. 证明对象的确定与实体法律规范中的要件事实有着密切的联系。所谓要件事实，是指使特定的法律关系产生、变化或消灭的事实。当事人要使自己的诉讼请求获得法院的支持，必须就自己主张的事实与实体法律规范中要件事实相一致，才能获得预期的法律效果。

二、证明对象的范围

根据民事实体法和民事诉讼法的规定，民事诉讼证明对象的范围应包括以下几个方面：

1. 当事人主张的实体事实。实体事实是涉及当事人之间实体法律关系方面的事实。该类事实具体包括：①产生当事人之间权利义务关系的法律事实，如自然人的出生、签订合同等；②变更当事人之间权利义务关系的法律事实，如债权债务转让、遗嘱的变更等；③消灭当事人之间权利义务关系的法律事实，如债务的履行、放弃继承权等；④妨碍当事人权利实现、义务履行的法律事实，如合同的无效、不可抗力等。

以上的实体事实，关系到诉讼当事人的实体权利义务，也关系到法院对案件的实体处理，因此是民事诉讼中的主要证明对象。

作为证明对象的实体事实，可以分为三个层次：

（1）主要事实。依据民事法律规定，凡是涉及民事权利义务关系发生、变更和消灭的法律要件事实都是案件的主要事实。如对一般合同纠纷，涉及合同订立、合同效力、合同履行等事实就是主要事实。主要事实是解决案件的重要环节，是构成裁判的基础事实。

（2）间接事实。它是用于证明或推断主要事实存在与否的事实。在民事案件中主要事实的存在与否往往需要一个或多个间接事实加以印证。如对当事人有无过错这一主要事实的判断，就需要借助诸如行为人的能力、技术、资历等间接事实来推断行为人是“明知而为”还是“疏忽而为”。

(3) 辅助事实。它是指与证据能力和证明力有关的事实。这些事实在一定程度上有助于法院弄清某些证据是否具有证据能力及其证明力大小。如证人与当事人是否存在一定的亲属关系的事实就是辅助事实，它往往直接关系到该证人证言证明力的大小。

2. 当事人主张的程序事实。程序事实是由民事诉讼法律规范所规定，能够引起民事诉讼法律关系发生、变更或消灭的事实。这类事实主要包括：①有关当事人资格的事实；②有关主管和管辖的事实；③有关回避的事实；④有关适用强制措施条件的事实等。

程序事实主要是解决诉讼程序问题上具有法律意义的事实，这些事实虽不直接涉及实体问题，但在具体案件中，如不加以证明，就会影响诉讼活动的顺利进行，影响实体问题的正确解决，因而也属于证明对象。

3. 外国法律和地方性法规、习惯。一般来讲，法律和法规是无须进行证明的，但是在特殊情况下外国法律和地方性法规、习惯应当作为证明对象。作为法官应当知悉本国法律，但外国法律不属于法官在业务上应当知悉的范围。而地方法规数量多、变化快，本地法官不一定知晓外地制定的法规。存在于某一地方的习惯，审理案件的法官也未必清楚。因此，在当事人主张适用外国法律、地方性法规或习惯时，它们也成为证明对象。

三、无需证明的事实

所谓无需证明的事实又称免证事实。这类事实不需证明，就能断定它的真实性。根据民事审判实践及《证据规定》的规定，无需证明的事实主要有以下几类：

1. 当事人承认的事实，即诉讼上的承认（自认）。它是指一方当事人对对方做了不利于自己的陈述，明确表示认可，或虽未明确认可，但不对其真实性提出抗辩的一种诉讼行为。根据《证据规定》第 8 条的规定，诉讼过程中，一方当事人对另一方当事人陈述的案件事实明确表示承认的，另一方当事人无需举证。对一方当事人陈述的事实，另一方当事人既未表示承认也未否认，经审判人员充分说明并询问后，其仍不明确表示肯定或者否定的，视为对该项事实的承认。当事人委托代理人参加诉讼的，代理人的承认视为当事人的承认。但未经特别授权的代理人对事实的承认直接导致承认对方诉讼请求的除外；当事人在场但对其代理人的承认不作否认表示的，视为当事人的承认。

需注意的是，当事人在法庭辩论终结前撤回承认并经对方当事人同意，或者有充分证据证明其承认行为是在受胁迫或者重大误解情况下作出且与事实不符的，不能免除对方当事人的举证责任。另外，当事人诉讼中为达成调解协议或者和解的目的作出妥协所涉及的对案件事实的认可也不得在其后的诉讼中作为对其不利的证据。

2. 众所周知的事实。众所周知的事实，指在一定范围内，被大多数人认为是客观真实的事实。比如2008年的汶川地震这一客观事实就属于众所周知的事实。

3. 推定的事实。推定的事实是指根据法律规定或者已知事实和日常生活经验就能推定出的另一事实的事实。被推定的事实，作为证明对象不需加以证明。比如，离婚案件中涉及子女的抚养之诉，子女享有被抚育的权利和父母应尽抚育义务的事实，可由子女是其父母在婚姻关系存续期间所生这一事实推定得出，无须查证孩子是否亲生。由于推定的事实并未由证据来证明，并且基础事实和推定事实之间存在着高度的然而并非是确然的因果关系，所以允许对方当事人举证推翻推定的事实。

4. 预决的事实。预决的事实是指法院先前作出的生效判决、裁定和调解书中所认定的事实，对正在进行的民事诉讼有预决的意义。预决事实可视为是经过法定程序审查属实的事实。因此，为提高办案效率，对预决事实是没有必要再加以证明的。比如，法院所作的确认判决和变更判决，判决中肯定、否定或变更的民事法律关系事实，对与此判决有联系的给付之诉案件事实有预决的作用，不必再去证明，即可确认为案件的事实。当然，当事人有相反证据足以推翻预决事实的除外。

5. 公证证明的事实。公证证明的事实是指由公证机关证明的法律行为、法律文书和法律事实。公证是国家的公证机关所进行的证明活动，是依法定程序进行的，法院在民事诉讼中应确认公证证明的事实的真实性，不必再加以证明。但是，如果有证据证明公证的事实有违法定程序则不具有证明效力。

引例解析：证明对象是需要证明的待证事实。引例中需要证明的事实有：①原告与被告是否存在借款事实；②原告与第三人陈志华之间是否存在合法、有效的抵押关系；③被告是否已还清款项。

第二节　证明责任

导入案例

原告王某，女，66岁。被告刘某，女，30岁。原告诉称：某日早上，原告与被告在公交车站等公共汽车，汽车进站时，被告为躲避汽车而将原告撞倒在地，使其右腿胫骨骨折，花去医药费5000元，故要求被告赔偿。被告辩称：当时原告站在被告前面，两人距离很近，原告为躲避公共汽车突然后退，撞在被告身上后自己倒坐在地，因此拒绝赔偿。原被告双方均不能提出在场的证人，法院经多方调查亦未收集到其他证据。医院认为，像王某这样年龄的人，无论是被别人撞倒，还是自己不慎摔倒，都有可能导致胫骨骨折。

问题：本案的证明责任如何分配？

知识点：证明责任含义及分担原则。

一、证明责任的含义

在审判实务中，法院审理民事案件时可能会出现这样的情况：双方当事人就自己的主张提供各种证据材料，经过法庭调查和辩论，仍无法判断案件主要事实的真伪，即法院裁判所依赖的案件事实处于真伪不明状态。司法权力的性质决定了法院必须对案件作出裁判，那么，法院随之面临的问题就是依据何种理由判决一方当事人承担败诉后果，这种作为裁判的法定理由就是证明责任。

民事诉讼中的证明责任又称举证责任，是指作为裁判基础的要件事实处于真伪不明的状态时，根据法律规定由一方当事人承担败诉风险的一种责任。通俗地说，法院对应当证明的事实无法确信其是否存在而判决由一方当事人承担不利后果的就是证明责任。《证据规定》第2条对证明责任作出了明确的规定："当事人对自己提出的诉讼请求所依据的事实或者反驳对方诉讼请求所依据的事实有责任提供证据加以证明。没有证据或者证据不足以证明当事人的事实主张的，由负有举证责任的当事人承担不利后果。"证明责任可以从以下几方面理解：

1. 证明责任是案件主要事实真伪不明时所承担的责任。所谓真伪不明是指当事人没有证据或有证据但不足以使法官确信该待证事实存在与否的状态。当引起法律关系发生、变更或消灭的主要事实真假难辨、模糊不清时，证明责任就有了存在的必要。如果作为裁判基础的事实是确定的，就不会发生承担证明责任的后果（依事实、法律裁判即可）。只有当法官无法确信裁判所依赖的事实存在与否的时候，才考虑根据法律规定决定应当由谁承担因该事实不明所带来的不利后果。

2. 证明责任是一方当事人承担的责任。在民事诉讼中，对主要事实真伪不明引起的后果只能由一方当事人承担，要么由原告承担，要么由被告承担，不存在由双方当事人共同分担的问题。至于由谁承担则是属于证明责任的分配问题。须注意的是，证明责任多数情况下是法律的强制性规定。因此，不存在证明责任在当事人之间相互转移的情形。如原告主张自己与被告存在特定的合同关系，那么，就合同成立这一事实的证明责任自始属于原告，不可能转移给被告。

3. 证明责任是一种承担败诉风险责任。从证明责任的性质上说，证明责任不是一般意义上的责任，而是一种特殊的法律责任。当事人负担的责任实际上承担一种诉讼上的风险，与其提供证据的结果不存在直接的联系。有时即使当事人完成了提供证据的责任，仍免不了承担败诉后果。

案例（5-1）： 原告秦某于2007年11月23日向被告李某的账号上汇款30 000元。原告诉称，上述款项是被告与其合伙做石油生意自己给被告汇的出资款，因石油生意没做成，故被告的行为已经构成不当得利，原告要求被告退还出资款30 000元；被告辩称，其与原告之间不存在合伙关系，30 000元汇款系原告向自己偿还借款，请求法院依法驳回原告的诉讼请求。对上述30 000元的汇款的性质，原被告均没有证据证明。

民事诉讼中，当事人必须对自己提出的主张提供证据加以证明，当案件主要事实真伪不明时应当承担证明责任，法院只能依法进行裁判，即通过证明责任的分配决定胜负。本案中，原被告双方对于30 000元汇款的性质均不能举证证明。原告主张"上述汇款系自己与被告合伙做生意而支付的出资款，现因合伙未成，被告获得30 000元汇款没有法律上的依据"，应当提供相应的证据加以证明。现原告未能证明，应当承担举证不能的结果。

二、证明责任的分配原则

证明责任的分配是指按照一定的标准，将事实真伪不明的风险在双方当事人之间进行分配，使原被告各自负担一些事实真伪不明的风险。

民事诉讼不同于刑事诉讼，作为待证事实已不是传统诉讼中的"非黑即白"的状态，而是呈现出繁杂、混乱、交错的状况。如果将证明责任全部交给原告是极不公平的。因此，只有预先按一定标准将事实真伪不明的不利后果适当加以分配，才能使原被告的诉讼地位大致平衡，并且使一些难以查清的案件事实得到及时处理，从而符合诉讼效益原则。

我国民事诉讼法借鉴各国民事诉讼关于证明责任分配的成熟理论并加以吸收后，确立了如下证明责任分配标准：

1. 主张权利或法律关系存在的当事人，对产生权利或法律关系的特别要件事实负证明责任。如合同当事人对其主张合同已经成立的事实负有证明责任。

反之，否认该权利或法律关系存在的当事人就阻碍权利或法律关系发生的事实负证明责任。如当事人可以对其提出的合同因主体不合格导致无效的事实负证明责任。

2. 主张权利或法律关系变更或消灭的当事人，应当就存在使权利或法律关系变更或消灭的事实负证明责任。如当事人对其提出的合同已变更或已免除的事实负证明责任。反之，否认权利或法律关系变更或消灭的对方当事人就阻碍权利已变更或消灭的事实负证明责任。如当事人就其提出的合同变更或消灭的意思表示不真实的事实负证明责任。

3. 民事实体法等法律、法规对证明责任的负担已作出规定的，从其规定。如《民法通则》第123条规定："从事高空、高压、易燃、易爆、剧毒、放射性、高速运输工具等对周围环境有高度危险的作业造成他人损害的，应当承担民事责任；如果能够证明损害是由受害人故意造成的，不承担民事责任。"

4. 法律、法规对证明责任的负担没有作具体规定的，法院可以根据公平原则和诚实信用原则，综合当事人的举证能力等因素确定举证责任的承担。

> **案例（5－2）**：邵某请人喝酒，在思达超市买了一箱啤酒，在开启第三瓶时发生爆炸，碎片将邵某炸伤，花费医疗费5000元，邵某将超市告上法庭。诉讼中，邵某应负举证责任的事实应该包括：①发生爆炸的啤酒瓶是在思达超市购买的；②啤酒瓶发生爆炸，炸伤了邵某的事实；③邵某等人花费医疗费5000元的事实。

然而，在一些特殊类型的案件中，如果仍按照一般规则分配证明责任，可能造成当事人之间权利义务的失衡，违背程序公正和诉讼效率的初衷，不能很好地实现实体法的立法目的。因此，民事实体法、民事诉讼法及最高人民法院有关司法解释，对特殊类型的民事纠纷的证明责任作了举证责任倒置的规定。这些规定的意义就在于弥补一般证明责任分配规则的不足，更加符合诉讼立法的精神。

适用举证责任倒置的情形有：

（1）因新产品制造方法发明专利引起的专利侵权诉讼。原告就其新产品制造方法专利被侵害，以及造成的损失举证，被告则须就自己的产品设计方法与专利产品设计方法不同负证明责任。

（2）因环境污染引起的损害赔偿诉讼。原告就被告有实施污染行为和自己受损的事实负举证责任，而被告则须就免责事由及自己的行为与原告的受损结果之间没有因果关系加以证明。

（3）公共场所施工或建筑物等其他设施上的搁置物、悬挂物发生倒塌、坠落致人损害的侵权诉讼。原告就导致损害发生的原因及损害结果举证，而被告则须就自己没有过错负证明责任。

案例（5-3）：原告唐军欲到金运花园3单元同事家中办事，途经1单元时，被1单元公共过道坠落的花盆砸中头部，致重伤昏迷，后被人送往医院抢救，经治疗后脱险，但手术后继发癫痫，需要长期治疗。事后，原告唐军以金运花园1单元14位住户为共同被告起诉到法院，要求共同被告共同赔偿医疗费、护理费、精神损害赔偿费共计十二余万元。

本案中，原告要证明自己的诉讼主张成立，就需要承担以下方面的举证责任：①受损害的事实；②受损害的结果；③受损害的事实与受损害结果之间的因果关系。而被告要免除自己的赔偿责任，应承担证明自己主观上无过错的举证责任。

（4）因产品缺陷致人损害的侵权诉讼。原告就购买、使用该产品的事实及受损事实举证，被告则要对产品不存在缺陷、不可能造成损失的事实（即法律规定的免责事由）负证明责任。

（5）因共同危险行为致人损害的侵权诉讼。原告就共同实施危险行为的人致其损害举证，被告则就其行为与损害结果之间不存在因果关系承担举证责任。

（6）因医疗行为引起的侵权诉讼。原告就双方存在医疗服务关系、治疗中受损的事实举证，被告则就医疗行为与损害结果之间不存在因果关系负证明责任。

引例解析：引例中，原告王某对被告刘某提出了赔偿的主张，应承担证明其主张成立的举证责任，刘某只针对王某的指控作了辩解，未提出主张，不应承担举证责任。因此，当案件事实无法查清时，应驳回王某的诉讼请求，医药费由王某自己负担。

第三节　证明过程

导入案例

养鸡专业户王某到市里的海王饲料店里购买了2吨鸡饲料。喂食后不久，鸡就先后出现病情并很快感染了整个鸡场。王某立即给鸡喂药但无效果，鸡陆续地死了上百只。王某怀疑饲料有问题，停止喂食后，鸡便恢复了常态。王某遂请求海王饲料店赔偿，饲料店认为鸡死与己无关，不予赔偿，王某诉诸法院。法院要求原告一方举证。但王某回家发动全家找寻死鸡均无踪影（怕传染而处理了）。而鸡饲料虽还在，但保质期已过，已经发霉。后原告将空笼作为证据。最后法院判决王某提供的证据不足，驳回王某的诉讼请求。

问题：如何收集和提供证据？

知识点：证据的收集、提供及质证、认证的过程。

一、证据的收集和提供

（一）证据的收集

证据的收集是指当事人及其诉讼代理人和人民法院根据法定的程序，运用科学的方法，查找、采集能够证明案件事实的证据的诉讼活动。《民事诉讼法》第 64 条第 2 款规定："当事人及其诉讼代理人因客观原因不能自行收集的证据，或者人民法院认为审理案件需要的证据，人民法院应当调查收集。"由此可见，我国目前法律规定收集证据的主体包括当事人、诉讼代理人和法院。

1. 当事人收集证据。由于当事人对案件事实负有提供证据的责任，因此当事人是证据收集的最重要的主体，凡与案件有关的所有证据都应当由当事人、法定代理人自行收集或由其委托的诉讼代理人代为收集。

2. 人民法院收集证据。在当事人无法收集证据或法院认为有必要依职权收集证据时，法院在一定范围内可以主动调查收集证据。为了保证诉讼的公正与效率，法院调查收集证据的范围受到严格限制。根据《证据规定》第 15 ~ 16 条的规定，法院收集和调查证据主要包括两个方面，即法院依职权主动进行调查收集证据和当事人申请法院调查收集证据。

法院依职权主动调查取证的情形有：①涉及可能有损国家利益、社会公共利益或者他人合法利益的事实；②涉及依职权追加当事人、中止诉讼、终结诉讼、回避等与实体争议无关的程序事项。

法院依当事人申请调查收集证据的情形有：①属于国家有关部门保存并须人民法院依职权调取的档案材料；②涉及国家秘密、商业秘密、个人隐私的材料；③当事人及其诉讼代理人确因客观原因不能自行收集的其他材料。

当事人及其诉讼代理人申请法院调查收集证据的，应当在举证期限届满前 7 日，向法院提交书面申请。申请书应当载明被调查人的姓名或者单位名称、住所地等基本情况、所要调查收集的证据的内容、需要由法院调查收集证据的原因及其要证明的事实。法院对当事人及其诉讼代理人的申请不予准许的，应当向当事人或其诉讼代理人送达通知书。当事人可以在收到通知书的次日起 3 日内向受理申请的法院书面申请复议一次。法院应当在收到复议申请之日起 5 日内作出答复。

（二）证据的提供

证据的提供是指当事人将所收集的证据提交给受诉法院的活动，即人们常说的举证。在不同的诉讼阶段，当事人向法院提交的证据材料是不同的。常见的证据提供的方式有两种：

1. 实际提交证据。当证据为当事人所掌握而且又能够提交时，应当采用直接方式向法院递交证据，法院在收到证据后，应当出具收据，注明证据名称、页数、份数、原件或者复印件，以及收到时间等并由经办人员签收时间、份数并签名或盖章。

2. 提供证据来源或线索。这是当事人不方便、不可能直接提交证据时所采用的一种方式，如对不动产物证或证人证言只能采取这一种方式。

（三）举证时限

当事人举证应当在合理的期限内完成，这一合理期限就是举证时限。所谓举证时限是指负有举证责任的当事人应当在法律规定和法院指定的期限内，提出证明其主张的相应的证据，逾期不举证则承担证据失效的法律后果的一项诉讼制度。原《民事诉讼法》对当事人的举证时限未作明确规定，导致司法实践中当事人滥用举证权利的现象时有发生，如实施“证据突袭”，随时提出证据或是故意在二审或者再审中才提出新的证据等，不一而足。这既浪费了有限资源，也损害了法院裁判的稳定性和权威性。为此，《民事诉讼法》修改后明确了我国的举证时限制度。

1. 举证期限的确立。现行《民事诉讼法》第 65 条规定：“当事人对自己提出的主张应当及时提供证据。人民法院根据当事人的主张和案件审理情况，确定当事人应当提供的证据及其期限。当事人在该期限内提供证据确有困难的，可以向人民法院申请延长期限，人民法院根据当事人的申请适当延长……”《证据规定》第 33 条第 2 款、第 3 款具体规定，“举证期限可以由当事人协商一致，并经人民法院认可。由人民法院指定举证期限的，指定的期限不得少于 30 日，自当事人收到案件受理通知书和应诉通知书的次日起计算”。

但是，举证期限的确定属于比较复杂的内容，在不同的诉讼程序中可能有所不同，根据最高人民法院相关司法解释，对于举证期限的确定，还须注意以下问题：

（1）当事人及其诉讼代理人申请人民法院调查收集证据，不得迟于举证期限届满前 7 日。

（2）当事人向人民法院申请保全证据，不得迟于举证期限届满前7日。

（3）当事人申请证人出庭作证，应当在举证期限届满10日前提出，并经法院许可。

（4）当事人申请鉴定，应当在举证期限内提出。当事人对法院委托的鉴定部门作出的鉴定意见有异议申请重新鉴定的除外。

（5）当事人增加、变更诉讼请求或者提起反诉的，应当在举证期限届满前提出。

2. 逾期举证的法律后果。设立民事诉讼制度的目的是让法院查明案件事实并依法作出公正判决。对那些与本案有重要关联的逾期提出的证据，如果一概排除，势必妨碍法院依法查明事实真相。为此，民事诉讼法对逾期提出的证据根据不同的情形作了区分处理。《民事诉讼法》第65条第2款进一步规定，“……当事人逾期提供证据的，人民法院应当责令其说明理由；拒不说明理由或者理由不成立的，人民法院根据不同情形可以不予采纳该证据，或者采纳该证据但予以训诫、罚款”。

为慎重处理逾期举证的后果，法律赋予人民法院有告知的义务，即法院应当在送达案件受理通知书和应诉通知书的同时向当事人送达举证通知书。举证通知书应当载明举证责任的分配原则与要求、可以向人民法院申请调查取证的情形、人民法院根据案件情况指定的举证期限，以及逾期提供证据的法律后果。

3. 新证据。民事诉讼法赋予了当事人有正当理由可以在举证期限届满之后继续提供证据来证明自己的主张，这个证据即是新证据。新证据一般是指当事人于举证期限届满后提出的，不受举证时限限制的证据。新证据具体包括：

（1）一审中的新证据。其分为两种情形：一是当事人在一审举证期限届满后新发现的证据，包括一审举证期限届满后新出现的证据和原来就存在、举证期限届满后才发现两种情况；二是当事人因客观原因无法在举证期限内提供，申请延期后，经法院准许，但在延长的期限内仍然无法提供的证据。

案例（5－4）：某日上午9时许，原告黄某在自家桔园边砍伐遮挡桔树的杉树，树伐倒后挂在高压线上，导致黄某被高压电及电弧烧伤。事发后，被送往当地第一附属医院治疗。因伤势严重，左手左脚接受了截肢手术，司法鉴定为二级伤残，医生建议安装左前臂假肢，每次费用需3万元左右，但未建议安装左小腿假肢。为此，黄某将当地某供电公司告上法庭，要求赔偿损失。法院立案后，黄某在法院指定的举证期内提交了因电弧烧伤而花去的治疗费、护理费及安装左前臂假肢3万元费用等各类证据。举证期限届满后，原告黄某因实际需要安装了左小腿假肢，并就安装左小腿假肢的费用提出增加诉讼请求。法院组织双方进行质证，原告黄某提出该费用是“新的证据”，但被告某供电公司认为该证据已经超过举证期限，不予质证。

本案中，原告增加诉讼请求时已经超过举证期限，其向法院提交的证据是为了支持其增加诉请，且无法提供证据证明该证据确因客观原因未能在举证期限内提出，同时该证据亦不符合“当事人经人民法院准许延期举证，但因客观原因未能在准许的期限内提供，且不审理该证据可能导致裁判明显不公的，其提供的证据可视为新的证据”的规定。故该证据不应该被认定为新的证据。对于原告黄某安装左小腿假肢的费用，可以通过另行起诉的方式获得赔偿。

（2）二审中的新证据。其也包括两种情形：一是一审庭审结束后新发现的证据。二是当事人在一审举证期限届满前申请法院调查取证未获准许，二审法院经审查认为应当准许并依当事人申请调取的证据。

（3）再审中的新证据。再审中出现的新证据主要是那些原审庭审结束后发现的新证据，通常范围很窄。

案例（5-5）：张荣与张强系邻居。张强经批准在老屋基础上拆旧建新，在建房过程中，张荣发现自家房屋的墙体开始出现裂缝，他认为是张强挖地基造成的，要求张强赔偿未果，张荣遂诉至法院。法院受理后，张荣提出对房屋损失进行鉴定，由于张强不配合，鉴定部门以原被告的房屋基础埋深不能确定为由，作出无法鉴定的结论。法院即以原告无法提供证据证明自己的损失为由，驳回张荣的诉讼请求，该判决已发生法律效力。现原告张荣对房屋损失进行了鉴定，也收集了对自己有利的新证据。张荣是否可以依《民事诉讼法》第200条“有新的证据，足以推翻原判决、裁定的”的规定申请再审？

笔者认为，《民事诉讼法》第200条规定所说的“新的证据”是指原审庭审结束后新发现的证据。而张荣起诉的证据并非庭审后新发现的证据，故该案只能另行起诉而非申请再审。

另外，《证据规定》第43条第2款还规定了视为新证据的情形：当事人经人民法院准许延期举证，但因客观原因未能在准许的期限内提供，且不审理该证据可能导致裁判明显不公的，其提供的证据可视为新的证据。

一方当事人提出新证据之后，法院应当及时告知对方当事人，并指定一个合理期限让对方当事人进行准备。对方当事人为反驳新证据而提出的证据也属于新证据的范畴。

（四）证据交换

证据交换是人民法院在审理民事案件时，根据当事人的申请或对于证据较多及复杂疑难案件，于答辩期满后，开庭审理前在审判人员的主持下，双方当事人将能够证明各自主张的所有证据进行交换。证据交换是民事诉讼审前准备阶段的一个重要环节，通过庭审前的证据交换，能够明确案件争议焦点，提高质证效果，有利于法院正确判断和认定事实，从而提高案件的审理质量，使得纠纷得到迅速及时的处理。

证据交换可以由当事人申请，也可以是法院主动组织进行。具体交换的时间可以由当事人协商一致并经法院许可，也可以由法院指定，法院组织当事人进行证据交换的，交换证据之日举证期限届满，当事人申请延期举证经法院许可的，交换之日相应顺延。

证据交换一定要在法院的审判人员主持下进行。证据交换过程中，审判人员对当事人无异议的事实、证据应当记录在案；对有异议的证据按照待证事实分类记录在卷，并记载异议的理由。证据交换一般不超过两次，重大、疑难和案情特别复杂的案件，法院认为确有必要再次进行交换的除外。

二、质证与认证

（一）质证

质证是指诉讼当事人、诉讼代理人在法院主持下对所提供的证据进行询问、辨认、质疑、辩驳等活动。质证有广义和狭义之分。广义上的质证，是指在整个诉讼过程中对对方当事人提供的证据进行质辩；狭义上的质证，专指在庭审过程中，对对方当事人在法庭上出示的证据进行对质、核实的活动。

我国民事诉讼立法和司法解释中的“质证”主要是指狭义上的质证。《民事诉讼法》第68条规定，“证据应当在法庭上出示，并由当事人互相质证……”《民事诉讼法意见》第72条规定：“证据应当在法庭上出示，并经过庭审辩论、质证……”《最高人民法院关于民事经济审判方式改革问题的若干规定》第12条规定：“……未经庭审质证的证据，不能作为定案的根据。”可见，质证是我国民事诉讼程序中的重要一环，也是程序正当的重要标志。

1. 质证的主体。质证的主体是当事人和诉讼代理人。当事人包括原告、被告、第三人等。法院在质证中的任务是引导当事人进行质证，维持质证的秩序和听证，而不是作为质证的主体。

2. 质证的客体。即质证对象。质证的目的在于确认证据是否可以作为定案的根据。因此，质证对象就是作为定案根据的证据。《证据规定》第50条规定：

"质证时，当事人应当围绕证据的真实性、关联性、合法性，针对证据证明力有无以及证明力大小，进行质疑、说明与辩驳。"

3. 质证的范围。一般来讲，质证的范围应包括法庭上出示的所有证据，包括在法庭上出示的书证、物证、视听资料、证人证言、勘验笔录和鉴定结论等。但是，为防止诉讼过分拖延，从提高诉讼效率的目的出发，用于质证的证据仅仅是需要在法庭上出示的证据。《证据规定》第47条第2款规定："当事人在证据交换过程中认可并记录在卷的证据，经审判人员在庭审中说明后，可以作为认定案件事实的依据。"因此，并非所有的证据都必须经过质证，对于当事人无异议的证据，无须在法庭上质证。

4. 质证的程序。质证的程序一般包括以下三个步骤：①出示证据。质证开始于一方当事人向法庭和对方当事人出示证据。出示方式包括宣读、展示、播放等。②辨认证据。一方当事人出示证据后，由另一方进行辨认。辨认的意义在于了解另一方当事人对所出示证据的态度，以便决定是否需要继续进行质证。③对证据质询和辩驳。一方当事人出示的证据为另一方否认后，否认的一方当事人应向法庭说明否认的理由。质证方陈述后，出示方还可以针对否认的理由进行辩驳。

质证方法可以是单一质证，即一证一质、逐个进行的方法，也可以采取一组一质、综合质证的方法。法院可以根据案情的复杂程度，以及证据多少、繁简情况采取灵活多样的方法进行有效的质证。

（二）认证

认证是法院对经过质证的各种证明材料是否具有证明力，以及证明力大小予以认定，以确认其能否作为定案依据的活动。概括之，认证即是对证据的审核认定。但认证不能等同于对案件事实的最终认定。对案件事实的最终认定一般是在法庭辩论后的评议阶段，结合全部证据进行综合评判。而认证一般发生在法庭调查阶段，并对单个证据进行认定。因此，认证主要有两个任务：一是对证据的证明力进行审查和认定；二是是否对证据予以采信。

认证在庭审中具有重要作用：一是认证是举证和质证的目的；二是认证为案件事实的最后认定奠定了基础。当然，法官对所有证据材料的认定、判断并不是主观臆断，必须遵循基本要求和原则性规范。

1. 法官依法独立判断证据原则。《民事诉讼法》第64条规定："人民法院应当按照法定程序，全面地、客观地审查核实证据。"法院是国家的审判机关，担负着各类案件的审理工作。在坚持"以事实为根据，以法律为准绳"的原则下，法官必须严格依照法定程序，通过法庭一系列的调查、辩论，并在此基础上全面、客观、公正地对证据予以评价。法官认证的依据是：①法律规定；

②法官的职业道德；③逻辑推理；④日常经验；等等。

2. 认证的方法。首先，对单个证据可以从以下方面进行审核认定：证据是否为原件、原物，复印件、复制品与原件、原物是否相符；证据与本案事实是否相关；证据的形式、来源是否符合法律规定；证据的内容是否真实；证人或者提供证据的人与当事人有无利害关系等。其次，在仅对单个证据无法认定时，需要将若干证据进行综合比较，以确定其证明力。尤其是在缺少直接证据的情况下，对各种间接证据的认证就要采用这类方法，以此确认该证据的证明力。最后，对于案件的全部证据，应当从各证据与案件事实的关联程度、各证据之间的联系等方面进行综合审查判断。

3. 认证规则。

（1）排除规则：证据排除规则是指证据虽具有客观性和关联性，但按照法律规定和诉讼程序的要求应当予以排除的规则。根据民事诉讼法规定，诉讼中下列情况下的证据不能加以认定：①诉讼中，当事人为达成调解协议或者和解作出妥协所涉及的对案件事实的认可，不得在其后的诉讼中作为对其不利的证据；②以侵害他人合法权益或者违反法律禁止性规定的方法取得的证据，不能作为认定案件事实的依据，如通过安装窃听器偷听、采取非法拘禁、殴打等非法手段获得的证据都应当予以排除，不得作为定案依据。

（2）补强证据规则。补强证据规则是指一些证据必须在有其他证据佐证的情况下才能作为定案的依据。也就是说某些证据由于自身的特点不能单独作为证据，只有在与其他证据相互印证的情况下才具有一定的证明力。

下列证据不能单独作为认定案件事实的依据：①未成年人所作的与其年龄和智力状况不相当的证言；②与一方当事人或者其代理人有利害关系的证人出具的证言；③存有疑点的视听资料；④无法与原件、原物核对的复印件、复制品；⑤无正当理由未出庭作证的证人证言。

（3）最佳证据规则。最佳证据规则是指一些证据的证明力高于其他证据。通常这类证据是最令人信服、最有说服力的，一方当事人只要提出了证据，对方当事人没有足以反驳的相反证据的，人民法院应当确认其证明力：①书证原件或者与书证原件核对无误的复印件、照片、副本、节录本；②物证原物或者与物证原物核对无误的复制件、照片、录像资料等；③有其他证据佐证并以合法手段取得的、无疑点的视听资料或者与视听资料核对无误的复制件；④一方当事人申请人民法院依照法定程序制作的对物证或者现场的勘验笔录；⑤人民法院委托鉴定部门作出的鉴定结论，当事人没有足以反驳的相反证据和理由的，也可以认定其证明力。

另外，《证据规定》第 77 条还规定：国家机关、社会团体依职权制作的公文书证的证明力一般大于其他书证；物证、档案、鉴定结论、勘验笔录或者经过公证、登记的书证，其证明力一般大于其他书证、视听资料和证人证言；原始证据的证明力一般大于传来证据；直接证据的证明力一般大于间接证据；证人提供的对与其有亲属或者其他密切关系的当事人有利的证言，其证明力一般小于其他证人证言。

上述只是法院根据司法实务中常出现的有关证据认定的一般经验规则的总结，而非绝对的证明力法则。在审判实践中如何准确判断证据的证明力仍需要依照全面、客观原则，根据法庭调查、辩论的实际情况，并结合全案的证据作出符合客观认识规律的判断。

引例解析： 引例涉及因产品质量而引发的特殊侵权责任。根据《侵权责任法》的相关规定，受害人王某应当就产品的质量（鸡饲料质量不合格）、损害结果（鸡死亡带来的损失）、因果关系（鸡死亡与低劣饲料之间的因果联系）等相关事实收集并提供证据。由于王某未能按法律规定向法庭提供证据，导致法院无法就侵权事实展开质证，无法判断事实是否存在，只能以证据不足，驳回原告的诉讼请求。

本章重点内容小结

1. 证明对象即待证事实，包括当事人主张的实体事实、程序事实及外国法律和地方性法规、习惯。其中，当事人承认的事实、众所周知的事实、推定的事实、预决的事实、公证证明的事实无须证明。

2. 证明责任是案件主要事实处于真伪不明的状态时，根据法律规定由一方当事人承担败诉风险的一种责任。证明责任的分配坚持“谁主张，谁举证”的原则，对特殊类型的民事纠纷实行举证责任倒置。另外，法院还可以根据公平、诚信原则，综合当事人举证能力等因素确定举证责任的承担。

3. 证据的收集是当事人及其诉讼代理人和人民法院根据法定的程序，运用科学的方法，查找、采集能够证明案件事实的证据的诉讼活动。

4. 质证是诉讼当事人、诉讼代理人在法院主持下对所提供的证据进行询问、辨认、质疑、辩驳等活动。未经庭审质证的证据，不能作为定案的根据。

5. 认证是法院对经过质证的各种证明材料是否具有证明力及其证明力大小予以认定，以确认其能否作为定案依据。

关键词：证明对象　　证明责任　　质证　　认证

实务训练

（一）示范案例

案情：甲与乙在网上二手商品交易区达成买卖数码相机的协议，约定由甲向乙邮寄一台数码相机，要求乙在收货后即按约定付款2000元。之后，甲邮寄了数码相机，但未收到乙的2000元货款。甲向法院起诉称，他在寄出相机后，多次要求被告付款，但被告一直拒付。而乙辩称，他是收到了一个包裹，但里面并不是数码相机，而是一些金属片和泡沫塑料。法院在审理中查明，包裹单上注明的品名是数码相机，而这些铁片和塑料的重量与包裹单上载明的重量一致。

法院该如何处理？

分析：根据司法解释相关规定，审判人员应当遵循职业道德，运用逻辑推理和日常生活经验，对证据有无证明力和证明力大小独立进行判断。在包裹邮递业务的正常操作流程中，邮局营业员要按照包裹的邮寄规定及用户填写的“国内包裹详情单”内容验视无误后，由用户封装好包裹再交邮局营业员称重计收邮费。因此，可以推定邮寄的内容与包裹单上载明的物品应一致。法院应根据日常生活经验，判决被告归还货款，而乙的辩称因缺乏必要证据证明，法院不予采信。通过本案，告诉我们一些生活常识，即消费者签收邮寄包裹时，最好要当场开拆，一旦包裹内容有误即可及时发现，从而杜绝上诉纠纷的发生。

（二）习作案例

1. 甲在百货商场购买了1瓶由乙厂生产的高级喷雾清洗露，放在家中桌上。一日，甲去拿清洗露时，装有清洗露的瓶子突然炸裂，将甲的手炸伤，伤口长达2厘米。为此，甲起诉到法院，要求百货商场赔偿其经济损失1万元。

问：

（1）甲应向法院提供哪些证据来证明其主张？

（2）如果甲起诉生产厂家，而厂家如要免责，需要提供哪些证据？

2. 甲与同事丙路过一居民楼时，三楼乙家阳台上的花盆坠落，砸在甲的头上，致其脑震荡，共花费医疗费1万元。甲以乙为被告诉至法院要求赔偿，而乙否认甲受伤系自家花盆坠落所致。

对这一争议事实，应由谁承担证明责任？

思考题

1. 简述民事诉讼的证明对象。

2. 试述证明责任含义及其责任分配原则。

3. 如何提供证据？什么是举证时限，其意义如何？
4. 简述质证与认证过程。

延伸阅读

陷阱取证的效力

2000年，北大方正公司从一些用户处得到信息，北京高术天力公司有销售盗版方正软件的行为。为获取证据，北大方正公司派两位员工，在北京市国信公证处两位公证员的随同下，乔装成一般用户，以普通消费者的身份，与高术天力公司联系购买含有盗版方正RIP软件的激光照排机设备，并对购买全过程进行了现场公证，制作了五份公证笔录。调查取证工作基本结束后，北大方正集团、北京红楼计算机技术研究所于2001年9月3日，以高术天力公司非法复制、安装、销售行为，侵犯了其享有的计算机软件著作权为由诉至北京市第一中级人民法院，要求判令高术天力公司停止侵权、消除影响、公开赔礼道歉，并赔偿原告经济损失300万元。本案在随后的审理过程中经历了一审、二审与再审等程序。争议的焦点集中在“陷阱取证”是否具有法律效力。

一审法院认为，北大方正公司为了获得高术天力公司侵权的证据，投入较为可观的成本，其中包括购买激光照排机、租赁房屋等，采取的是“陷阱取证”的方式，该方式并未被法律所禁止，应予认可。

二审法院认为：北大方正公司购买激光照排机是假，欲获取高术天力公司销售盗版方正软件的证据是真。方正公司此种取证方式并非是获取高术天力公司侵权证据的唯一方式，此种取证方式有违公平诚信原则，一旦被广泛利用，将对正常的市场秩序造成破坏，故对该取证方式不予认可。

最高人民法院再审认为：①北大方正公司通过伪装购买并公证的方式，不仅取得了高术天力公司现场安装盗版方正软件的证据，而且获取了其向其他客户销售盗版软件，实施同类侵权行为的证据和证据线索，其目的并无不正当性，其行为并未损害社会公共利益和他人合法权益。②计算机软件著作权侵权行为具有隐蔽性较强、取证难度大等特点，采取该取证方式，有利于解决此类案件取证难的问题，同时起到了威慑和遏制侵权行为的作用，也符合依法加强知识产权保护的法律精神。③经过公证程序证明的法律事实，除有相反证据足以推翻的外，人民法院应当作为认定事实的根据。

最终，最高人民法院判定高术天力公司侵权并赔偿损失。

“陷阱取证”是指一方当事人为了获取对方当事人侵权的证据，以某种行为有利可图为诱饵，诱导对方当事人实施侵权行为，待行为人实施结果发生后获取证据的一种特殊取证手段。依据《最高人民法院关于民事诉讼证据的若干规定》第68条规定："以侵害他人合法权益或者违反法律禁止性规定的方法取得的证据，不能作为认定案件事实的依据。""陷阱取证"的方式通常是针对特殊的侵权主体进行的，侵权行为在取证前已经存在，取证行为往往只是客观地记录侵权行为，并没有侵害他人的合法利益，即使没有取证人的行为，侵权行为仍然会存在。只要取证行为没有采用引诱、威胁等非法手段，所有事实都是在被取证人原本就有的正常经营活动范围之内，法院就应该认定这种取证的合法性，并将其作为认定案件事实的证据。

目前，"陷阱取证"在民事诉讼中的适用尚无明确规定，但也并未被法律明确禁止，根据"法无明文规定不为过"原则，权利人采用陷阱取证的方式并没有违反法律的强制性规定。在权利人没有其他合适的取证方式的情况下，过分苛求取证的形式，可能会导致否认侵权行为的实质，必将造成侵权行为的猖獗，最终会导致社会公共利益的损害。

模块四 诉讼保障制度

第六章 保全与先予执行

学习目标

1. 理解保全、先予执行的概念和种类。
2. 掌握保全的种类及适用条件。
3. 掌握先予执行的条件及适用情形。
4. 了解保全、先予执行的措施及其解除。

学习任务

能够运用本章知识解决实际案例。

第一节 保 全

导入案例

喜进家粮油公司与鹏辉公司签有一份10吨花生米的购销合同。到了约定的交货日期，喜进家粮油公司却表示货源紧张并拒绝供货。而鹏辉公司已经作为供货方与另一家公司签订了花生米购销合同。如果喜进家粮油公司不履行合同供货，鹏辉公司将会承担违约责任。鹏辉公司无奈将喜进家粮油公司告上法院，要求其继续履行合同。法院受理后不久，鹏辉公司的律师查明，喜进家粮油公司在一处仓库里屯了10吨花生米，但正准备以更高价卖给其他公司。

问题：法院可以进行财产保全吗？

知识点：民事诉讼保全措施的适用。

一、保全的概念及作用

要保障民事审判工作的顺利进行和生效法律文书所确定的权利义务内容的

最终实现，及时、正确地解决民事纠纷，使当事人能够最终获得相应的救济，有赖于一个完善的诉讼保障制度。保全作为诉讼保障制度之一即具有以上功能。民事诉讼中的保全，是指因当事人一方的行为或者其他原因，使将来的判决难以执行或者造成当事人其他损害的，人民法院根据当事人或者利害关系人的申请或者依职权，采取的保证判决得以执行的措施。

在民事诉讼中，一件具有给付内容的案件，从法院受理当事人的起诉到作出生效的法律文书并使其内容得以实现，一般需要经过几个月甚至更长的时间。在此期间，有可能出现使将来判决难以执行或者造成当事人其他损害的情况。这种情况，一是因为一方当事人针对财产或争议的标的物，恶意实施隐匿、转移、变卖、毁损、消耗或大肆挥霍等行为；二是由于其他原因，比如因为诉讼时间较长或天气变化，使争议标的物变质、腐烂、毁损等；三是当事人的一些行为侵害了另一方当事人财产权益以外的其他权益。这些情况都可能会导致将来作出的生效的法律文书成为一张“空头支票”。保全制度建立的目的就在于通过保全被申请人的财产或其他与本案有关的财物，或者责令其作出一定行为或者禁止其作出一定行为，避免当事人的财产权益和其他权益受损，确保生效法律文书确定的义务能够被履行。同时，人民法院采取保全措施后，被申请人就不能随意处置被保全财产，特定的行为将受到限制。如果义务人不履行生效法律文书确定的义务，法院可以强制执行被保全的财产或者采取相应的强制措施，以实现权利人的合法权益。这对于预防和解决司法实践中长期存在的“执行难”问题，保障实现当事人的合法权益及维护人民法院的司法权威都有极其重要的作用。因此，从本质上说，财产保全是一种执行保障措施。

二、保全的种类

《民事诉讼法》第100条第1款规定，“人民法院对于可能因当事人一方的行为或者其他原因，使判决难以执行或者造成当事人其他损害的案件，根据对方当事人的申请，可以裁定对其财产进行保全、责令其作出一定行为或者禁止其作出一定行为；当事人没有提出申请的，人民法院在必要时也可以裁定采取保全措施”。由此可见，我国民事诉讼中确定的是财产保全与行为保全相结合的保全制度。

（一）财产保全

财产保全是指人民法院在利害关系人起诉前或者当事人起诉后，为保障将来的生效判决能够得到执行或者避免财产遭受损失，对当事人的财产或者争议的标的物，采取限制当事人处分的强制措施。

财产保全是一把双刃剑，在维护申请人权益的同时，也可能给被申请人造成损害。因此，财产保全的范围应当控制在合理的限度内。根据《民事诉讼法》

第 102 条的规定，财产保全的范围应限于请求的范围，或者与本案有关的财物。所以，在进行财产保全时，保全的范围不能超出申请人请求的范围。对案外人的财产一般不得采取保全措施。

案例（6－1）：飞跃公司从温达电气公司买进 16 台空调，约定 3 个月后付清货款。但 3 个月后，飞跃公司以种种理由拒绝支付货款。温达公司申请诉前财产保全，要求法院查封飞跃公司的办公楼。

该请求明显不能成立，因为飞跃公司办公楼的价值远远大于 16 台空调的价值，申请财产保全的范围明显超过了诉讼请求的范围。

根据《民事诉讼法》第 100～101 条的规定，以申请财产保全的不同时间为标准，财产保全可以分为诉讼财产保全和诉前（仲裁前）财产保全。

1. 诉讼财产保全。诉讼财产保全是指民事诉讼案件受理之后终结之前，法院依据当事人的申请或者依职权对当事人的财产或争议的标的物所采取的强制性保护措施。采取诉讼财产保全应具备下列条件：

（1）采取保全的时间应当在法院受理案件后到审理结束前。第一审程序、第二审程序和再审程序中，都可以采取财产保全。

（2）采取保全的方式是在诉讼过程中，由当事人申请或者由法院依职权采取。一般情况下，诉讼保全应由当事人向受诉法院提出申请。当事人没有提出申请而法院根据案件具体情况认为有必要的，也可以依职权主动采取财产保全措施。非本案件当事人无权申请财产保全程序。

（3）具有采取保全措施的必要性。在诉讼中，因一方当事人的行为或者其他原因，使将来的判决难以执行或者造成当事人其他损害，才能采取保全措施。

（4）申请人可能需要提供担保。法院可以根据案件的具体情况决定是否要求申请人提供担保，对于法院责令申请人提供担保的，申请人应当提供。如果申请人不提供担保的，法院裁定驳回申请。

（5）法院对当事人的申请应当立即审查。审查的内容包括：一是申请人是否为案件当事人或利害关系人；二是审查申请是否符合条件，是否存在可能使申请人的合法权益遭受难以弥补的损失的情况。法院对申请人的申请经过审查后，认为不符合财产保全条件的，应当裁定驳回申请；认为符合财产保全条件的，裁定采取保全措施。对情况紧急的，必须在 48 小时内作出裁定。裁定采取保全措施的，应当立即开始执行。

2. 诉前（仲裁前）财产保全。诉前（仲裁前）财产保全，是指在当事人提起诉讼（仲裁）前，法院根据利害关系人的申请，依法对被申请人的财产采取的强制性保全措施。

财产保全一般在法院受理案件后作出，但是有些民事争议产生后，权利人还没有来得及起诉，另一方当事人已经开始准备藏匿、转移财产，此时如不及时采取有效的保护措施，权利人的合法权益将会遭受到难以弥补的损害。采取诉前（仲裁前）财产保全，可以避免这一情况的发生，使财产保全制度更加全面和完善。

> **案例（6-2）**：甲乙双方签订了一份买卖机床的合同，甲方按照合同规定交付给乙方50万元的定金。很快，甲方发现乙方是个未经合法注册登记的空壳公司，根本没有履行合同的能力，而且随时准备转移资产。甲方急于追回定金。如果甲方按照一般做法，向法院起诉，等法院经过审查，受理案件后，再向法院提出保全乙方财产，乙方可能早已将财产转移。所以，此时甲方可以不经起诉，直接向法院申请诉前财产保全。

根据《民事诉讼法》第101条的规定，诉前财产保全有着严格的条件限制。采取诉前财产保全应符合下列条件：

（1）必须具有采取财产保全的紧迫性。如果不立即采取保全措施，将会使申请人的合法权益受到难以弥补的损害。

（2）申请保全的时间。应当在法院或者仲裁机构受理案件前。

（3）启动保全的方式。只能由利害关系人向被保全财产所在地、被申请人住所地或者对案件有管辖权的人民法院申请采取保全措施。法院不能依职权主动采取诉前保全措施。

（4）申请人必须提供担保。申请人不提供担保的，法院裁定驳回其申请。提供担保的数额应相当于请求保全的数额。

（5）启动保全的期间。法院对诉前财产保全的申请必须在48小时内作出裁定，裁定采取保全措施的，应当立即开始执行。

财产保全的裁定一经作出即发生法律效力，当事人不服法院财产保全裁定的，可以申请复议一次，复议期间不停止裁定的执行。

（二）行为保全

所谓行为保全，是指在民事诉讼中，为避免当事人或者利害关系人的利益受到不应有的损害或进一步的损害，法院可以按照他们的申请对相关当事人的侵害或有侵害之虞的行为采取强制措施。在有些民事纠纷中，一方当事人在诉讼前或诉讼后所实施的行为，侵害的是另一方当事人财产权利以外的其他权益。此时，受侵害的当事人就可以向法院申请行为保全，请求法院责令行为人作出一定行为或者禁止其作出一定行为。

案例（6-3）：林晓以丈夫赵大有婚外情、夫妻感情确已破裂为由向法院起诉离婚并主张儿子的抚养权。在诉讼中，赵大预感自己很可能败诉，所以准备将儿子送到澳大利亚的姑妈家生活读书，企图不让林晓实现对儿子的抚养权。

赵大将儿子送到国外生活的目的是侵害林晓对儿子抚养权的实现，侵害的并不是林晓的财产权，此时林晓可以向法院申请行为保全，请求法院禁止赵大将儿子送出境。

诉讼行为保全与诉前（仲裁前）行为保全的程序规定糅合在诉讼财产保全与诉前（仲裁前）财产保全的程序规定中，可以比照诉讼财产保全与诉前（仲裁前）财产保全的程序规定加以实行。

在司法实践中，需要通过行为保全措施保护当事人权益的主要有以下几种情形：

1. 在抚养权纠纷等亲属关系纠纷中，有时需要对当事人的行为实施保全，比如强制一方当事人移交子女、禁止一方当事人送子女出境等。

2. 在家庭暴力侵害等纠纷中，有时需要立即停止一方当事人实施对另一方当事人可能造成危害的行为。

3. 在侵犯肖像权、隐私权、名誉权等损害精神权利的纠纷中，往往需要立即停止损害，这种损害无法以金钱弥补。

4. 在相邻纠纷中，经常需要立即停止正在实施或将要实施的危害行为，比如强制一方当事人立即拆除危险建筑，或者强制一方当事人立即停止建设尚未完工的危险建筑等。

5. 在环境危害侵权纠纷中，往往需要立即停止正在发生的环境危害，以降低环境污染对人体健康的损害程度。

6. 在租赁合同等纠纷中，有时需要强制出租人立即交付关键设备，有时需要强制承租人立即停止损害建筑物的行为，甚至立即退出建筑物等。

7. 在股东争议、企业经营等纠纷中，当事人提出扣押、查封公章、营业执照等财产保全请求，其实属于对企业经营行为进行监管的行为保全请求；而另有一些当事人，希望法院强制公司召开股东会或者禁止公司召开股东会等。

8. 在特定物、特殊物买卖等纠纷中，同样存在上述需要对特定物、特殊物（如饲养物、种植物）实施监管的行为保全要求。

9. 在金钱债务纠纷中，有时需要禁止债务人为恶意逃债实施的转让财产、转让权利等行为。

10. 在仲裁程序中，当事人基于前面提到的某些原因而需要法院采取行为保全。

三、保全的适用

《民事诉讼法》第103条对财产保全的措施作了原则性的规定，财产保全采取查封、扣押、冻结或者法律规定的其他方法。人民法院保全财产后，应当立即通知被保全财产的人。财产已被查封、冻结的，不得重复查封、冻结。

查封，一般针对的是不动产和特定的大型动产（如大型机器设备）等，是指人民法院将需要保全的财物清点后，加贴封条、就地封存，禁止任何单位和个人处分的一种财产保全措施。

扣押，一般针对的是动产，是指人民法院将需要保全的财物转移到法院控制的场所并予以扣留，禁止任何单位和个人处分的一种财产保全措施。根据《民事诉讼法意见》第100条的规定，人民法院在财产保全中采取查封、扣押财产措施时，应当妥善保管被查封、扣押的财产。当事人、负责保管的有关单位或个人以及人民法院都不得使用该项财产。

冻结，主要针对的是银行账户，是指人民法院向存有被申请人款项的银行、信用合作社和其他有储蓄业务的单位发出通知，在一定期限内不得给被申请人办理提取现金或者转账等业务的一种财产保全措施。《最高人民法院关于在经济审判工作中严格执行〈中华人民共和国民事诉讼法〉的若干规定》第15条规定，人民法院对有偿还能力的企业法人，一般不得采取查封、冻结的保全措施。已采取查封、冻结保全措施的，如该企业法人提供了可供执行的财产担保，或者可以采取其他方式保全的，应当及时予以解封、解冻。

根据最高人民法院相关司法解释，人民法院在采取财产保全措施时，应注意以下事项：

1. 人民法院对季节性商品、鲜活、易腐烂变质，以及其他不宜长期保存的物品采取保全措施时，可责令当事人及时处理，由法院保存价款；必要时，法院可以变卖，保存价款。

2. 法院对不动产和特定的动产（如车辆、船舶等）进行财产保全，可以采用扣押有关财产权证照并通知有关产权登记部门不予办理该财产转移手续的财产保全措施；必要时，也可查封或扣押该项财产。

3. 人民法院对抵押物、留置物可以采取财产保全措施，但抵押权人、留置权人有优先受偿权。

4. 法院对债务人到期应得的收益，可采取保全措施，限制其支取，并通知有关单位协助执行。债务人的财产不能满足保全请求，但对第三人有到期债权的，法院可以依债权人的申请裁定该第三人不得对本案债务人清偿。该第三人要求偿付的，由法院提存财物或价款。

案例（6－4）：甲公司以乙公司为被告向法院提起诉讼，要求乙公司支付拖欠的货款100万元。在诉讼中，甲公司申请对乙公司一处价值百万元的房产采取保全措施，并提供担保。一审法院在作出财产保全裁定之后发现，乙公司在向丙银行贷款100万时已将该房产抵押给丙银行。关于本案的财产保全，应如何处理呢？

根据民事诉讼法的相关规定，对不动产进行财产保全，可以采用扣押有关财产权证照并通知有关产权登记部门不予办理该项财产的转移手续的财产保全措施；必要时，也可以查封或扣押该项财产，并通知有关单位协助执行。由此可见，对于本案应该首先执行不动产（房产）保全，并通知丙银行协助执行。

根据《民事诉讼法》第100条的规定，对行为保全所采取的措施是由人民法院裁定一方当事人或者利害关系人的相对方作出一定行为或者禁止其作出一定行为。

法院采取保全措施后，除法院外，在保全期间，其他任何单位都不得解除保全措施。但由于保全措施只是一种应急措施，如果保全的条件或原因不存在了，就应当解除保全措施。根据有关法律规定，保全措施在下列法定情形下解除：①人民法院采取诉前保全措施后，申请人30日内不依法提起诉讼或者申请仲裁的，人民法院应当解除保全。②财产纠纷案件，被申请人提供担保的，人民法院应当裁定解除保全。③保全的原因和条件不存在或发生了变化。如申请人基于一定的理由（如与被申请人和解）在保全期间撤回申请，法院同意其撤回申请的；被申请人已依法履行了义务等。

保全是在法院对案件的事实尚未查清的情况下采取的一种紧急措施，一旦保全裁定出现错误，就可能会给被申请人造成损失。因而有关法律规定，法院根据申请而采取保全措施的，如果由于申请人的错误而导致被申请人因保全受损失的，申请人应承担赔偿责任。如果因为法院依职权采取保全措施错误造成损失的，由法院依法予以赔偿。

引例解析：鹏辉公司的诉讼请求是要求喜进家粮油公司继续履行合同，能够如约拿到合同标的物10吨花生米。但如果法院不采取保全措施，喜进家粮油公司将花生米卖给其他公司，将来即使鹏辉公司胜诉，由于喜进家粮油公司已经没有货物，判决也很难执行或者无法执行。所以，本案中，法院可以进行诉讼财产保全。

第二节　先予执行

导入案例

潘刚与马栏村村委会签订了5年期的葡萄园承包合同。合同履行的第二年，马栏村村委会要求解除合同，将潘刚诉至法院，并申请对葡萄园的经营管理权先予执行，县人民法院作出先予执行裁定。后一审法院判决解除潘刚与马栏村村委会的合同。潘刚不服，上诉至市中级人民法院。审理过程中，经林业技术推广站鉴定，潘刚损失共计16万元。二审法院终审判决认定承包合同有效，双方应继续履行。

问题：潘刚可以提起先予执行损害赔偿诉讼吗？

知识点：先予执行制度的适用。

一、先予执行的概念和意义

先予执行是指法院在受理案件后，作出终局判决前，为满足权利人生活或生产经营的紧迫需求，依法裁定一方当事人先给付对方一定的金钱或其他财物，或者实施、停止某种行为，并立即执行的一种诉讼保障措施。

先予执行不同于诉讼保全。诉讼保全是为了避免法院的判决将来难以执行或造成当事人其他损害，先予执行是为了解决当事人眼下的急需。通常说来，执行应以生效的法律文书为依据，但是由于法院审理民事案件，从受理到作出并执行判决需要经过一个相当长的时期。在此期间，一些人可能正处于贫病交加的境况，如企业面临资金周转不灵、生产无法进行、职工工资发不出的困境；有些当事人起诉的目的是请求法院禁止被告实施一定的行为，如果在法院作出判决后才禁止，往往被告的行为已经实施。为了缓解决当事人迫在眉睫的艰难处境，有必要在审理终结前，要求一方当事人预先给付困难方一定数额的钱、物，或者实施、停止某项行为，并立即执行。先予执行制度设置的目的即在于此，它能够更及时地保护当事人的合法权益，大大增强诉讼的实际效果。

二、先予执行的适用范围

作为一项诉讼保障制度，先予执行只适用于确实存在紧迫需求的特定类型案件。根据《民事诉讼法》第106条的规定，根据当事人的申请，法院对下列案件，可以裁定先予执行：①追索赡养费、扶养费、抚育费、抚恤金、医疗费用的。②追索劳动报酬的。③因情况紧急需要先予执行的。根据《民事诉讼法意见》第107条的规定，“因情况紧急需要先予执行”的案件是指：①需要立即停止侵害、排除妨碍的。②需要立即制止某项行为的。③需要立即返还用于购置生产原料、生产工具货款的。④追索恢复生产、经营急需的保险理赔费的。

案例（6－5）：东辰建筑公司在一片年代较久的老居民楼旁边修建一栋商业大厦，大厦地基与居民楼地基相距不足60米。大厦地下打桩作业开工后，居民楼里的居民就发现自己住的楼的楼体开始下沉，墙面出现裂缝。居民们联合起来找到建筑公司，要求立即停工。但是建筑公司继续施工。居民们将建筑公司起诉到法院。法院受理后，建筑公司仍在施工，楼体继续下沉，墙面裂缝进一步扩大。照此发展下去，诉讼没有结束，可能居民楼已经塌了，这就属于《民事诉讼法意见》第107条所规定的需要立即停止侵害、排除妨碍的紧急情况，居民们可以申请先予执行。

三、先予执行的适用条件

由于先予执行是未最终判决而先执行，如果适用不当，也会给被执行人造成损害。因此，裁定先予执行的，应当满足下列条件：

（一）当事人之间的权利义务关系明确

当事人之间存在明确的民事法律关系是先予执行的前提。先予执行可以使申请人在判决生效前预先实现权利，但如果最终的判决内容和先予执行的内容不一样，它的适用有可能对被申请人的利益造成损害。因此，先予执行要求申请人和被申请人之间的民事权利义务关系明确，不存在严重分歧或彼此间不负有对待给付义务，避免给被申请人造成损失，确保与将来的判决内容一致。

（二）申请人在生产或生活上有必须先予执行的紧迫性

申请人具有生活或生产经营上的迫切需要，如果不采取先予执行措施，将会严重影响申请人的生活或生产经营，造成更大损失。

案例（6－6）：赵凤兰有5个子女，由于反对赵凤兰在父亲去世后再嫁，自母亲改嫁后，子女对老母亲一直心存不满，也不来往，隔阂越来越深。2009年初，赵凤兰的第二任丈夫也去世了。孤身一人的老人，主要靠家里的积蓄艰难度日。2009年7月，赵凤兰生了一场大病，花光了所有积蓄，还欠了一大笔钱。病愈出院后，老人身体一直很虚弱，也没有收入维持生活，遂决定向法院起诉，向子女索要应得的赡养费。法院可以依据原告的申请，裁定先予执行，令被告预先给付原告赡养费，以解决原告的生存问题。

（三）被申请人有履行能力

先予执行的目的是为了及时解决原告的困难，但是如果被告也存在困难，无力履行先予执行的义务，那么裁定先予执行也无法实现帮助原告的目的。同时，从兼顾双方当事人利益的角度考虑，如果对无履行能力的被申请人进行先予执行，也将会给被申请人的生活或生产经营造成困难。

四、先予执行的程序

（一）申请

先予执行必须由当事人提出申请，而且只能在法院受理案件后提出，法院不得主动依职权裁定先予执行。因为案件受理前当事人状况不明、事实不明，法院不能轻易判断是否可以先予执行。当事人的申请应当是书面形式，申请书须载明先予执行的请求、事实和理由，并说明被申请人有履行能力的相关情况。

（二）审查

法院在接到申请后，应当审查案件是否属于可以裁定先予执行的案件范围，对于范围之内的案件，还要进一步审查是否满足先予执行的条件。

为了满足申请人的紧迫需要，同时又能保障被申请人的合法权益，法院根据具体案情，可以责令申请人提供担保。申请人不提供担保的，驳回申请。

（三）裁定

法院经过审查，对符合先予执行的范围和条件的，应作出先予执行的裁定；对不符合先予执行的范围和条件的，或法院要求申请人提供担保而申请人不提供的，应裁定驳回申请。法院裁定先予执行的，应当在受理案件后、作出终审判决前采取措施。在管辖权未确定的情况下，不得裁定先予执行。

裁定一般采用书面形式，一经送达当事人，即发生法律效力。当事人对裁定不服的，不得提出上诉，但可以申请复议一次，复议期间不停止裁定的执行。若法院作出申请人胜诉的判决，则先予执行的内容与判决结果相一致，在执行生效判决时，将先予执行的部分抵销。若申请人败诉，则说明采取先予执行是错误的，应由申请人赔偿被申请人因先予执行而遭受的损失。

引例解析：本案中，马栏村村委会的先予执行申请不符合条件并且其最终败诉，属于错误的先予执行，同时也给被执行人造成了实际损失。根据《民事诉讼法》第107条第2款的规定，申请人败诉的，应当赔偿被申请人因先予执行而遭受的财产损失。因此，潘刚可以提起先予执行损害赔偿诉讼。

本章重点内容小结

1. 诉讼保全作为诉讼保障制度之一，是人民法院根据当事人或者利害关系人的申请或者依职权采取的保证判决得以执行的措施，具有保护当事人合法权益和保障生效法律文书内容最终实现的作用，包括财产保全和行为保全两种方式。保全的措施主要是查封、扣押和冻结或是责令其作出一定行为或禁止其作出一定行为。如果诉讼保全出现错误，给被申请人造成损失的，被申请人有权获得赔偿。

2. 先予执行是法院在受理案件后作出终局判决前，为解决申请人生活或生产经营的急需，依法裁定被申请人先给付申请人一定的金钱或其他财物，或者实施、停止某种行为，并立即执行的一种诉讼保障措施。先予执行只适用于特殊类型的三类案件。在解决申请人急需的同时，须注重避免给被申请人造成损害。

关键词：财产保全　行为保全　先予执行

实务训练

（一）示范案例

案情：2007 年 3 月，来自农村的卞女士到沈阳走亲戚，在绿灯过马路时，不幸被陈某驾驶的逆行车辆撞伤，当即昏迷不醒，送沈阳某医院紧急抢救，意识昏迷达 40 天之久，在医院的重症监护室住院 2 个月后才被转至普通病房，现在仍然在治疗中，仍需二次植入颅骨的手术。截至 2007 年 6 月底起诉时，已累计花费人民币 18 万余元，而陈某向原告支付了 3 万元后就不再支付任何费用。交警队作出的《交通事故责任认定书》认定陈某负全责，卞某无责任。十多万元的医疗费几乎全部是卞某的丈夫向朋友和亲戚多方借来的。在审理过程中，原告向法院提出先予执行申请。而被告陈某也向法院提出“医疗司法鉴定”的申请，理由是费用过高，怀疑原告可能还在治疗其他疾病。

法院该如何处理？

分析：原告索要的是医疗费并且情况紧急，符合提出先予执行的条件，而且被告有履行能力。因此，原告向法院提出先予执行申请，避免由于程序的拖延使原告的医疗费迟迟不能落实。法院在对案情进行了全面了解后，根据原告所提供的治疗费用的清单及明细，证明除了前面所述的在交通事故中造成的外伤之外，并没有治疗其他疾病。而且，原告的亲戚向法院提供了财产担保。因此，法院作出了先予执行的裁定，原告依据该裁定向法院申请了强制执行。法院将该急需的救命钱执行得到。

（二）习作案例

1. 王某向戴某借款30万元用来做生意，2年借款期满后，王某却拒绝偿还。一天，戴某得知王某欲将自己的一辆客货两用车卖给其表弟。戴某急忙赶到王某住所地法院说明了情况，并申请诉前财产保全。

问：

（1）法院要求戴某提供担保，戴某提出自己目前生意亏损，否则不会急于要求王某还钱，无法提供担保。法院应如何处理？

（2）若戴某找到了朋友徐某作担保人，法院裁定采取诉前财产保全措施。在执行时，高某赶到，称王某曾向其借款10万元，已将该车作了抵押，并出示了抵押合同。法院能否继续执行？

2. 彭某和李某系邻居。2008年李某动工修建新房，请彭某帮忙。一日彭某不慎从脚手架上跌落，腿骨被摔断，因抢救及时未造成瘫痪，但需做一次大手术方能康复。医院让彭某交7000元医药费，彭某家境贫寒无力交付，李某虽有支付能力但支付了1000元后就拒绝支付。医药费没有着落，致使手术迟迟不能进行。彭某无奈只好向人民法院起诉，并申请让李某先行支付6000元医药费。李某私下对彭某讲："你申请先予执行，法院会让你提供担保。你没钱提供担保，法院是不会支持你的请求的。"人民法院经审查认为彭某的请求不符合先予执行的条件，裁定驳回先予执行申请。

问：

（1）本案中，人民法院裁定驳回彭某先予执行的申请是否合法？

（2）彭某申请先予执行是否必须提供担保？

（3）若彭某对驳回申请不服能否申请复议？

思考题

1. 试述诉讼财产保全和诉前（仲裁前）财产保全的区别。
2. 比较财产保全和行为保全的区别。
3. 先予执行的适用范围和适用条件是什么？

延伸阅读

先予执行是否还需执行立案

2011年10月，原告马某因追索原单位拖欠劳动报酬一案向法院提起诉讼，并申请先予执行。法院在立案审查后依法作出了先予执行的裁定。裁定书生效后，马某持该裁定书要求法院强制执行。先予执行是否还需执行立案？对此存在两种不同意见：

第一种意见认为，先予执行的裁定书仍需要执行立案，立案后再强制执行；第二种意见认为，先予执行的裁定书直接具有强制执行力，不需要再执行立案。对此，可以从以下几个方面来进行分析：

1. 从先予执行的立法目的来看。一般情况下，债务人的给付义务应由判决来加以确认，并在判决生效后加以履行或者强制执行。但是，诉讼的进行是需要时间的，不可能做到数日即毕。所以，为了使有紧迫需要的当事人在诉讼期间能够维持基本的生活或生产经营活动，就有必要确立一种应急措施，先予执行便应运而生。由此可见，先予执行的立法目的在于解决当事人生活、生产经营上的燃眉之急，从而使诉讼活动得以顺利进行。

2. 从《民事诉讼法》的规定及其章节体系来看。《民事诉讼法》将先予执行的内容规定在第一编第九章“保全和先予执行”这一章中，在第106条和第107条中规定了先予执行适用的案件范围和条件，虽然未明确规定先予执行裁定书是否需要执行立案，但是很明显先予执行的裁定是诉讼过程中的中间裁定，是审判程序的一个环节。所以《民事诉讼法》没有把先予执行规定在第三编“执行程序”中。

3. 从先予执行裁定书的内容来看。先予执行裁定书的主要内容是“本裁定书送达后立即执行”。所以先予执行的效力是其裁定书送达后立即执行。

综上所述，无论从先予执行的立法目的、立法规定还是从其内容来看，先予执行的意义在于“应急”、“立即”，如还需执行立案后再强制执行有悖其设立意义。所以，先予执行裁定书应当不需要再执行立案。

第七章　妨害民事诉讼的强制措施

学习目标

1. 了解妨害民事纠纷诉讼行为的概念和种类。
2. 掌握妨害民事纠纷诉讼的强制措施的种类和适用。

学习任务

能够判断行为是否属于妨害民事诉讼行为，以及掌握强制措施的适用。

第一节　妨害民事诉讼行为的概念和种类

导入案例

2013 年 1 月，曹兵与其妻洪艳艳离婚诉讼期间，刘小五凭一张曹兵出具的借条，向法院提起诉讼，要求曹兵偿还因购房所需向刘小五所借的人民币 30 万元，利息按照银行同期存款利率计算。借条上的借款日期为 2012 年 10 月，双方没有约定还款日期。法院对此债务纠纷经过审查查明：曹兵对借款事实没有争议；洪艳艳此时才得知有该项债务，此前并不知晓借款一事；曹兵事后补写的手书借条；双方都拿不出资金往来的银行转账凭证。经法官反复询问，曹兵和刘小五承认该债务为虚假债务，曹兵企图通过该诉讼在离婚时多分得财产。法院最终驳回刘小五的诉讼请求，并对曹兵和刘小五处以罚款。

问题：哪些情况构成妨害民事诉讼的违法行为？

知识点：妨害民事诉讼行为的构成要件及种类。

一、妨害民事诉讼行为的概念

妨害民事诉讼的行为，是指在民事诉讼的过程中，当事人、诉讼参与人或者案外人故意破坏和扰乱正常的诉讼秩序和执行程序，妨碍民事诉讼活动正常进行的行为。需要注意的是，民事诉讼过程分为审判阶段和执行阶段，包括从案件受理到执行终止的整个过程。妨害行为一般发生在审判阶段，但就目前司法实践看，执行阶段的妨害行为造成的危害也不容小觑。妨害民事诉讼行为的构成要件主要有：

1. 行为人是实施妨害行为的人，包括当事人、其他诉讼参与人和案外人。

2. 行为人在主观上必须是出于故意。

3. 妨害民事诉讼行为客观上已实际发生，并扰乱了正常的诉讼秩序。

4. 妨害民事诉讼行为是在诉讼过程中实施的行为。

5. 妨害民事诉讼行为必须是尚未构成犯罪的行为。

二、妨害民事诉讼的行为的种类

根据《民事诉讼法》第 109 ~ 117 条的规定，妨害民事诉讼的行为有以下七类：

1. 依法必须到庭的被告拒不到庭的行为。必须到庭的被告，经两次传票传唤，无正当理由拒不到庭的，属于妨害民事诉讼的行为，法院可以对其予以拘传。必须到庭的被告，是指负有赡养、抚育、扶养义务和不到庭就无法查清事实的被告，以及被告是未成年人的法定诉讼代理人。对于不属于法律规定必须到庭的被告，经合法传唤，无故拒不到庭的，法院可以缺席判决。

2. 违反法庭规则、扰乱法庭秩序的行为。这类行为是指违反法庭规则，哄闹、冲击法庭，侮辱、诽谤、威胁、殴打审判人员，扰乱法庭秩序，但情节较轻的行为。严重扰乱法庭秩序的人，依法追究刑事责任。

3. 妨碍证据收集、调查或者阻拦、干扰诉讼的行为。这类行为主要包括：①伪造、毁灭重要证据，妨碍人民法院审理案件。②以暴力、威胁、贿买方法阻止证人作证或者指使、贿买、胁迫他人作伪证。③隐藏、转移、变卖、毁损已被查封、扣押的财产，或者已被清点并责令其保管的财产，以及转移已被冻结的财产。④对司法工作人员、诉讼参加人、证人、翻译人员、鉴定人、勘验人、协助执行的人，进行侮辱、诽谤、诬陷、殴打或者打击报复。⑤以暴力、威胁或者其他方法阻碍司法工作人员履行职务。⑥拒不履行已经发生法律效力的判决、裁定等法律文书。

4. 虚假诉讼行为。当事人之间恶意串通，企图通过诉讼、调解等方式侵害他人合法权益的，人民法院应当驳回其请求，并根据情节轻重予以罚款、拘留；构成犯罪的，依法追究刑事责任。

司法实践中的虚假诉讼一般有两种情形，一种是“一方虚构事实”，即一方当事人虚构事实或隐瞒真相，伪造证据，使法院作出错误裁判，损害参加诉讼的另一方当事人的利益。另一种是“双方通谋”，即诉讼参加人经过串通，虚构法律关系和法律事实，伪造证据，提起民事诉讼，使法院作出错误裁判，损害未参加诉讼的利害关系人的利益。《民事诉讼法》第 112 条规定的虚假诉讼行为指的是第二种情形。同时，《民事诉讼法》第 56 条第 3 款规定：“……第三人，因不能归责于本人的事由未参加诉讼，但有证据证明发生法律效力的判决、裁定、调解书的部分或者全部内容错误，损害其民事权益的，可以自知道或者应当知道其民事权益受到损害之日起6个月内，向作出该判决、裁定、调解书的人民法院提起诉讼。人民法院经审理，诉讼请求成立的，应当改变或者撤销原判决、裁定、调解书；诉讼请求不成立的，驳回诉讼请求。”可见，《民事诉讼法》对虚假诉讼行为既规定了妨害民事诉讼的强制措施，也规定了被侵害的利害关系人的救济措施。

司法实践中暴露出来的虚假诉讼案件主要集中在离婚诉讼时的财产纠纷、民间借贷、劳动争议、工程款纠纷、支付令及房屋、车辆确权等类案件。其中离婚诉讼过程中，伪造证据、虚构债务，以达到多分财产、少承担债务目的的虚假诉讼案件尤为常见。

5. 拒不履行生效法律文书或者恶意规避执行行为。被执行人无正当理由拒不履行生效法律文书，或者与他人恶意串通，通过诉讼、仲裁、调解等方式逃避履行法律文书确定的义务的，人民法院应当根据情节轻重予以罚款、拘留；构成犯罪的，依法追究刑事责任。

司法实践中，被执行人逃避执行的形式较多，而且随着现代社会的快速发展和法律制度的不断完善，逃避执行也呈现出手段更加隐蔽、方法不断翻新的特点，如通过企业改制、假离婚、假诉讼、假破产、利用执行和解、执行救济等逃避执行。《民事诉讼法》第113条以列举形式规定了被执行人通过诉讼、仲裁、调解等几种典型方式逃避执行的行为，并通过强制措施加以制裁。

6. 拒不履行协助义务。这类行为主要有以下几种：

（1）有关单位拒绝或妨碍人民法院调查取证。

（2）有关单位接到人民法院协助执行通知书后，拒不协助查询、扣押、冻结、划拨、变价财产。

（3）有关单位接到人民法院协助执行通知书后，拒不协助扣留被执行人的收入、办理有关财产权证照转移手续、转交有关票证、证照或者其他财产。

（4）其他拒绝协助执行的行为。根据《民事诉讼法意见》第124条，其他拒绝协助执行的行为有：①擅自转移已被人民法院冻结的存款，或擅自解冻的；②以暴力、威胁或者其他方法阻碍司法工作人员查询、冻结、划拨银行存款的；③接到人民法院协助执行通知后，给当事人通风报信，协助其转移、隐匿财产的。

7. 非法拘禁他人或者非法私自扣押他人财产追索债务的行为。采取对妨害民事诉讼的强制措施必须由人民法院决定。其他任何单位和个人如果采取非法拘禁他人或者非法私自扣押他人财产追索债务的，即构成妨害民事诉讼的行为，情节严重的，应当依法追究刑事责任。

引例解析：根据民事诉讼法的规定，妨害民事诉讼的行为主要表现在以下几方面：必须到庭的被告拒不到庭的行为；违反法庭规则、扰乱法庭秩序的行为；妨碍证据收集及阻碍干扰诉讼的行为；虚假诉讼、恶意规避行为；拒不履行协助义务的行为，以及非法拘禁他人或者非法私自扣押他人财产追索债务的行为。

第二节 强制措施的种类及其适用

导入案例

原告甲与被告乙因拖欠房租一案开庭审理时，被告乙经合法传唤，无故拒不到庭。合议庭便裁定将被告乙拘传到庭；开庭审理过程中，被告乙又违反法庭规则，合议庭当庭裁定对其罚款2000元。

问题：该案程序上存在哪些问题？

知识点：妨害民事诉讼的强制措施的种类、适用条件。

妨害民事诉讼的强制措施，是指法院在民事诉讼中，为了排除干扰，维护正常的诉讼秩序，保障民事审判和执行活动的顺利进行，对有妨害民事诉讼行为的人采取的强制手段。

根据妨害民事诉讼行为的不同类别及严重程度，《民事诉讼法》规定了五种强制措施。除此之外，《民事诉讼法》还规定，妨害民事诉讼行为情节严重、构成犯罪的，依法追究刑事责任。

一、拘传

拘传是指法院在法定情况下强制被传唤人到庭的强制措施。根据《民事诉讼法》第109条的规定，适用拘传，须具备三个条件：

1. 拘传的对象是必须到庭的被告，以及被告是未成年人的法定诉讼代理人。

2. 被告须经两次传票传唤。对被告的传唤，应用法院传票，而非用口头传唤、电话传唤等简便传唤方式。经两次传票传唤，拒不到庭的，才能采取拘传。

3. 被告无正当理由拒不到庭。如果被告有正当理由，如生病、出差等，则不能采取拘传措施。

适用拘传措施，由合议庭或独任庭审判人员提出意见，报经本院院长批准，并填写拘传票，直接送达被拘传人，由被拘传人签字或盖章。在拘传前，应向被拘传人说明拒不到庭的后果，经批评教育后仍拒不到庭的，方可拘传其到庭。

二、训诫

训诫是指法院以批评、教育的方式指出行为人的妨害之处，并责令其立即停止妨害行为的强制措施。它是一种较轻的强制措施。

训诫的适用对象一般是违反法庭规则的人，审判员可以对其直接采用训诫的强制措施并记录在案，由被训诫人签字或盖章。

三、责令退出法庭

责令退出法庭是指对违反法庭规则的人所采取的强行命令其退出法庭，以防止妨害行为继续进行的措施。责令退出法庭的适用对象也是违反法庭规则的人，它与训诫的强度不同。训诫只是口头的批评、教育，仍允许行为人留在法庭。责令退出法庭则强行命令行为人退出法庭，比训诫更严厉。审判人员可以直接适用责令退出法庭，也可以先训诫，然后根据行为人的表现再决定是否责令其退出法庭。该措施可以直接由合议庭或独任庭的审判人员决定，并记录在案。

四、罚款

罚款是指法院对妨害民事诉讼的行为人进行经济制裁的强制措施。罚款是一种较严厉的强制措施，其适用范围相当广泛，对民事诉讼法规定的除被告无正当理由拒不到庭以外的其他妨害诉讼的行为，都可以适用罚款。适用罚款时，应由审判人员提出罚款的意见和理由，报经本院院长批准。对个人的罚款金额，为人民币10万元以下；对单位的罚款金额，为人民币5万元以上100万元以下。

五、拘留

拘留是指法院对妨害民事诉讼的行为人暂时限制其人身自由的强制措施。在所有对妨害民事诉讼的强制措施中，拘留是最严厉的一种强制措施，仅适用于少数严重妨害民事诉讼的行为。

采取拘留措施可由合议庭或独任庭审判人员提出，并报经本院院长批准。因哄闹、冲击法庭，用暴力、威胁等方法抗拒法院人员执行公务等紧急情况，必须立即采取拘留措施的，可以在拘留后立即报请本院院长补办批准手续。拘留的期限为15日以下，被拘留的人，交由公安机关看管。在拘留期间，被拘留人承认并改正错误的，法院可以决定提前解除拘留。

因为罚款、拘留毕竟是较为严厉的强制措施，应给被强制人一定的救济途径。《民事诉讼法》第116条第3款规定，罚款、拘留应当用决定书。当事人对决定不服，有权向上一级法院申请复议一次，但复议期间不停止执行。

引例解析： 该案程序上存在以下几个问题：①拘传的对象是必须到庭的被告。根据有关法律的规定，该案被告并非是必须到庭的被告，因此，合议庭裁定将被告乙拘传到庭是错误的。②对妨害民事诉讼的人适用强制措施应当用决定，而不是裁定，因此合议庭裁定拘传是错误的。③适用拘传、罚款均须经过本院院长批准，合议庭无权决定，并且应当用决定书。

本章重点内容小结

1. 妨害民事诉讼的行为，是在审判和执行阶段，当事人、诉讼参与人或者案外人故意破坏和扰乱正常的诉讼秩序的行为。民事诉讼法详细规定了妨害民事诉讼行为的种类。

2. 针对不同的妨害行为，民事诉讼法规定了不同的强制措施，共有五种：训诫、责令退出法庭、拘传、罚款和拘留。其中，前两种是教育性的强制措施，后三种惩罚性的强制措施。

关键词：妨害民事诉讼行为　强制措施适用

实务训练

（一）示范案例

案情： 2009 年 7 月 29 日上午，上海市黄浦区人民法院的一起案件的正式庭审还没开始，看到法官手中的借条（原件），坐在被告席上的诉讼代理人韦某一下子就冲上来，突然一把抢走了法官手中的证据。法官马上起身喝止这位女士，但是她背转身，把这个借条揉成一团之后吞了下去，还喝了一口水，把它咽下。证据原件居然被被告代理人一口吃掉了！

法官说，审理这么多年的案件，还是第一次遇到这种情况。当时审理的是一起欠款纠纷，案件并不复杂。可是被当庭吃掉的那张借条，却是案件中最为重要的证据，是一张被告写给原告的借条，而且是原件。借条被吃掉了，这官司还怎么打？法警迅速赶到，将扰乱法庭秩序的韦某送进了拘留所。

分析： 根据我国《民事诉讼法》第 111 条的规定，诉讼参与人或者其他人有伪造、毁灭重要证据，妨碍人民法院审理案件的行为，人民法院可以根据情节轻重予以罚款、拘留；构成犯罪的，依法追究刑事责任。结合韦某当时的行为，黄浦区人民法院依法对其处以拘留 15 天的处罚。

（二）习作案例

2009 年 5 月 19 日，某县人民法院开庭审理陈美凤诉夏英俊离婚一案。因经调解双方未达成协议，法庭宣布将于 6 月中旬宣判。闭庭前，审判长针对双方当事人分居较久、矛盾较深的情况，告诫双方：此案判决未下达前，双方不得吵骂打架，不得隐藏、变卖、转移、毁损已被清点并责令夏英俊保管的夫妻共同财产，如有上述行为发生，将按妨害民事诉讼行为处理。

6月4日上午，陈美凤来到夏家看望孩子，与夏英俊几句话就吵闹起来，随即发生扭打。陈美凤在夏家砸坏了石英钟、手表、手机、电视、DVD播放机等物，撕烂了存折和一些衣被，还掏出火柴准备焚烧棉絮，所幸被人制止。夏英俊父母、兄长随之赶到，和夏英俊一起对陈美凤进行殴打。后陈美凤住院治疗22天。

问：在本案中，陈美凤和夏英俊的行为应如何认定？法院应当如何处理？

思考题

1. 简述妨害民事诉讼的行为种类。
2. 妨害民事诉讼的强制措施有哪些？其中哪几种需要法院院长批准？

延伸阅读

虚假诉讼

虚假诉讼是指当事人出于非法的动机和目的，利用法律赋予的诉讼权利，采取虚假的诉讼主体、事实及证据的方法提起民事诉讼，使法院作出错误的判决、裁定、调解的行为。权利不应该被滥用，民事诉权也不例外。虚假诉讼不仅侵害了当事人及利害关系人的合法权益，而且浪费了本不充裕的司法资源，损害了司法权威和司法公信力，具有较大的社会危害性。

虚假诉讼往往具有以下几个特点：

1. 当事人之间关系的特殊性。调查显示，虚假诉讼行为人之间一般存在亲属、同学、朋友、事业上的合作伙伴等特殊关系。原因在于找这些人造假进行诉讼，彼此信任，成本相对较低，操作相对方便，易于得逞。

2. 当事人之间配合默契，查处难度较大。在虚假诉讼案件中，当事人一般不会进行实质性的诉辩对抗，或者假戏真做地辩论一番，且多为“自认”。为了避免露出破绽，还有一些当事人到庭率较低，委托诉讼代理人单独参加诉讼，给法院查清案件事实设置障碍；有的当事人还为对方提供便利，如代请律师、代交诉讼费等，以便加快诉讼进程，早日骗取法院裁判文书。

3. 以调解方式结案的比较普遍。当事人主义的民事诉讼模式强调当事人享有处分权，弱化了法官对调解协议的合法性审查，使虚假诉讼者有了可乘之机。

4. 民营经济发达地区的虚假诉讼案件数量较多，一般涉案标的都较大，常常涉及几万、几十万乃至更多的金钱往来或者是房子、车子等价值较大的财物。

5. 某些领域虚假诉讼易发，案件类型相对集中。如民间借贷案件，离婚一方当事人为被告的财产纠纷案件，资不抵债的企业、其他组织、自然人为被告的财产纠纷案件，涉及驰名商标认定的案件，改制中的国有、集体企业为被告的财产纠纷案件，拆迁区划范围内的自然人作为诉讼主体的分家析产、继承、房屋买卖合同纠纷案件等。

第八章 期间、送达和诉讼费用

学习目标

1. 了解期间的概念和种类，掌握期间的计算。
2. 掌握送达的种类及适用条件。
3. 了解诉讼费用的种类和计算，预交和分担。

学习任务

能够运用本章知识解决实际案例。

第一节 期 间

导入案例

江灿在2010年2月10日签收了法院送达的一审判决书，于2月24日在邮局寄出了上诉申请书，邮戳盖的是当天的日期。法院于2月28日收到申请书。

问题：江灿的上诉是否超过上诉期间？

知识点：诉讼期间的确定。

一、期间的概念

民事诉讼法中规定的期间，是指法院、当事人及其他诉讼参与人各自独立进行某项诉讼行为所必须遵守的时间。

在民事诉讼中，对诉讼活动时间方面的要求，除期间外，还有期日。期间和期日是不同的概念，期间像“一条线”，期日像“一个点”，它们的主要区别有：①期间是各诉讼主体分别独立完成某种诉讼行为所遵守的时间；而期日是指各诉讼主体会合进行某项诉讼活动的时间，审判实务中常见的有证据交换日、调解日、庭审日、宣判日等。②期间具有连续性，是一个时间段，既有开始时间的规定，也有终止时间的规定；期日则只规定了开始时间，对终止时间则没有规定。③期间可以分为法定和指定的；期日则由法院根据具体情况加以指定。④期间可以分为不变期间和可变期间；期日具有可变性。

二、期间的种类

按照不同的标准，诉讼期间有不同的分类。

（一）法定期间和指定期间

以期间是由法律直接规定还是由法院指定为标准，可以分为法定期间和指定期间。

法定期间是指法律明确规定的诉讼期间，如答辩期间、受理期间、上诉期间等。法定期间一般因某种法定事实出现而开始，经过法律规定的时间阶段而结束，因此法定期间原则上不可变更，除法律明文规定允许变动的以外。

指定期间是指法院根据案件的实际情况，依职权指定当事人或者其他诉讼参与人完成某项诉讼行为的期间，如法院指定当事人提交证据的期间、指定被执行人履行生效判决中所确定的义务的期间等。因此，指定期间是一种可变期间。

（二）可变期间和不变期间

以期间能否变动为标准，可以分为可变期间和不变期间。

可变期间是指期间确定后，因发生法定事由，法院可以依职权或者依当事人的申请而变更的期间。指定期间均为可变期间，法定期间中仅有少数属于可变期间，如第一审普通程序的审理期间、境外当事人的上诉期间等。

不变期间是指一经确定，任何机构和个人都不得改变的期间，如上诉期间、申请再审的期间等。法定期间多为不变期间。

三、期间的计算

根据《民事诉讼法》第 82 条的规定，期间的计算方法如下：

1. 期间以时、日、月、年为计算单位。期间开始的时和日，不计算在期间内。如《民事诉讼法》规定，人民法院接受诉讼当事人财产保全的申请后，对情况紧急的，必须在 48 小时内作出裁定。如果当事人是在上午 9 点申请的，人民法院作出裁定的期间就应该从 10 点起算，满 48 小时。以日计算的期间均从次日起算。

2. 期间以月计算，不分大月、小月；以年计算，不分平年、闰年。期间届满的最后 1 日是节假日的，以节假日后的第 1 日为期间届满的日期。节假日是指国家法定的公众节假日，如国庆节、元旦等。

3. 期间不包括在途时间，诉讼文书在期满前交邮的，不算过期。无论法院收到时是否已逾上诉期间，均不能认为是逾期上诉。

四、期间的耽误和顺延

在通常情况下，当事人耽误了期间，就会产生丧失该项权利的法律后果。如当事人耽误举证期间将丧失举证权，耽误上诉期间将丧失上诉权。如果当事人因主观上的故意或过失等主观因素耽误期间，承受相应的不利后果是应当的。但如果当事人耽误期间的原因是由于客观上发生了当事人的主观意志所不能控制的事实，则应另当别论。我国《民事诉讼法》第83条规定，当事人因不可抗拒的事由或者其他正当理由耽误期限的，在障碍消除后的10日内，可以申请顺延期限，是否准许，由人民法院决定。因此，期限的顺延必须符合以下三个条件：

1. 期间顺延的前提，是发生了不可抗拒的事由或者其他正当理由，造成当事人期间耽误。“不可抗拒的事由”是指当事人主观上无法预见、客观上不可避免和克服的事由，如交通事故、地震、水灾、火灾、泥石流等。“其他正当理由”一般是指除不可抗拒事由以外的不可归责于当事人的其他客观情况，如突发重病等。

2. 当事人必须在障碍消除后10日内提出书面申请，逾期则丧失申请顺延的权利。

3. 由当事人提出申请，且必须经法院审查。是否准许，由法院决定。

引例解析：本案中，江灿在上诉期满前交邮，无论法院收到时是否已逾上诉期间，均不能认为是逾期上诉。所以，江灿的上诉没有超过上诉期间。

第二节　送　达

导入案例

唐三和孙五因运输合同纠纷诉至法院，一审法院判决孙五应承担违约责任。双方均未上诉。法院工作人员到孙五住处向其送达判决书时，孙五却不愿在判决书的送达回证上签字。因孙五是外来打工的，现在又处于失业状态，法院找不到相关见证人。

问题：孙五拒绝签收，人民法院该如何处理？

知识点：送达方式及其适用。

一、送达的概念和特征

民事诉讼中的送达，是指法院依照法定的程序和方式，将诉讼文书送交当事人或其他诉讼参与人的行为。其中，法院指派的送达诉讼文书的人，是送达人；接受法院的诉讼文书并受送达的法律效力约束的人，是受送达人。送达具有以下特征：

1. 送达的主体，只可以是法院。送达是法院的职权行为，当事人向法院送交诉讼文书的行为不是送达。

2. 送达的对象，只能是当事人或其他诉讼参与人。法院之间传送诉讼文书的行为不属于送达。

3. 送达的内容是诉讼文书，如起诉状副本、答辩状副本、传票、裁定书、判决书等。

4. 送达应当按法定的程序和方式进行。未按照法定的程序和方式送达的，将不产生送达的法律效力。

5. 送达应按规定填写送达回证。送达回证，是指人民法院或其他司法机关按照法定格式制作的，用以证明完成送达行为的凭证。法院送达诉讼文书时，除公告送达外，必须有送达回证。当事人或其他诉讼参与人在接到诉讼文书时，应在送达回证上记明日期，并签名或者盖章，其在送达回证上的签收日期为送达日期。送达行为完成后，送达回证返回法院附卷备查。

二、送达的方式

根据民事诉讼法的规定，法院送达诉讼文书的方式有以下七种：

（一）直接送达

直接送达，是法院指派工作人员将诉讼文书直接交受送达人签收。它是最基本的一种送达方式，法院在送达时，应以直接送达为原则，凡能够直接送达的，都应采用直接送达的方式。

直接送达，一般应将诉讼文书直接交给受送达人本人。根据《民事诉讼法》和相关司法解释，以下情形也属于直接送达：

1. 受送达人是公民的，本人不在时交他的同住成年家属签收。但在某些家庭纠纷案件（如离婚案件）中，受送达人不在时，不宜由对方当事人或在此纠纷中与受送达人处于对立关系的同住成年家属签收。

2. 受送达人是法人或者其他组织的，应当由法人的法定代表人、其他组织的主要负责人或者该法人、组织负责收件的人签收。

3. 受送达人有诉讼代理人的，可以送交其代理人签收。

4. 受送达人已向法院指定代收人的，送交代收人签收。

在以上情况下，受送达人的同住成年家属，法人或者其他组织负责收件的人，诉讼代理人或者指定代收人在送达回证上签收的日期为送达日期。

（二）留置送达

留置送达，是指人民法院在送达诉讼文书时，受送达人或其他代收人拒绝签收，送达人依法定程序将诉讼文书留在受送达人住所，即视为送达的送达方式。

留置送达与直接送达产生同等的法律效力，但其带有一定的强制性。在适用留置送达时，应注意以下几个方面：

1. 见证人证明。送达人在进行留置送达时，可以邀请受送达人所在地的有关基层组织或者受送达人所在单位的代表到场，说明情况，在送达回证上记明拒收事由和日期，并由送达人、见证人签名或者盖章，然后把诉讼文书留在受送达人的住所，即视为送达。

2. 视听资料记录证明。送达人在进行留置送达时，如果找不到见证人或者见证人不愿配合，送达人可以把诉讼文书留在受送达人的住所，并采用拍照、录像等方式记录送达过程，即视为送达。

3. 调解书不适用留置送达。当事人或者其指定的代收人拒绝签收调解书，说明当事人已反悔，应视为调解不成立，调解书因此而不发生法律效力，法院应当将该案件转入审理程序并及时作出判决。

案例（8－1）：2012年10月22日，湘潭县人民法院受理了原告王群诉被告王森离婚纠纷一案，并于2012年12月29日适用简易程序审理终结。由于被告王森拒绝领取法律文书，办案法官在多次电话联系无果后，于2012年12月31日采取法院专递方式将判决书邮寄送达至其住所。因收件人拒绝签收，2013年1月5日，快件被退回。此后，王森既不到法院领取判决书，也不接听法官电话。2013年1月10日，办案法官来到王森的住所地上门送达。王森未在家中，他的父母听明法官来意后，也拒绝代其签收。而新《民事诉讼法》规定，受送达人或者他的同住成年家属拒绝接收诉讼文书的，送达人可以把诉讼文书留在受送达人的住所，并采用拍照、录像等方式记录送达过程。法官遂将一份法律文书留在王森住所，一份交给其父母，且对整个过程进行了拍照和录像。

为了切实保障当事人的诉讼权利，在采用电子方式留置送达后，法官通过王森的父母与他进行了电话联系，并再三告知，若对判决结果不服，可在15日内向湘潭市中级人民法院提出上诉。

（三）电子送达

电子送达，是指经受送达人同意，人民法院可以采用传真、电子邮件等能够确认其收悉的方式送达诉讼文书，但判决书、裁定书、调解书除外。电子送达的，以传真、电子邮件等到达受送达人特定系统的日期为送达日期。电子送达必须符合以下条件：

1. 必须首先经过受送达人同意，法院才可以进行电子送达。电子送达的方式便于当事人接收送达文书信息，但由于各个区域经济科技发展有差异，也不是所有人都会运用电子信息技术，所以法院不能像其他六种送达方式那样主动实行。要先明确当事人能够并且愿意接受和使用电子送达方式，法院才可以采用这一送达方式。

2. 电子送达的主要途径是传真和电子邮件。传真和电子邮件的相关技术较为成熟，并被证实具备较高的可靠性和稳定性，同时能够快速有效的传递信息。但民事诉讼法没有将电子送达仅限于这两种方式，采用了兜底条款，为未来电子送达方式预留了扩展空间。

3. 电子送达并不适用所有的诉讼文书。民事诉讼法在电子送达的适用范围规定中将判决书、裁定书、调解书排除在外，原因在于这些裁判文书作为国家公权力对当事人间法律关系的最终确定，具有较高的权威性，只有加盖法院印章的正式原件文本，才能产生相应的法律效力。所以，判决书、裁定书和调解书不宜采用电子送达的方式。

4. 电子送达日期的确定。人民法院将诉讼文书发送到受送达人提供的电子信息系统时，就视为送达已经完成并产生相应的法律效力。至于受送达人何时真正实际接收并已知晓送达文书的内容，在所不论。因受送达人自身原因未实际接收到诉讼文书的后果由受送达人自行承担，不得以其未实际接收到诉讼文书为由主张送达不发生效力。

（四）委托送达

委托送达，是指受诉法院直接送达诉讼文书确有困难，因而委托其他法院代为送达的送达方式。

委托送达时，委托法院应当出具委托函，并附需要送达的诉讼文书和送达回证，以受送达人在送达回证上签收的日期为送达日期。

（五）邮寄送达

邮寄送达，是指受诉法院在直接送达诉讼文书确有困难时，通过邮局以挂号信形式将需要送达的诉讼文书寄交受送达人的送达方式。

邮寄送达，以挂号信回执上注明的收件日期为送达日期。如果挂号信回执上注明的收件日期与送达回证上注明的收件日期不一致，或者送达回证没有寄回的，以挂号信回执上注明的收件日期为送达日期。

（六）转交送达

转交送达，是指受诉法院基于受送达人的特殊情况，将诉讼文书交由有关机关、单位转交受送达人签收的送达方式。可适用转交送达的几种情形为：

1. 受送达人是军人的，通过其所在部队团以上单位的政治机关转交。

2. 受送达人是被监禁的，通过其所在监所转交。

3. 受送达人被采取强制性教育措施的，通过其所在强制性教育机构转交。

代为转交的机关、单位收到诉讼文书后，必须立即交受送达人签收，并以受送达人在送达回证上的签收日期为送达日期。

（七）公告送达

公告送达，是指受诉法院以公告方式将诉讼文书的内容公之于众，经过法定期间，即视为送达的送达方式。公告送达是一种推定送达，适用时应符合以下几个条件：

1. 必须是在受送达人下落不明，或者用其他方式无法送达时，才可以进行公告送达。

2. 法院采取公告送达，可以在法院的公告栏、受送达人原住所地张贴公告，也可以在报纸上刊登公告。法律对公告方式有特殊要求的，应按要求的方式进行公告。

3. 公告期为60日。自公告之日起，经过60日，即视为送达。

4. 法院采用公告送达，应当在案卷中记明公告送达的原因和经过。

5. 公告送达起诉状或上诉状副本的，应说明起诉或上诉要点，受送达人答辩期限及逾期不答辩的法律后果；公告送达传票，应说明出庭地点、时间及逾期不出庭的法律后果；公告送达判决书、裁定书的，应说明裁判主要内容，裁判是第一审法院作出的，还应说明上诉权利、上诉期限和上诉的法院。

另外，有关司法解释特别规定：人民法院在定期宣判时，当事人拒不签收判决书、裁定书的，应视为送达，并在宣判笔录上记明。

案例（8－2）：2005年9月18日，章某因和常某合伙经营发生纠纷，章某向法院起诉。经过开庭审理后，法院通知双方当事人于11月5日上午9时到法院，听法官宣判。11月5日上午，常某准时到庭，章某却无故未到庭。法官依法宣告了判决，并当场把判决书送达常某。章某无故未到庭参加宣判，而且下落不明，于是法院决定公告送达，公告刊登于一份全国性的报纸上。公告全文如下：

"章某：本院受理常某与你合伙经营纠纷一案，已经审理终结。现依法向你公告送达本院（2005）某某法民初字第352号判决书。判决驳回你的诉讼请求。限你自公告发出之日起60日内来本院领取判决书，逾期视为送达。如不服本判决，可在接到判决书之日起向本院提交上诉状，上诉于某某中级人民法院。"

三、送达的效力

送达的效力，是指受诉法院依法向受送达人送达诉讼文书后所产生的法律后果。送达效力主要表现在以下两个方面：

（一）程序上的效力

程序效力，是指诉讼文书送达后对诉讼程序产生的法律后果，具体表现为；

1. 相关的诉讼期间开始计算。如一审判决书送达后，从次日起开始计算上诉期间。

2. 有关的诉讼法律关系产生或消灭。如受诉法院将受理案件通知书送达给原告，自送达之日起，受诉法院就与原告发生了诉讼法律关系；法院将允许原告撤诉的裁定送达有关的当事人后，法院与当事人之间的诉讼法律关系即告终止。

3. 确定知情效力。当事人及其他诉讼参与人接受通知诉讼活动时间、地点等信息的诉讼文书送达后，就可确定受送达人对相关信息已经知悉，应依照要求实施一定的诉讼行为，否则将承担程序法上的后果。如原告经传票传唤，无正当理由拒不到庭的，法院可以按撤诉处理。

（二）实体上的效力

实体上的效力，是指诉讼文书送达后产生实体权利义务方面的法律后果。如具有执行内容的调解书、二审判决书一经送达，即发生法律效力，负有履行义务的一方当事人应当在法律文书规定的期限内履行义务，否则对方当事人可依法申请强制执行。

引例解析：本案中，因孙五拒绝签收，送达人可以留置送达。因为找不到见证人，送达人可以把诉讼文书留在受送达人的住所，并采用拍照、录像等方式记录送达过程，即视为送达。

第三节　诉讼费用

导入案例

石某和朱某系邻居。2007 年 8 月 11 日，石某在家做饭，其 5 岁的儿子一个人在自家院子里玩耍。这时，邻居朱某家养的狗从院子的门缝下面钻了进来，并将石某儿子的脚踝处咬伤。石某立刻将儿子送往医院，总共花去医药费等费用 900 余元。石某与朱某关于赔偿事宜未能达成协议，石某以其儿子名义将朱某告上法院。法院经审理查明，原告确为被告所饲养的狗所伤，原告父母所花费医疗费、误工费等合理费用应由被告朱某赔偿，最终法院判决朱某应当支付原告1100元。

问题：本案的诉讼费用应当由谁负担?

知识点：诉讼费用种类、计算及分担原则。

一、诉讼费用的概念和性质

诉讼费用，是指当事人进行民事诉讼依法应当向人民法院交纳和支出的费用，包括案件的受理费、申请费和其他诉讼费用。

在民事诉讼中向当事人征收诉讼费用，是世界各国民事诉讼中普遍规定的一项法律制度。我国《民事诉讼法》第十一章对诉讼费用作了原则性规定，具体依据主要是2007年4月1日起施行的《诉讼费用交纳办法》。

二、诉讼费用的功能

1. 有利于减少国家不必要的开支。法院审理民事案件，是为了解决当事人之间的纠纷，所支出的费用理应由当事人负担。

2. 有利于防止和减少当事人滥用诉权的现象发生。设立诉讼费用征收制度，在一定程度上促使当事人慎重行使诉权，减少发生为琐碎小事便诉诸法院和无理缠讼的现象，减轻民事审判的负担。

3. 有利于制裁民事违法行为，敦促民事主体自觉履行义务。诉讼费用原则上由败诉方负担，这对于那些过错方当事人来说，具有经济制裁作用。

4. 有利于维护国家主权和经济利益。我国与世界其他国家的往来日益增多，涉外案件数量也随之增加。在世界各国对民事诉讼普遍收费的情况下，我国应遵守国际交往的平等互利原则，使国家主权和经济利益免受损失。

三、诉讼费用的种类

（一）案件受理费

案件受理费，是指法院受理民事案件时，依照有关规定应当向当事人收取的费用。案件受理费的标准，分非财产案件和财产案件而有所不同。非财产案件受理费，是指法院对涉及人身关系的民事案件收取的案件受理费，其收取的标准适用按件征收的原则，同时对涉及财产的部分依不同情况分别收取。财产案件受理费，是指法院受理财产权益争议案件时应当收取的费用。其收取的标准是以诉讼请求的金额或者价额大小分段依率递减，并将各段的数额增加。根据《诉讼费用交纳办法》的规定，具体收费标准如下：

案件受理费		
离婚案件	每件50元~300元	涉及财产分割，财产总额不超过20万元的，不另行交纳；超过20万元的部分按照0.5%交纳。
侵害姓名权、名称权、肖像权、名誉权、荣誉权及其他人格权的案件	每件100元~500元	涉及损害赔偿，赔偿金额不超过5万元的，不另行交纳；超过5万元~10万元的部分，按照1%交纳；超过10万元的部分，按照0.5%交纳。
其他非财产案件	每件50元~100元	
劳动争议案件	每件10元	
知识产权民事案件	每件500元~1000元	有争议金额的按财产案件收费标准交纳。
商标、专利、海事行政案件	每件交纳100元	
其他行政案件	每件交纳50元	
当事人提出案件管辖权异议不成立的	每件交纳50元~100元	
财产案件收费（根据诉讼请求的金额或者价额，按照右侧按比例分段累计交纳）	不超过1万元的部分	每件交纳50元。
	1万元~10万元的部分	按照2.5%交纳。
	10万元~20万元的部分	按照2%交纳。
	20万元~50万元的部分	按照1.5%交纳。
	50万元~100万元的部分	按照1%交纳。
	100万元~200万元的部分	按照0.9%交纳。
	200万元~500万元的部分	按照0.8%交纳。
	500万元~1000万元的部分	按照0.7%交纳。
	1000万元~2000万元的部分	按照0.6%交纳。
	超过2000万元的部分	按照0.5%交纳。

（二）申请费

1. 一般申请费。一般申请费是指法院根据申请人或当事人的申请，开始非讼案件审理程序或为一定审判行为依法应收取的费用。在申请诉讼保全措施、申请支付令、申请公示催告、申请撤销仲裁裁决或者认定仲裁协议效力、申请破产和海事、海商案件中申请设立海事赔偿责任限制基金、申请海事强制令、申请船舶优先权催告、申请海事债权登记、申请共同海损理算的，都需要交纳一定的申请费。

2. 申请执行费。申请执行费主要是指申请人依法向人民法院申请执行人民法院发生法律效力的判决、裁定、调解书，仲裁机构依法作出的裁决和调解书，公证机关依法赋予强制执行效力的债权文书，以及申请承认和执行外国法院判决、裁定，以及国外仲裁机构裁决等所需交纳的申请费用。

（三）其他诉讼费用

其他诉讼费用，主要是指法院在审理有关财产权益纠纷的民事案件和强制执行过程中实际支出的、应当由当事人根据国家有关部门的收费标准计算交纳的费用，主要包括：

1. 证人、鉴定人、翻译人员、理算人员在人民法院指定日期出庭发生的交通费、住宿费、生活费和误工补贴，由人民法院按照国家规定标准代为收取。

2. 当事人复制案件卷宗材料和法律文书，应当按实际成本向人民法院交纳工本费。

对于诉讼过程中因鉴定、公告、勘验、翻译、评估、拍卖、变卖、仓储、保管、运输、船舶监管等发生的依法应当由当事人负担的费用，人民法院则根据谁主张、谁负担的原则，决定由当事人直接支付给有关机构或者单位，人民法院不得代收代付。

四、诉讼费用的预交

（一）案件受理费的预交

案件受理费由原告、有独立请求权的第三人、上诉人预交。被告提起反诉的，由被告预交。追索劳动报酬的案件可以不预交案件受理费。

原告自接到法院预交诉讼费用通知的次日起7日内预交。提起反诉的当事人自提起反诉次日起7日内交纳案件受理费。上诉人在上诉期内未预交诉讼费用的，人民法院应当通知其在7日内预交。

再审案件，通常情况下无须当事人交纳案件受理费。但是按照《诉讼费用交纳办法》的规定，如果是当事人有新的证据，足以推翻原判决、裁定，向人民法院申请再审，人民法院经审查决定再审的案件，或者是当事人对人民法院第一审判决或者裁定未提出上诉，第一审判决、裁定或者调解书发生法律效力后又申请再审，人民法院经审查决定再审的案件，则需要由申请再审的当事人按照不服原判决部分的再审请求数额预交案件受理费。双方当事人都申请再审的，分别预交。

当事人逾期不交纳诉讼费用又未提出司法救助申请，或者申请司法救助未获批准，在人民法院指定期限内仍未交纳诉讼费用的，则按自动撤诉处理。

（二）申请费的预交

根据《诉讼费用交纳办法》规定，申请费一般由申请人在提出申请时或者在人民法院指定的期限内预交。但执行申请费和破产申请费无须申请人预交，执行申请费在执行后交纳，破产申请费在清算后交纳。

（三）其他诉讼费用的预交

其他诉讼费用无须当事人预交，由法院根据案件具体情况，待实际发生后交纳。

五、诉讼费用的负担

诉讼费用的负担，是指在民事诉讼终结时，诉讼费用由哪一方当事人承担。按照《诉讼费用交纳办法》的规定，诉讼费用原则上由败诉方承担（胜诉方自愿承担的除外），同时，针对案件的实际情况，具体规定如下：

（一）一审案件诉讼费用的负担

1. 法院决定负担。部分胜诉、部分败诉的，人民法院根据案件的具体情况决定当事人各自负担的诉讼费用数额。共同诉讼当事人败诉的，人民法院根据其对诉讼标的的利害关系，决定当事人各自负担的诉讼费用数额。

2. 协商负担。经人民法院调解达成协议的案件和离婚案件，诉讼费用的负担由双方当事人协商解决；协商不成的，由人民法院决定。

3. 原告负担。一审民事案件的原告申请撤诉，人民法院裁定准许的，案件受理费由原告负担。

4. 当事人自行负担。当事人在法庭调查终结后提出减少诉讼请求数额的，减少请求数额部分的案件受理费由变更诉讼请求的当事人负担。

5. 申请人负担。①依照特别程序审理案件的公告费，由申请人（或者起诉人）负担。②债务人对督促程序提出异议致使督促程序终结的，申请费由申请人负担；申请人另行起诉的，可以将申请费列入诉讼请求。债务人对督促程序未提出异议的，申请费则由债务人负担。③公示催告的申请费，由申请人负担。④保全措施的申请费由申请人负担，申请人提起诉讼的，可以将该申请费列入诉讼请求。⑤在海事案件中，申请设立海事赔偿责任限制基金、申请船舶优先权催告案件的申请费和公告费，申请债权登记与受偿、诉前海事证据保全的申请费，由申请人负担。对于诉前申请海事请求保全、海事强制令的，申请费也由申请人负担；申请人就有关海事请求提起诉讼的，还可将上述费用列入诉讼请求。

6. 被申请人负担。申请执行费，由被执行人负担。执行中当事人达成和解协议的，申请费的负担由双方当事人协商解决；协商不成的，由人民法院决定。

一审案件裁定或判决后，当事人不得单独对人民法院关于诉讼费用的决定提起上诉。当事人单独对人民法院关于诉讼费用的决定有异议的，可以向作出决定的人民法院院长申请复核。

（二）二审案件诉讼费用的负担

二审法院审理上诉案件时，当事人也应当按一审案件收取诉讼费用的范围和标准，负担上诉案件的诉讼费用。

（三）再审案件诉讼费用的负担

法院依职权提起的再审案件和检察院抗诉的再审案件，当事人无须交纳案件受理费。但依照《诉讼费用交纳办法》第9条第1项、第2项的规定应当交纳案件受理费的再审案件，诉讼费用由申请再审的当事人负担；双方当事人都申请再审的，诉讼费用依照该办法第29条的规定负担。原审诉讼费用的负担由人民法院根据诉讼费用负担原则重新确定。

六、司法救助

司法救助是指法院对于交纳诉讼费用确有困难（如身体残疾、贫困等）的当事人，根据其申请，予以缓、减、免的诉讼费用制度。这一制度的建立，有利于切实保障那些经济上确有困难的当事人能够正常行使自己的诉讼权利，不会因交纳不起诉讼费用使自己的合法权益得不到保护。

当事人申请司法救助，符合下列情形之一的，人民法院应当准予免交诉讼费用：①残疾人无固定生活来源的；②追索赡养费、抚养费、抚育费、抚恤金的；③最低生活保障对象、农村特困定期救济对象、农村五保供养对象或者领取失业保险金人员，无其他收入的；④因见义勇为或者为保护社会公共利益致使自身合法权益受到损害，本人或者其近亲属请求赔偿或者补偿的；⑤确实需要免交的其他情形。

当事人申请司法救助，符合下列情形之一的，人民法院应当准予减交诉讼费用，减交比例不得低于30%：①因自然灾害等不可抗力造成生活困难，正在接受社会救济，或者家庭生成经营难以为继的；②属于国家规定的优抚、安置对象的；③社会福利机构和救助管理站；④确实需要减交的其他情形。

当事人申请司法救助，符合下列情形之一的，人民法院应当在决定立案之前作出准予其缓交诉讼费用的决定：①追索社会保险金、经济补偿金的；②海上事故、交通事故、医疗事故、工伤事故、产品质量事故或者其他人身伤害事故的受害人请求赔偿的；③正在接受有关部门法律援助的；④确实需要缓交的其他情形。

人民法院对一方当事人提供司法救助，对方当事人败诉的，诉讼费用由对方当事人负担；对方当事人胜诉的，可以视申请司法救助的当事人的经济状况决定其减交、免交诉讼费用。

引例解析：按照《诉讼费用交纳办法》的规定，诉讼费用原则上由败诉方承担。本案中，诉讼费用应当由败诉的被告朱某负担。

本章重点内容小结

1. 民事诉讼期间是法院、当事人及其他诉讼参与人各自独立进行某项诉讼行为所必须遵守的时间，分为法定和指定期间、不变和可变期间。期间以时、日、月、年为计算单位。

2. 民事诉讼中的送达是法院依照法定的程序和方式，将诉讼文书送交当事人或其他诉讼参与人的行为。送达包括直接送达、留置送达、电子送达、委托送达、邮寄送达、转交送达和公告送达七种方式。

3. 诉讼费用是当事人进行民事诉讼依法应当向人民法院交纳和支出的费用，包括案件的受理费、申请费和其他诉讼费用。诉讼费用要按照法律的规定进行预交和确定最终的负担。

关键词：期间　　送达　　诉讼费用

实务训练

（一）示范案例

案情：顾女士与王先生因感情不和进行离婚诉讼。一审法院判决双方离婚，并分割了夫妻财产。顾女士对财产分割不服，上诉至武汉市中级人民法院。二审法院的终审判决是驳回上诉，维持原判。判决书上的日期是2007年5月15日，但法院通知顾女士领取判决书的时间是5月31日，而在这之前，5月25日，王先生到法院签字领取了判决书，两天后（即5月27日）王先生在海南三亚意外遭遇车祸死亡。那么，二审判决书一个送达了，一个没送达，到底生没生效呢？

顾女士将这一情况反映到湖北省高级人民法院。2008年10月，湖北省高级人民法院作出裁定：由于武汉市中级人民法院送达二审判决之前，男方已经死亡，案件出现了新的法律事实，按照我国《民事诉讼法》第151条规定，离婚案件一方当事人死亡的，终结诉讼。裁定撤销二审判决。

分析：我国法律对一审判决生效日期的规定很明确，自判决送达之日起，超15日内为上诉期，过15日未上诉的判决就生效。目前我国的法律仅规定二审判决是生效判决，并没有明确具体的生效时间。司法实践中，当事人不能同时签收判决书的情况时有发生。可这样一来，生效日期按哪个算？法律没有规定，是双方送达之日起生效，还是最后一个人送达之日起生效。这起案件因为种种巧合，碰到了现行法律的一个空白点。对此在司法实践中，主要有三种观点：①二审判决作出之日生效；②二审判决宣判之日生效；③二审判决送达之日生效。那么，本案当中，湖北省高级人民法院作出裁定，撤销了二审判决，依据的就是第三种观点。虽然也没有错，但由于法律并没有明确规定，很容易引起纠纷。专家和律师建议，应尽快出台司法解释，对二审判决何时生效、判决书没有同时送达等问题作出明确的规定，以避免此类的争议。

（二）习作案例

崔某和周某于2009年4月合伙成立了一个工作室，主要承揽打印、复印、洗照片等业务。2011年1月，周某擅自以工作室的名义用崔某的房屋及工作室设备为抵押向A企业借款25万元。财产抵押未向有关部门办理抵押登记。后因周某未能按期偿还A企业借款，2012年2月，A企业带人强行搬走复印机等设备，并要求崔某、周某交付房产证。崔某与A企业交涉未果，将A企业和周某告上法庭，诉称房屋为自己所有，周某无权将其抵押；且抵押未办理登记，故请求法院确认周某与A企业的房屋抵押合同无效。

问：本案如何收取诉讼费用？

思考题

1. 简述期间的计算方法。
2. 试述送达的方式和运用。
3. 诉讼费用有哪些种类？试述诉讼费用的负担原则。

延伸阅读

诉讼费速算表

以下诉讼费计算公式（速算表）根据2007年4月1日起施行的《诉讼费用交纳办法》确定。

一、财产案件

根据诉讼请求的金额或者价额，按照下列比例分段累计交纳：

1. 不超过1万元：	每件交纳50元
2. 超过1万元~10万元：	诉讼标的额×2.5%-200元
3. 超过10万元~20万元：	诉讼标的额×2%+300元
4. 超过20万元~50万元：	诉讼标的额×1.5%+1300元
5. 超过50万元~100万元：	诉讼标的额×1%+3800元
6. 超过100万元~200万元：	诉讼标的额×0.9%+4800元
7. 超过200万元~500万元：	诉讼标的额×0.8%+6800元
8. 超过500万元~1000万元：	诉讼标的额×0.7%+11 800元
9. 超过1000万元~2000万元：	诉讼标的额×0.6%+21 800元
10. 超过2000万元：	诉讼标的额×0.5%+41 800元

二、执行费（申请人不预交）

1. 没有执行金额或者价额：	每件50元至500元
2. 1万元以下：	每件交纳50元
3. 1万元~50万元：	执行金额×1.5%-100元
4. 50万元~500万元：	执行金额×1%+2400元
5. 500万元~1000万元：	执行金额×0.5%+27400元
6. 1000万元以上：	执行金额×0.1%+67400元

三、保全费

1. 财产数额不超过1000元或者不涉及财产数额：每件30元。
2. 1000元~10万元：保全金额×1%+20元。
3. 10万~89.6万元：保全金额×0.5%+520元。
4. 89.6万元以上：5000元。

模块五　民事审判程序

第九章　第一审普通程序

学习目标

1. 了解普通程序的特点及各阶段的工作内容。
2. 熟悉并掌握第一审程序的一般流程及其注意事项。

学习任务

运用第一审程序的基本流程模拟民事案件的审判过程，并能够正确处理与诉讼程序相关的实际问题。

普通程序是各级人民法院审理第一审民事案件通常所适用的程序。相对于其他民事诉讼程序，普通程序的基本特征表现在以下几个方面：

1. 程序内容完整。民事诉讼法对第一审普通程序从起诉受理开始，经过审理前准备和开庭审理，直至宣告判决等阶段，以及审判过程中可能出现的各种问题及其处理方式，都作了明确、详尽的规定，囊括了第一审程序的各个环节和诉讼中所涉及的诉讼制度，构成了一个完整的程序体系。

2. 适用范围广泛。这是由普通程序在内容上的系统性、完整性所决定的。具体表现为：

（1）各级人民法院审理第一审民事诉讼案件都可以适用普通程序。根据民事诉讼法的规定，中级或中级以上的各级人民法院审理第一审民事案件，必须适用普通程序进行审判。基层人民法院尽管对简单的民事案件可以适用简易程序进行审理，但简易程序的适用是选择性的而非强制性的，基层人民法院及其派出法庭对所受理的第一审民事案件仍可适用普通程序。

（2）法院适用简易程序、二审程序或审判监督程序审理各类案件时，如果适用的程序没有相关规定的，可以适用第一审普通程序的有关规定。从这个意义上讲，普通程序还具有类似审判程序通则的功能。

普通程序通常分为起诉与受理、审前准备、开庭审理、评议宣判四个基本阶段。

第一节 起诉与受理

导入案例

2009 年 4 月 6 日中午，某市市民马某中午下班回家吃饭时，看见自己以前的同学崔某在自家房前盖小厨房。建房过程中崔某与前一排房的住户王某发生争吵，动手打了起来，于是马某前去劝架。在劝架过程中，崔某的朋友田某误以为马某偏向王某，拿砖头将马某头部砸伤。马某为此花费医疗费 3000 元，并在家休息 1 个月。后马某以田某为被告，向该市 A 区法院提起人身损害赔偿之诉。法院受到原告诉状后查明：被告田某的住所地为该市 B 区，打架地点在该市 C 区，于是法院以管辖不合法为由，告知原告马某向 B 区或 C 区法院起诉。但是，原告坚持向 A 区法院起诉。

问题：A 区法院应否受理马某的起诉？

知识点：起诉的条件及法院受理的法律后果。

一、起诉

1. 起诉的概念。起诉是指民事权益受到侵害或者与他人发生争议，向法院提起诉讼，要求法院予以司法保护的行为。起诉是当事人的一项重要权利，是当事人行使诉权以获得司法保护的前提和基础。起诉作为一种诉讼行为，其实施也必须符合法律规定的条件，如果不符合一定的条件，就不会产生相应的法律效果。

2. 起诉的条件。根据《民事诉讼法》第 119 条的规定，起诉应当具备以下条件：

（1）原告是与本案有直接利害关系的公民、法人或其他组织。所谓有直接利害关系，即原告起诉必须是因为自己的民事权益受到侵犯或是与他人发生了争议，或是与本案有法律上的利害关系。

这里应明确一点，原告是否与本案有直接的利害关系，仅为形式上的要求，是以原告声明为依据，而非最后法院实际判决的结果。

（2）有明确的被告。有明确的被告即要求原告将其起诉的对象具体化、特定化，以使受诉法院能够明确原告提请解决的争议指向的对象是谁。如果被告不明确或不确定，就无法确认原告是与谁发生法律关系的争议，诉讼便无法成立。至于所指明的被告是否为正当的被告，并不影响原告行使起诉权。

（3）有具体的诉讼请求、事实和理由。所谓有具体的诉讼请求是指原告起诉时向被告所提出的实体权利的主张，在内容和所涉及的范围上必须具体化。事实和理由是指原告用来支持其诉讼请求的基础和根据。提出具体的诉讼请求和事实理由，主要是方便法院审理和被告进行答辩。应当明确的是这里所说的“事实和理由”是原告诉称的事实和理由，是一种形式上的要求，法院在审查起诉时并不确认其真实性。

（4）属于人民法院受理民事诉讼的范围和受诉法院管辖。

以上四个条件，在起诉时必须同时具备，缺一不可。

案例（9－1）：甲男与乙女经人介绍相识，恋爱一年后二人结婚。婚后，甲母丙发现乙不会过日子，婆媳之间经常发生摩擦。开始甲总是从中劝解，时间长了便觉妻子对老人不孝，逐渐有些怨恨，后发展到小两口经常吵架甚至大打出手，家庭生活很不和谐。在此情况下，丙来到人民法院，向法院递交了一份诉状，要求人民法院判决儿子与儿媳离婚。法院没有受理丙的起诉。

本案中丙不具备当事人的资格，她不是发生争议的法律关系（婚姻关系）中的主体，故与案件没有直接利害关系，因此她不能作为本案的原告起诉。人民法院不予受理是正确的。

起诉应当向人民法院递交起诉状，并按照被告人数提出副本。书写起诉状确有困难的，可以口头起诉，由人民法院记入笔录，并告知对方当事人。起诉状是原告向法院提起诉讼所提交的表述其诉讼请求和事实根据的诉讼文书。

起诉状应记明以下事项：①原告的姓名、性别、年龄、民族、职业、工作单位、住所、联系方式，法人或者其他组织的名称、住所和法定代表人或者主要负责人的姓名、职务、联系方式；②被告的姓名、性别、工作单位、住所等信息，法人或者其他组织的名称、住所等信息；③诉讼请求和所根据的事实与理由；④证据和证据来源、证人姓名和住所。在诉状的结尾要求写明原告诉诸哪一个法院、具状人签名或者盖章和具状时间。

民事起诉状

原告：××公司，住所地：××号，中华人民共和国组织机构代码证×。

法定代表人：××，经理。

被告：××，男，汉族，×年×月×生，××村村民，住址：××号。

请求事项：

1. 判令被告立即归还原告货款×元，并支付原告违约金×元。

2. 由被告承担本案的诉讼费用。

事实与理由：

原、被告双方于×年×月×日在原告厂内签订《××合同》，合同约定由被告给原告加工产品（产品名称：××），加工费用×元，合同签订后，……

原告认为，由于被告未能按时交货并拖欠了原告的货物，给原告造成了经济上的损失，使自己的合法权益受到了侵犯。

综上所述，原告依照《中华人民共和国民法通则》、《中华人民共和国合同法》及相关规定诉至法院，请法院查明事实、作出公正的判决。

此致

××县人民法院

起诉人：

法定代表人：

年 月 日

二、受理

（一）受理的概念

受理是指法院对原告的起诉进行审查后，对符合法律规定条件的，决定予以立案审理的行为。起诉与受理不同，起诉是当事人行使诉权在程序上所表现出的一种诉讼行为，受理则是法院行使审判权而进行的一种职权行为。当事人的起诉只有与法院的受理行为相结合，才能引起民事诉讼程序的开始。没有原告的起诉，诉讼程序当然无从开始，但仅有起诉，而没有法院的受理，诉讼程序也无法启动。

（二）法院审查起诉

审查起诉的主体是法院，审查的目的是看起诉是否符合法定条件。法院审查以起诉条件为标准，审查是受理的前提，受理与不予受理是审查的结果。受理引起的法律行为是立案。

法院审查起诉主要从以下方面进行：一是审查起诉是否符合法定的四个条件；二是审查起诉的手续是否完备，包括起诉状是否具备法定内容，原告是否按被告人数提交了起诉状副本。对于起诉状内容有欠缺、起诉手续不完备的，人民法院应限期当事人补正。

符合起诉条件的，人民法院应当在7日内立案，并通知当事人；不符合起诉条件的，应当在7日内作出裁定书，不予受理；原告对裁定不服的，可以提起上诉。审查同意立案的，应当编立案号，填写立案登记表，向原告发出案件受理通知书并告知原告应预交案件受理费。

（三）受理的法律后果

法院受理案件之后，产生如下法律后果：

1. 受诉法院取得对该案件的管辖权。受诉法院既有权利同时也有责任对该案依法进行审理并作出裁判，非经法定程序，不得随意中止和终结此案，也不得在立案后随意撤销案件。同时排斥其他法院对该案的管辖权，当事人也不得就同一诉讼标的以同一诉讼理由向其他法院起诉。

2. 双方当事人的诉讼地位确定。即提起诉讼的一方当事人取得原告的诉讼地位，依法享有原告的诉讼权利并承担原告的诉讼义务；被提起诉讼的一方享有被告的诉讼权利并承担被告的诉讼义务。

3. 诉讼时效中断。法院受理案件后，诉讼时效中断，第一审审理期限开始计算。

4. 当事人不得重复起诉。根据"一事不再理"原则，在人民法院立案受理后，本案当事人不得就同一诉讼标的、同一事实和理由再行起诉。

（四）审查起诉时的特殊处理

针对法院审查起诉决定受理与否时遇到的一些特殊情况，《民事诉讼法》和最高人民法院的司法解释专门作出了特别规定。

1. 对于下列几种特殊案件，法院应当受理：

（1）对法院准许撤诉或按撤诉处理的裁定，当事人可以再行起诉。因为撤诉只是从程序上结束了对案件的审理，当事人之间实体民事权益纠纷并未得到解决。

（2）裁定不予受理或裁定驳回起诉的案件，原告再次起诉的，如果符合起诉条件，法院应当受理。

（3）追索赡养费、扶养费、抚育费案件的判决生效后，因新情况、新理由，一方当事人再次起诉要求增加或减少费用的，法院应作为新案件受理。

（4）夫妻一方下落不明，另一方诉至法院，只要求离婚，不申请宣告下落不明人失踪或者死亡的案件，人民法院应当受理，对下落不明人用公告送达诉讼文书。

（5）当事人超过诉讼时效期间起诉的，法院应予受理。受理后查明无中止、中断、延长事由的，判决驳回其诉讼请求。

案例（9－2）：根据民事诉讼法规定，下列哪些案件，人民法院应当受理？（　　）

A. 1999年3月张洋诉至法院要求解除与妻子林秀虹的婚姻关系，法院审理后判决不准离婚。同年6月林秀虹向法院起诉离婚

B. 王昆与邓洁因合同履行发生纠纷，王昆要求法院确认合同中的仲裁条款无效

C. 邹某12岁时与邻居陆某（当时13岁）玩耍，被陆某不慎刺伤左眼，导致失明。当时由于两家关系甚好，邹家未提出赔偿要求。15年后，陆某成了远近闻名的企业家，邹某却因身有残疾生活窘迫，邹某以陆某伤害了其眼睛为由起诉至法院要求陆某赔偿其经济损失

D. 赵永顺以其养子不尽赡养义务为由向法院起诉要求解除收养关系，法院判决维持了收养关系，3个月后赵永顺又以相同的理由向法院起诉。

根据民事诉讼法及相关司法解释规定，除选项D外，其余A、B、C三个选项均属于应当受理的情形。

2. 对于下列情形，人民法院应当不予受理：

（1）依照行政诉讼法的规定，属于行政诉讼受案范围的，告知原告提起行政诉讼。

（2）依照法律规定，双方当事人达成书面仲裁协议申请仲裁的，不得向人民法院起诉的，告知原告向仲裁机构申请仲裁。

（3）依法应当由其他机关处理的争议，告知原告向有关机关申请解决。

（4）不属于本院管辖的案件，告知原告向有管辖权的法院起诉。

（5）对判决、裁定、调解书已经发生法律效力的案件，当事人又起诉的，告知起诉人申请再审，但法院准许撤诉的裁定除外。

（6）依法在一定时期内不得起诉的案件，在不得起诉的期限内起诉的，不予受理。

（7）判决不准离婚和调解和好的离婚案件和判决、调解维持收养关系的案件，没有新情况、新理由，原告在6个月内又起诉的，不予受理。

引例解析：A区法院不应受理马某的起诉。理由：《民事诉讼法》第119条规定，起诉条件之一是“属于人民法院受理民事诉讼的范围和受诉人民法院管辖”。据此，原告必须向有管辖权的法院提起诉讼。本案为人身侵权损害赔偿纠纷，应由侵权行为地或被告住所地法院管辖，所以原告应当向B区或C区法院起诉，A区法院没有管辖权，对于原告坚持起诉的，A区法院应当裁定不予

受理。

第二节 审理前的准备

导入案例

王某与邻居葛某因宅基地使用权发生纠纷，向当地基层法院起诉，要求葛某停止侵权并赔偿由此带来的损失。法院依法予以立案并将受理通知书及开庭通知书送交给原告王某。为打赢这场官司，王某向律师询问在法院正式开庭前需要做哪些准备工作？

知识点：审前准备阶段的主要工作。

审理前的准备是指人民法院受理原告起诉后到开庭审理前，法院案件承办人员、诉讼当事人依法进行的一系列准备工作的总称。在普通程序中，审理前的准备是一个必经且非常重要的诉讼阶段。审理前准备的设置不仅是保证当事人充分行使诉讼权利，从而维护其合法权益的必要前提，而且是庭审活动甚至是整个诉讼活动是否得以顺利进行的保障。

一、法院的审前准备工作

根据民事诉讼法以及有关司法解释的规定，法院案件承办人员在审前准备阶段需做好以下几项工作：

（一）在法定期限内送达诉讼文书，通知被告应诉

法院在受理案件后，应当立即向原告送达案件受理通知书，向被告送达应诉通知书。法院在立案之日起 5 日内应将起诉状副本送达被告，被告应当在收到起诉状副本后 15 日内提交答辩状，法院应当在收到答辩状之日起 5 日内将答辩状副本送达原告。法院还应当在送达案件受理通知书和应诉通知书的同时向当事人送达举证通知书。

（二）告知当事人有关的诉讼权利和义务、合议庭组成人员

对于已决定受理的案件，为保障当事人充分行使诉讼权利，正确履行诉讼义务，法院应当在案件受理通知书和应诉通知书中告知原告和被告所享有的诉讼权利和应承担的诉讼义务，也可口头告知相关内容。

普通程序的审判组织必须组成合议庭，审理案件的合议庭组成人员确定后，法院应当在 3 日内将合议庭的组成人员告知当事人，以便于当事人行使申请回避权。

（三）追加当事人

受诉法院通过审核诉讼材料和庭前调查，如果发现必须共同进行诉讼的当事人没有参加诉讼时，应当通知其参加诉讼。依法追加当事人，可以使受诉法院在当事人齐全的基础之上实现解决争议的全面性和彻底性，避免片面性。

（四）处理管辖权争议

法院立案后发现本院对该案没有管辖权时，应当将案件移送至有管辖权的法院。对当事人提出的管辖权异议，法院应及时作出裁定，异议成立的，裁定将案件移交有管辖权的人民法院；异议不成立的，裁定驳回管辖权异议。

（五）程序分流

为了提高诉讼效率，有效节约诉讼资源，及时化解当事人纠纷，民事诉讼法根据司法实践经验，规定了依照案件的性质、情节等实际情况进行程序分流。

1. 转入督促程序。人民法院受理案件后，对于当事人没有争议的请求偿还债务的案件，符合督促程序规定条件的，可以在征得当事人同意的情况下转入督促程序。督促程序是人民法院督促债务人偿还债务的一种简便、快捷、有效的非讼程序。因此，在开庭审理前将没有争议、符合适用督促程序条件的案件进行分流，直接按照督促程序进行审理，将极大地推动督促程序制度的改革。

2. 庭前调解。对于已经受理的民事案件，人民法院认为当事人之间争议不大，或者双方调解的愿望都比较强，就可以在开庭前进行调解，尽量采取调解方式解决纠纷；调解不成的，及时开庭审理。

3. 适用简易程序或者普通程序审理。如果受理的案件比较简单，符合简易程序的适用条件，法院应按照简易程序进行审理；不符合简易程序适用条件的案件，法院应当及时确定适用普通程序进行审理。需要注意的是，如果双方当事人自愿选择适用简易程序的，法院应当尊重当事人对程序的选择权。

4. 组织交换证据。在开庭前，人民法院可以要求当事人进行证据交换，让双方当事人明确案件的争议焦点，了解当事人各自诉请的优与劣。通过证据交换，能够保证正式的开庭审理有的放矢，可以有效解决诉讼迟延的弊端。

二、原告的审前准备工作

原告作为诉讼提起人，其在审前准备阶段应做好以下事项的准备工作：

1. 按期预交诉讼费。原告在接到案件受理通知书后的次日起 7 天内预交案件受理费，逾期未交按自动撤诉处理。

2. 进一步明确自己的诉讼请求及相关法律依据，收集相关事实的证据支持材料。

3. 认真分析被告的答辩状，明确双方分歧点，寻找相应对策。

4. 决定是否委托诉讼代理人。

5. 在举证时限内提交证据材料，参加法庭组织的证据交换活动。

三、被告的审前准备工作

被告是被诉称侵犯原告民事权益或与其发生争议，被动参加诉讼的当事人，其在审前准备阶段应做好下列事项的准备工作：

1. 被告应当在收到应诉通知书和起诉状副本之日起 15 日内提交答辩状。答辩状应当载明被告的姓名、性别、年龄、民族、职业、工作单位、住所、联系方式；法人或者其他组织的名称、住所和法定代表人或者主要负责人的姓名、职务、联系方式。被告不提交答辩状的，不影响人民法院审理案件。

2. 被告应了解起诉状中提出的诉讼请求、事实理由和证据材料，并有针对性地组织抗辩。

3. 决定是否委托诉讼代理人。

4. 决定是否提出管辖权异议。

5. 决定是否提出反诉请求。

6. 在举证时限内提交证据材料，参加法庭组织的证据交换活动。

引例解析：原告王某在审前准备阶段需要做好以下事项的准备工作：预交诉讼费、收集相关事实的证据、根据情况决定是否委托诉讼代理人。必要时还需要配合法院做好庭前证据交换活动。

第三节　开庭审理

导入案例

某公司与客户周某签订了一份供货合同。根据周某提供的产品名称、规格，公司做出报价并免费提供了样品。经过周某确认后，公司遂批量生产，在合同指定日期内交货。两周后，公司被告知该产品在特定的温度下不能正常使用。周某要求退货未果后向人民法院起诉。随后该公司收到了对方寄来的律师函、传票。即日开庭。公司遂咨询律师：民事纠纷开庭之日起要经过几道程序，又需几日结束审理并得到判决结果?

知识点：开庭审理各阶段任务。

开庭审理又称法庭审理，是指审判人员在当事人及其他诉讼参与人的参加下，依照法定程序和形式对案件进行实体审理并作出裁判的诉讼活动。除法律另有规定外，法院必须经开庭审理才能对案件作出裁判。开庭审理是普通程序中最重要和最中心的环节，也是当事人行使诉权进行诉讼活动和法院行使审判权进行审判活动的集中体现。

开庭审理的主要任务是通过法庭调查和法庭辩论，审查核实证据，查明案件事实，分清是非责任，确认当事人之间的权利义务关系，并据此对案件作出裁判。通过开庭审理能有效地保障当事人充分行使诉讼权利；有利于对证据和案件事实进行全面审查、核实；有利于督促审判人员严格依法办案。

根据民事诉讼法的有关规定，开庭审理包括开庭审理前的准备、庭审开始、法庭调查、法庭辩论和评议与宣判几个阶段。各阶段既相互独立、又彼此联系。

一、开庭审理前的准备

为了保证开庭审理的顺利进行，法院在开庭审理前应进行下列准备工作：

1. 法院确定开庭日期后，应当在开庭3日前通知当事人和其他诉讼参加人。通知当事人用传票，通知其他诉讼参加人用开庭通知书。

2. 对于公开审理的案件，法院应当在开庭审理3日前发布公告，公告当事人的姓名、案由和开庭审理的时间、地点，以便群众旁听和记者采访报道。

二、庭审开始

开庭当日，在进入案件具体内容审理之前，审判人员在庭审开始阶段应完成如下工作：由书记员查点出席人员，宣布法庭纪律，请审判人员入席；审判长宣布开庭，核对当事人，宣布案由，宣布审判员、书记员名单，告知当事人有关的诉讼权利义务，询问当事人是否提出回避申请。

三、法庭调查

法庭调查是指审判人员依法定程序，在当事人和其他诉讼参与人的参与下，审查核实各种证据，全面调查案情的活动。法庭调查是对案件进行实体审理的主要阶段，是开庭审理的重要环节。

法庭调查的主要任务是通过双方当事人的举证、质证，审查核实各种诉讼证据，对案件进行全面调查。依照《民事诉讼法》第138条的规定，法庭调查按下列顺序进行：①当事人陈述；②告知证人的权利义务，证人作证，宣读未到庭的证人证言；③出示书证、物证、视听资料和电子数据；④宣读鉴定意见；⑤宣读勘验笔录。

根据法律规定，当事人提交的书证、物证等证据，以及证人证言都必须在法庭调查阶段出示，并由当事人相互质证。未经质证的证据不得作为认定案件事实的根据。

四、法庭辩论

法庭辩论是指在审判人员主持下，双方当事人及其诉讼代理人在法庭上就案件有争议的事实、证据和法律问题进行辩驳和论证的活动。法庭辩论是民事诉讼辩论原则在开庭审理阶段的重要体现。

在法庭辩论中，审判人员应当为当事人提供平等的辩论机会，准确引导当事人围绕争议的焦点问题进行辩论。在辩论过程中，审判人员应当注意引导当事人就案件的焦点问题进行辩论，对当事人与案件争议无关的发言应当予以制止。必要时，审判人员可以根据案件的具体情况，限定当事人及其诉讼代理人每次发言的时间。

法庭辩论应当按照下列顺序进行：①原告及其诉讼代理人发言；②被告及其诉讼代理人发言；③第三人及其诉讼代理人发言或答辩；④各方当事人相互辩论。

辩论终结之前，审判长应按原告、被告、第三人的顺序，征询他们各自的最后意见。在各方当事人陈述了最后意见后，法庭辩论终结。根据民事诉讼法的规定，在辩论终结后、法庭作出裁判前，对于能够调解的，法院应依法进行调解。调解不成的，应当及时判决。

五、评议和宣判

评议和宣判即是由合议庭的人员在法庭调查和法庭辩论的基础上，认定案件事实，确定适用法律，最后进行审理结果的宣布。这是开庭审理的最后阶段。

法庭辩论结束后，当事人不愿进行调解或调解不成的，审判长宣布休庭，合议庭全体成员退庭对案件进行评议。合议庭评议实行少数服从多数的原则，评议的情况应如实记入笔录。评议笔录不允许当事人及其诉讼代理人查阅、复制。评议完毕，由审判长宣布继续开庭，宣布判决结果。无论案件是否公开审理，宣告判决结果一律公开进行。

宣告判决有两种：一种是当庭宣判，另一种是定期宣判。当庭宣判，一般先由合议庭作出裁判，待合议庭成员重新入庭后，由审判长在法庭上宣布，并在10日内向当事人送达判决书或裁定书。定期宣判，由审判长当庭告知当事人或根据情况另行通知当事人宣判的时间和地点。定期宣判应当在宣判后立即发给判决书或裁定书。不管采用哪种形式宣判，法院都应向当事人告知上诉权利和上诉期限。宣告离婚判决时，还必须告知当事人在判决书发生法律效力之前，不得另行结婚。

另外，根据《民事诉讼法》第156条的规定，公众可以查阅发生法律效力的判决书、裁定书，但涉及国家秘密、商业秘密和个人隐私的内容除外。

六、法庭笔录

法庭笔录是在法庭审理过程中，书记员对开庭审理过程的全部审理活动和诉讼活动所作的真实记录。它可以固定法院审理中所涉及的案件的事实和证据，是法院作出裁判的依据，也为二审及再审提供了重要依据。同时，法庭笔录还是判断一审审判程序是否合法的根据。

由于法庭笔录是一种重要的诉讼材料，因此法庭笔录应当制作得全面、正确，应当如实地反映案件开庭审理的真实情况。法庭笔录的内容应当向当事人及其他诉讼参与人公开，公开的方式可以是当庭宣读，也可以告知当事人和其他诉讼参与人当庭或在 5 日内阅读。当事人和其他诉讼参与人如认为对自己的陈述记录有遗漏或者有差错的，有权申请补正；如法庭不予补正，应当将当事人申请内容和法庭不同意补正的理由在笔录中予以说明。

法庭笔录由审判人员和书记员签名，并由当事人和其他诉讼参与人签名或者盖章。当事人和其他诉讼参与人拒绝签名盖章的，由书记员记明情况附卷。

七、审理期限

审理期限是指受诉法院从立案到对案件作出裁判的法定审理期间。规定案件审结期限的目的，主要在于促使法院及时审结民事案件，防止诉讼拖延，提高诉讼效率。

根据民事诉讼法的规定，法院适用普通程序审理的案件，应当在立案之日起 6 个月内审结。有特殊情况需要延长的，经本院院长批准，可以延长期限，但延长的期限最长不超过 6 个月。在上述期限内仍未能审结，还需要延长的，须报请上级法院批准。根据有关的司法解释，公告期间、管辖权异议的处理期间、管辖权争议的处理期间、鉴定期间等，不计算在审理期限之内。

引例解析：开庭审理包括开庭审理前的准备、庭审开始、法庭调查、法庭辩论和评议与宣判几个阶段。每一阶段都有各自的工作重点。作为原告需充分收集对自己有利的证据，熟悉程序各阶段任务，准备发言提纲，并有针对性地准备反驳来自被告的抗辩意见的材料。通常情况下，一审普通程序审理的期限为 6 个月，事实清楚的可以一次开庭并由法院作出裁判，一审裁判为未生效裁判，当事人不服的可以在法定期间内上诉。

第四节　审理中特殊情况的处理

导入案例

某县永兴乡村民刘杰购买了一辆“东风”牌货车从事个体运输。某日晚 9 时许，刘杰将车停放在该县城北门收费停车场，停车场管理员廖晓刚在刘杰将车停放在指定停车车位后，向刘杰收取了停车管理费，并出具了盖有停车场公章的收据。第二日6时，刘杰到停车场取车时发现汽车不见踪影。数日后，刘杰向该县法院起诉，要求停车场赔偿汽车与汽车上的物品损失。法院在受理刘杰起诉2个月后，以县公安局已立案侦查全县国营停车场汽车被盗案件为由裁定中止本案诉讼。

问题：法院中止诉讼的裁定是否正确？

知识点：撤诉、缺席判决、延期审理、诉讼中止、诉讼终结的适用。

一、撤诉

（一）撤诉的概念

撤诉亦称诉的撤回，是指当事人在法院受理案件之后、宣告判决之前，向法院撤回诉之请求的行为。因撤诉行为发生的审级不同，撤诉包括撤回起诉和撤回上诉，本节仅讨论撤回起诉。

撤诉是民事诉讼中当事人行使其处分权的具体体现，目的是使法院停止对案件的审理，结束已开始的诉讼程序。但由于撤诉未涉及对实体权利的处理，原告撤诉后，就同一纠纷又提起诉讼的，法院应当受理。

（二）撤诉的种类

依《民事诉讼法》的规定，根据撤诉是否由当事人提出，撤诉可分为申请撤诉和按撤诉处理两种。

1. 申请撤诉。申请撤诉是指原告在案件受理之后、法院宣告判决之前，向法院主动提出撤回起诉的行为。原告申请撤诉须符合以下法定条件：

（1）原告申请撤诉，必须以书面或者口头形式向法院提出申请。

（2）申请撤诉必须是当事人自愿的行为。除非当事人有明确的意思表示，任何人不得强迫或变相强迫当事人撤诉，法院也不得动员当事人撤诉。

（3）申请撤诉应当在法院受理案件之后、宣告判决之前提出。

（4）原告撤诉的目的应正当合法。原告申请撤诉不得有规避法律的行为，不得有损于国家、集体或他人的利益。

法院经过审查，对申请撤诉符合法定条件的，裁定准许撤诉，案件审理终结；对申请撤诉不符合条件的，裁定驳回申请，案件继续审理。

2. 按撤诉处理。按撤诉处理是指当事人虽未明确提出撤诉的意思表示，但因其在诉讼中的一些行为已表明其不愿意继续进行民事诉讼，因而被法院推定为撤诉，终结案件审理的行为。

依民事诉讼法和相关司法解释的规定，以下情况法院可按撤诉处理：

（1）原告应当预交而未预交案件受理费，经法院通知仍不预交的。

（2）原告、有独立请求权的第三人、无民事诉讼行为能力的原告的法定代理人经传票传唤，无正当理由拒不到庭的。

（3）原告、有独立请求权的第三人、无民事诉讼行为能力的原告的法定代理人未经法庭许可中途退庭的。

当事人申请撤诉或依法按撤诉处理的案件，如果当事人有违反法律的行为需要依法处理的，法院可以不准许撤诉或不按撤诉处理。

（三）撤诉的法律后果

撤诉直接的法律效力是导致本案诉讼程序的完结，对原告所主张的实体权利并无任何影响。原告撤诉视为自始未起诉，原告反悔的，可以再行起诉。

> **案例**（9－3）：甲由于资金周转困难，于2009年8月17日向乙借款10万元，约定还款日期为2010年8月16日。由于未在约定还款期限内偿还借款，乙于2012年3月16日向法院起诉要求甲还款。同年3月19日，法院向甲送达了起诉状副本。同年3月25日，乙来到法院，称自己已与被告协商，被告已同意还他钱，遂申请撤诉，当日法院作出了准许撤诉的裁定。2013年1月23日因为甲仍未还钱，乙再次来到法院起诉。而被告甲以诉讼时效已过为由拒绝还款。那么原告起诉后又撤诉，能否引起诉讼时效中断？
>
> 根据《民法通则》第140条的规定，权利人"提起诉讼"是引起诉讼时效中断的三种法定情形之一。当事人的起诉行为不能因之后的撤诉而被否定。本案中，乙在诉讼时效期间向法院起诉，证明其主观上没有放弃权利的意思，客观上采取了"起诉"这一积极措施，同时法院也已向被告甲送达了起诉状副本，视为乙已通过法院向甲提出了要求，符合向"当事人一方提出要求"的情形。因此，可以认为乙起诉后撤诉应引起诉讼时效中断。

应当注意的是，在被告此前对原告已经提起反诉的情况下，被告的反诉不因原告的撤诉而结束。有独立请求权的第三人对原告、被告的诉讼也不因原告的撤诉而结束，但其性质上发生了改变，由原来的参加之诉转换为以原第三人为原告，原告、被告为被告的一般诉讼。

二、缺席判决

（一）缺席判决的概念

缺席判决是对席判决的对称，是指在一方当事人无正当理由拒不到庭或未经法庭许可中途退庭的情况下，法院依法对案件进行审理并作出判决的制度。

为了保证诉讼的公正性，案件的开庭审理通常应在双方当事人的参加下进行，法院对案件作出的判决，原则上也应当是在双方当事人参加了开庭审理，并对证据进行了质证的基础上才可以作出。当事人出庭参加审理活动，是其权利，也是其义务。但是，在有些情况下，当事人无正当理由拒不到庭或到庭之后未经法庭的许可中途退庭，案件的正常审理将会因一方当事人的缺席而陷入困境。为维护各方当事人的合法权益和保证诉讼的正常进行，在诉讼中设立缺席判决制度就显得很有必要。

（二）缺席判决的适用情形

缺席判决的适用对象一般为被告，对原告也可以适用。根据《民事诉讼法》和最高人民法院有关司法解释的规定，缺席判决主要适用于以下情况：

1. 非必须到庭的被告经传票传唤，无正当理由拒不到庭的，或者未经法庭许可中途退庭的。

2. 被告反诉的，必须到庭的原告即反诉的被告，经传票传唤，无正当理由拒不到庭的，或者未经法庭许可中途退庭的。

3. 原告申请撤诉，法院裁定不准许撤诉的，原告经传票传唤，无正当理由拒不到庭或未经法庭许可中途退庭的。

4. 无诉讼行为能力的被告的法定代理人，经传票传唤，无正当理由拒不到庭的。

缺席判决实际上是在一方当事人没有参加或未完全参加案件的开庭审理而作出的判决。为保障当事人平等地行使诉讼权利和法院公正地裁判，法院在作出缺席判决时，也应当在案件事实已经查明的前提下进行，同时要注意保护缺席一方当事人的合法权益，不得因当事人未到庭而使其合法权益受损。缺席判决作出后，与对席判决具有同等法律效力。法院同样应当依照法定的方式和程序，向缺席一方当事人宣告判决并送达判决书，并保障当事人上诉权的行使。

三、延期审理

（一）延期审理的概念

延期审理是指遇有法律规定的特殊情形，使法院已经确定的开庭日期或正在进行的开庭审理无法继续进行下去，必须顺延至另一时间进行审理的制度。

延期审理是针对开庭审理这个特殊阶段，为保证庭审工作能够最终完成而设置的诉讼制度，它只能发生在开庭审理阶段。一般情况下，法院开庭审理时间一旦确定并通知相关当事人和其他诉讼参与人后，法院和当事人、其他诉讼参与人应严格遵守，并保证审理过程的顺畅。但如果出现了法律规定的特殊情况，致使开庭审理无法按期或继续进行的，则法院不得不顺延开庭审理的时间。延期审理前已进行的诉讼行为，对延期后的审理仍然有效。

延期审理不同于开庭审理中的休庭。休庭是庭审过程中程序的暂停，通常是在案件的审理需要暂时停顿的情况下（如合议庭评议）适用。

案例（9-4）：某甲与某乙因离婚发生纠纷，起诉到人民法院。在第一次开庭后，某甲因被单位安排到国外进修3个月，不能参加第二次的庭审。

为此，法院应作出延期审理的决定。因为某甲的事由符合延期审理的适用情形。

（二）延期审理的适用情形

根据《民事诉讼法》第146条的规定，有下列情形之一的，法院可以延期审理：

1. 必须到庭的当事人和其他诉讼参与人有正当理由没有到庭的。必须到庭的当事人是指其不到庭，法院就无法查清案件事实从而影响案件审理的当事人，如能正确表达意志的离婚案件当事人。必须到庭的其他诉讼参与人，是指不到庭就无法进行庭审的其他诉讼参与人，如无诉讼行为能力的当事人的法定代理人等。

2. 当事人临时提出回避申请的。如果当事人在开庭审理前没能及时提出回避申请而是此后临时提出的，或者由于回避事由在案件开始审理时才知道，故而当事人在法庭辩论终结前才临时提出回避申请的，人民法院均可以延期审理，以便研究决定是否需要确定新的合议庭组成人员或更换书记员、鉴定人、翻译人员等。

3. 需要通知新的证人到庭，调取新的证据，重新鉴定、勘验，或者需要补充调查的。上述任何一种情况的出现都会影响到开庭审理的继续进行，受诉法院可以决定延期审理。

4. 其他应当延期的情形。这是一条弹性条款，由法院根据实际情况决定是否延期审理，以适应司法实践中复杂多变的实际情况的需要。

四、诉讼中止

（一）诉讼中止的概念

诉讼中止是指法院在审理案件的过程中，由于出现某些法定情形使诉讼无法继续进行或不宜继续进行，而暂时停止诉讼的制度。

诉讼中止与延期审理虽然都是诉讼程序的暂时停止，但二者是不同的制度，存在很多差异。延期审理是针对开庭审理这一特殊的诉讼阶段，而诉讼中止则是针对整个审判阶段而言。诉讼中止后，案件的一切审理活动均告停止，而延期审理只是推迟了庭审日期或暂停正在进行的庭审活动，其他的诉讼活动并未停止。另外，两者适用的法定情形也不同。

（二）诉讼中止的适用情形

根据《民事诉讼法》第150条的规定，有以下情形之一的，法院可以裁定中止诉讼：

1. 一方当事人死亡，需要等待继承人表明是否参加诉讼的。一方当事人死亡后，其诉讼权利能力终止，不能再作为当事人。此时，法院需查明其有无继承人，以及该继承人是否愿意参加诉讼，在这段时间内，诉讼不能继续进行，应暂时中止。

2. 一方当事人丧失诉讼行为能力，尚未确定法定代理人的。当事人要亲自为诉讼行为，必须具有诉讼行为能力，否则只能由其法定代理人代为诉讼。如果一方当事人在诉讼过程中，丧失诉讼行为能力，而其法定诉讼代理人尚未确定的，诉讼程序应暂时中止。

3. 作为一方当事人的法人或者其他组织终止，尚未确定权利义务承受人的。在诉讼进行过程中，作为一方当事人的法人或者其他组织终止，将导致其丧失当事人资格，法院必须确定该法人或组织的权利义务承受人，在此之前，诉讼程序也应暂时中止。

4. 一方当事人因不可抗拒的事由，不能参加诉讼的。在诉讼进行过程中，如果是由于客观原因如突患重病、交通阻断等，致使当事人无法参加诉讼，法院应暂时中止诉讼，等待情况消失。

5. 本案必须以另一案的审理结果为依据，而另一案尚未审结的。在这种情况下，法院应暂时中止对本案的审理，等待另一案的审理结果。

6. 其他应当中止诉讼的情形。这是一项概括性规定，由法院根据实际情况灵活掌握，以使诉讼中止制度与复杂多变的客观情况相适应。

（三）诉讼中止的法律后果

中止诉讼由法院作出裁定，一经宣布，立即生效，并产生诉讼程序暂时停止的后果。不论是当事人和其他诉讼参与人的诉讼活动，还是受诉法院行使审判权的职权活动，均应暂停进行。

中止诉讼的原因消除后，当事人可以申请恢复诉讼程序，也可由法院依职权恢复诉讼。恢复诉讼程序时，不必撤销原裁定。从法院通知或准许当事人双方继续进行诉讼时起，中止诉讼的裁定即自行失去效力。诉讼程序的恢复不是诉讼程序重新开始，而是原来程序的继续。所以，诉讼中止前的诉讼行为仍然有效。

五、诉讼终结

（一）诉讼终结的概念

诉讼终结是指因出现法定事由，使诉讼无法进行下去或没有必要继续进行下去，而由法院裁定结束诉讼程序的制度。

案例（9－5）：某甲于 1990 年收养了某乙，双方共同生活了 19 年。2009 年，某甲与某乙因某乙的教育问题发生矛盾，关系恶化。某甲于 2010 年 1 月向某县人民法院提出解除收养关系。人民法院受理后，依法开庭进行了审理，但在法院作出判决前，某甲因突发心脏病死亡。

此时法院就应当裁定诉讼终结。因为本案的诉讼标的为收养关系，原告某甲的死亡导致诉讼无法继续进行。

（二）诉讼终结的适用情形

根据《民事诉讼法》第 151 条的规定，有下列情形之一的，法院应当终结诉讼：

1. 原告死亡，没有继承人，或者继承人放弃诉讼权利的。在这种情况下，诉讼就没有了原告，原来的诉讼也就失去了继续进行下去的可能，所以应当终结诉讼。

2. 被告死亡，没有遗产，也没有应当承担义务的人的。出现这种情况，即使法院对此类案件经过审理之后作出判决，该判决也会因无财产可供执行，又没有义务承担人而失去意义，原告的诉讼请求将无法实现，诉讼继续下去无实际意义，所以应当终结诉讼。

3. 离婚案件一方当事人死亡的。离婚诉讼中，一方当事人死亡，婚姻关系即自行消灭，离婚诉讼无必要继续进行下去，所以应当终结诉讼。

4. 追索赡养费、扶养费、抚育费以及解除收养关系案件的一方当事人死亡的。由于这类案件是基于人的特定身份而产生的，在诉讼进行过程中，无论是享有权利的一方当事人死亡，还是需要承担义务的一方当事人死亡，身份关系的消失自然导致基于该特定身份关系而产生的实体权利义务关系的消失，诉讼无法继续进行。

诉讼终结是诉讼程序的永久性结束，但由于诉讼终结并没有就当事人之间的实体权利义务作出判定，因而对诉讼终结，法院应以裁定的形式作出。诉讼终结的裁定一经作出即发生法律效力，当事人不得上诉，也不得申请复议。

引例解析：法院中止本案诉讼的裁定不正确。县公安局对全县国营停车场汽车被盗系列案件立案侦查与该案的诉讼没有必然的、直接的联系，该案的诉讼不以公安机关的侦查结果为依据。因此，县法院不应中止该案诉讼。

本章重点内容小结

1. 普通程序是所有程序中规定得最完整的一个程序，也是法院审理第一审民事案件时通常适用的程序。相对于其他民事诉讼程序，普通程序的基本特征主要表现在程序内容完整、适用范围广泛上。

2. 各级法院审理第一审民事诉讼案件都可以依法适用普通程序。法院适用其他程序审理各类案件时，如果适用的程序没有相关规定的，可以适用第一审普通程序的有关规定。

3. 普通程序通常分为起诉与受理、审前准备、开庭审理、评议宣判四个基本阶段。其中，开庭审理是民事诉讼的中心环节，是一审程序一个最基本、最主要的诉讼阶段，也是人民法院行使审判权和当事人行使诉讼权利最集中、最重要的阶段。

关键词：普通程序　　起诉　　审前准备　　开庭审理

实务训练

（一）示范案例

案情：村民甲和村民乙系同村邻居。2008年7月10日，甲向法院诉称：被告乙房后的数十棵桑树是十年前村里买来树种并派工栽活的，应属于村里所有。但现在被乙所占，要求法院判决被告乙将桑树退回村里并将多年获蚕的收益折款退返。法院经审查后，认为甲与本案无利害关系，于2008年7月21日作出不予受理的裁定。甲将情况告诉村委会。村委会以同样的事实、理由和请求重新起诉，法院受理此案，指定丙审判员独任审判。开庭审理时，乙未到庭。法院继续审理，依据事实和法律对该案作出了缺席判决。

问：本案在诉讼程序上存在哪些问题？

分析：该案在审理程序上存在如下错误：

（1）没有遵守立案的法定期限，《民事诉讼法》第123条规定，立案期限为收到起诉状之日起7日内。

（2）按照普通程序审理案件一律实行合议制，独任制是不符合法律规定的。

（3）缺席判决适用于非必须到庭的被告经传票传唤，无正当理由拒不到庭的，或者未经法庭许可中途退庭的情形。本案中，法院在乙未到庭的情况下，直接进行缺席判决不合法。

（二）习作案例

选择一具体民事案件办理相应的起诉或应诉等诉讼手续，制作起诉状或答辩状，模拟该案的一审庭审过程，参与法庭调查、法庭辩论及法院调解、裁判等诉讼活动。

思考题

1. 简述起诉的条件及方式。
2. 受理的法律效果有哪些？
3. 简述审前准备程序的主要准备工作。
4. 开庭审理主要有哪些程序和步骤？
5. 延期审理和诉讼中止的主要区别是什么？

延伸阅读

实施案件分流，加强审前程序与诉讼程序、非讼程序的有机联系

据相关资料表明，在美国，民事诉讼判决结案的比例通常只有2%左右，大量案件的解决主要是通过小额诉讼、诉前的分流程序、各种简易裁判、当事人的和解来进行；德国素以擅长逻辑思维著称，在解决纠纷手段方面，却是通过改革司法制度的方式来最大限度地解决纠纷，突出特点是基层多数案件通过支付令的督促程序来解决。在荷兰，很多的案件都通过仲裁分流。通过审前案件的分流，最后进入诉讼程序的案件就自然减少了。

我国人口众多，诉讼数量近年来一直呈递增趋势，各级人民法院审判力量相对不足。有数据统计，我国县级基层人民法院每个法官平均年承办民事案件近三百件。导致法官在重负之下采取一些非常规办法，如强迫调解、集中判决或久拖未决，致使上诉率、申诉率居高不下。法院威信的降低带来了本已备受质疑的"执行难"情况更为雪上加霜的连锁反应，既增加了当事人讼累，也致使法院不堪重负。同时，民事诉讼法专门设置的一些快捷程序如督促程序等，在实践中却备受冷落、形同虚设，不能发挥快捷程序应有的效果。实际上，大量涌入法院的民事案件中重大、疑难案件并不多见，多数确属争议一般甚至争议不大的普通及简单案件。

通过中外民事诉讼法的比较研究，发现西方国家虽然诉讼数量多，但真正通过判决结案的情形只占很小的比例。表现在各国根据案件不同特点，通过审前案件分流迅速解决纠纷。这为我国的民事诉讼程序的修订完善提供了很好的参照物，值得我们研究和借鉴。根据案件繁简、性质进行分流，既是国际通行做法又能够及时解决民事案件，维护当事人的合法权益。

据此，2012年修订的《民事诉讼法》根据审判实践并借鉴国外好的做法，增加一款，即在开庭前准备程序中分别情形，规定了不同的处理办法：对当事

人没有争议的，可以适用督促程序的，转入督促程序；对当事人争议不大的，采取调解等方式及时解决纠纷；根据案件性质，确定适用简易程序或者普通程序；需要开庭审理的，要求当事人交换证据，明确争议焦点。

我国民事诉讼法首次确定了具有中国特色的“案件分流”制度，其意义重大，但在今后的司法实务中还需要摸索出具有可操作性的合理化流程。

第十章 简易程序

学习目标

1. 了解简易程序的特点及其意义。
2. 熟悉并掌握简易程序的一般流程及其注意事项。
3. 理解小额诉讼程序的设置意义及法律规定。

学习任务

运用第一审程序的基本流程模拟民事案件的审判过程，并能够正确处理与诉讼程序相关的实际问题。

第一节 简易程序概说

导入案例

朱某欠张某3000元，逾期未还。张某向法院起诉后，朱某自愿放弃答辩期和举证期，法院适用简易程序，于当天立案，当天开庭，并促使双方达成了由朱某偿还张某3000元的调解协议。

问题：适用简易程序的意义何在?

知识点：简易程序的特点、意义及其适用范围。

一、简易程序的概念和意义

简易程序是指基层人民法院及其派出法庭审理简单民事案件所适用的一种简便易行的诉讼程序。简易程序是一个独立的诉讼程序，与普通程序并列为我国民事诉讼第一审程序的内容，基层人民法院进行民事案件第一审时可以选择适用。但其与普通程序又不是相互孤立的，彼此之间也有一定联系：

1. 普通程序是简易程序的基础。我国民事诉讼法对简易程序规定得较为简单，简易程序中未作规定的，应当适用普通程序的有关规定。

2. 简易程序与普通程序的转换。在适用简易程序审理的过程中，如果发现案情复杂，需要转为普通程序审理的，可以直接转为普通程序审理。普通程序原则上不能向简易程序转换，即已经适用普通程序审理的案件，在审理过程中通常不可转为简易程序审理，但是，双方当事人自愿选择适用的不在此限。

简易程序作为一项诉讼制度，以诉讼成本低、审理周期短、诉讼方式简便、适用范围广等特点，在民事审判活动中发挥着重要作用。现行《民事诉讼法》对简易程序的规定较为简单，仅有5个条文，《民事诉讼法意见》的解释也不尽完备，而在司法实践中对简易程序的适用越来越广泛。为了统一规范各地人民法院适用简易程序审理民事案件的具体做法，最高人民法院于2003年9月10日颁布了《关于适用简易程序审理民事案件的若干规定》(以下简称《简易程序规定》)，对简易程序作了更为详尽、完善的规定，以方便当事人诉讼，快捷解决民事纠纷。

二、简易程序的适用范围

简易程序的适用范围，包括三个方面的内容：一是适用简易程序的法院；二是适用简易程序的审级；三是适用简易程序的案件。

(一) 适用简易程序的法院

适用简易程序审理简单民事案件的法院，仅仅限于基层人民法院及其派出法庭。所谓派出法庭包括两种：一是法院依法巡回审理、就地办案而临时组成的审判组织；二是基层人民法院在本辖区内设置的固定派出机构，即人民法庭。人民法庭是基层人民法院的组成部分，它所进行的审判活动就是基层人民法院的审判活动。但人民法庭制作的裁判文书，必须加盖基层人民法院的印章，不得用派出法庭的印章代替。除此之外，中级以上人民法院审理民事案件均不能适用简易程序。

(二) 适用简易程序的审级

简易程序只适用对简单民事案件的第一审审理。但是在理解这一内容时应注意：二审法院裁定发回重审的民事案件和适用第一审程序进行再审的案件不得适用简易程序进行审理，必须组成合议庭，适用普通程序审理。

(三) 适用简易程序的案件

《民事诉讼法》第157条第1款规定："基层人民法院和它派出的法庭审理事实清楚、权利义务关系明确、争议不大的简单的民事案件，适用本章规定。"由此可见，事实清楚、权利义务关系明确、争议不大是判断一个民事案件是否为简单的民事案件的一般原则和标准。根据《民事诉讼法意见》的解释，"事实清楚"，是指当事人双方对争议的事实陈述基本一致，并能提供可靠的证据，无需法院大量地调查收集证据即可判明事实、分清是非；"权利义务关系明确"，是指在争议的法律关系中，谁是责任的承担者，谁是权利的享有者，关系明确；"争议不大"是指当事人对案件的是非、责任以及诉讼标的争执无原则分歧。以上三个条件必须同时具备，缺一不可。

人民法院在适用简易程序审理民事案件时，对于简易程序适用案件的范围，还应注意以下五种除外情形：①起诉时被告下落不明的；②发回重审的；③共同诉讼中一方或者双方人数众多的；④法律规定应当适用特别程序、审判监督程序、督促程序、公示催告程序和企业法人破产还债程序的；⑤法院认为不宜适用简易程序审理的。以上五类案件不能适用简易程序审理。

案例（10－1）：李某失踪多年，其妻刘某生活艰难，欲与王某结婚，遂向有管辖权的人民法院提起诉讼，要求人民法院解除其与李某的婚姻关系。人民法院受理了该案并适用简易程序，由审判员林某一人独任审理，同时自己担任记录。在审理过程中，李某回家，发现妻子另有新欢，也欲起诉离婚。庭审中，刘某提出分割李某在失踪期间所取得的财产。法院经审理当庭作出判决：判决刘某与李某解除婚姻关系。

根据民事诉讼法及《简易程序规定》，人民法院对简单的民事案件可以适用简易程序审理，但对“下落不明”等民事案件则不宜适用简易程序审理。本案中，被告刘某先是下落不明，随着刘某的出现，案情出现变化，变得复杂，显然不适宜适用简易程序。

一般情况下，只有对简单的民事案件，法院才可以适用简易程序审理，对非属于简单民事案件的其他案件，法院应当适用普通程序进行审理。但有的当事人为快速解决纠纷，对原本适用普通程序审理的案件自愿要求适用简易程序进行审理。针对此种情况，《简易程序规定》第 2 条赋予了当事人程序选择权，即“基层人民法院适用第一审普通程序审理的民事案件，当事人各方自愿选择适用简易程序，经人民法院审查同意的，可以适用简易程序进行审理。人民法院不得违反当事人自愿原则，将普通程序转为简易程序。”程序选择权的赋予不仅充分体现了当事人在民事诉讼中的处分原则和意思自治原则，同时对促进诉讼民主，提高诉讼效率，节约诉讼成本也有十分重要的意义。

当事人行使程序选择权，需要满足以下条件：①只能针对基层人民法院适用第一审普通程序审理的民事案件；②当事人双方必须达成自愿选择的协议；③当事人达成适用简易程序的协议必须经法院审查同意。

引例解析：简易程序是法院审理简单的民事案件时所适用的审判程序。根据民事诉讼法规定，适用简易程序时，起诉、受理、开庭等环节可以适当简化，审理期限也缩短为 3 个月。显然，适用简易程序可以让官司提速，大大提高诉讼的效益。

第二节　简易程序的具体规定

导入案例

原告潘甲与被告潘东、潘西、潘南、潘北是父子关系，潘甲与潘东、潘西共同居住潘甲所有的房屋四间。潘甲因与潘东发生矛盾，向某法院起诉，要求四被告每人每月给付赡养费50元，并要求法院对四间住房进行分割。某法院适用简易程序，传唤潘东、潘西到庭。经过调解，潘东、潘西同意每月给付潘甲赡养费50元。法院动员潘甲撤诉，没有制作调解书。

问题：适用简易程序审理案件能否人为地简化诉讼程序？

知识点：简易程序的具体适用。

简易程序虽是与普通程序并列的一种独立的第一审诉讼程序，但由于普通程序是基本的审判程序，是其他各类诉讼程序的基础，而且从立法内容上看，简易程序是普通程序的简化，《民事诉讼法》和《简易程序规定》仅针对简易程序的特点作了相应的规定。

一、起诉和受理

在简易程序中，原告本人不能书写起诉状，委托他人代写确有困难，可以口头起诉。对当事人以口头起诉的，法院应对口头起诉的内容制作笔录，由当事人确认后签名或捺印。

在案件受理方面，简易程序简化了法院对起诉进行审查、决定是否受理的程序。对简单的民事案件，双方当事人同时到法院请求解决纠纷的，不必经原告递交起诉状或口头起诉，由法院制作笔录，再由法院将起诉状的内容送达被告或通知被告，待被告提交答辩状后，再向原告送达答辩状副本等一系列正式的程序。审判人员经过对起诉的审查，认为符合条件的，则可当即通知原告，对起诉予以受理，受理后可以立即开始审理，也可以另定日期审理；认为不符合条件的，则可当即通知原告不予受理，并说明理由。对当事人并非同时到法院要求解决纠纷的，对原告的起诉决定受理后，法院可以将起诉的内容以口头或书面的方式通知被告。

二、审判组织

根据《民事诉讼法》第160条的规定，简易程序的审判组织由审判员一人独任审判，无需陪审员参加，无需采取合议制。独任制与简易程序所审理的民事案件的性质相适应。这里应当注意的是，独任庭的审判人员只能由审判员而不能由陪审员担任，必须由书记员负责记录，不得由审判员一人既审理又记录，更不得由书记员代替审判员审理案件。

三、审理前的准备

基层人民法院及其派出法庭适用简易程序审理简单的民事案件，对案件可以随到随审，不一定非要经过审理前的准备阶段。但由于《简易程序规定》对适用简易程序进行民事案件的审理规定了一次开庭和当庭宣判制度，因而审理前的准备工作就显得尤为重要。

1. 法官应在诉讼中充分行使释明职责，做好庭前诉讼指导，保障和便利当事人行使诉讼权利。《简易程序规定》第20条规定："对没有委托律师代理诉讼的当事人，审判人员应当对回避、自认、举证责任等相关内容向其作必要的解释或者说明，并在庭审过程中适当提示当事人正确行使诉讼权利、履行诉讼义务，指导当事人进行正常的诉讼活动。"

2. 要认真把握好庭前证据交换和举证时限。庭前证据交换做得好，双方争议焦点明确，对一次开庭审结案件有很重要的作用。

3. 设立了六类案件的调解前置程序（内容详见"法院调解"章节）。通过调解，使双方当事人充分阐明意见，有助于一次开庭审结成功。

四、开庭审理

（一）传唤和通知方式简便

在简易程序中，法院可以用简便方式随时传唤当事人和通知其他诉讼参与人。传唤和通知的方式简便，即可根据实际情况，灵活采取不同的简便的方式进行传唤，比如打电话、捎口信、传真、电子邮件等方式均可。在审判实践中，采用简便方式传唤当事人，既便利了当事人进行诉讼，也可以提高诉讼效率。但由于这些灵活简便的传唤形式，没有类似传票附随的送达回证，难以确认当事人是否已经得知或者收到开庭通知，这势必在一定程度上影响到对当事人权利的保护。为此，《简易程序规定》第18条规定："以捎口信、电话、传真、电子邮件等形式发送的开庭通知，未经当事人确认或者没有其他证据足以证明当事人已经收到的，人民法院不得将其作为按撤诉处理和缺席判决的根据。"

（二）审理程序简便

对简单的民事案件适用简易程序审理，同样应遵循公开审判原则和开庭审理的规定。但在开庭审理阶段，程序较简便，不受法律规定的普通程序中法庭调查顺序和法庭辩论顺序的限制。普通程序中开庭审理所包括的开庭前准备、法庭调查、法庭辩论等各阶段之间有明显分界，任务清楚，前一阶段工作未完成不可能进入下一个阶段。而基层人民法院及其派出法庭在适用简易程序开庭审理时对法庭调查、法庭辩论两个步骤不必严格划分，可以根据实际情况，将法庭调查和法庭辩论穿插进行。这两个步骤的内部顺序也可以灵活掌握，不必一定依法定的调查顺序和当事人发言的顺序。由此可见，在适用简易程序时，整个案件的审理过程的阶段性不像普通程序那样明显。

（三）一次开庭和当庭宣判

庭审程序是把案件的解决过程最直接、最完整、最公开地展现于社会公众面前的环节，是民事审判工作的核心。在确保程序公正的前提下，快捷高效是衡量简易程序内在价值的一个重要标准。因此《简易程序规定》第23条将一次开庭审结确立为适用简易程序审理民事案件的一般原则。一次开庭审结是指法院适用简易程序审理民事案件，应当通过对案件的一次开庭审理，确认案件的基本事实和双方的争议焦点，从而对案件作出及时的裁判的审判方式。一次开庭审结民事案件，可以提高诉讼效率，这是毋庸置疑的，但在追求效率的同时，绝不能以牺牲公正为代价。对经一次开庭审理，案件事实尚未调查清楚，是非尚未分清的情况，不能片面强调一次开庭审结。对此《简易程序规定》第23条又规定了一次开庭审结的例外即“人民法院认为确有必要再次开庭的除外”。

针对适用简易程序审理的民事案件的特点，《简易程序规定》明确规定适用简易程序审理的民事案件，宣告判决应当采取当庭宣判的方式，即除法院认为有不宜当庭宣判的情形以外，其他所有适用简易程序审理的民事案件，都要采取当庭宣判的方式宣告判决。

一次开庭和当庭宣判两项原则的确立，一是可以降低当事人的诉讼成本，也可以促使当事人提高庭审过程中的举证、质证的主动性；二是可以加强审判人员的责任意识，提高庭审质量；三是可以减少诉讼外因素对审判活动的干扰，增加法庭审理的透明度。这是简易程序效率价值的体现。

（四）裁判文书的制作

简易程序设置的目的要求制作裁判文书时和普通程序有所区别。2000年8月最高人民法院在《关于加强人民法院基层建设的若干意见》中明确规定：“适用普通程序审结案件的裁判文书，应当讲求裁判文书的论证性、说理性；适用简易程序或者调解结案的裁判文书，力求简洁、明晰。”它的具体表现为：在裁判文书中的事实和理由部分可以简化或者合并。《简易程序规定》第32条明确了五类情形下法院适用简易程序审结案件制作裁判文书时对认定事实或判决理由可以适当简化：①当事人达成调解协议并需要制作民事调解书的；②一方当事人在诉讼过程中明确表示承认对方全部诉讼请求或者部分诉讼请求的；③当事人对案件事实没有争议或者争议不大的；④涉及个人隐私或者商业秘密的案件，当事人一方要求简化裁判文书中的相关内容，人民法院认为理由正当的；⑤当事人双方一致同意简化裁判文书的。

（五）审结期限

法律对适用简易程序审理第一审民事案件规定了较短的结案期限。《民事诉讼法》第161条规定："人民法院适用简易程序审理案件，应当在立案之日起3个月内审结。"《民事诉讼法意见》还规定，适用简易程序审理的案件，审理期限不得延长。审理期限从立案的次日起计算。

案例（10-2）：下列关于简易程序的论述中，哪几项是错误的？（　　）

A. 判决书必须加盖人民法院的印章，除非在人民法院的授权后，才能加盖人民法庭的印章

B. 当事人可以协议不适用简易程序

C. 简易程序中人民法院可以当即受理和审理当事人双方之间的纠纷

D. 法院因审判工作量大，主张对判决书进行适当简化，得到了双方当事人的同意

根据民事诉讼法及相关司法解释的规定，人民法庭制作的法律文书，必须加盖基层人民法院印章，不得用人民法庭的印章代替基层人民法院的印章。另外，民事诉讼法赋予当事人的程序选择权只限于当事人协议将适用普通程序审理的案件，选择适用简易程序审理，而不能协议不适用简易程序。故A、B项是错误的，C、D项符合法律规定。

五、简易程序的特殊适用

根据《民事诉讼法》第162条规定，基层人民法院和它派出的法庭审理符合本法第157条第1款规定的简单的民事案件，标的额为各省、自治区、直辖市上年度就业人员年平均工资30%以下的，实行一审终审。这一条规定可以理解为基层人民法院为提高诉讼效率、实现司法大众化，在审理标的金额较小的简单民事案件时，可以适用一审终审的诉讼程序。该项规定类似于国外的小额诉讼程序规定，可以使诉讼程序审理过程更为简便，审理成本更为低廉。

引例解析：适用简易程序审理案件不能随意地简化工作，涉及当事人的权利义务和法院正确适用法律程序的工作不能简化。本案中应当到庭的被告潘南、潘北没有被传唤到庭；原告两个诉讼请求（要求被告给付赡养费、与被告分割房产），只就其中一个在部分当事人中进行了调解；调解协议具有执行内容，应当制作调解书而没有制作；让原告撤诉结案；等等，这些做法都不属于简易程

序中对程序的正常简化，因而都是不正确的。

本章重点内容小结

1. 简易程序是相对于普通程序更为简单易行的一审程序，具有简便易行、迅速、快捷等特点。除了简单的民事案件以外，其他案件的第一审都应当适用普通程序。

2. 与简易程序并存还另有独立的一审程序即小额诉讼程序，核心价值体现在其更充分满足司法大众化的需要。

关键词：简易程序 程序选择 小额诉讼

实务训练

（一）示范案例

案情：某县居民原告李青向其所在地的人民法院派出法庭起诉其子李刚，要求李刚履行赡养义务。人民法院受理案件后，认为此案法律关系简单，事实清楚，遂决定适用简易程序，由陪审员陈军独任审理此案。陈军查阅了卷宗，分别询问了当事人一些情况，就作出了判决，并在判决书上加盖了该人民法庭的公章。

问：

（1）本案在审理程序上有何不妥之处？

（2）如果人民法庭在审理过程中，发现此案不是简单的民事案件，应该如何处理？

分析：

（1）本案在审理程序上的不妥之处有：①根据我国民事诉讼管辖的规定，一般案件适用“原告就被告”原则，因此此案的管辖法院应为被告住所地法院，而非原告住所地法院。②简易程序的审判组织应由审判员一人独任审判，不能由陪审员一人独任审理。③所有的一审案件必须开庭审理，不能径行作出判决。④人民法庭制作的判决书、调解书等法律文书，必须加盖基层人民法院印章，不得用人民法庭的印章代替基层人民法院的印章。

（2）人民法庭应该改为适用普通程序，组成合议庭进行审理，审理期限从立案的次日起计算。

（二）习作案例

李某系江城市人，分别借给该市沙河区刘某、北岸区张某、陈某人民币5000元。现为债务发生纠纷，李某向北岸区法院提起诉讼，要求张某、陈某、刘某偿还借款。北岸区法院组成合议庭审理本案。因债权债务关系明确，案情简单，合议庭决定将此案交由一审判员独任审判。后由于债务人刘某外出，案件一时难以审结，遂申请延长审限。庭长同意了审判员延长审限的要求。

问：本案在程序上存在哪些问题？请逐一指出。

思考题

1. 简易程序在主要程序步骤上有哪些简化规定？
2. 结合实际谈谈对小额诉讼程序的理解。

延伸阅读

小额诉讼程序

随着市场经济的发展和交易的频繁，人们权利意识的增强，民众对司法的需求与日俱增，民事纠纷和诉讼数量迅速增长，法院的压力增大，从而产生了案件积压、诉讼拖延以及诉讼成本攀升等诸多问题。为应对类似的诉讼需求，很多国家和地区开展了“接近正义”、“司法大众化”的运动，各国和地区纷纷加速了民事诉讼制度改革的步伐，其措施之一就是设立小额诉讼程序。

小额诉讼程序有广义和狭义两种理解。广义的小额诉讼程序与传统的简易程序并无严格区别，仅仅是诉讼标的额和简易程序有所不同。狭义的小额诉讼程序，是指基层法院的小额诉讼法庭或专门的小额诉讼法院，适用比简易程序更加简易化的诉讼程序审理数额甚小的案件。小额诉讼程序是与普通程序、简易程序三者并列的独立诉讼程序。其独立性的核心体现在其程序价值是满足司法大众化需求。目前，英国、美国、德国、日本、意大利等国家以及我国台湾地区和香港都设立了小额诉讼程序。

为满足小额诉讼程序便捷、高效的目的，其一般会有区别于普通程序和简易程序的一些特殊规定，如：禁止或限制律师代理；限制约定管辖法院；使用表格化诉状；实施证据调查简化或限制原则；禁止或限制反诉；法官独任审理和加强法官职权等。同时，多数国家的小额诉讼程序会对不服适用小额诉讼程序作出的裁判的救济加以限制。有的采用一审终审，如日本禁止对小额诉讼裁判提起控诉，但允许异议；有的采用二审终审，但对上诉进行限制，如德国对小额诉讼案件的事实部分实行一审终审，上诉只进行法律适用方面的审查。

我国2012年《民事诉讼法》增加了小额案件的审理制度，第162条规定“基层人民法院和他的派出法庭审理符合本法第175条第1款规定的简单的民事案件，标的额为各省、自治区、直辖市上年度就业人员年平均工资30%以下的，实行一审终审。”这是我国诉讼制度上的一个重要突破，符合现实的司法需求，有利于有限司法资源的科学配置。但由于只有一个条文，使得我国的小额诉讼还没自成体系，仅仅是简易程序适用的一个例外，仍需要继续加以完善。

第十一章 法院调解和裁判

学习目标

1. 了解法院调解的性质、意义及其工作原则。
2. 掌握法院裁判的类型及各自的法律效力。

学习任务

模拟法院调解的过程，熟练制作法院裁判文书。

第一节 法院调解

导入案例

张某和李某是邻居，因生活琐事发生争吵，张某将李某打伤，李某住院治疗半个月。事后，双方就医药费赔偿未能协商一致，李某诉至法院要求张某赔偿医疗费2万元。法院受理后，由法官赵某独任审理。开庭审理前，赵法官决定先行调解。调解时，赵法官单独对被告说：原告要求赔偿2万元其实不多，如果判决的话，可能会更多。张某担心如果由法院判决自己的损失会更多，于是同意了赵法官提出的赔偿李某1.8万元的调解方案，并在调解书上签字。

问题：赵法官的调解活动是否符合法院调解的基本原则？

知识点：法院调解原则、程序及其法律效力。

法院调解是我国民事诉讼中最具特色的处理民事纠纷的一种方式，它体现了当事人行使处分权和法院行使审判权的结合。法院调解应当遵循自愿合法原则，生效的调解书与生效的判决书具有同等的法律效力。完善的法院调解制度对于提高诉讼效益，促进当事人之间的和睦团结等具有重要意义。

一、法院调解的概念及特征

法院调解是指在民事诉讼中，双方当事人在法官的主持下，就案件争议的问题自愿、平等地进行协商，以达成协议、解决纠纷的活动，亦称诉讼调解。

在我国，民事调解除诉讼调解，还包括诉讼外调解。后者如人民调解、行政调解及仲裁调解等。法院调解是当事人行使处分权与人民法院行使审判权相结合的产物，与其他调解制度相比，法院调解具有以下特征：

1. 法院调解是在法官主持下依法进行的活动。在调解过程中，法官居于主持地位，法院调解是法院依法行使审判权的一种表现。

2. 法院调解贯穿于民事诉讼的全过程。法院调解原则是民事诉讼的一项基本原则，就审级而言，在第一审程序、第二审程序和再审程序中，法官根据案件的具体情况，都可以适时进行调解。就诉讼阶段而言，诉讼调解从案件的立案阶段、审理前的准备阶段、开庭审理阶段直至法院宣判之前，都可以进行。

3. 法院调解是法院审理民事案件、解决民事纠纷的一种结案方式。判决并非解决民事争议的唯一方式，调解和判决一样，都是人民法院行使审判权的表现。经诉讼调解当事人达成协议并签收调解书的，调解书具有与生效判决同等的法律效力，诉讼程序结束。

法院调解在我国司法制度中历史悠久，在纠纷的解决中发挥着重要的作用。我国自 1991 年《民事诉讼法》确立了自愿、合法的调解原则后，法院调解经历了从 20 世纪 90 年代的衰落到 21 世纪初的复兴，直至近年来的昌盛。自 2003 年以来，最高人民法院先后出台了多部司法解释及司法指导意见，对法院调解工作作出规定。在司法政策层面，最高人民法院也从提倡“能调则调，当判则判，调判结合，案结事了”变成为“调解优先，调判结合”，把调解作为处理民事案件的首要选择。基于此，2012 年《民事诉讼法》在修改中，除继续保留了自愿、合法的调解原则外，还在一审程序中增加了立案前的先行调解和庭前调解的规定。

二、法院调解与当事人和解

《民事诉讼法》第 50 条规定：“双方当事人可以自行和解。”当事人和解是指民事诉讼双方当事人在诉讼过程中在没有第三人的参与下自愿协商，达成协议，从而解决纠纷的活动。当事人和解也是当事人通过协商解决纠纷的一种方式。

虽然法院调解与当事人和解都发生在诉讼过程中，都是以达成协议的方式解决纠纷的活动，但两者相比较，也存在着明显的区别：

1. 性质不同。法院调解是在法官主持之下，双方当事人通过协商解决纠纷，是法院行使审判权和当事人行使处分权的结合；当事人和解只有双方当事人参加，没有第三人参与，和解协议的达成完全是当事人自己对诉讼权利和实体权利进行处分的结果。

2. 适用阶段不同。法院调解只能适用于一审、二审以及再审的审理阶段，当事人和解既可以适用于案件的审理阶段，也可以适用于案件的执行阶段。

3. 效力不同。经法院调解当事人达成协议并签收调解书的，诉讼结束，具有给付内容的调解书具有强制执行力，当事人不得就同一纠纷再行起诉；当事人自行协商达成和解协议的，一般由原告向法院提出撤诉申请，经法院裁定准许撤诉后，诉讼结束，而且和解协议也不具有执行力，一旦一方当事人反悔，不履行和解协议的，另一方当事人不能向法院申请强制执行和解协议。

三、法院调解的原则

《民事诉讼法》第 93 条规定："人民法院审理民事案件，根据当事人自愿的原则，在事实清楚的基础上，分清是非，进行调解。"第 96 条规定："调解达成协议，必须双方自愿，不得强迫。调解协议的内容不得违反法律规定。"依照上述规定，审判人员在对民事案件适用法院调解时，应遵守以下三个原则：

（一）自愿原则

自愿原则是指调解必须尊重当事人各方自己的意愿，法院不得加以强迫。当事人自愿原则包含程序上的自愿和实体上的自愿两项要求。

1. 在程序上，是否选择以法院调解方式解决民事纠纷，完全取决于当事人的意愿。因为不同的纠纷解决方式对于当事人来说，成本、质量和速度是不同的，当事人的需求也会有所不同。当事人基于自身利益的考虑，如拒绝法院调解或调解未能达成协议的，法院应当及时作出判决，不得强迫或变相强迫当事人接受调解，法律另有规定的除外。

2. 在实体上，调解达成的调解协议必须是当事人真实意愿的体现。经过法院调解，最终能否达成调解协议，达成什么内容的调解协议，应由当事人自行决定，当事人享有对其权利的处分权。审判人员可以向当事人提供调解意见，但不能强迫当事人接受，更不能以判压调。

需要说明的是，在很多情况下，纠纷本身就是权利的冲突，在纠纷解决过程中，必然要求某些权利作出妥协或放弃以达成协议。当事人作出某种让步并不意味着被强迫，关键要看是否是其真实的意愿。

（二）合法原则

合法原则是指法院主持的调解活动和当事人达成的调解协议应符合法律规定，包括程序法的规定和实体法的规定。

1. 程序上的合法是指法院的调解活动应当按照法定程序进行。调解的开始、进行、调解协议的达成和调解书的送达都要符合民事诉讼法的规定。由于我国民事诉讼法对法院调解的程序没有详细的规定，一般只要求符合自愿原则即可，但不能违反法律的强制性规定，如调解书不得采用留置送达。

2. 实体上的合法是指双方当事人达成的调解协议的内容要合法，不得损害国家、集体和他人的合法权益。这里的"合法"是指协议内容不得违反法律的禁止性规定和违背公序良俗。因为民事纠纷中所涉及的一般是当事人的私权，当事人对此应享有绝对的处分权，只要协议的达成是当事人自愿的，审判人员不应过多干涉。如审判人员发现当事人之间的调解协议有违反法律禁止性规定或社会公序良俗的内容，应当告知当事人另行协商，达成协议。

（三）查明事实、分清是非原则

查明事实、分清是非原则是指法院审判组织应当在查明案件事实的基础上，分清是非，进行调解。查明案件事实是分清当事人之间是非责任的前提。只有事实查明了，是非责任分清了，法院审判人员在调解中才能抓住当事人争议的焦点，有的放矢地对当事人进行细致的法制宣传教育，促使双方当事人平等协商、互谅互让，达成调解协议，结束诉讼。

上述三原则，既有各自的特点，又有密切的联系。只有当事人双方出自自愿并由人民法院在查明事实、分清是非的基础上进行调解，才能保证调解活动和调解协议的合法有效。

四、法院调解的程序

在我国，诉讼中的法院调解是建立在审判程序的基础之上的。法院在案件审理过程中进行调解，调解贯穿诉讼的全过程，在我国的民事诉讼审理程序中，没有一个与审判程序相分离的独立的调解程序。基于法院调解自愿、合法原则，民事诉讼法对法院调解活动的进行规定得较为原则，因而，调解不同于审判，其过程具有很大的灵活性。

（一）调解的开始

根据民事诉讼法的规定，法院调解在诉讼的各阶段、各审级中均可进行。通常情况下，调解的开始始于当事人的申请。如果是双方当事人申请法院调解的，法院应当进行调解；如果是一方当事人申请调解的，审判人员应征求另一方当事人的意见，另一方当事人不同意调解的，法院不得进行调解。对于双方当事人均未提出调解申请的，审判人员也可以根据案件的实际情况依职权主动提出调解建议，在征得当事人同意后开始调解，当事人不同意的，不得进行调解。

另外，根据最高人民法院的有关司法解释，下列纠纷必须先行调解：①法院审理离婚案件，应当进行调解，但不应久调不决；②对于适用简易程序审理的婚姻家庭纠纷、继承纠纷、劳务合同纠纷、交通事故和工伤事故引起的权利义务关系较为明确的损害赔偿纠纷、宅基地和相邻关系纠纷、合伙纠纷和诉讼标的额较小的纠纷，法院在开庭审理前应当先行调解，但根据案件的性质和当事人的实际情况不能调解或显然没有调解必要的除外。

（二）调解的进行

法院调解开始后应在审判人员的主持下进行。法院进行调解，可以邀请有关单位和个人协助，被邀请的单位和个人应当协助法院进行调解。调解可以在法庭内进行，也可以在法庭外进行。

法院调解应当在双方当事人的参加下进行，当事人委托了有特别授权的诉讼代理人代为进行调解的，可以由其委托代理人代为进行，达成的调解协议可由该委托代理人签名。但离婚案件的当事人因特殊情况无法出庭参加调解的，除本人不能表达意志外，应向法院提交书面的调解意见。

在调解过程中，审判人员可以针对当事人之间争议的焦点，有的放矢地对当事人进行法制宣传教育工作，之后由双方当事人自行协商解决方案。必要时，审判人员也可以提出意见和方案供当事人参考，但不得强加于当事人。

（三）调解的结束

调解因双方当事人未达成协议或达成协议而结束。双方当事人达成协议的，法院应根据当事人达成的调解协议制作调解书并及时依法向当事人送达；对于依法不需要制作调解书的案件，应将调解协议记入笔录，由当事人各方、审判人员和书记员签名盖章。对调解达不成协议的，法院应当及时进行审理，并作出判决，不得久调不决。

五、调解协议及其效力

（一）调解协议的内容

调解协议是指在法院的主持下，双方当事人就他们之间的争议及权利义务所达成的合意。双方当事人达成调解协议并经人民法院确定后，法院调解程序即告结束。

调解协议的内容一般是双方当事人围绕诉讼请求的内容达成的合意。但基于私权自治以及纠纷一次性解决的需要，对于双方当事人超出诉讼请求的范围所达成的协议内容，人民法院可以准许。同时，对于在调解协议中约定一方不履行协议应当承担民事责任的或是约定一方提供担保的，人民法院也应当准许。

调解协议具有下列情形之一的，人民法院不予确认：①侵害国家利益、社会公共利益的；②侵害案外人利益的；③违背当事人真实意思的；④违反法律、行政法规禁止性规定的。

（二）调解协议和调解书

调解书是由法院制作的，确认双方当事人达成的协议内容的法律文书。调解书既是对当事人协商结果的记录，也是法院认可当事人调解协议的证明。调解协议是双方当事人意思表示一致达成的诉讼文书。它可以由当事人自行制作，也可以由法院审判人员在法庭笔录中将当事人达成的协议内容记录在内，由双方当事人签字。调解协议的成立是调解书制作的前提，调解书须依调解协议制作，反映调解协议的内容。只有调解书才能成为执行的根据。

《民事诉讼法》第97条第1、2款规定："调解达成协议，人民法院应当制作调解书。调解书应当写明诉讼请求、案件的事实和调解结果。调解书由审判人员、书记员署名，加盖人民法院印章，送达双方当事人。"按照最高人民法院《法院诉讼文书样式（试行）》的规定，第一审调解书由首部、正文和尾部三部分组成。

1. 首部应写明制作调解书的法院、案件编号，当事人、第三人和诉讼代理人的基本情况，案由和主持调解的合议庭组成人员或独任法官。

2. 正文是调解书的核心部分，应写明案件事实和调解结果。其中案件事实部分应写明原告的诉讼请求和理由、被告的答辩主张和理由，有第三人的，还应写明第三人的主张和理由，以及法院在调解中查明的有争议的案件事实。调解结果部分应明确、具体地写明双方当事人自愿达成的调解协议的内容以及诉讼费用的分担情况。

3. 尾部由主持调解的审判人员、书记员署名，写明制作调解书的时间，加盖法院的印章。

××人民法院

民事调解书

（2012）民初字第152号

原告：李×，女，汉族，30岁，无业，住H市××街道×号，身份证号×。

被告：刘××，男，汉族，42岁，××公司工人，住址同上，身份证号×。

本院于×年×月×日立案受理了原告李×诉被告刘××离婚纠纷一案，公开开庭进行了审理。经审理查明，原被告于×年×月×日登记结婚，后生一子刘×。现原告要求离婚，被告表示同意。

本案在审理过程中，经本院主持调解，双方当事人自愿达成协议如下：①原告李×、被告刘××均同意离婚；②儿子刘×由被告刘××抚养，原告李×不承担生活费；③家庭中各自的财产归各自所有；④案件诉讼费100元，由原告负担。

双方当事人一致同意本调解协议自双方在调解协议上签名或捺印后生效。

上述协议不违反法律规定，本院予以确认。

审判员：陈××

×年×月×日

本件与原本核对无异

书记员：姜×

对经调解双方当事人达成调解协议的，法院一般应制作调解书，以明确当事人之间的权利义务关系。但根据《民事诉讼法》第98条的规定，在下列情况下，法院可以不制作调解书：①调解和好的离婚案件；②调解维持收养关系的案件；③能够即时履行的案件；④其他不需要制作调解书的案件。对不需要制作调解书的协议，应当记入笔录，由双方当事人、审判人员、书记员签名或者盖章后，即具有法律效力。

（三）调解书的效力

1. 调解书生效的时间。《民事诉讼法》第97条第3款规定："调解书经双方当事人签收后，即具有法律效力。"凡需要制作调解书的案件，必须将调解书送达给当事人并经各方当事人签收后，调解书才具有法律效力。调解书不能当庭送达当事人的，应以后收到调解书的当事人签收的日期作为调解书生效的日期。在调解书送达前当事人一方或双方反悔的或调解书送达时当事人拒绝签收的，视为调解不成立，法院应当依法继续对案件进行审理，并作出判决。

现行的法律赋予了当事人在签收调解书时具有反悔权，但又未加以任何限制，这就导致在诉讼实践中，出现这样的情况：当事人在调解笔录上签字同意，但在法院送达调解书时又拒绝签收而导致调解无效，使前期工作付诸东流。诉讼调解是一项严肃的司法行为，无条件的反悔会使调解协议处于不稳定的状态，不利于诉讼纠纷的及时解决，造成法院人力物力的浪费。《简易程序规定》第15条规定："调解达成协议并经审判人员审核后，双方当事人同意该调解协议经双方签名或者捺印生效的，该调解协议自双方签名或者捺印之日起发生法律效力。当事人要求摘录或者复制该调解协议的，应予准许。调解协议符合前款规定的，人民法院应当另行制作民事调解书。调解协议生效后一方拒不履行的，另一方可以持民事调解书申请强制执行。"据此，如果当事人已经同意调解协议经双方签名或捺印生效并实际签名或捺印的，又出现一方当事人拒不签收调解书的情况，这并不影响调解协议的效力，另一方当事人完全可以持调解书申请法院强制执行。这是对调解书生效时间规定的一大突破。

案例（1-1）：A市某化工厂排放的废水污染了A县三汇镇清溪乡村民甲、乙、丙共同承包的鱼塘，受损金额达数万元。甲、乙、丙共同向法院起诉索赔。经法院调解，化工厂同意赔偿受损金额的45%，甲、乙表示同意，遂与化工厂达成调解协议。调解书送达给丙时，丙拒绝签收，声明在与化工厂调解时，丙不在场。

甲、乙、丙在该案中是必要共同诉讼的共同原告。丙不在场的情况下，甲、乙与化工厂达成的调解协议不发生法律效力。丙事后拒绝签收，属于调解达不成协议，人民法院为此应该对该案继续审理，及时作出判决。

2. 调解书的效力。法院调解是法院审理民事案件，结束诉讼程序的一种方式，所以，生效的调解书与生效的法院判决书具有同等的法律效力。其主要表现在：

（1）确认当事人之间的权利义务关系。调解书生效后，当事人之间争议的民事权利义务关系将依调解书的内容而确定，当事人不得就同一争议再行起诉。

（2）结束诉讼程序。调解是法院结案的一种方式。调解书生效后，诉讼程序即告结束，法院不得对该案再行审理或另行判决。当事人也不得提出上诉。

（3）具有强制执行力。调解书生效后，具有同生效判决书一样的强制执行力。一方当事人不履行调解书的，对方当事人可以持调解书向法院申请强制执行。

引例解析：法院调解应坚持自愿、合法和查明事实分清是非原则。本案中赵法官的做法违背了自愿、合法原则，有以判压调的嫌疑。张某之所以同意调解方案，是担心判决对其不利，而非其真实意愿。

第二节　法院裁判

导入案例

丈夫甲与妻子乙因感情不和，诉至法院要求离婚。人民法院经审理判决二人离婚，并对财产进行了分割。在法院判决离婚后的第三天，甲突然死亡。

问题：离婚案件一审判决后，一方当事人在上诉期间死亡，一审判决是否生效？

知识点：民事判决、裁定、决定的内容及效力。

人民法院的审判权是由管辖权、审理权和裁判权三部分组成，其中法院对案件行使的裁判权是审判权行使的重要标志。离开了裁判权，审判权的运用以及由此发生的所有审理活动将失去意义。

在通常的民事诉讼程序中，法院裁判主要是指民事判决、裁定和决定。法院对各类形式的裁判的正确运用，可以使诸多程序事项得以理顺并最终使争议的实体权益得到权威性确定。

一、法院裁判的含义

法院裁判是指人民法院在审理民事案件过程中，根据案件事实和有关的法律规定，对诉讼中所发生的各种问题依职权所作出的判定的统称。法院裁判是人民法院处理民事案件的手段和形式，也是人民法院解决民事争议的依托，它体现了人民法院对具体案件及案件审理过程中特定问题的态度，对于解决民事案件中的实体性和程序性问题，具有重要的意义。

在人民法院审理民事案件的过程中，大部分的裁判是对诉讼中的实体或程序问题所作的一种权威性判定，最常见的裁判形式是判决、裁定和决定三种。除此之外，在诉讼中，法院为快捷解决纠纷或查找被执行人财产的需要，也实施一些其他形式的裁判行为，如支付令、搜查令等。这类行为在今后的民事诉讼法完善过程中将可能增加适用，其在民事诉讼中的作用将会越来越明显。本节专门就判决、裁定、决定作一介绍。

二、判决

（一）判决的概念及特征

判决是人民法院根据查明的事实和适用有关法律，就案件的实体问题作出的权威性判定，是法院裁判的重要形式之一。判决具有以下法律特征：

1. 判决是人民法院行使审判权的结果。判决是法院代表国家行使国家审判权的重要标志和结果之一，其他任何机关都无权审理和作出判决，也不能干涉法院进行审理和作出裁判。

2. 判决的对象是案件的实体问题，即针对当事人之间的民事权利义务争议或者具有法律意义的事实所作出的判决。法院通过判决的形式来确认当事人之间的民事权利义务关系或者确定具有法律意义的事实，给当事人原本存在的权利、义务或法律事实作出权威性判定。因此，判决实质上就是确定案件实体问题的法定形式。法院的职责就是以事实为根据，以法律为准绳，严格遵守民事诉讼程序，正确、及时、合法地对民事案件作出判决，依法保护当事人的合法权益。

3. 判决具有法律权威性特点。判决是一种权威性判定，这种权威性是由作出判断的权力主体、作出判断的法律依据以及作出判断的正当程序等综合因素形成的必然结果。判决的结果不仅使双方当事人之间的争议得到强制性解决，而且判决一经作出，不论是否已经发生法律效力，非经权力主体通过法定程序不得随意改变或撤销。

（二）判决的分类

根据不同的标准，可以将民事判决分为不同的种类。划分判决的不同类型对法院进一步认识和把握判决、正确运用判决形式具有十分重要的意义。

1. 诉讼判决和非讼判决。根据诉讼案件的性质不同，判决分为诉讼判决和非讼判决。诉讼判决是法院制作的针对双方当事人有民事权益争议的诉讼案件所作的判决，通常情况下法院所作的判决都是诉讼判决。非讼判决是法院制作的针对双方当事人没有民事权益争议的非讼案件所作的判决，如宣告公民失踪的判决。

2. 给付判决、确认判决和变更判决。根据判决的内容不同，可分为给付判决、确认判决和变更判决。给付判决是指具有给付内容的判决。该判决一旦发生法律效力，负有义务的当事人须向另一方当事人履行义务，逾期不履行的，对方当事人可依法向法院申请强制执行。如责令败诉方拆除违章建筑、返还财产的判决即为给付判决。确认判决是指判决内容仅涉及确认当事人之间存在或者不存在某种民事法律关系的判决。如确认合同无效的判决、确认收养关系存在的判决均为确认判决。变更判决是指判决内容为改变或者消灭当事人之间现存的民事法律关系的判决。如离婚判决、分割共有财产判决都为变更判决。

3. 生效判决和未生效判决。根据判决是否发生法律效力，可分为生效判决和未生效判决。生效判决是指已经发生法律效力的判决。通常包括：当事人未在法定期间内提起上诉的第一审判决、第二审程序作出的终审判决、最高人民法院作出的一审判决以及按特别程序、公示催告程序等作出的判决。未生效判决是指尚未发生法律效力的判决。即按照第一审程序作出的、法律规定可以上诉并在上诉期间内的判决。此种判决虽未生效，但仍具有一定的约束力，表现为未经法定程序不得加以改变或撤销。

4. 对席判决和缺席判决。根据双方当事人是否在庭，可分为对席判决和缺席判决。对席判决是指法院在双方当事人都参加开庭的情况下对案件进行审理后作出的判决。实践中大多数情况下的判决是对席判决。缺席判决是指法院在一方当事人无正当理由未到庭或者未经许可中途退庭的情况下，对案件经过审理后作出的判决。缺席判决是对席判决的一种例外情况，法院只有在法律明确规定的情形下才能作出。

5. 全部判决和部分判决。根据解决争议的范围不同，可分为全部判决和部分判决。全部判决是指法院对整个案件进行审理后作出的判决。按照“一案一判”的要求，法院应当对本案中当事人之间所有的争议问题进行审理，一并作出判决，因此大多数案件的判决是全部判决。部分判决又称先行判决，是指法院经过对案件的审理就已经清楚部分的事实作出的判决。对某些比较复杂的案件，部分事实已经查清，部分事实尚未查清时，为了及时保护当事人的合法权益，法院可以就已经查清事实的部分先行判决。应当明确，部分判决所涉及的事实须在案件全部事实中具有相对独立性并且判决后不影响案件其他部分的审理和判决。但在审判实践中，很少使用部分判决。

（三）判决的内容

法院对民事案件的判决必须采用书面形式，即制作判决书。根据《民事诉讼法》第152条的规定，民事判决书可以分为三部分：开头、正文和结尾。

1. 开头部分。这一部分包括三部分：①法院的名称、案件的类别和编号。②案件当事人及其诉讼代理人的基本情况。③审判组织和审判方式。

2. 正文部分。这一部分是判决书的主要内容，包括以下三项内容：①案由、诉讼请求、争议的事实和理由。②判决认定的事实、理由和适用的法律依据。③判决结果和诉讼费用的负担。

3. 结尾部分。这一部分包括：①上诉期间和上诉的人民法院。②审判人员、书记员署名并加盖法院印章。③注明作出判决的时间。

××人民法院

民事判决书

（××）×民初字第×号

原告：××，……（写明基本情况）

委托代理人：××……（写明基本情况）

被告：××……（写明基本情况）

委托代理人：××……（写明基本情况）

××诉××民间借贷一案，本院受理后，依法组成合议庭，公开开庭进行了审理。本案现已审理终结。

原告诉称……（概述原告提出的具体诉讼请求和所根据的事实与理由）

被告辩称……（概述被告答辩的主要内容）

经审理查明……（写明法院认定的事实和证据）

本院认为……（写明判决的理由）依照……（写明判决所依据的法律条款项）的规定，判决如下：

……（写明判决结果）

……（写明诉讼费用的负担）

如不服本判决，可在判决书送达之日起15日内，向本院递交上诉状，并按对方当事人的人数提出副本，上诉于××人民法院。

审判长　×××

审判员　×××

审判员　×××

××年×月×日
（院印）

本件与原本核对无异

书记员　×××

（四）判决的效力

判决的效力是指生效判决所具有的法律效力，实际上就是生效判决所发生的作用。判决一经成立即不容许再轻易地加以改变，而作为其对象的纠纷也被视为得到了最终解决，一般情况下已不能再次成为司法审查的对象，判决的这种性质就体现在判决所具有的效力中。判决的效力具体表现在：

1. 既判力。既判力是指人民法院的生效判决一经宣判或送达，就发生确定力。对于当事人而言，人民法院对其与对方当事人之间发生争议的权利义务关系已经作出认定，就同一实体民事法律关系，不得再行起诉；对于人民法院而言，不得再受理当事人的起诉。也就是“一事不再理”原则。

2. 拘束力。无论是一审判决还是二审判决，一旦生效，就会发生一定的约束效力。对于当事人而言，应当自觉履行生效判决确定的义务，受其拘束。对于人民法院而言，非经法定程序，不能对生效的判决任意变更和撤销。既判力和拘束力都是为了保证行使国家赋予的审判权，经过法定程序审理作出的判决的权威性和严肃性。

3. 执行力。它是指对于有给付内容的判决，如果当事人一方不自觉履行法定的义务，另一方有权向人民法院申请强制执行的效力。这种效力是单对具有给付内容的给付判决而言的。确认判决和变更判决因不必执行或不可能执行，故不具备这种效力。

至于判决生效的时间，不同的判决并不完全一致，根据民事诉讼法的规定，判决发生法律效力的时间有以下三种情况：

1. 准许上诉的地方各级人民法院的第一审民事判决，在上诉期间内如果当事人不提起上诉，上诉期届满后，即发生法律效力。这里上诉期届满是此种判决生效的绝对条件。

2. 不准许上诉的各级人民法院的民事判决，判决书送达之日起即发生法律效力。如按特别程序审理的一审判决、中级以上各级人民法院所作的第二审判决，均属这种判决。

3. 最高人民法院所作的判决自送达之间起即发生法律效力。因最高人民法院是我国最高的审判机关，它所作的一切判决均属终审判决。

须指出的是，法院对已经送达的判决书发现有误写、误算或遗漏的，可以对判决进行更正。为了强调补正的严肃性，法院应当以裁定的形式加以更正。裁定书内容写明关于某判决书中某一内容的更正，不能直接改动判决书的内容。

但是，人民法院如果发现错判了某个实体性事项，则只能根据《民事诉讼法意见》第163条的规定，按当事人是否上诉，作不同的处理。当事人在上诉期内提出上诉的，原审人民法院可以提出原判决有错误的意见，报送第二审人民法院，由第二审人民法院按照第二审程序进行审理；当事人不上诉的，按审判监督程序处理。

三、裁定

（一）裁定的概念

裁定是指人民法院在案件审理和执行过程中，就案件涉及的各种程序性事项所作出的权威性判定。民事案件在审理和执行过程中，会出现一定的程序问题需要解决，法院使用裁定的方式及时处理，以保障诉讼活动的顺利进行。

裁定和判决都是法院行使审判权的体现，都是依照法定程序作出的具有法律效力的判定，但两者之间仍存在区别。首先，适用范围不同。民事判决用来解决案件的实体问题，而民事裁定主要是解决程序问题。其次，作出的时间和次数不同。民事判决通常在案件审理终结时作出，并且一个案件只有一个生效判决。而民事裁定可以在诉讼程序的任何阶段作出，而且一个案件可以根据需要先后作出多个裁定。再次，采取的形式不同。民事判决只能采取书面形式，而裁定的形式较为灵活，既可以是书面形式，也可以是口头形式。

除此之外，在提起上诉的时间、范围；法律文书的内容、产生的法律效力等方面两者也有所不同。

（二）裁定的适用范围

根据《民事诉讼法》第154条的规定，裁定适用于下列范围：①不予受理；②对管辖权有异议的；③驳回起诉；④保全和先予执行；⑤准许或者不准许撤诉；⑥中止或者终结诉讼；⑦补正判决书中的笔误；⑧中止或者终结执行；⑨撤销或者不予执行仲裁裁决；⑩不予执行公证机关赋予强制执行效力的债权文书；⑪其他需要裁定解决的事项。

（三）裁定的内容和效力

裁定可以是书面形式，也可以是口头形式。但在实务中通常使用书面形式，即采用裁定书。裁定书的具体内容，因其所要处理的程序事项不同而不同。但就共性来说，裁定的内容都是由开头、正文、结尾三个部分。开头部分，与判决书相同，写明标题、案件的编号及当事人的基本情况。正文部分，写明据以作出该裁定的事实、理由和法律规定以及处理结论等内容。结尾部分，写明作出裁定的审判人员、书记员以及作出裁定的时间并加盖法院印章。

××人民法院
民事裁定书

（××）×民初字第×号

原告：梁××，女，×年×月×日出生，汉族，×市××公司经理，住该公司宿舍，身份证号××。

委托代理人：王×，×市××律师事务所律师。

被告：××公司，住所地×市×区×路×号，组织机构代码×。

法定代表人：罗××，董事长。

本院在审理原告梁××与被告××公司承包合同纠纷一案中，原告愿意通过内部协调解决，要求撤诉，依据《中华人民共和国民事诉讼法》第50条和第145条之规定裁定如下：

准许原告梁××撤回起诉。

案件受理费××元，减半收取××元，由原告承担。

审判员　×××

××年×月×日

（院印）

本件与原本核对无异

书记员　×××

因裁定的内容不同，各裁定生效的时间也有所区别。

1. 对于准许上诉的裁定，包括不予受理、管辖权异议和驳回起诉的裁定，超过10日上诉期限而未上诉的，即产生确定的效力。

2. 对于不准许上诉的裁定，一经宣布或者送达，即产生确定的效力。但财产保全和先予执行的裁定可以申请复议一次，复议期间不停止执行。

生效裁定的法律拘束力，主要表现在对作出该裁定的法院和当事人及其他诉讼参与人产生程序上的约束力。具体表现为阻止程序的开始、结束程序、暂时中止程序、程序继续进行等。

四、决定

（一）决定的概念

决定是指人民法院在民事诉讼中，就案件的特殊事项作出的权威性判定。所谓特殊事项，是指那些除实体问题和程序问题以外的有关事项以及某些有紧迫性的程序问题。决定的适用范围相对比较窄，只能适用于民事诉讼法明确规定的特殊事项。一经作出，立即发生法律效力，一律不准上诉。

裁定和决定在处理对象上都是涉及诉讼程序的事项，因此难以区分。对二者的区别主要是以法律已有规定为前提，并从中归纳出某些倾向和特征。通常认为，决定的处理事项是那些阻碍诉讼程序正常进行的特殊事项，而这些事项往往具有紧迫性，如回避、罚款、拘留等；除此之外涉及诉讼程序的问题都可适用裁定，如不予受理、补正判决书中的笔误、中止诉讼等。

（二）决定的适用范围

在民事诉讼过程中，民事决定主要用于解决以下具体事项：①对当事人申请回避的处理；②对妨害民事诉讼行为采取强制措施的处理；③诉讼费用的减、免、缓问题的处理；④对某些重大疑难问题的处理；⑤顺延诉讼期限的处理；⑥对其他需要法院作出决定的事项的处理，如诉的变更、追加，法院决定再审等。

（三）决定的内容和效力

决定可以采取书面形式，也可以采取口头形式，但法律明文要求采取书面形式的，则必须采取书面形式。书面的决定由开头、正文、结尾三个部分组成。具体内容包括：法院名称、决定书类型、决定的事项、事实、法律依据、决定结论、是否准许申请复议以及作出决定的组织或人员，并加盖法院印章。口头决定应当记入笔录。

××人民法院

拘留决定书

（×）×执字第×号

被拘留人：马×，……（写明基本情况）

本院在××执行书中，查明××（写明拘留的原因）。依照《中华人民共和国民事诉讼法》第111条第2款第6项的规定，决定如下：

对马×拘留15日。

如不服本决定，可以在收到决定书的次日起3日内，口头或者书面向××法院申请复议一次。复议期间，不停止决定的执行。

×年×月×日

（院印）

决定解决的是非实体问题，加之具有紧迫性，法律规定，一经宣布，立即生效，一律不准上诉。法律规定可以申请复议的，当事人可以申请复议一次，但复议期间不停止决定的执行。

引例解析：离婚案件一审判决后，一方当事人在上诉期间死亡，一审判决不发生法律效力。理由是一审判决在上诉期内属于未生效裁判。对当事人而言，离婚判决还未生效，双方仍是夫妻关系。随着一方配偶的死亡，双方夫妻关系自行终止，作为活着的一方配偶，对属于死亡配偶的遗产可作为第一顺序继承人继承。

本章重点内容小结

1. 法院调解是在审判人员的主持下，双方当事人通过自愿协商，达成协议，解决民事争议的活动和结案方式，性质上是当事人行使处分权和人民法院行使审判权相结合的产物。法院调解应遵循自愿、合法、查明事实、分清是非原则。

2. 法院裁判是人民法院在审理民事案件过程中，根据案件事实和有关的法律规定，对诉讼中所发生的各种问题依职权所作出的判定的统称。最常见的裁判形式是判决、裁定和决定三种。

关键词：法院调解　判决　裁定　决定

实务训练

（一）示范案例

案情：长宏贸易公司因天意钢铁公司长期拖欠其原材料货款纠纷一事，向甲区人民法院起诉，要求天意公司支付货款213万元及相应的利息，并支付一定的违约金。甲区法院对该案件经过审理后，作出一审民事判决，判决天意公司在判决生效后10日内一次性向长宏公司支付货款231万元，并支付利息19万元。一审民事判决送达双方当事人，甲区法院发现以下几个问题：①将长宏公司提出的支付违约金的诉讼请求遗漏；②将天意公司应当支付的货款213万元，误写成231万元；③将天意公司所拖欠货款的相应利息认定错误。

对于上述三个问题，甲区法院应当如何处理？

分析：本案判决中，将长宏贸易公司提出的支付违约金的诉讼请求遗漏，原审法院可以直接作出补充判决；将天意钢铁公司应当支付的货款213万元，误写成231万元属于判决文字失误，可以通过裁定书形式予以补正；将天意钢铁公司所拖欠货款的相应利息认定错误属于错判了某个实体性事项，法院则根据当事人是否上诉来决定如何处理。

（二）习作案例

S省机械设备进出口公司（简称进出口公司）与某电视机厂订立了一份购销彩电的合同。进出口公司按照合同约定，将货款350万元人民币和50万元的外汇额度交付给电视机厂。电视机厂收到货款后，以电视机某零件涨价为由要求进出口公司再交付100万元，遭进出口公司拒绝。经反复协商不成，进出口公司以电视机厂为被告向法院提起诉讼。在审理中，被告经两次传票传唤未到庭，法院遂作出了进出口公司胜诉的判决。电视机厂以其法定代表人出国考察为由，不服一审判决，在接到判决书后的第三天便向上一级法院提起上诉。二审人民法院判决驳回了电视机厂的诉讼请求。

问：本案中，判决涉及哪几种类型？

思考题

1. 法院调解应遵循哪些原则？
2. 试述民事判决的内容和效力。
3. 简述民事裁定的适用范围。
4. 比较民事判决、裁定和决定的区别。

延伸阅读

判决的既判力

一、既判力的含义

既判力是判决的各种效力的核心，是将具有约束力的法律具体化。民事诉讼的目的在于依据国家强制力平息纠纷，因此必须赋予判决一定的法律效力，以维持其民事关系的稳定，从而使“一事不再理”原则得到彻底贯彻和执行，同时也有利于维护适用法律标准的统一。

既判力，又称实质上的确定力，是指生效民事判决所裁判的诉讼标的对双方当事人和法院具有的强制性约束力。换言之，一方面法院要受到既判力的拘束，作出判决的法院不能任意地自行撤销和更改判决；另一方面，也不允许当事人作出与具有既判力的裁判相抵触的主张与行为。终局判决一旦确定，就具有了规制当事人之间关系的约束力。

既判力的拘束力作用主要是针对以后的诉讼。其一，当事人不得在后诉中提出与前诉有既判力的判断相反的主张。后诉法院也不得作出与前诉有既判力判断相反的判决，如前诉法院判决原被告之间存在合同关系，后诉法院就不能作出否认合同效力的判断。其二，后诉法院的裁判必须以前诉法院的判决内容作为前提。例如，前诉法院判决确认房屋所有权归属原告，那么，在有关联的后诉中，法院就应当认可原告提出的过户登记的请求。

判决的既判力与判决的约束力不同。判决的约束力在于在同一诉讼程序中，作出判决的法院不得在作出判决后随意改变该判决；而判决的既判力则是作用于其他诉讼，生效判决诉讼以外的诉讼，即后诉。

判决的既判力也不同于判决的执行力。执行力只是给付判决特有的实体效果，并且都只是针对当事人而发生的效力；而既判力则是不同种类的判决都共同具有的一般效力。更为重要的是，尽管既判力只是作为判决多种效力中的一种，但它却从根本上最为突出地体现了判决一旦确定即不容许再轻易改变的性质。

二、既判力的范围

既判力的范围包括三个方面，即既判力的客观范围、时间范围和主观范围。

1. 既判力的客观范围。既判力的客观范围，是指确定判决对哪些事项产生既判力。一般认为，确定判决在原则上仅对判决主文中涉及本案诉讼标的的判断产生既判力，对于判决理由中所作的判断，原则上不产生既判力。除法律有特别规定外，当事人不得就已经裁判的诉讼标的再行起诉。

2. 既判力的时间范围。既判力的时间范围是指确定判决以什么时间为标准对所判断的事项产生既判力，也就是说，确定判决仅对该时间标准之前所发生的事项具有既判力，而对之后所发生的事项不产生既判力。既判力的时间界限一般界定为“辩论终结之时”，也即确定判决仅对言词辩论终结之时所存在或不存在的权利义务关系产生既判力，而对此之后所发生的事实或权利义务关系的变动事实则无既判力。

3. 既判力的主观范围。既判力的主观范围，是指确定判决对哪些主体产生既判力。通常认为，既判力在原则上仅及于当事人，不允许扩大到当事人以外的人。因为其他人没有参加诉讼，没有机会参与诉讼程序辩论，判决的既判力及于其他人会产生不公平。但在特殊情况下，因为判决或诉讼的性质，既判力可适当扩张至当事人以外的第三人，一般包括：诉讼权利的实际承受人、占有诉讼标的物的保管人及涉及其他与案件有利害关系的人。

三、研究既判力理论的意义

在我国的司法实践中，经常出现同一个案件被反反复复地多次进行审判，或是对于同一事件，不同的法院先后作出相互矛盾的判决，抑或对于相互具有牵连关系的两个案件，后诉法院完全抛开前诉法院的判决而作出与其存在冲突的判决。

近年来针对实践中出现的这些问题，既判力理论在民事诉讼法领域受到了很大程度的关注并得到了初步的研讨。研究既判力问题无论对民事理论的发展还是改变实际中判决“终审不终”的现象都具有十分重要的现实意义。

第一，是树立诉讼裁判的终局性和高度权威性的观念的需要。司法裁判的权威性表现在，民事纠纷一旦通过诉讼途径由法院予以裁判后，便被认为得到了最终的解决，不得随意撤销和改变。改变过去那种只要认为有“错误”就应当予以“纠正”的“有错必纠”的观念。

第二，是彻底解决纠纷和维护法律稳定性的必然要求。如果没有既判力，那么已经发生法律效力的判决随时都可能被推翻，已经有了结论的纷争事实随意可以再行审查，势必造成纠纷长期不能获得彻底的解决，而且会意味着法律关系长期处于不稳定状态，由此造成恶性循环。这种状态必须得到有效的遏制和消除。

第三，有利于加强当事人的程序保障。程序保障最基本的要求就是必须充分保证双方当事人有陈述自己的主张和提出支持自己主张的证据的机会；诉讼审判的结果必须建立在当事人所提出的主张及证据的基础之上。唯有如此，判决才能具有不容轻易改变的既判力，从而使既判力获得了正当化的根据和基础。

第十二章　第二审程序

学习目标

1. 了解第二审程序的概念和意义。
2. 理解第二审程序与第一审程序之间的关系。
3. 掌握上诉的条件。
4. 掌握上诉案件的审理范围和程序以及上诉案件的调解与裁判。

学习任务

运用所学知识准确把握第二审诉讼流程，并能应对不同情形，正确处理上诉案件。

第一节　第二审程序概述

导入案例

王某与张某在公交车上因争抢座位发生口角和肢体冲撞，张某受轻伤，因而向法院起诉，要求王某赔偿因此造成的经济损失7800元、精神损害4000元。一审法院经审理，判决王某赔偿张某经济损失5200元，驳回张某精神损害赔偿请求。王某不服，向上级法院提起了上诉。张某在规定期间内未上诉，但在答辩状中再次提出要求王某赔偿其精神损害4000元的请求。

问题：根据民事诉讼法规定，二审法院对张某的精神损害赔偿请求应该如何处理？

知识点：二审程序的特点、意义。

一、第二审程序的概念及意义

第二审程序，是指当事人不服地方各级法院未生效的一审判决或裁定而依法向上一级法院提起上诉，上级法院对案件进行审理和裁判所适用的程序。二审法院依法作出的判决一经送达，立即发生法律效力，当事人不得再提起上诉。同时由于当事人依法上诉是启动第二审程序的唯一手段，因此，二审程序又称为上诉审程序。

第二审程序是建立在第一审程序基础上的进一步审理，是第一审程序的继续和发展。二审既不是对一审的简单重复，也不能完全抛开一审重新审理，而是针对当事人的上诉请求，对一审认定的事实和法律进行审查并依法作出裁判。

第二审程序是我国民事诉讼制度的重要组成部分，二审程序的设置，反映了国家对当事人诉权的保护程度，其目的是一方面督促一审法官认真履行审判职责，纠正一审裁判出现的错误；另一方面，为当事人提供又一次的保护自己合法利益的机会，解除他们对裁判的疑虑。设立二审程序，有利于保护当事人的合法利益；有利于加强法院审判监督工作，保证法院正确行使审判权；有利于克服地方保护主义，严肃执法，维护社会主义法制的统一，更加体现诉讼的公正公平，实现法律正义。

二、第二审程序的特点

同样是民事案件的审理程序，二审与一审有许多相似之处。但第二审程序与第一审程序毕竟是两个相对独立的诉讼程序，二审程序又有自身的一些特点：

1. 二审程序是基于当事人依法行使上诉权而启动的，既可基于当事人一方不服一审判决和裁定而提起上诉，也可因双方当事人不服裁判而分别提出上诉。

2. 二审程序的审理对象是针对一审判决和裁定中所认定的事实、适用的法律以及审理的程序，不完全是基于当事人之间所争议的全部案件事实。

3. 在二审审理范围方面，人民法院不能就相关民事争议的事实与法律进行全面审理，它仅局限于当事人上诉请求的有关事实和法律，但判决违反法律禁止性规定、侵害社会公共利益或者他人利益的除外。

4. 在审判任务方面，二审不仅要确认当事人之间的民事权利义务关系，而且还担负着监督检查下级法院审判工作的任务。

除此之外，二审程序中的管辖、审判组织、审理期限、判决效力等方面也具有鲜明的特点。

引例解析：根据《民事诉讼法》第168条的规定，二审法院应当对上诉请求的有关事实和适用法律进行审查。在本案中，张某并未上诉，只是在答辩状中再次提出要求王某赔偿其精神损害4000元的请求，依据《最高人民法院关于民事经济审判方式改革问题的若干规定》第36条，作为被上诉人的张某在答辩中要求变更或者补充第一审判决内容的，第二审人民法院可以不予审查。

第二节　上诉的提起与受理

导入案例

某县基层人民法院判决了张三诉李四的名誉侵权赔偿案，并于3月1日向双方当事人送达了判决书。3月16日，李四向某市中级人民法院递交了上诉状，提出上诉。某市中级人民法院将上诉状退给李四，告知其上诉状应当向某县基层人民法院提出。某县基层人民法院于3月18日收到李四的上诉状以后，3月25日向张三送达了上诉状副本，并要求张三于10日内提交答辩状。张三在4月2日提交答辩状时声称李四的上诉行为已超过法定上诉期间，其上诉不应当被受理。某基层人民法院认为张三的答辩有理，李四的上诉超过上诉期间属实，于是裁定驳回李四的上诉。

问题：本案中，两级法院的做法哪些不符合我国民事诉讼法的规定？

知识点：上诉的条件及法院受理的法律后果。

上诉的提起与受理是二审程序中的重要环节。它有助于提高二审审理的效率，并能为二审的正确裁判提供一定的保障。

一、上诉的提起

（一）上诉的概念

上诉，是指当事人不服地方各级人民法院第一审未生效裁判，在法定期间内向上一级法院提出审理请求，要求撤销或变更一审裁判的一种诉讼行为。上诉权是当事人的一项重要诉讼权利。上诉权的行使是上一级法院开始第二审程序的唯一依据。当事人提起上诉的目的，旨在要求上级法院纠正一审裁判的错误，进一步维护自己的合法权益。

上诉与起诉都是当事人请求法院通过审理和裁判，保护自己的民事权益的诉讼行为，其区别在于：

1. 提起诉讼的原因不同。起诉发生的原因是当事人之间存在民事权利义务关系的争议，一方当事人请求法院维护其民事权利；上诉发生的原因是当事人不服第一审法院所作出的尚未生效的民事裁判，认为其存在认定事实错误、适用法律不当或者存在程序违法的情形，因而请求上级法院予以审查、撤销或变更。

2. 对提起诉讼的时间要求不同。起诉的期限应遵守实体法上的有关诉讼时效的规定；上诉则严格遵循民事诉讼法规定的上诉期限。

3. 管辖的法院不同。起诉应当向有管辖权的法院提出；上诉则是向作出一审裁判法院的上一级法院提出。

4. 提起诉讼的效果不同。起诉如符合法律规定的条件，则引发第一审程序的发生；而上诉则引发第二审程序即终审程序的发生。

（二）上诉的条件

当事人提起上诉，发动第二审程序，必须符合下列条件：

1. 是法律规定允许上诉的一审判决、裁定。根据我国民事诉讼法的规定，地方各级人民法院通过普通程序、简易程序审理后作出的第一审判决（其中包括上级法院发回重审后所作出的判决），当事人都可以对之提起上诉。对于民事裁定，当事人只能对不予受理的裁定、驳回起诉的裁定和管辖权异议的裁定提起上诉。

2. 有法定上诉人和被上诉人。上诉人，是指依法提起上诉的一方当事人；被上诉人，是上诉人的对方当事人，指与上诉人上诉请求有利益冲突的、没有提起上诉的人。在民事诉讼中，有权提起上诉而成为上诉人的应当是依据一审判决享有实体权利或者承担实体义务的人。具体包括原告、被告、共同诉讼人、诉讼代表人、有独立请求权的第三人、判决让其承担民事义务的无独立请求权的第三人。无诉讼行为能力当事人的法定诉讼代理人以及经当事人特别授权的委托代理人也可以代理当事人提起上诉。

一般情况下，上诉人和被上诉人比较容易确定：不服一审裁判而提起上诉的一审当事人就是上诉人，而被上诉人提起上诉的一审当事人就是被上诉人。但实务中常出现一些特殊情形，需要进行具体处理。根据最高人民法院的有关司法解释，对以下几种情形作具体处理：

（1）双方当事人和依法有上诉权的第三人都提出上诉的，均列为上诉人。彼此之间互为被上诉人。

（2）共同诉讼中，普通的共同诉讼人各自可以独立地行使上诉权，其上诉行为仅对自己有效，不涉及其他共同诉讼人。必要的共同诉讼人可以全体提起上诉，也可以一人或部分人提出上诉，其中一人提起的上诉，经其他共同诉讼人同意的，对全体发生效力。对必要的共同诉讼中一人或部分人提出上诉，而其他人不上诉时，诉讼地位按下列方法确定：①如果该上诉是与对方当事人之间权利义务分担有意见，不涉及其他共同诉讼人利益的，对方当事人为被上诉人，未上诉的同一方当事人依原审诉讼地位列明；②如果该上诉仅是对共同诉讼人之间的权利义务分担有意见，不涉及对方当事人利益的，未上诉的同一方当事人为被上诉人，对方当事人依原审诉讼地位列明；③如果该上诉是对双方当事人之间以及共同诉讼人之间权利义务分担有意见的，未上诉的其他当事人均为被上诉人。

案例（12－1）： 甲在某报发表纪实报道，对明星乙和丙的关系作了富有想象力的描述。乙和丙以甲及报社共同侵害了他们的名誉权为由提起诉讼，要求甲及报社赔偿精神损失并公开赔礼道歉。一审判决甲向乙和丙赔偿1万元，报社赔偿3万元，并责令甲及报社在该报上书面道歉。报社提起上诉，请求二审法院改判甲和自己各承担2万元，以甲的名义在该报上书面道歉。二审法院如何确定当事人的地位？

本案中，甲和报社共同侵权，为必要共同诉讼的被告。报社上诉，请求二审法院改判甲和自己各承担2万元，并要求甲在该报上书面道歉。这说明报社对甲和对方当事人均有意见，因此，报社是上诉人，甲、乙、丙均为被上诉人。

（3）作为当事人的法人或者其他组织分立的，人民法院可以直接将分立后的法人或其他组织列为共同诉讼人；合并的，可将合并后的法人或其他组织列为当事人，无须将案件发回原审人民法院重审。其诉讼地位依原审诉讼地位列明。

3. 在法定期间内提出。《民事诉讼法》第164条规定，当事人不服第一审判决、裁定而提起上诉的，上诉期间分别为15天和10天。由于判决是对实体权利义务的认定，裁定涉及的只是程序问题，所以与裁定相比，对于判决是否上诉，给予了当事人更多的考虑时间。

上诉期间，是法律规定的允许当事人提起上诉的时间段，如果当事人在上诉期间内不行使上诉权，则上诉权丧失，一审裁判发生法律效力。

上诉期间的计算，应当从第一审判决书、裁定书送达当事人后的第二日起算。各方当事人收到判决书、裁定书的时间不相同的，从各自收到判决书、裁定书的第二日起算。普通的共同诉讼人的上诉期间，应当以共同诉讼人各自收到法院判决书、裁定书的第二日开始分别计算；必要的共同诉讼人的上诉期间，以最后一个共同诉讼人收到判决书、裁定书的时间为准计算。在代表人诉讼中，法院可将判决书、裁定书直接送交其代表人签收。上诉期间从代表人签收之日的第二日起算。

4. 提交上诉状。上诉状是当事人表示不服第一审法院裁判的书面表现形式，是第二审法院接受当事人上诉请求的依据。当事人提起上诉，必须向法院提交上诉状。一审宣判时或判决书、裁定书送达时，当事人口头表示上诉的，法院应当告知其必须在法定的上诉期内提交上诉状。未在法定期限内提交上诉状的，视为没有上诉。

当事人应当向原审法院提交上诉状，并按照对方当事人或者代表人的人数提出副本。根据《民事诉讼法》第165条的规定，上诉状应当具备以下内容：①当事人的姓名，法人的名称及其法定代表人的姓名或者其他组织的名称及其主要负责人的姓名；②原审法院名称、案件的编号和案由；③上诉的请求和理由。

民事上诉状

上诉人：姓名、性别、年龄、民族、工作单位、职业、住址、联系方式。

被上诉人：姓名、性别、年龄、民族、工作单位、职业、住址、联系方式。

上诉人因________一案，不服________人民法院________年________月________日（　　）　字第________号________，现提出上诉。

上诉请求：

上诉理由：

此致

________人民法院

上诉人

年　　月　　日

附：本上诉状副本______份。

二、上诉案件的受理

上诉的受理，是指第二审法院依法对上诉进行审查，对符合法定条件的上诉表示接受并决定立案审理的诉讼行为。

根据《民事诉讼法》第166、167条的规定，上诉的受理应按以下程序进行：

1. 通过原审法院提交上诉状。当事人提起上诉，原则上向原审法院提出，并按对方当事人的人数提出上诉状副本。当然，为消除当事人的疑虑，也可以直接向第二审法院提交上诉状。二审法院在收到上诉状后，应当在5日内将上诉状移交原审法院。

2. 原审法院收到上诉状后，应当在5日内将上诉状副本送达对方当事人，并限其在收到上诉状副本之日起15日内提出答辩状。原审法院应当在收到答辩状之日起5日内将答辩状副本送达上诉人。对方当事人逾期不提交答辩状的，不影响法院对案件的审理。

3. 原审法院收到起诉状、答辩状后，应当在5日内连同全部案卷和证据，报送第二审法院。

须说明的是，上诉案件的立案权属于第二审法院，原审法院所作的移交各种上诉材料工作应理解为是对第二审法院工作的协助，不能认为原审法院有权决定上诉的立案。

第二审法院收到第一审法院移送的上诉材料及一审案件卷宗，应当进行下列审查：①上诉状、一审裁判文书是否齐全。②上诉人递交的上诉状的时间是否在法定期限内；如果上诉逾期，是否提交了申请顺延上诉期限的书面材料。③上诉人是否交纳了诉讼费用；如果未交诉讼费用，是否属于缓、减、免的情形。对卷宗、材料不全的应当及时通知原审法院补正。

第二审法院立案机构经过审查，认为有关材料无误的，应当填写立案登记表，编立案号，向当事人发送上诉案件受理通知书和应诉通知书，并将案卷材料移交有关审判庭。

上诉案件受理后将产生下列法律后果：阻断一审裁判的法律效力；在当事人与第二审法院之间产生诉讼法律关系。

三、上诉的撤回

上诉的撤回，是指上诉人在第二审法院受理上诉后、裁判宣告送达前主动放弃诉讼请求的一种诉讼行为。撤回上诉是基于当事人的处分权，也是当事人行使处分权的具体表现。

根据民事诉讼法及有关司法解释，撤回上诉，必须符合以下条件：①撤回上诉的主体仅限于上诉人或其法定代理人；②撤回上诉的时间必须是在受理上诉后至第二审法院宣判前；③须由当事人自愿提出，法院不得强迫或变相强迫；④是否准许由第二审法院裁定。裁定可以采取书面和口头两种形式。经审查，如果认为一审判决确有错误，或者双方当事人恶意串通损害国家、集体或第三人合法权益的，或者规避法律、逃避制裁的，应裁定驳回申请，不准撤回上诉。另外，上诉人逾期不交诉讼费用又不提交缓交申请，视为自动撤回上诉。

上诉一经撤回，将产生如下法律后果：撤回上诉的当事人丧失对本案的上诉权；第二审程序终结，一审裁判生效。

与撤回起诉不同的是，撤回上诉后，即使上诉期间未满，也不得再行上诉。

引例解析：本案中，两级法院的做法不符合民事诉讼法规定的有四处：①当事人向第二审人民法院提交上诉状的，二审法院应当在5天内将上诉状移交原审法院。因此，某市中级人民法院将上诉状退给李四的做法是错误的。

②某县人民法院在3月18日收到上诉状，3月25日送达上诉状副本，超过了法定5天的期间。③二审提交答辩状的期间是15日。某县基层人民法院要求张三于10日内提交答辩状的做法是错误的。④即使李四的上诉已超过期限，某县人民法院亦无权驳回上诉，而只能报请第二审人民法院裁定驳回上诉。

第三节 上诉案件的审理和裁判

导入案例

陈甲之父陈乙死后，留有遗产房屋三间。陈甲准备将父亲遗留的房屋卖掉时，其堂弟陈丙不同意，认为陈甲不能以个人名义处理此项遗产，理由是陈甲在外地工作时，自己曾对伯父尽过赡养义务，也应有此房的继承权。陈甲不予理睬，陈丙只好向法院起诉。一审法院经过审理认为：陈丙确实对陈乙尽过赡养义务，但陈甲是陈乙儿子，是法定继承人，所以房产归陈甲所有。陈丙不服一审判决提出上诉。二审法院认为：一审法院在认定案件的事实方面是清楚的，但对陈丙是否享有继承权在适用法律上是错误的。于是传唤双方当事人到庭进行调解，未达成协议，遂裁定撤销原判决，发回原审人民法院重审。

问题：二审法院的做法是否符合法律规定?

知识点：二审程序审理及裁判的特点。

一、上诉案件的审理

就基本程序而言，第二审程序与第一审程序大致相同，也要经过审理前的准备（包括由审判员组成合议庭、审阅案卷，确定审理方式和地点）和开庭审理（包括开庭准备、法庭调查、法庭辩论、合议庭评议）等诉讼阶段。《民事诉讼法》第十四章仅就二审程序与一审程序的不同作出规定，没有规定的，仍然适用第一审普通程序的有关规定。

（一）上诉案件的审理范围

《民事诉讼法》第168条规定："第二审人民法院应当对上诉请求的有关事实和适用法律进行审查。"依据"不告不理"的原则，第二审法院对上诉案件的审理范围仅限于上诉请求的有关事实和法律适用。"有关事实"包括上诉人在一审中提出的事实和证据以及在上诉审中提出的新事实和证据；"有关的法律适用"包括原审法院审理过程中对民事诉讼法的适用是否正确以及对案件裁判所适用的实体法是否正确。第二审法院既要对与上诉请求有关的事实进行审查，又要对与上诉请求的有关法律问题进行审查。由此看出，我国民事诉讼第二审既是事实审，又是法律审。

对上诉案件的有限审查充分地尊重当事人的处分权和辩论权。因为当事人的上诉是引起二审程序启动的唯一依据，当事人对不服一审裁判的哪些方面提起上诉，这完全是上诉人的权利。既然当事人已经接受裁判中的某些部分而不再提起上诉，二审法院也就没有必要依职权进行审查。

同时，整个二审都围绕上诉请求的事实和法律展开，对上诉人没有提出异议的事实、法律以及被上诉人在答辩中要求变更或补充第一审判决内容的不予审理，但为了维护法律的权威，加强审判监督，对一审判决中违反法律禁止性规定、侵害社会公共利益或者他人利益的则必须予以纠正。

（二）审理方式

二审案件的审理方式，主要是指第二审法院审理民事案件所采用的审判组织形式及审理案件所采用的具体形式等问题。民事诉讼法规定，第二审法院对上诉案件的审理，应当组成合议庭开庭审理。经过阅卷、调查和询问当事人，在事实核对清楚后，合议庭认为不需要开庭的，也可以径行判决、裁定。因而，第二审程序审理民事案件的审理方式有两种：开庭审理和径行裁判。

对一般上诉案件，审判人员依法组成合议庭，在传唤双方当事人和其他诉讼参与人到庭之后，进行开庭审理，展开法庭调查、辩论并在此基础上进行评议和作出最终判决。这是保证上诉案件正确裁判所必需的。因此，开庭审理方式是原则性规定。

二审法院组成的合议庭经过阅卷、调查和询问当事人，对没有提出新的事实、证据或者理由，认为不需要开庭审理的，可以不开庭审理，直接作出裁判。这种不开庭审理的方式即径行裁判的方式，是为了简化诉讼程序，节约诉讼成本，是对那些无需开庭，案情事实已很清楚的情况所作的例外规定。

由于不开庭审理，客观上剥夺了当事人诉讼中的相互辩论权，不利于保证当事人实现上诉权，同时，如果过多使用径行裁判的方式，无形中增大二审裁判发生错误的可能性。因此，根据有关法律及司法解释，径行裁判方式的使用受到一定的限制。径行裁判的具体适用范围是：①一审不予受理、驳回起诉和管辖权异议裁定的案件；②当事人提出的上诉请求明显不能成立的案件；③原审裁判认定事实清楚，但是适用法律错误的案件；④原判决违反法定程序，可能影响案件正确判决，需要发回重审的案件。

须说明的是，我国民事诉讼法所规定的径行裁判并非国外民事诉讼中的“书面审判”制度，后者是在既不开庭审理，又不询问当事人或作任何调查核实的情况下，直接根据双方当事人的上诉、答辩意见和案卷材料，作出判决的一种审理方式。

案例（12-2）：G公司与某员工有一劳动争议纠纷。G公司不服一审判决，向二审法院提起了上诉。二审法院没有开庭审理本案，也没有询问当事人，只是向G公司发一通知：本庭决定对本案进行书面审理，不再开庭调查，你方除上诉状外如有补充意见，可于收到本通知后5天内书面向本庭提交。本案由审判员×××、×××、×××组成合议庭，×××担任书记员。你方如对上述合议庭成员或书记员申请回避，应于收到本通知后5天内书面向本庭提出。逾期本庭将径行作出裁判。结果，二审作出了维持原判的判决。

根据民事诉讼法规定，第二审人民法院对上诉案件，应当组成合议庭，开庭审理。经过阅卷和调查，询问当事人，在事实核对清楚后，合议庭认为不需要开庭审理的，可以径行判决、裁定。本案例中，二审法院审理G公司案件的做法确有不当之处。

（三）二审案件审理的地点和审理期限

第二审法院审理上诉案件，可以在本院进行，也可以到案件发生地或原审法院所在地进行。一审法院一般距离当事人住所地、案件发生地较近，而二审法院则较远，法律如此规定，其出发点是为了便利当事人诉讼，便于法院正确、及时、公正地审理上诉案件。

法院审理上诉案件，应当在第二审立案之日起3个月内审结。有特殊情况需要延长的，由本院院长批准。对于上诉的裁定，应当在立案之日起30日内作出裁定。

二、上诉案件的裁判

针对二审案件审理的不同情况，二审法院对上诉案件依法作出不同的裁判。在一定情况下，也可以对案件进行调解。

（一）对不服一审判决提起上诉的案件的处理

二审法院通过对上诉案件的审理，根据案件的不同情况，分别作出判决或裁定。

1. 驳回上诉，维持原判。二审法院经过审理，认为原判决对上诉请求的有关事实认定清楚，适用法律正确的，判决驳回上诉，维持原判。之所以采用判决而不是裁定的形式，是因为维持原判，就意味着当事人之间的实体权利义务依照一审判决被确定下来，二审通过判决的形式实际上是对当事人之间的实体权益争议作了处理。

2. 依法改判。二审法院经过审理，认为原判决对上诉请求的有关事实认定错误或者适用法律错误的，可以根据现有证据纠正一审判决认定的事实，或在确认一审判决认定的事实的同时纠正原判决在适用法律上的错误，并依法改判。这种改判既符合二审的审判监督职能，又可以提高诉讼效率。

3. 发回重审。第二审法院认为原审法院原判决遗漏当事人或者违法缺席判决等严重违反法定程序的，应裁定撤销原判发回原审法院重新审理。"违反诉讼程序"具体是指：应当组成合议庭审理，但一审法院采取独任审理的；承办案件的审判人员应当回避而未回避的；未经开庭审理而作出判决的；必须到庭的当事人未经传唤到庭即缺席判决的；当事人不适格却未进行更换的；其他违反法定程序的。

4. 发回重审或依法改判。如原判决认定基本事实不清的，二审法院根据现有证据无法判断案件事实究竟如何，应裁定撤销原判决，发回原审人民法院重审，也可以在查清事实后依法改判。发回重审的案件，原审法院仍应按第一审程序审理，审理后作出的裁判为一审裁判，当事人不服可以上诉，但第二审人民法院不得再次发回重审。

（二）对不服一审裁定提起上诉的案件的处理

民事诉讼法明确规定，当事人对不予受理的裁定、管辖权异议的裁定和驳回起诉的裁定可以依法提起上诉。二审法院受理该上诉案件后，通过法官的阅卷、调查，在查清事实的基础上，直接作出裁判。对不服一审裁定的上诉案件的处理，一律使用裁定。对于原裁定认定事实清楚、适用法律正确的，裁定驳回上诉，维护原裁定；原裁定认定事实错误或者适用法律错误的，裁定撤销或变更原裁定，作出如下处理：①认为不予受理的裁定错误，在撤销原裁定同时，指令第一审人民法院立案；②认为驳回起诉的裁定错误，在撤销原裁定同时，指令第一审人民法院继续审理；③认为管辖权异议的裁定错误，在撤销原裁定同时，指令第一审人民法院进行审理或将案件移送有管辖权的法院。

由于上诉的三个裁定涉及的是单纯的程序问题，并未涉及实体权利义务的认定，所以不存在发回原审法院重新裁定的情况。另外，审理不服一审裁定的上诉案件，人民法院也不得调解。

（三）二审裁判的法律效力

依据两审终审制的要求，第二审法院的裁判为终审裁判。终审裁判一经送达，即发生法律效力。其法律效力主要体现在以下三个方面：

1. 不得对裁判再行上诉。第二审法院的裁判是对当事人之间实体权利义务的最终确认，一经送达即发生法律效力，当事人不得就此再行上诉。如果当事人认为第二审法院的裁判确有错误，只能按照审判监督程序向人民法院申请再审。

2. 不得就同一诉讼标的，以同一事实和理由重新起诉。根据“一事不再理”原则，第二审法院的裁判一经送达，当事人之间争议的事实即产生了既判力，当事人不得就同一诉讼标的，以同一事实和理由重新起诉，但是，判决不准离婚、调解和好的离婚案件以及判决维持收养关系的案件、调解维持收养关系的案件除外。这些案件之所以可以“除外”，是因为这一类案件往往涉及当事人之间的特殊身份关系，含有强烈的伦理、感情因素，因此不能完全等同于一般民事案件。

3. 具有强制执行的效力。具有给付内容的裁判，如果义务人拒不履行义务，对方当事人有权向法院申请执行，法院也可以视情况依职权采取强制措施，以促使义务人履行义务，保证权利人权利的实现。

三、上诉案件的调解

法院调解是民事诉讼法的一项基本原则，不论是第一审程序还是第二审程序都可以根据自愿、合法原则进行调解。因此，调解也是第二审程序中的结案方式之一。

根据法律规定，在二审中，法院可以组织双方当事人对案件进行调解，但是，二审中的调解与一审所进行的调解有所不同，调解所涉及的范围也有一定的特殊性。表现在：

1. 在二审程序中，达成调解协议的都应制作调解书，由审判员和书记员署名并加盖人民法院的印章。这是因为二审的调解是否成立，直接关系到一审裁判是否发生法律效力的问题。强制规定二审调解协议必须制作调解书，是为了防止不必要的纠纷或争议的出现。

2. 二审调解书一经送达，原审法院的判决即视为撤销。

3. 二审中出现特殊情况，不宜适用判决方式时，可以实施调解。如，原审原告增加独立的诉讼请求、原审被告提出反诉的；一审遗漏必须参加的诉讼当事人的；当事人一审提出的诉讼请求而一审法院未作审理、判决的；一审对离婚案件判决不准离婚而二审判决离婚并需要对子女抚养、财产问题作出处理的等。

由此可见，在二审调解中，不受当事人上诉请求范围的限制，充分体现调解在二审中所发挥的独特作用。当然，调解不成，二审法院应当分别情况予以处理。

引例解析：二审法院不能裁定撤销原判，发回原审人民法院重审。根据《民事诉讼法》的规定，二审法院对上诉案件，经过审理认为原判决认定事实清楚，但适用法律有错误的，应当依法改判。同时，本案也不符合调解不成，即发回重审的情形。因为在本案二审过程中，既未追加新的当事人，又未增加诉讼请求或提出反诉。二审案件都可进行调解，但调解不成，并不一定要发回重审。所以本案中二审法院的做法是不符合法律规定的。

本章重点内容小结

1. 第二审程序是第一审程序的继续和发展，是以第一审程序为前提和基础，针对当事人的上诉请求，对一审认定的事实和适用法律进行审查并依法作出裁判。因此，一审、二审之间存在着必然的联系，但同时在启动方式、审理对象和范围以及审判任务等方面又有本质的区别。

2. 上诉的提起与受理是二审程序中的重要环节。当事人提起上诉必须符合法定的条件，法院受理上诉案件也必须严格遵循法定的程序。

3. 第二审的审理程序在基本框架上遵循民事诉讼法第一审程序的相关规定，但同时具有自己的特点，如审理范围仅限于上诉请求的有关事实和法律适用，审理方式包括开庭审理和径行裁判两种等。

4. 针对二审案件审理的不同情况，二审法院对上诉案件的裁判有所不同。同时，在法律规定的情况下，二审法院也可以对二审案件进行调解。

关键词：第二审程序　上诉条件　上诉审理　发回重审

实务训练

（一）示范案例

案情：某离婚案件的当事人甲与乙系一对年轻夫妻，二人因一时斗气，甲提出离婚。某市区法院一审判决准予双方离婚后，乙不服上诉。在市中级人民法院审理过程中，甲乙双方经亲友劝解，表示愿意和好。一天，甲与乙二人来到中级人民法院找到承办人说明情况，申请撤回起诉和上诉。

为了满足本案当事人和好的要求，中级人民法院可否同意他们的撤诉申请？请简述理由。

分析：依据民事诉讼法的精神，上诉案件宣判前，原告是可以申请撤诉的，但是，案件一旦撤诉，一审判决即生效。本案中，当事人如果撤诉，一审离婚判决即生效，这与当事人双方的和好愿望背道而驰。因此，人民法院可告知当事人通过调解方式达到目的。因为民事诉讼法规定，二审达成调解协议的，原审人民法院的判决即视为撤销。

（二）习作案例

甲乙两公司签订了一份买卖合同。甲公司在合同约定的时间请求乙公司支付预付款，但乙公司迟迟没有回应。到了交货日，甲公司因货源短缺无法履行合同义务，乙公司便向某市甲区人民法院提起诉讼，要求甲公司按照合同约定交付货物，并赔偿由此所造成的损失。一审法院经过审理，判决甲公司向乙公司履行交货义务，并赔偿损失30万元。甲公司不服，在收到判决书的第八天向某市中级人民法院提交了上诉状，称一审判决认定事实有错误，要求确认合同无效。二审法院受理了该案，经过审理，认为甲乙双方签订的买卖合同有效，甲公司未按照合同约定交货，应当承担违约责任；乙公司未按照约定支付预付款，也应当承担相应的责任。因此，根据案件事实依法改判：甲、乙公司各自承担自己的经济损失，一、二审诉讼费用由双方分担。

请问：

（1）甲公司的上诉是否符合民事诉讼法的规定？

（2）如果甲公司上诉后的第三天撤回了上诉，一审判决是否生效？

（3）如果乙公司未上诉，但在二审答辩状中要求法院解除合同，二审法院应如何处理？

（4）如果甲公司在二审法院审理案件的过程中要求撤回上诉，而此时二审法院认为一审判决确有错误，应当如何处理？

思考题

1. 如何理解第二审程序与第一审程序的关系？
2. 试述第二审法院审理上诉案件的特点。
3. 简述二审调解的范围。

延伸阅读

上诉条件的限制

从维护诉讼公正的角度来说，上诉作为对当事人的一种保护措施和救济机制是完全必要的。但我国现行民事诉讼立法对当事人提出上诉的条件过于宽泛，几乎没有实质意义上的限制，这就导致我国二审民事案件的数量居高不下，其中不乏滥用上诉权的情形出现，主要表现为：故意利用上诉的时间转移财产，逃避债务；拖延诉讼，增加成本，迫使对方当事人放弃权利或被迫达成调解或和解协议；寻找机会，采用不正当手段获取胜诉判决等。这不仅浪费司法资源，降低诉讼效率，影响上诉审功能的正常发挥，更会因违背诉讼程序中的诚实信用原则，严重侵害对方当事人的合法权利，降低司法的公信力。

为避免当事人基于不正当的目的提起不正当上诉，大多数国家的民事诉讼立法都对当事人的上诉给予适当的限制。如德国、日本等国的民事诉讼立法中就要求当事人的上诉必须具备上诉的利益即不服利益，同时，从案件的类型或争议的金额等方面对上诉予以适当限制，对恶意上诉者建立了赔偿责任制度等有效的制裁机制。

我国现行民事诉讼法对上诉条件仅作了形式上的规范要求，并未对上诉作严格的实质要件的限制，这是导致上诉率高的一个不可忽视的原因。因此，为防止当事人滥用上诉权，适当增加上诉实质要件，如上诉人必须有上诉的利益等是极其有必要的。我国应在借鉴世界其他国家民事诉讼立法的基础上，对上诉条件加以进一步的限制，以防止滥用上诉权的现象发生。

第十三章　再审程序

学习目标

1. 了解再审程序的概念及意义。
2. 理解再审程序的提起主体及条件。
3. 掌握再审程序的审理和裁判的过程。

学习任务

再审程序的合理运用。

第一节　再审程序概说

导入案例

某一审法院判决甲赔偿乙医药费和精神损失费共计7万元。判决生效后，乙以通货膨胀、物价上涨为由向法院申请再审，要求增加医疗费。

问题：法院如何处理乙的申请？

知识点：再审程序的含义、性质及作用。

一、再审程序的概念

根据现行民事诉讼法的审级制度，一审或二审裁判一旦发生法律效力，当事人之间的民事权利义务关系即确定下来。但生效的裁判可能出现错误，本着对当事人负责、对法律负责的精神，民事诉讼法设置了一种在特定条件下可以启动的审判程序并以此纠正裁判中的错误，这就是再审程序。

再审是人民法院对裁判已经发生法律效力的案件再一次进行审理并重新作出裁判的诉讼活动。再审程序，也称审判监督程序，是对于已经发生法律效力的判决、裁定、调解书发现确有错误，人民法院依法再次进行审理所适用的程序。再审程序并不是每一个民事案件必经的程序，只是对于已经发生法律效力并且符合再审条件的判决、裁定、调解书才能适用的一种特殊的补救程序。

我国现行民事诉讼法是以“审判监督程序”为称谓规定了再审程序。民事诉讼理论上也认为审判监督程序即为再审程序。

二、再审程序的特征

根据民事诉讼法的规定，作为一种纠正生效裁判错误的诉讼程序，与第一审程序和第二审程序相比，再审程序具有以下显著特征：

1. 它是审级制度结构之外的救济程序。按照我国的民事诉讼审级制度，第一审程序和第二审程序应当属于诉讼通常程序。第一审程序是诉讼的基础程序，对一审裁判不服，当事人启动第二审程序也是件容易的事。而再审程序只有在特定情形下，生效裁判确有可能存在错误时才能启动。这一诉讼程序具有明显的补救性质。从性质上说，再审程序是一种事后救济程序，它不属于审级制度内的结构，不构成独立的审级。

2. 法院裁判已经发生法律效力并存在严重错误，程序才能启动。通常认为，一审是针对当事人诉讼请求所涉及的民事案件本身；二审是针对一审未生效的裁判所认定的事实、理由及所适用的法律、程序。对再审而言，只有当法院作出的生效裁判确实存在错误，对司法公正构成威胁时，才可以启动再审程序，以纠正该生效裁判的错误。

3. 启动程序的主体不限于当事人。一审和二审程序一般只能由与案件有利害关系的当事人基于诉权而启动，其他任何机关、团体或个人不得提起。一审中，当事人基于起诉权提起；二审中，当事人基于上诉权提起。而对于再审程序来说，启动再审程序的主体除当事人外，还包括人民法院和人民检察院。其中，当事人基于申请再审权启动再审程序，人民法院基于审判监督权启动再审程序，人民检察院基于检察监督权启动再审程序，这与启动一审、二审程序的主体只能是当事人有明显差异。

4. 再审案件没有设立专门独立的审判程序。现行民事诉讼法对再审案件的审判没有设立专门的、独立的再审程序，而是根据不同的情况分别适用第一审程序或者第二审程序：如果案件只经过第一审裁判就已生效，应适用第一审程序进行再审；如果案件经过第二审裁判才生效，或者是由上级人民法院提审的案件，应适用第二审程序进行再审。

简言之，再审程序不是案件审理所适用的正常程序，而是具有补救性质的一种非常态的程序。设置目的是通过对案件的再一次审理，纠正已发生法律效力的裁判中的错误，以保证案件审理的公正性和合法性。

三、再审程序的意义

应该说，人民法院已经依法作出的生效裁判，任何机关、团体和个人都无权再变更或撤销，以维护法律的稳定性和严肃性。但维持生效裁判的稳定性和严肃性必须建立在正确性的基础上。由于民事案件的纷繁复杂，再加上一些司法人员业务素质不高及工作中出现的失误都可能造成已经生效的裁判出现错误。如果确实存在较为严重的错误，就应当通过再审加以改变。从某种意义上说，再审程序与第二审程序在设立的目的上有相通之处，即都是为了纠正法院裁判中的错误，保证裁判的正确性。但作为再审程序还具有特殊的法律意义：

第一，再审程序是对合法民事权益的更完善的保护。即使是已经发生法律效力的裁判，一旦发现错误，仍可以通过法律程序得到纠正。

第二，再审程序的设立是对我国两审终审制的一种必要补充。世界上多数国家和地区的民事案件审理实行三审终审制。一个案件最终可以通过三次审理，使错误裁判得到更多被纠正的机会。而我国目前采取的是两审终审制，案件经过两次审理，所作出的生效裁判仍可能存在事实认定或法律适用上的错误，以再审程序作为两审终审制的补充，就增加了必要的纠错机会。当然，再审是一种特殊的复审程序，是在生效裁判有严重瑕疵的情况下不得已而采取的补救措施，因此，启动再审程序应当慎重。

随着改革开放和经济社会的发展，经济成分、组织形式、利益关系日趋多样化，新情况、新问题不断出现，民事纠纷日益增多，人民法院在审理过程中遇到许多新问题和难题，其中“再审难”问题尤为突出，与“执行难”并列，成为长期困扰司法界的重大疑难问题。为了解决当事人的“再审难”问题，切实保障当事人申请再审的权利，同时规范申请再审的行为，避免一些当事人无理缠诉，在现行民事诉讼法的基础上，全国人大常委会于2007年、2012年两次对再审程序作出修改，最高人民法院也作出了《关于适用〈中华人民共和国民事诉讼法〉审判监督程序若干问题的解释》，进一步规范再审程序的适用，确保司法公正，提高审判质量，维护司法权威与尊严，保护当事人的合法权益。

引例解析：再审是针对人民法院作出的生效裁判在事实、法律或者程序适用上确实存在错误而启动的一种救济程序。民事损害赔偿案件中，当事人以物价变动为由向人民法院申请再审，超出了原审诉讼请求范围，不属于“生效裁判确有错误”的再审理由，人民法院应当依法予以驳回，告知当事人另行起诉。

第二节　再审程序的提起

导入案例

张某诉季某人身损害赔偿一案判决生效后，张某以法院剥夺其辩论权为由申请再审。在法院审查张某再审申请期间，检察院对该案提出抗诉。

问题：法院对检察院的抗诉如何处理？

知识点：再审程序的提起方式。

一、人民法院决定再审

人民法院决定再审，即人民法院依职权提起再审。人民法院发现本院或者下级人民法院已经发生法律效力的判决、裁定、调解书确有错误，有权决定对案件进行再次审理。人民法院是国家的审判机关，代表国家行使审判权。决定对生效裁判确有错误的民事案件进行再审，是人民法院行使审判监督权的表现。

（一）人民法院决定再审的适用条件

根据民事诉讼法相关规定，人民法院决定再审须具备下列条件：

1. 民事案件的判决、裁定、调解书已经发生法律效力。人民法院决定再审的案件，不仅是针对以判决、裁定方式结案的案件，而且还包括以调解方式结案的案件。生效的判决包括一审法院所作的在上诉期内当事人未上诉的判决，以及二审法院所作的终审判决；生效的裁定包括一审作出、二审维持的不予受理的裁定和驳回起诉的裁定。对人民法院作出的判决、裁定尚未发生法律效力的案件，人民法院不得依职权提起再审。

生效的调解书既包括一审法院作出的调解书也包括在二审程序中制作的调解书。实务中，一些当事人严重违反诚信原则，通过欺诈、胁迫、恶意串通等手段，利用调解方式达到损害国家、社会公共利益及他人合法利益的非法目的，有必要对这种错误的调解书予以纠正。

2. 已经生效的判决、裁定、调解书确有错误。判决、裁定、调解书没有错误的案件，人民法院没有必要提起再审，也不应当提起再审，否则就是浪费司法资源，造成当事人讼累。判决、裁定、调解书“确有错误”既包括认定事实有错误，也包括适用法律有错误，还包括程序适用上的错误。须说明的是，“确有错误”仅是人民法院初步审查认定的结果，至于判决、裁定、调解书是否确实存在错误，必须经过再审程序审理才能确定。在审判实务中，通过再审审理终结的案件也有维持原判的情况。

3. 由法定的主体提起或者决定。对于原审法院作出的已经发生法律效力的判决、裁定、调解书，应当由原审法院院长提交审判委员会讨论决定是否再审；对于地方各级人民法院已经发生法律效力的判决、裁定、调解书，最高人民法院、上级人民法院有权决定再审。

（二）人民法院决定再审的方式

人民法院决定再审分为原审法院自行再审、最高人民法院提审或者指令再审、上级人民法院提审或者指令再审三种方式。

1. 原审法院自行再审。原审法院是指作出生效裁判的法院。原审法院发现本院作出的生效裁判确有错误，基于人民法院的审判职权，理应予以纠正。因此，《民事诉讼法》第198条第1款规定，“各级人民法院院长对本院已经发生法律效力的判决、裁定、调解书，发现确有错误，认为需要再审的，应当提交审判委员会讨论决定”。由审判委员会集体讨论决定是否再审，是民主集中制在审判监督程序中的具体运用。

2. 最高人民法院提审或者指令再审。最高人民法院是国家最高的审判机构，它负责对地方各级人民法院和专门法院的审判工作进行指导和监督，对地方各级人民法院和专门法院已发生法律效力的判决、裁定、调解书，发现确有错误的，有权提审或者指令再审。提审就是将地方各级人民法院、专门法院作出生效裁判的案件提到最高人民法院，由最高人民法院亲自审理。提审制度有利于克服地方保护主义的弊端，保证案件公正、及时得到审理。指令再审，就是指令原审人民法院或者原审人民法院的上级人民法院对裁判已经生效的案件进行再审。其中，由第一审人民法院作出生效裁判的案件，原审人民法院为第一审人民法院；由第二审人民法院裁判的案件，原审人民法院为第二审人民法院。

3. 上级人民法院提审或者指令再审。上级人民法院对下级人民法院具有审判监督权，对下级法院作出的确有错误的生效裁判应当予以纠正。上级人民法院对于下级人民法院已经发生法律效力的判决、裁定、调解书，发现确有错误的，有权提审或者指令下级人民法院再审，以维护法律的尊严和人民法院的权威性。上级人民法院指令再审的，应当指令原审人民法院再审。其中，由第一审人民法院作出生效裁判的案件，应当指令第一审人民法院再审；由第二审人民法院作出生效裁判的案件，应当指令第二审人民法院再审。

需要注意的是，如果需要再审的案件是上级人民法院审理并作出裁判的，只能由上级人民法院自行再审，不得指令下级人民法院再审。例如，某合同纠纷经过了区基层人民法院一审、市中级人民法院二审，所作的裁判生效后，如果市中级法院发现该生效裁判确有错误，需要再审，只能由市中级人民法院自行再审而不能指令区基层人民法院再审。

案例（13-1）： 李某因买卖合同纠纷，向A市B区法院提起诉讼，B区法院判决驳回李某的诉讼请求。李不服法院判决，向A市中级人民法院提起上诉，市中级人民法院判决驳回上诉，维持原判。李仍然不服，遂向A市中级人民法院进行申诉。经A市中级人民法院院长提交审判委员会讨论，认为一、二审法院对此案作出的两个判决，在认定事实上和适用法律上均不妥当，遂裁定将此案发回B区法院再审。

本案经过了一审、二审，最后是由A市中级人民法院作出的终审判决。根据民事诉讼法规定，再审的案件是由上级人民法院审理并作出裁判的，只能由上级人民法院自行再审，不得指令下级人民法院再审。A市中级人民法院发现生效的裁判有错误，只能自行再审，不能指令A市B区法院再审。因此，将其退回B区法院重审是错误的。

二、当事人申请再审

（一）当事人申请再审的概念和意义

当事人申请再审，是指当事人认为法院作出的已经发生法律效力的判决、裁定有错误，或者提出证据证明已生效的调解书违反自愿合法原则，而依法提出申请，请求人民法院对已经审结的民事案件进行再次审理和裁判的诉讼行为。

申请再审不同于申诉。申诉是公民或社会组织对某一问题的处理结果认为不正确，而向有关机关申述理由请求重新处理的行为。它是宪法赋予公民、法人和其他组织的一项民主权利。从广义上说，任何公民或组织对人民法院作出的生效裁判认为有错误，都可以依法向有关机构提出请求，要求法院重新审判。申诉并不必然引起再审程序，只是法院和其他机关发现裁判错误的一种渠道。而申请再审权是法律赋予当事人的一项重要诉讼权利。现行民事诉讼法对申请再审权作了明确定位和完善，通过规范当事人申请再审条件、法院的受理与审查等程序规定，使申请再审权成为一项有法定程序保障的诉讼权利。赋予当事人申请再审的权利，对于维护当事人的合法权益具有十分重要的意义。

首先，有利于改变“申诉乱”的状况，保障当事人正当行使诉讼权利。实践中，当事人如果认为生效裁判有错误，不受时间、审级、条件和案件范围的限制，随时随地都可以向人民法院提出申诉意见。这样不仅造成当事人缠诉不止的后果，也给正常法院工作造成很大压力，而面对大量的申诉材料，法院也无力进行认真查处，实际效果并不好。民事诉讼法赋予当事人申请再审权，在符合法律规定的条件下依法提出申请再审之诉，就可以制止不必要的申诉，减轻法院过重的负担，使法院能够把主要精力集中在真正需要纠正的案件上。

其次，扩大了当事人的诉权范围，丰富和完善了民事诉权制度。诉权是当事人请求司法保护的一项基本权利，是构成诉讼权利的基础。当事人诉权和法院审判权一起贯穿整个民事诉讼全过程。纵观世界各国的民事诉讼法，绝大多数国家赋予了当事人包括发动再审权在内的诉权。当事人是案件的亲身经历者，也是生效裁判的实际承担者，对错误的裁判更有切身感受和体会，赋予当事人申请再审权，能为法院及时纠正生效裁判中的错误提供多层途径。现行民事诉讼法几经修改，明确规定了当事人申请再审的条件及法院审查程序，很好地规范当事人申请再审的行为，从而丰富和完善了我国民事诉权制度。

（二）当事人申请再审的条件

根据民事诉讼法的规定，当事人提出再审申请，必须符合下列条件：

1. 申请再审的主体是案件当事人及其法定代理人。案件的当事人包括原告、被告或者上诉人、被上诉人、有独立请求权第三人及判决其承担实体义务的无独立请求权第三人。需补充说明的是，依据最高人民法院相关司法解释，案外人对原判决、裁定、调解书确定的执行标的物主张权利，且无法提起新的诉讼解决争议的，可以在判决、裁定、调解书发生法律效力后向人民法院申请再审。

2. 申请再审的对象是人民法院已经发生法律效力的判决、裁定和调解书。作为一种事后纠错程序，再审只能针对判决、裁定或者调解书已经生效的案件。已经发生法律效力的判决、裁定、调解书，既包括已经生效的第一审判决、裁定和调解书，也包括第二审判决、裁定和调解书。

3. 申请再审应当具备法定的事由。当事人的申请符合下列情形之一的，人民法院应当再审：①有新的证据，足以推翻原判决、裁定的；②原判决、裁定认定的基本事实缺乏证据证明的；③原判决、裁定认定事实的主要证据是伪造的；④原判决、裁定认定事实的主要证据未经质证的；⑤对审理案件需要的主要证据，当事人因客观原因不能自行收集，书面申请人民法院调查收集，人民法院未调查收集的；⑥原判决、裁定适用法律确有错误的；⑦审判组织的组成不合法或者依法应当回避的审判人员没有回避的；⑧无诉讼行为能力人未经法定代理人代为诉讼或者应当参加诉讼的当事人，因不能归责于本人或者其诉讼代理人的事由，未参加诉讼的；⑨违反法律规定，剥夺当事人辩论权利的；⑩未经传票传唤，缺席判决的；⑪原判决、裁定遗漏或者超出诉讼请求的；⑫据以作出原判决、裁定的法律文书被撤销或者变更的；⑬审判人员审理该案件时有贪污受贿，徇私舞弊，枉法裁判行为的。

案例（13-2）：王某向李某借款5000元，言明一年后还清。但王某到期未还，李某多次索要未果，便向某区人民法院起诉。王某声称此款已还，但无凭证。而李某手中的借据也下落不明，又无其他证据，法院也收集不到有关证据来证明当事人之间是否存在借贷关系。区法院遂判决李某败诉。一个月后，李某在家中找到了借据。于是，向原审人民法院申请再审。

本案中所涉及的借据就属于《民事诉讼法》第200条规定的“有新的证据，足以推翻原判决、裁定”的情形，当事人李某可以此新证据申请再审。

另外，下列三类民事案件，当事人不得申请再审：①已发生法律效力的解除婚姻关系的判决、调解书。因为离婚判决或离婚调解书一旦生效，任何一方当事人即可再婚，这种情况下另一方申请对离婚案件再审已无意义。当然，当事人仅就离婚后财产分割问题提出申请再审的除外。②按照督促程序、公示催告程序审理的案件。③依照审判监督程序审理后维持原判的案件。

4. 必须在法定期限内提出申请。当事人申请再审，应当在判决、裁定发生法律效力后 6 个月内提出。对当事人申请再审作时间上的限制，其目的是督促当事人及时行使权利，防止当事人无期限地缠讼。但是，有些案件确实存在致使判决、裁定错误的情形是在 6 个月之后才发现的，从公正司法、保障当事人合法权益出发，有必要针对特殊情形适当延长申请再审时间。因此，民事诉讼法规定，在下列四种情况下，当事人自知道或者应当知道之日起 6 个月内提出：①如果是有新的证据，足以推翻原判决、裁定；②原判决、裁定认定事实的主要证据是伪造的；③据以作出原判决、裁定的法律文书被撤销或者变更；④发现审判人员在审理该案件时有贪污受贿、徇私舞弊、枉法裁判行为的。

5. 必须向有管辖权的人民法院提出申请。当事人对已经发生法律效力的判决、裁定，认为有错误的，可以向上一级人民法院申请再审，当事人一方人数众多或者当事人双方为公民的案件，也可以向原审人民法院申请再审。当事人申请再审的，不停止判决、裁定的执行。明确规定申请再审的管辖法院，一方面有利于当事人行使再审申请权，另一方面有利于明确法院的职责，防止法院之间互相推诿而损害当事人的合法权益。

实践中，一些当事人认为生效裁判存在错误，不向人民法院申请再审，甚至一审裁判后放弃上诉权，等过了上诉期之后，直接向人民检察院请求抗诉。为此，民事诉讼法明确规定，当事人发现生效裁判、调解书有错误，应当先向人民法院申请再审，在下列三种情形之下，才可以向人民检察院申请检察建议或者抗诉：①人民法院驳回再审申请的；②人民法院逾期未对再审申请作出裁定的；③再审判决、裁定有明显错误的。

人民检察院对当事人的申请应当在 3 个月内进行审查，作出提出或者不予提出检察建议或者抗诉的决定。对检察院的决定，当事人不得再次向人民检察院申请检察建议或者抗诉。

另外，需补充一下，根据司法解释的规定，案外人对原判决、裁定、调解书确定的执行标的物主张权利，且无法提起新的诉讼解决争议的，可以在判决、裁定、调解书发生法律效力后 2 年内，自知道或应当知道利益被损害之日起 3 个月内，向作出原判决、裁定、调解书的人民法院的上一级人民法院申请再审。

（三）当事人申请再审的手续

当事人申请再审的，应当提交再审申请书等材料。人民法院应当自收到再审申请书之日起5日内将再审申请书副本送达对方当事人。对方当事人应当自收到再审申请书副本之日起15日内提交书面意见；不提交书面意见的，不影响人民法院审查。人民法院可以要求申请人和对方当事人补充有关材料，询问有关事项。

人民法院应当自收到再审申请书之日起3个月内审查，如果认为当事人申请再审符合条件的，应当裁定再审；不符合法定条件的，裁定驳回申请。有特殊情况需要延长的，由法院院长批准。

三、检察院抗诉再审

所谓抗诉，是指人民检察院对人民法院已经生效的民事裁判认为确有错误，依法提请人民法院对案件重新审理的诉讼行为。人民检察院是国家的法律监督机关，有权对法院的民事活动进行法律监督。对法院作出的生效判决、裁定依法提起抗诉就是其行使检察监督权的具体体现。法律赋予检察机关这一职权，是保证人民法院依法审判，提高审判工作质量的需要，是适应社会主义市场经济的客观需要，并且对完善我国法律监督体系具有重大的现实意义。

（一）人民检察院抗诉的适用条件

根据民事诉讼法的规定，人民检察院抗诉必须同时具备下列条件：

1. 有权提起抗诉的只能是最高人民检察院和上级人民检察院。最高人民检察院对各级人民法院作出的确有错误的生效判决、裁定、调解书，上级人民检察院对下级人民法院作出的确有错误的生效判决、裁定、调解书应当提出抗诉。现行民事诉讼法排除了地方各级人民检察院直接对同级人民法院提出抗诉的情形。当地方各级人民检察院发现同级人民法院作出的生效判决、裁定或调解书确有错误时，可以向同级人民法院提出检察建议，或者提请上级人民检察院向同级人民法院提出抗诉。

2. 具备法定的事由。为了确保人民法院依法独立行使审判权，维护人民法院的权威性，人民检察院抗诉必须有一定范围的限制。《民事诉讼法》第208条第1款明确规定："最高人民检察院对各级人民法院已经发生法律效力的判决、裁定，上级人民检察院对下级人民法院已经发生法律效力的判决、裁定，发现有本法第200条规定情形之一的，或者发现调解书损害国家利益、社会公共利益的，应当提出抗诉。"就是说，只有人民法院的裁判或者诉讼行为具有第200条规定的事由之一的，或者发现法院调解书损害了国家利益和社会公共利益的，人民检察院才能提出抗诉。

3. 应当向人民法院提交抗诉书。人民检察院对人民法院已经发生法律效力的民事判决、裁定、调解书决定提出抗诉的，应当制作抗诉书。抗诉的人民检察院应将抗诉书抄送上级人民检察院，上级人民检察院认为抗诉不当的，有权撤销下级人民检察院的抗诉，并通知下级人民检察院。

案例（13－3）： 家住某市的刘大伟有一养女刘洁。刘大伟去世后，其妹刘英与刘洁为争遗产发生纠纷。刘英持刘大伟生前所立遗嘱向该市西区法院提起诉讼，要求法院依遗嘱将遗产判归她继承。刘洁对遗嘱的真实性提出异议，一审法院将遗嘱交市公安局进行鉴定，鉴定意见为遗嘱系刘大伟所写。一审法院据此判决原告胜诉。刘洁不服提出上诉，要求再次对遗嘱进行鉴定，二审法院未同意上诉人的要求驳回了上诉。刘洁向省高院申请再审，高院经审查驳回申请。刘洁遂向市检察院申诉，检察院委托公安部鉴定中心对遗嘱再次进行了鉴定，公安部的鉴定意见为遗嘱系伪造。检察院传讯刘英，刘英承认自己伪造了遗嘱。为此，检察机关依据《民事诉讼法》第200条第3项“原判决、裁定认定事实的主要证据是伪造的”的规定向省高院提出抗诉，依法提请人民法院对案件重新审理。

（二）人民检察院抗诉的类型

根据民事诉讼法的规定，人民检察院抗诉有两种类型，即最高人民检察院抗诉和上级人民检察院抗诉。

1. 最高人民检察院对各级人民法院的判决、裁定及损害国家、社会公共利益的调解书依法提出抗诉。最高人民检察院是行使法律监督权的最高机关，有权对包括最高人民法院在内的各级人民法院、专门人民法院行使法律监督权。所以，最高人民检察院对各级人民法院已经发生法律效力的判决、裁定、调解书，发现具有法定情形的，应当按照再审程序提出抗诉，以监督人民法院纠正裁判错误，维护法律的尊严。

2. 上级人民检察院对下级人民法院的判决、裁定及损害国家、社会公共利益的调解书提出抗诉。上级人民检察院对下级人民法院享有法律监督权，对于下级人民法院已经发生法律效力的判决、裁定、调解书，发现具有法定抗诉事由的，应当按再审程序提出抗诉。实践中，上级人民检察院提出抗诉是最常见的抗诉类型。

（三）人民检察院抗诉的效力

《民事诉讼法》第211条规定：“人民检察院提出抗诉的案件，接受抗诉的人民法院应当自收到抗诉书之日起30日内作出再审的裁定……”就是说，只要人民检察院提出的抗诉符合法律规定，人民法院就必须对案件进行再审，人民法院无权对人民检察院的抗诉是否有理由进行审查。人民检察院抗诉的此种效力是由民事抗诉的权力基础——法律监督权的性质所决定的。

（四）人民检察院的检察建议权

为了加强检察监督，现行民事诉讼法除对检察院就法院生效裁判予以监督外，还增加了检察建议这种监督方式。检察建议是人民检察院对一些民事申诉案件不主动采取抗诉方式而以建议的形式由法院自行启动再审程序来对案件进行重新审理。《民事诉讼法》第208条第2、3款规定，地方各级人民检察院对同级人民法院已经发生法律效力的判决、裁定，发现有符合本法第200条规定情形之一的，或者发现调解书损害国家利益、社会公共利益的，可以向同级人民法院提出检察建议，并报上级人民检察院备案；也可以提请上级人民检察院向同级人民法院提出抗诉。各级人民检察院对审判监督程序以外的其他审判程序中审判人员的违法行为，有权向同级人民法院提出检察建议。

检察建议是不同于抗诉的一种特殊检察监督方式，与抗诉相比较，检察建议不受审级限制，而且适用更广泛。这种监督方式不是直接引发对生效判决、裁定、调解书的再审，而是为了加强检察院与法院在审判监督方面的合作配合，并能够促使法院发现错误、纠正错误。民事诉讼法规定的这种向上级检察院报请备案检察建议和提起抗诉的意义在于，上、下级检察机关之间能够及时地进行交流沟通，以便于更慎重地决定是否抗诉。

引例解析：本案是因程序错误而引发的再审案件。再审提起有三种途径：法院决定再审、当事人申请再审、检察院的抗诉再审。根据法律规定，人民检察院发现生效裁判有错误可以依法向人民法院提起抗诉，法院对抗诉案件必须再审。

第三节　再审案件的审理与裁判

导入案例

林某诉张某房屋纠纷案，经某中级人民法院一审判决后，林某没有上诉，而是于收到判决书20日后，向省高级人民法院申请再审。期间，张某向中级人民法院申请执行判决。省高级人民法院经审查，认为一审判决确有错误，遂指令作出判决的中级人民法院再审。

问题：①林某未上诉，直接向省高级人民法院申请再审是否可行？②高级人民法院指令中级人民法院再审是否符合法律规定？③中级人民法院如何处理张某的申请执行的请求？④中级人民法院应适用哪一程序再审该案？

知识点：再审程序审理的特点及裁判结果。

一、再审案件的审理

（一）裁定中止原判决、裁定、调解书的执行

对于生效裁判、调解书具有执行内容的案件，人民法院依法再审时，应当作出中止原判决、裁定、调解书执行的裁定。人民法院之所以要“中止执行”，是因为决定再审的案件很有可能在审结后被改判或被撤销。为了防止或避免因继续执行而可能给国家、集体、社会公共利益或者他人的合法权益造成更大的损害，必须在再审期间中止生效裁判、调解书的执行。

但是，按照再审程序决定再审的案件一律裁定中止执行也可能会带来一定的负面影响，因此，现行民事诉讼法对中止执行设置了例外情形，即“追索赡养费、扶养费、抚育费、抚恤金、医疗费用、劳动报酬”等案件，可以不中止执行。“三费”等案件，权利义务关系明确，本就属于民事诉讼法规定的可以先予执行的情形，同时，此类案件通常又关系到老人、妇女、儿童等一些弱势群体的基本生活、健康保障，所以立法将其规定为可以不中止执行的例外情形。

（二）分别适用第一、第二审程序审理

人民法院按照再审程序再审的案件，原审为第一审法院作出的，按照第一审程序审理，所作的判决、裁定，当事人可以上诉；原审为第二审法院作出的，按照第二审程序审理，所作的判决、裁定是终审的判决、裁定，当事人不得上诉；上级人民法院按照再审程序提审的，按照第二审程序审理，所作的判决、裁定是发生法律效力的判决、裁定。

（三）再审案件审理中的其他特别规定

依据民事诉讼法及相关的司法解释，对于再审案件的审理及裁决还应遵循以下规定：

1. 不论适用一审程序还是适用二审程序审理再审案件，一律实行合议制，若再审案件由原审法院再审，还应当另行组成合议庭进行开庭审理，原合议庭成员或独任审判员不得参加新组成的合议庭，以防止其先入为主，从而保证对案件的公正审判。

2. 对再审案件，人民法院应当开庭审理，但按二审程序审理的，双方当事人已经以其他方式充分表达意见，且书面同意不开庭的除外。

3. 申请再审人在再审期间申请撤诉的，是否准许由法院裁定。裁定准许的，应裁定终结再审程序。申请再审人经传票传唤无正当理由拒不到庭，或未经许

可中途退庭的，可裁定按自动撤回再审申请处理。

4. 再审案件以申请人申请、检察院抗诉支持范围为限。当事人超出原审范围增加、变更诉讼请求的，不属于再审的审理范围，但涉及国家利益、社会公共利益，或者当事人在原审诉讼中已经依法要求增加、变更诉讼请求，原审未予审理且客观上不能形成其他诉讼的除外。

经再审裁定撤销原判决，发回重审后，当事人增加诉讼请求的，法院应当受理并予以合并审理。

5. 当事人就离婚案件中的财产分割问题申请再审的，如涉及判决中已分割的财产，人民法院应当进行审查，符合再审条件的，应立案审理；如涉及判决中未作处理的夫妻共同财产，应告知当事人另行起诉。

6. 在一审、二审驳回管辖权异议的裁定生效后，当事人就法院的管辖权申请再审的，不影响法院审理。法院对案件作出的判决生效后，若当事人对驳回管辖权异议的裁定和判决一并申请再审的，法院经复查，发现管辖权虽然有错误，但判决正确的，应当不再变动；如经复查，发现管辖和判决均有错误的，应按审判监督程序处理。经再审或提审，原判决和裁定均被撤销的，应将案件移送有管辖权的法院审理。

7. 案外人申请人民法院再审的，人民法院经审理认为案外人应为必要的共同诉讼当事人，在按第一审程序再审时，应追加其为当事人，作出新的判决；在按第二审程序再审时，经调解不能达成协议的，应撤销原判，发回重审，重审时应追加案外人为当事人。案外人不是必要的共同诉讼当事人的，仅审理其对原判决提出异议部分的合法性，并应根据审理情况作出撤销原判决相关判项或者驳回再审请求的判决；撤销原判决相关判项的，应当告知案外人以及原审当事人可以提起新的诉讼解决相关争议。

二、再审案件的裁判

（一）维持原判决、裁定

人民法院经再审审理认为，原判决、裁定认定事实清楚、适用法律正确的，应予维持。

（二）变更原判决、裁定

经过再审，再审法院认定原判决、裁定在事实认定、适用法律或者审判程序方面存在错误的，根据不同情况，全部或者部分撤销原判决、裁定，并依据认定的事实正确适用法律，对案件作出新的判决、裁定。

（三）撤销原一、二审判决，发回重审

人民法院按照第二审程序审理再审案件，发现原判决认定事实错误或者认定事实不清的，应当在查清事实后改判。但原审人民法院便于查清事实，化解

纠纷的，可以裁定撤销原判决，发回重审。原审程序遗漏必须参加诉讼的当事人且无法达成调解协议，以及其他违反法定程序不宜在再审程序中直接作出实体处理的，应当裁定撤销原判决，发回重审。

（四）驳回再审申请或依法撤销

人民法院以调解方式审结的案件裁定再审后，经审理发现申请再审人提出的调解违反自愿原则的事由不成立，且调解协议的内容不违反法律强制性规定的，应当裁定驳回再审申请，并恢复原调解书的执行。

调解书发现违反当事人自愿原则，调解协议内容违反法律规定，损害了国家利益、社会公共利益的，人民法院应当在自愿合法原则下组织当事人重新调解，达成调解协议的，制作新的调解书；调解不成的，予以撤销并作出判决。如果是按一审程序审理并作出的判决，当事人不服判决结果，可以上诉。

案例（13－4）： 赵某与黄某因某项财产所有权发生争议，赵某向法院提起诉讼，经一、二审法院审理后，判决该项财产属赵某所有。此后，陈某得知此事，向二审法院反映其是该财产的共同所有人，并提供了相关证据。二审法院经审查，决定对此案进行再审。

该再审案件就属于原一、二审判决中遗漏应当参加诉讼的当事人。再审法院可以直接通知陈某参加再审程序，并根据自愿原则进行调解，调解不成的，裁定撤销一、二审判决，发回原审法院重审。

三、再审案件的调解

适用再审程序审理的案件，人民法院均可以组织当事人进行调解。达成调解协议的，应当制作调解书。调解书送达后，原裁判即视为撤销。再审中，常因出现新证据或者当事人提出新的诉讼请求而导致新情况、新理由发生，通过调解手段结案对彻底解决纠纷、平息纷争具有很大的现实意义。

引例解析： 生效裁判可以是第一审法院作出的（当事人未上诉），也可以是第二审法院作出的。林某未上诉直接导致一审裁判生效，当他认为生效裁判有错误，依法可以向省高级人民法院申请再审。高级人民法院认为下级中级人民法院作出的生效裁判有错误可以指令中级人民法院再审。中级人民法院决定再审时应当裁定中止原判执行并依第二审程序进行审理，作出的裁判为终审裁判，当事人不得上诉。

本章重点内容图解

再审程序的提起与审判

	人民法院（决定再审）	人民检察院（抗诉再审）	当事人（申请再审）
条件	1. 提起再审的主体是法定的机关和公职人员。 2. 提起再审的客体是生效并确有错误的判决、裁定、调解书。	1. 提起的主体：①最高人民检察院；②上级人民检察院。 2. 客体是已发生法律效力的判决、裁定、调解书。 3. 须具有法定的事实和理由（《民事诉讼法》第200条）。	1. 主体是原审中的当事人。 2. 客体是生效的判决、裁定或调解书。 3. 申请再审应具备法定的事由。 4. 应当在判决、裁定、调解书发生法律效力后6个月内提出。 5. 当事人向同级或上一级人民法院申请再审。
提起	1. 本院院长提交审判委员会讨论作出再审决定。 2. 最高人民法院或上级人民法院指令下级人民法院再审或提审。	1. 须制作抗诉书。 2. 接受抗诉的人民法院应当自收到抗诉书之日起30日内作出再审的裁定。 3. 人民检察院派员出庭。	1. 当事人申请再审的，应当提交再审申请书等材料。 2. 人民法院自收到再审申请书之日起3个月内审查，符合条件的，裁定再审；不符合法定条件的，裁定驳回申请。
审判	1. 中止原裁判、调解书的执行，追索赡养费、扶养费、抚育费、抚恤金、医疗费用、劳动报酬等案件可以不中止执行。 2. 另行组成合议庭，原合议庭成员或独任审判员不得参加新组成的合议庭。 3. 依原审程序进行审理：①对原为一审程序审结的案件，适用第一审程序；②对原为二审程序审结的案件，适用第二审程序；③凡由最高人民法院或上级人民法院提审的案件均适用第二审程序。 4. 按照第一审程序审理所作的判决、裁定，当事人可以上诉；按照第二审程序审理所作的判决、裁定是终审的判决、裁定，当事人不得上诉。 5. 适用再审程序审理的案件，可以进行调解。达成调解协议的，必须制作调解书。调解书送达后，原裁判即视为撤销。		

关键词：法院决定再审　　检察院抗诉再审　　当事人申请再审

实务训练

（一）示范案例

案情：朱山与王琦两人于2003年合伙开一商店，后因业务发展需要，两人将原来租赁的门面买下来。2008年底，朱山与王琦欲解散商店，不再经营。两人对门面的所有权发生纠纷。经中级人民法院终审判决后，维持一审判决的处理：认定门面为王琦所有，但王琦应补偿朱山一万元。朱仍不服，多次向高级人民法院申诉。高级人民法院对申诉进行了审查，认定原审判决认定事实不清，门面应为朱、王二人共有，即裁定撤销一、二审判决，发回原第一审人民法院再审。

问：高级人民法院对此案的处理是否正确？为什么？

分析：

（1）当事人的申诉不同于当事人的申请再审。当事人的申诉只是人民法院发现裁判确有错误的途径。所以，本案要进入审判监督程序，只能由当事人申请再审，或人民法院依职权决定。

（2）决定再审时不能裁定撤销原一、二审判决。根据民事诉讼法的规定，在再审或提审之前，只能裁定中止原判决执行。

（3）不能指令原第一审人民法院进行再审。按照审判监督程序再审的案件，原来是一审的，按照第一审程序审判；原来是二审的，按照第二审程序审判。本案是经过两审终审的案件，指令原第一审人民法院再审，显然违背了民事诉讼法规定的审级制度。

（二）习作案例

A县甲厂向B市乙公司购买一台价值12万元的机床，安装后运转正常，但在试用期内，一主要受力板断裂，造成重大财产损失。甲要求乙换货并赔偿损失，但乙坚持产品质量没有问题，是甲没有按规则操作而致，故不愿意承担任何损失。甲无奈起诉到B市某区法院。

一审审理时，法院专门聘请某研究所专家对断裂板进行了质量鉴定，但乙方托人找到鉴定人说情，鉴定人在未作任何测试的情况下，即作出断裂板各项质量指标合格的结论，致使甲一审败诉。甲上诉到B市中级人民法院，二审维持原判。

之后，甲向B市检察院申诉，检察院了解案情后，对断裂板重新进行了鉴定，结论是质量不合格。于是，B市检察院向B市中级人民法院提出抗诉，要求其再审。B市中级人民法院接到抗诉书后，裁定撤销原一、二审判决，发回原一审法院重审。

问：

（1）二审终审判决后，甲能否直接向B市检察院申诉？

（2）B市检察院的抗诉是否符合法律规定？

（3）B市中级人民法院接到抗诉后，裁定撤销原一、二审判决，发回原一审法院重审，其做法是否正确？

思考题

1. 简述再审程序的性质。
2. 简述提起再审程序的三个途径。
3. 简述再审程序审理的特点。

延伸阅读

民事检察监督权

民事检察监督是法律监督的一个组成部分，是人民检察院针对人民法院所进行的民事诉讼活动实施监督，发现违法予以纠正的行为。民事检察监督的主体是人民检察院；其客体是人民法院的诉讼活动，包括人民法院受理、审理、裁判、执行的全部活动；监督的内容是人民法院在解决纠纷的全过程中，程序是否合法，适用法律是否正确，法官在履行职务中有无违法。对审判机关民事诉讼活动实行法律监督，有利于维护社会主义法制，有利于保障人民法院依法行使审判权，有利于正确审理民事案件，保护当事人的合法权益。归根结底，是对社会公平正义的一种维护方式。

一、监督的来源

1. 当事人的申诉。人民检察院经过审查，发现发生法律效力的判决、裁定有《民事诉讼法》第200条规定情形之一的，或者发现发生法律效力的调解书损害国家利益、社会公共利益的，可以向人民法院提出抗诉，人民法院应当再审。

2. 在没有当事人申诉的情况下，人民检察院从其他渠道发现某民事案件的判决、裁定、调解书确有错误的，可以依职权进行监督。

二、监督的范围

《民事诉讼法》第14条规定："人民检察院有权对民事诉讼实行法律监督。"人民检察院对民事审判检察监督的范围，不仅包括对人民法院受理、审理、调解、裁判、决定等民事审判诉讼活动进行监督，还包括对执行活动的监督。同时，人民检察院还对审判工作人员在审判活动中的渎职违法行为实施法律监督等。

三、监督的方式

随着新时期下法治社会的进步、经济社会的快速发展、民事案件的数量也不断增多。2012 年《民事诉讼法》在原有抗诉监督方式基础上，增加了检察机关有权以检察建议的方式对民事诉讼实行法律监督。即监督方式有两种：抗诉和检察建议。

民事诉讼中的“检察建议”主要可以分为两种：

1. 再审检察建议。地方各级检察院对同级法院已经发生法律效力的判决、裁定，发现符合再审规定情形之一的，可以向同级人民法院提出检察建议；

2. 针对民事诉讼活动中不属于再审情形的违法行为而提出的检察建议。各级检察院对审判监督程序以外的其他审判程序中审判人员的违法行为，有权向同级法院提出检察建议。

人民检察院因履行法律监督职责提出检察建议或者抗诉的需要，可以向当事人或者案外人调查核实有关情况。

四、检察院参加民事诉讼的地位

确定检察院参与民事诉讼的地位，应当从其法律监督者的身份来考虑，即人民检察院既不能行使人民法院的审判职权，也不能行使当事人的诉讼权利，只能以监督者的地位参与再审案件的审理。2001 年《人民检察院民事行政抗诉案件办案规则》第 45 条规定:“检察人员出席抗诉案件再审法庭的任务是：①宣读抗诉书；②发表出庭意见；③发现庭审活动违法的，向再审法院提出建议。”民事诉讼法进一步规定，人民检察院因履行法律监督职责提出检察建议或者抗诉的需要，可以向当事人或者案外人调查核实有关情况。

检察院在诉讼中的监督地位决定了它不偏向任何一方当事人，从根本上保证诉讼当事人的法律地位平等，有利于司法公正。

模块六　非讼程序

第十四章　特别程序

学习目标

1. 了解非讼程序的特点。
2. 掌握特别程序的案件类型。
3. 了解督促程序和公示催告程序的概念和特点。

学习任务

能够按照程序的要求解决相应的案例。

第一节　特别程序的概念和特点

导入案例

2007 年 2 月 10 日，某村村民刘勇（19 岁），离家去广州某餐厅找其表哥打工。2008 年元旦，刘勇的表哥回乡，刘勇的父母才得知刘勇根本未去广州其表哥的餐厅打工。于是家人四处寻找，毫无音信。至 2009 年春节，仍无刘勇任何消息，于是刘勇之父在 2010 年 3 月 1 日向法院提出申请，请求宣告刘勇失踪。

问题：如何申请法院宣告失踪？

知识点：特别程序的含义、特点及种类。

我国民事诉讼法规定的程序包括诉讼程序和非讼程序。诉讼程序是为了解决当事人之间的争议，而非讼程序是用来处理某个法律事实或某项民事权益不存在争议的非讼案件。在这类非讼案件中不存在对立的双方当事人或者不存在明确的双方当事人对立状态。非讼程序包括特别程序、督促程序和公示催告程序。其中特别程序包括六类案件：选民资格案件、宣告失踪或宣告死亡案件、认定公民无民事行为能力或限制民事行为能力案件、认定财产无主案件、确认调解协议案件和实现担保物权案件。

特别程序与普通程序和简易程序相比，特别程序是几类不同审理程序的概称。依照特别程序审理的六类案件，其间并无更为密切的关系，分别具有自身的特点，每一类案件都各自独立地适用一种审理程序，各种审理程序分别独立，相互之间不能混杂适用。而普通程序、简易程序则可适用于一定范围内的各种民事案件。除此之外，两者还有以下一些区别：

	特别程序	诉讼程序
目的	确认或推定某种事实是否存在，或者确认公民某种权利的实际状况。所以，发现所受理的案件属于一般民事权益争议的，应当裁定终结特别程序，并告知利害关系人可以另行起诉。	为了解决双方当事人之间的民事权益冲突，确认民事权利义务关系，制裁民事违法行为。
适用法院	基层人民法院。	根据案件的性质、繁简程度、影响范围等因素，基层人民法院、中级人民法院、高级人民法院和最高人民法院审理案件均可以适用普通程序审理一审案件；简易程序只能由基层法院适用。
发动主体	主体通常是单方面的，即只有向法院提起诉讼的起诉人、利害关系人和向法院提出申请的申请人。其中，对选民资格案件中的起诉人、认定财产无主案件中的申请人，均不要求与案件有直接的利害关系。特别程序中没有被告，所以也不存在调解、反诉、辩论等与被告有关的程序。	一般的民事争议案件，原告和被告是程序中的当然主体，并且起诉的原告通常是与本案有直接利害关系的公民、法人和其他组织。
审判组织	一般案情简单、事实清楚、证据容易判断、适用法律并不复杂，因此，原则上采用独任制，由一名审判员独任审理。但选民资格案件和重大、疑难案件例外，采用合议制，并且在合议庭的组成人员中，应全部是审判员而不包括陪审员。	依照普通程序审理民事案件，原则上采用合议制，合议庭可以由审判员或者审判员与陪审员共同组成。依简易程序审理简单的民事案件时，则采用独任制。

续表

	特别程序	诉讼程序
审理期限	一般应当在立案之日起或公告期满后30日内审结。有特殊情况需要延长的，由本院院长批准。但选民资格案件则必须在选举日之前审结。	依照普通程序审理的一审案件，一般应当在立案之日起6个月内审结；依照简易程序审理的一审案件，应当在立案之日起3个月内审结。
审级制度	实行一审终审制，判决书一经送达即发生法律效力，不得对之提起上诉。	实行两审终审制，当事人不服第一审判决的，在上诉期内可依法向原审法院的上一级法院提起上诉。
适用审判监督程序	不适用。判决发生法律效力后，如发现客观事实与判决推定事实不符，原审法院可以依申请，根据法律对特别程序的规定，直接作出新判决，撤销原判决。	适用。如发现已生效判决确有错误，必须通过审判监督程序才能加以纠正。
案件受理费	不论当事人经济状况如何，一律免交案件受理费。	一般都必须交纳案件受理费，缓交、减交或免交只是例外情况。

特别程序具有以上诸多特点，从总体上说仍属于民事审判程序的重要组成部分，因此，特别程序与普通程序、简易程序之间也有着必然的联系。按照民事诉讼法的规定，法院适用特别程序审理案件，凡特别程序中已有规定的，应优先适用特别程序的规定；特别程序中未作规定的，适用民事诉讼法的其他规定和其他法律的规定。

引例解析：刘勇父亲向法院起诉，并不是和某人发生争议，而是请求法院确认刘勇失踪的事实存在，根据法律规定，向刘勇的住所地基层法院提出申请即可。

第二节　选民资格案件

导入案例

2008年3月，赵林（21岁）因犯盗窃罪，被判处有期徒刑5年。在劳动改造期间，劳动积极，2011年3月监狱报批假释。2011年10月9日，仍在假释期间的赵林在居委会门前见到公布张贴的选民名单中没有自己的名字。赵林认为，自己虽然犯了罪，但在假释考验期间，而且，他也并没有被剥夺政治权利，依然具备一个选民的资格。所以赵林向人民法院提起了诉讼。

问题：法院能否受理赵林的起诉？

知识点：选民资格案件的审理特点。

一、选民资格案件概述

选民资格案件，是选举过程中法院对公民的选民资格予以确认的一种程序，是指公民本人或者其他有关公民，认为选举委员会对关于选民资格的申诉所作的处理决定不符合法律规定时，依法向法院提起诉讼的案件。

我国《宪法》和《选举法》都规定，中华人民共和国年满 18 周岁的公民，不分民族、种族、性别、职业、家庭出身、宗教信仰、教育程度、财产状况、居住期限，都有选举权和被选举权；但是依照法律被剥夺政治权利的人除外。因此，在我国公民中，只有未满 18 周岁的公民和依照法律规定被剥夺政治权利的人没有选民资格。另外，根据我国选举法的规定，精神病患者不能行使选举权利的，经选举委员会确认，不列入选民名单。选民资格案件涉及的是公民的一项重要政治权利，既要保障享有选举权的人可以行使选举权，也要防止不具有选举权的人错误行使选举权。因此，如果选举委员会公布的选民名单中，有应该列入而没有列入或不应列入的公民，公民本人或其他有关公民可以向选举委员会提出申诉，选举委员会应及时作出处理决定。如果申诉人对处理决定不服，则可向法院起诉。

二、选民资格案件的审理程序

（一）起诉

1. 选举委员会先行处理程序。选民资格案件的起诉，必须以对选举委员会关于选民资格的申诉处理不服为前置程序。没有经过选举委员会对申诉处理的，人民法院应当告知起诉人先向选举委员会申诉，不能向人民法院直接起诉。

2. 起诉的主体不一定是选民本人。依照法律规定，任何对选民名单有不同意见的公民，都可依法向选举委员会申诉。如果申诉人不服选举委员会对申诉所作的决定，则可向法院起诉。因此，选民资格案件的起诉人一般是原来向选举委员会提出申诉的人，但不一定是与案件有直接利害关系的人。

案例（14－1）：郭某与余某因宅基地发生口角，郭某将余某打成重伤，郭某被人民法院判处有期徒刑，并剥夺政治权利 3 年。在郭某服刑期间，其原居住地举行人大代表选举。余某在公布的选民名单上看到有郭某，余某遂向选举委员会申诉，选举委员会认为余某申诉无理。余某可以向人民法院起诉，请求确认郭某无选民资格。

3. 起诉必须在选举日5日前提出。

（二）管辖

选区所在地的基层人民法院，是行使选民资格案件管辖权的法院。选民资格案件的地域管辖不适用民事诉讼法关于级别管辖和地域管辖的一般规定。这一规定，有利于法院查明案情，正确适用法律，及时审结案件，也有利于公民起诉和选举委员会指派代表参加诉讼。

（三）审理

法院收到起诉人的起诉书后，如果发现本案未向选举委员会申诉或虽已申诉，但选举委员会尚未作出决定，则不予受理。如已经申诉且选举委员会已作出决定的，应予受理。

受理后，法院应当由审判员组成合议庭进行审理。选民资格案件涉及当事人的政治权利，而且案件更多的是确定适用法律的问题，因此，由审判员进行审理更为合适。所以，选民资格案件不能由独任审判员进行审理，也不能由审判员和人民陪审员共同组成合议庭进行审理。

审理时，起诉人、选举委员会代表和与选民资格有关的公民也必须参加。这些参与者在案件审理过程中享有何种权利、承担何种义务，法律并没有作出规定，应当比照民事诉讼法关于诉讼参与人的权利义务的规定处理。法院应充分听取起诉人、选举委员会代表和有关公民的意见，必要时可让各方进行辩论，以查明事实、分清是非。

（四）判决

选民资格案件的审理不适用调解。因为公民的选举权是一项法定的政治权利，不能放弃，不能被违法剥夺，实行法定主义。所以某一公民是否具有选民资格是由法律明确规定的，不能由当事人自行决定，也不能与当事人调解协商解决。

按照民事诉讼法的规定，选民资格案件必须在选举日前审结，即使有特殊情况，也不得延长审结期。因此，法院查明事实后，应当在选举日前作出判决，并将判决书在选举日前送达选举委员会和起诉人。涉及有关公民的，法院还应将判决书的内容通知有关公民。选民资格案件实行一审终审，故判决书一经送达，即发生法律效力。

引例解析：选民资格案件的起诉，必须以对选举委员会关于选民资格的申诉处理不服为前置程序。赵林没有向选举委员会提出申诉，而直接向法院起诉，人民法院经过审查，应当不予受理，并告知赵林先向选举委员会申诉，对选举委员会的申诉处理决定不满，再向法院起诉，不能向人民法院直接起诉。

第三节 宣告公民失踪、死亡案件

导入案例

高某高考失利，不堪父母天天责骂，一气之下离家出走，六年没有回家。但在每年除夕之夜高某都会给父母打电话，向父母问好。每次父母急忙询问："你在哪里啊？赶快回来啊！"电话就被挂断了。

问题：高某的父母可以向法院申请宣告高某失踪吗？

知识点：宣告公民失踪、死亡案件的审理程序。

一、宣告公民失踪、死亡案件的概念

公民离开其住所地，下落不明、杳无音信达到一定期限或符合法定条件，利害关系人即可向法院提出申请，请求法院判决宣告该公民失踪或死亡。宣告失踪和死亡的条件主要是由民法作出规定，但进行宣告失踪和宣告死亡的程序，则是由民事诉讼法特别程序作出规定。

宣告公民失踪和宣告公民死亡是两个分别独立的审判程序。它们虽有诸多共同点，但在申请条件、审理过程以及宣告后产生的法律后果等方面均有区别。当公民既符合判决宣告失踪的条件，也符合判决宣告死亡的条件时，到底判决其失踪还是死亡，可由利害关系人根据实际需要自由决定。同时，宣告失踪也不是宣告死亡之前的必经程序。

二、宣告公民失踪、死亡案件的审理程序

（一）申请与受理

申请法院宣告下落不明的公民失踪、死亡必须具备以下几个方面的条件：

1. 公民须有下落不明的事实，且达到法定期限或具备法定条件。下落不明，是指公民离开最后居住地后没有音讯的状况。对于被申请宣告失踪的人，其下落不明的事实状态须满2年。对于被申请宣告死亡的人，在正常情况下，其下落不明的事实状态须满4年；因意外事故下落不明的事实状态须满2年；因意外事故下落不明，有关机关能够证明其不可能生存的，无期限要求。

下落不明的法定期限，应从公民离开自己的住所地或经常居住地之次日起

连续计算，中间不能间断；如有间断，则应从最后离开自己的住所地或经常居住地之次日起连续计算。因意外事故下落不明的，从事故发生之日起连续计算；战争期间下落不明的，从战争结束之日起连续计算。

2. 须由该公民的利害关系人提出申请。宣告公民失踪、死亡案件的审判程序，均因利害关系人提出申请而发生，法院不能依职权主动进行。根据《最高人民法院关于贯彻执行〈中华人民共和国民法通则〉若干问题的意见（试行）》的规定，申请宣告失踪的利害关系人，包括被申请宣告失踪人的配偶、父母、子女、兄弟姐妹、祖父母、外祖父母、孙子女、外孙子女，以及其他与被申请人有民事权利义务关系的人（如失踪人的债权人等）。申请宣告死亡的，利害关系人则按如下顺序行使申请权：配偶；父母、成年子女；兄弟姐妹、祖父母、外祖父母、孙子女、外孙子女；其他有民事权利义务关系的人。

3. 申请人应当以书面形式提出申请。申请书应写明下落不明的事实、时间和申请人的请求等，并附有公安机关或其他有关机关关于该公民下落不明的书面证明。因意外事故下落不明、经有关机关证明其不可能生存的，还应提出有关机关出具的该公民不可能生存的证明文件。

4. 下落不明人住所地的基层人民法院行使案件的管辖权。因为其住所地法院最方便查明案件事实，而案件主要是较为简单的适用法律的问题，因此由基层人民法院管辖即可。在审理时，法院指派一名审判员独任审理。

法院经过审查，如果认为利害关系人的申请符合法律规定的条件，应当依法予以受理；如果利害关系人的申请不符合实质性要件的，裁定不予受理；如果仅缺乏形式要件的，可令其在一定期限内予以补正，补正后应予受理。

（二）公告

法院受理宣告失踪、宣告死亡案件后，为了查清案件事实，确认该公民是否确实下落不明，并尽可能地查找该公民，法院应当发出寻找下落不明人的公告。宣告失踪的公告期间为3个月，宣告死亡的公告期间为1年。因意外事故下落不明，经有关机关证明该公民不可能生存的，宣告死亡的公告期间为3个月。

（三）判决

如果公告期间届满前，下落不明人出现或确知其音信，即申请宣告该公民失踪、死亡的事实不存在，法院审查属实，应作出判决，驳回利害关系人的申请；如果公告期间届满，仍然没有发现该公民音信，即可以确定申请宣告该公民失踪或死亡的事实存在，应作出判决，宣告该公民失踪、死亡。判决书一经送达，即发生法律效力。对于宣告公民死亡的，判决书中应当确定被宣告死亡人的死亡日期；判决书中未确定死亡日期的，则以判决宣告之日为该公民的死亡日期。

三、判决宣告公民失踪、死亡的法律后果

（一）判决宣告公民失踪的法律后果

公民被宣告失踪后，其民事权利能力并不消灭，与失踪人人身有关的民事法律关系（如婚姻关系、收养关系、继承关系等）并不发生变化。因此，判决宣告公民失踪后的法律后果，主要表现在财产关系方面。法院宣告该公民为失踪人后，应当为其指定财产代管人。

财产代管人的职责在于保管失踪人的财产，并有权代理失踪人进行有关的民事活动以及其他法律活动。一方面，为失踪人主张财产权利，如可以在失踪人的财产受到他人侵犯时，作为原告向法院提起诉讼等；另一方面，应对其他人对宣告失踪人所提出的权利主张，如可以失踪人的财产清偿其失踪前所欠下的税款、债务和其他费用。根据《民法通则》的规定，失踪人的财产由他的配偶、父母、成年子女或者关系密切的亲属、朋友代为管理。如果上述代管人同时存在，对行使代管职责有争议；或没有上述代管人；或虽有上述代管人，但无能力行使代管职责的；或者由于其他原因不宜作代管人的，法院应当根据有利于保护失踪人财产的原则指定适当的财产代管人。

（二）判决宣告死亡的法律后果

公民被法院判决宣告死亡后，后果与自然死亡的法律效果基本相同。其民事权利能力随之终止，原有的婚姻关系随之消灭，财产成为遗产，进入继承程序。

与自然死亡不同的是，宣告死亡只是结束了该公民以自己的原住所地或经常居住地为活动中心的范围内所发生的民事法律关系。但如果该公民在其他地方继续生存，宣告死亡并不影响其进行民事活动的效力。

四、宣告失踪后的财产代管人变更程序

财产代管人应正确履行财产代管职责，若代管人不履行代管职责或者侵犯失踪人合法财产权益的，失踪人的其他利害关系人可以向法院请求代管人赔偿损失，同时可以请求法院变更财产代管人。代管人如果认为自己无力履行代管职责的，也可以向法院提出申请，要求变更财产代管人。

1. 失踪人的其他利害关系人请求变更代管人的，法院受理后，应当告知其以原指定的代管人为被告起诉，并按照普通程序进行审理。

2. 财产代管人本人请求变更的，法院受理后，应比照特别程序的有关规定进行审理。申请成立的，裁定撤销申请人的代管人身份，同时另行指定财产代管人；申请不成立的，裁定驳回申请。

五、被宣告失踪人和被宣告死亡人出现后的处理

法院作出宣告失踪、死亡的判决后，失踪人或被宣告死亡人重新出现，此

时不能适用上诉程序，也不能适用再审程序，只能由作出原判决的法院作出新判决，撤销原判决。这个新判决的作出必须由该公民本人或者其利害关系人向作出原判决的法院提出申请。法院查证属实后，应当作出新判决、撤销原判决。

法院撤销宣告失踪的判决后，宣告失踪人的财产代管人的职责终止，并应将代管的财产情况向该公民报告，并及时清理后返还给该公民。

法院撤销宣告死亡的判决后，被宣告死亡公民的民事权利能力随之恢复。

1. 被宣告死亡人的财产，在宣告死亡期间依继承法被他人取得的，宣告死亡判决撤销后，该公民有权请求返还原物；依照继承法取得该公民财产的个人或组织，应当返还；原物不存在的，应当给予适当的补偿。如果原物已被善意第三人合法取得的，第三人可不予返还。如果因利害关系人隐瞒事实情况，使他人被宣告死亡而取得财产的，该利害关系人除返还原物及孳息外，还应当赔偿因此所造成的损失。

2. 对于婚姻关系，如原配偶在公民被宣告死亡期间尚未再婚的，夫妻关系从撤销宣告死亡判决之日起自行恢复；如原配偶已再婚，或再婚后又离婚，或再婚后其配偶死亡的，其夫妻关系不能自行恢复。

3. 关于被宣告死亡公民的子女，如果在宣告死亡期间被他人依法收养，宣告死亡判决撤销后，该公民仅以子女收养未经本人同意而主张收养关系无效的，一般不予准许，但收养人和被收养人同意的除外。

引例解析：下落不明的法定期限，应从公民离开自己的住所地或经常居住地之次日起连续计算，中间不能间断。本案中，高某的情形不属于下落不明，不可以申请宣告失踪。

第四节 认定公民无民事行为能力、限制民事行为能力案件

导入案例

孙某（28岁）因车祸造成严重脑损伤，丧失认知能力。2007年4月16日，孙某所在单位请求法院认定孙某为无行为能力人。法院审查了该单位提供的关于孙某病情的鉴定意见，认定其具有真实性和合法性。法院判决认定孙某为无行为能力人。2012年6月5日，孙父向法院请求撤销2007年认定孙某为无民事行为能力人的判决，认定孙某为限制行为能力人。法院受理此案后，仅通知孙父参加，经过审理并经医疗鉴定部门的鉴定，法院认定孙某的病情较轻。据此，

法院撤销了原判决，并作出新判决，认定孙某为限制行为能力人。

问题：法院的做法是否有错误？

知识点：认定公民无民事行为能力、限制民事行为能力案件的审理程序。

一、认定公民无民事行为能力、限制民事行为能力案件概述

认定公民无民事行为能力、限制行为能力的案件是基于民法中关于民事主体的行为能力制度而设立的。根据《民法通则》的有关规定，判断一个公民是否具有民事行为能力的标准有两个方面，即公民的年龄和智力状况。以年龄作为区分标准，比较好判断。《民法通则》规定，10周岁以下的公民，是无民事行为能力人；10周岁以上未满18周岁的未成年公民，是限制民事行为能力人；公民年满18周岁，即具有了完全的民事行为能力；16周岁以上不满18周岁的公民，如能以自己的劳动收入为其主要的生活来源，也视该公民为完全民事行为能力人。所以，如果公民智力健全、精神状况正常，只要依据其法定年龄是否达到即可对其有无民事行为能力作出判断。而判断年龄，以户口登记年龄或医院出生证明即可认定，因此未成年人的无民事行为能力和限制民事行为能力无需通过法院来认定。

而因智力状况导致的无民事行为能力和限制行为能力则不容易把握，实践中也易引起争议。为了避免可能发生的争议，维护被认定人本人和其他相关民事主体的民事权益，在民事诉讼法特别程序中规定专门的程序。因此，认定公民无民事行为能力、限制民事行为能力案件，是指对于因精神病或其他疾病全部或部分丧失民事行为能力的公民，法院根据利害关系人的申请，通过法定程序确认并宣告该公民为无民事行为能力、限制民事行为能力人的案件。

二、认定公民无民事行为能力、限制民事行为能力案件的审理程序

（一）申请

1. 须由利害关系人提出申请。认定公民无民事行为能力、限制民事行为能力的案件，须由利害关系人提出书面申请，法院不能依职权主动进行。这里的“利害关系人”主要是指精神病人的近亲属，包括配偶、父母、子女、兄弟姐妹、祖父母、外祖父母、孙子女、外孙子女。精神病人的近亲属以外，与精神病人关系密切的其他亲属、朋友，愿意承担监护责任，经精神病人所在单位或住所地的居民委员会、村民委员会或者民政部门同意后，也可作为申请人提出申请。如以上利害关系人皆不存在，精神病人所在单位或住所地的居民委员会、村民委员会或者民政部门可行使申请权。

2. 须以书面形式提出申请。申请书应当写明该公民无民事行为能力或者限制民事行为能力的事实和根据，还应附有被申请人的医疗诊断证明或病历资料

及其他有关证据材料。

案例（14－2）：朱某与银河房地产公司签订了购买商品房一套的合同。后因朱某未按约定付款，银河公司起诉至法院，要求朱某付清房款并承担违约责任。在诉讼中，朱某的妻子蒋某向法院主张朱某患有严重的精神病，没有辨别行为的能力，要求法院认定购房合同无效。

根据民事诉讼法规定，精神病人的近亲属或其他利害关系人可以向法院申请认定该公民为无民事行为能力人或限制民事行为能力人。本案中，蒋某作为朱某的配偶、银河公司作为利害关系人可以向法院申请认定朱某为无民事行为能力人。对正在进行的合同纠纷诉讼，人民法院应裁定中止诉讼，待特别程序结束后，再根据情况恢复原有的诉讼程序。

（二）管辖

认定公民无民事行为能力、限制民事行为能力案件应当由被申请公民住所地的基层人民法院管辖，住所地与经常居住地不一致的，应当由经常居住地的基层人民法院管辖。

（三）审理

1. 鉴定。法院受理申请后，必要时应当对被请求认定为无民事行为能力或者限制民事行为能力的公民进行鉴定。申请人已提供鉴定意见的，法院应当对鉴定意见进行审查。

2. 确定或指定诉讼代理人。人民法院审理认定公民无民事行为能力或者限制民事行为能力的案件，应当由该公民的近亲属为代理人，但申请人除外。近亲属互相推诿的，由人民法院指定其中一人为代理人。该公民健康情况许可的，还应当询问本人的意见。

3. 判决。人民法院经审理认定申请有事实根据的，判决该公民为无民事行为能力人或者限制民事行为能力人；认定申请没有事实根据的，应当判决予以驳回。

4. 确定监护人及有关争议的解决。在判决认定公民为无民事行为能力人或者限制民事行为能力人之后，应当为该公民确定监护人，可依据《民法通则》第 17 条规定的范围和顺序进行。若有监护资格的人员对担任监护人发生争议，应由该公民所在单位或者住所地的居民委员会、村民委员会从近亲属中指定。被指定人不服指定的，应当在接到通知之次日起 30 日内，向被监护人住所地的基层人民法院起诉。法院受理起诉后，应比照特别程序进行审理。应当明确，认定公民无民事行为能力或者限制民事行为能力案件的程序，其终结时间是法院作出认定公民为无民事行为能力人或者限制民事行为能力人的判决之时，而指定监护人程序则是另一程序。

三、原判决的撤销

被判决认定为无民事行为能力或限制民事行为能力人的公民，经治疗后如疾病痊愈、身心恢复健康，即原来认定的原因消失、事实不复存在时，法院应当根据该公民本人或利害关系人的申请，作出新判决、撤销原判决。原判决被撤销后，该公民在法律上恢复了民事行为能力，监护人的监护权也因原判决被撤销而归于消灭。

引例解析：在认定公民无民事行为能力或限制行为能力的案件中，应在其近亲属中指定诉讼代理人。本案中，孙父为案件申请人，那么依法应当由孙某的其他近亲属担任诉讼代理人，但是法院仅通知孙父参加审理，未通知孙某的其他近亲属以诉讼代理人的身份参加审理，这一做法违法了法定程序。

第五节　认定财产无主案件

导入案例

陈小妹在上海市河间路323弄12号前半间有约7平方米的房屋。陈小妹与丈夫徐元龙（于1979年6月死亡）育有一子，名徐顺林（于1973年1月死亡）。陈小妹的丈夫及儿子死亡后，其生活主要由其侄子陈益锡照料。陈小妹于1989年9月死亡。陈益锡向财产所在地上海市杨浦区人民法院提出申请，要求认定河间路323弄12号前半间房屋为无主财产，并将该房屋判归其所有。

问题：法院该如何处理？

知识点：认定财产无主案件的审理程序。

一、认定财产无主案件的概念

认定财产无主案件，是指法院根据公民、法人或其他组织提出的申请，依照法定程序将某项所有人不明或者无所有人的财产认定为无主财产，并将其判归国家或集体所有的案件。

由于种种原因，在社会上可能存在一些财产所有权归属不明，一直没有人主张所有权，致使该财产所有权一直处于不确定状态的情形，这造成资源的闲置和浪费。同时由于所有权归属不明，疏于管理，容易产生一些争议。因此有必要对这些财产的所有权予以明确，法律因而创设了认定财产无主的制度，把一些确实没有所有权人或所有权人放弃所有权的财产，收归国家或集体所有。

二、认定财产无主案件的审理程序

（一）申请

申请是引起认定财产无主案件审理程序开始的必备条件。公民、法人或其他组织向法院申请认定财产无主，应具备以下条件：

1. 被认定的财产，必须是有形财产。精神财富或无形财产，不属于认定的财产范围。

2. 财产所有人确已不存在或者不知谁是财产所有人，权利的归属问题无法确定，需要通过法律程序加以解决。在司法实践中，认定财产无主的情形有：①财产所有人已不存在，或者谁是所有人无法确定的；②所有人不明的埋藏物和隐藏物；③拾得的遗失物、漂流物、失散的饲养动物，经公安机关或有关单位公告满3年无人认领的；④无人继承的财产，即被继承人死亡后，没有继承人或者全体继承人放弃继承或者丧失继承权的，其遗产因无人继承而变成无主财产。

3. 财产的所有人不明或者失去所有人的状态持续一定期间。不满法定期间的，即使所有人已消失或不明，也不能申请认定为无主财产。

4. 须由申请人提出书面申请，然后由法院审理认定。申请书应当写明：申请人的姓名或名称、住所，财产的种类、数量、形状、所在地以及请求认定财产无主的根据。根据民事诉讼法的规定，公民、法人或者其他组织都有资格作为申请人。一切公民、法人或不具备法人条件的其他组织发现财产没有所有人或者所有人不明的，都有权提出申请，认定财产无主。法院不得在无人申请的情况下，依职权认定财产无主。

5. 认定财产无主的案件，由财产所在地的基层法院管辖。这样规定便于该法院调查事实，对财产作出临时性的保护措施。

（二）审理

1. 法院接受申请后，应进行审查，认为申请不符合条件，或者财产有主的，裁定驳回申请；申请符合条件的，立案受理。

2. 发布财产认领公告。法院受理申请后，经审查核实财产所有人已消失或者去向不明，应当发出财产认领公告。公告应写明如下内容：申请人的姓名或名称、住所，财产的种类、数量、形状，公告期间以及寻找财产所有人认领财产的意旨。公告期为1年。公告期满后，如无人认领财产，法院应作出判决，宣告该财产为无主财产。同时，应根据财产的不同情况，收归国家或集体所有。判决送达后，立即发生法律效力，交付执行组织执行。执行组织应当发布执行令，责令财产的非法占有人交出财产；拒不交出的，应予以强制执行。根据最高人民法院有关司法解释的规定，认定财产无主案件，公告期间如果有人提出财产请求，人民法院应当作出裁定，终结特别程序，告知申请人另行起诉，适用普通程序进行审理。

三、认定财产无主后财产所有人重新出现的处理

法院通过判决的方式认定无主财产，仅是根据一定的事实，从法律上推定为无主财产，是否在事实上真正无主，尚未作出符合实际的肯定。因此，在判决认定财产无主后，原财产所有人或者其继承人可能出现。《民事诉讼法》第193条规定，判决认定财产无主后，原财产所有人或者继承人出现，在民法通则规定的诉讼时效期间可以对财产提出请求，人民法院审查属实后，应当作出新判决，撤销原判决。

诉讼时效期间为2年，也就是说，原财产所有人或者其继承人从知道或者应当知道人民法院判决认定财产无主之日起，必须在2年内行使请求权，申请法院撤销原判决，作出新判决。超过该诉讼时效期间，原财产所有人或者继承人请求返还财产的，不予保护。

原判决撤销后，财产由原所有人或合法继承人认领，占有财产的国家或集体单位应当返还原物；原物不存在的，应按原财产的实际价值折价返还。

引例解析：上海市杨浦区人民法院依照《民事诉讼法》第192条的规定，于1994年4月18日在该院公告栏及上述财产所在地发出认领该财产的公告，法定公告期为1年。公告期届满，上述财产无人认领。法院认为，该房屋确属无主财产，依法应收归国家或者集体所有。但是，该无主财产价值不大，收归国家或集体所有无多大实际意义。鉴于申请人陈益锡对原房屋所有人陈小妹生前尽了主要扶养义务，要求将上述无主财产归其所有，符合继承法的相关规定，对此应予支持。

第六节　确认调解协议案件

导入案例

王某系A市通达饲料有限公司员工，2002年王某发生工伤事故（伤残等级评定为六级），与A市通达饲料有限公司达成处理协议并解除了劳动关系。2011年2月王某以工伤复发需要后续治疗为由，要求公司承担相应的费用并提出一次性赔偿要求。2013年2月28日双方在A市B区人民调解委员会的主持下达成调解协议，该协议约定由通达公司一次性支付王某人民币26万元，王某因该工伤所再产生的其他一切费用由王某自行负担。

问题：由于调解协议不具有强制执行力，现王某担心公司将来对调解协议反悔，不履行付款义务；通达公司也担心将来付完款后，王某会不会又继续要求支付医疗费。他们可以选择何种法律途径？

知识点：确认调解协议案件的审理程序。

一、确认调解协议案件的概念

确认调解协议案件，是指当事人之间民事权利义务的纠纷，经人民调解委员会或其他依法成立的具有调解职能的组织机构调解后，达成具有民事合同性质的协议，由双方当事人共同到人民法院申请确认调解协议法律效力的案件。《人民调解法》第33条第1、2款规定，经人民调解委员会调解达成调解协议后，双方当事人认为有必要的，可以自调解协议生效之日起30日内共同向人民法院申请司法确认，人民法院应当及时对调解协议进行审查，依法确认调解协议的效力。人民法院依法确认调解协议有效，一方当事人拒绝履行或者未全部履行的，对方当事人可以向人民法院申请强制执行。按照此规定，双方当事人在人民调解组织的支持下所达成的调解协议不具有强制执行力，但是可以向人民法院申请司法确认。法院经过审查，调解协议被确认合法有效，具有强制执行力。

二、确认调解协议案件的意义

首先，人民法院通过对调解协议的司法确认，有效地提高诉讼外调解的公信力，对诉讼外调解工作给予有力的支持，为建立我国多元化的纠纷解决机制提供有力的司法保障，促进非诉讼纠纷解决机制的不断发展。

其次，体现了人民法院积极参与社会管理创新和重视民众需求。面对我国社会转型期内矛盾高发的态势，迫切需要人民法院在更广泛的领域内充分发挥职能，参与并促进社会管理创新。司法确认制度为人民群众提供了更多可供选择的诉讼外纠纷解决渠道，对促进人民法院参与社会管理、化解矛盾纠纷具有积极意义。

再次，有效缓解人民法院日益沉重的办案压力，提高纠纷解决的质量。随着社会的不断进步，人民群众的维权意识也不断增强，大量矛盾纠纷涌入法院，法院“案多人少”的情况非常突出。通过规定确认调解协议制度，赋予调解协议强制执行的效力，分流部分案件，能有效缓解“案多人少”的矛盾。同时，确认调解协议制度相对简便快捷，且不收取当事人费用，有利于减轻当事人的诉讼成本，避免司法资源浪费，从而能最大限度地降低纠纷解决的社会成本。

最后，增加调解协议司法确认制度，吸收和巩固了多元纠纷解决机制改革的成果。2002 年 11 月 1 日施行的《最高人民法院关于审理涉及人民调解协议的民事案件的若干规定》第 1 条规定："经人民调解委员会调解达成的、有民事权利义务内容，并由双方当事人签字或者盖章的调解协议，具有民事合同性质。当事人应当按照约定履行自己的义务，不得擅自变更或者解除调解协议。"该规定明确将人民调解协议界定为具有民事合同性质。2004 年 11 月 1 日施行的《最高人民法院关于人民法院民事调解工作若干问题的规定》第 3 条规定："根据民事诉讼法第 87 条的规定，人民法院可以邀请与当事人有特定关系或者与案件有一定联系的企业事业单位、社会团体或者其他组织，和具有专门知识、特定社会经验、与当事人有特定关系并有利于促成调解的个人协助调解工作。经各方当事人同意，人民法院可以委托前款规定的单位或者个人对案件进行调解，达成调解协议后，人民法院应当依法予以确认。"该规定第一次以司法解释的形式明确了对调解协议进行司法确认的程序。《人民法院第三个五年改革纲要》将"诉讼与非诉讼相衔接的矛盾纠纷解决机制改革"列为改革重点之一，此项改革也是中央确定的司法改革项目。最高人民法院总结各地方法院对调解协议进行司法确认的改革经验，于2009 年 7 月 24 日公布了《关于建立健全诉讼与非诉讼相衔接的矛盾纠纷解决机制的若干意见》，确立了司法确认制度。2011 年 1 月 1 日起施行的《人民调解法》第 33 条第 1 款规定，经人民调解委员会调解达成调解协议后，双方当事人认为有必要的，可以自调解协议生效之日起 30 日内共同向人民法院申请司法确认，人民法院应当及时对调解协议进行审查，依法确认调解协议的效力。2011 年 3 月 30 日施行的《最高人民法院关于人民调解协议司法确认程序的若干规定》，对法院办理确认调解协议案件的程序作了较为具体的规定。2012 年 8 月 30 日《民事诉讼法》修正，在吸收上述人民调解法及有关司法解释、指导性意见等的基础上，专门增加了调解协议司法确认程序，顺应了司法实践需要，是多元化纠纷解决机制改革的法律化，标志着诉讼与非诉讼相衔接的矛盾纠纷解决机制改革进入了一个新的发展阶段。

三、确认调解协议案件的审理程序

（一）申请

1. 确认调解协议案件的前提，是双方当事人在人民调解委员会等调解组织的主持下就双方的争议已经达成了调解协议。司法确认程序的启动，须建立在当事人已达成调解协议的基础上。关于申请确认的调解协议的范围，有两种观点：一种观点是，只有人民调解法和其他法律明确规定可以申请司法确认的调解协议才能申请确认；另一种观点是，除了人民调解法规定可以申请确认的以外，其他法律、行政法规、地方性法规、行政规章以及中央批准的司法改革方案中明确规定可以确认的调解协议，均属于《民事诉讼法》第194条规定的申请确认范围。例如，《最高人民法院关于建立健全诉讼与非诉讼相衔接的矛盾纠纷解决机制的若干意见》第20条规定，经行政机关、人民调解组织、商事调解组织、行业调解组织或者其他具有调解职能的组织调解达成的具有民事合同性质的协议，经调解组织和调解员签字盖章后，当事人可以申请有管辖权的人民法院确认其效力。我们认为，在当前我国为社会管理提供充分司法保障、深入推进社会管理体制改革的形势下，特别是多元化纠纷解决机制改革迅速推进的大背景下，第二种观点更符合民事诉讼法的立法原意。

2. 确认调解协议案件的提起，必须由双方当事人共同提出申请。根据民事诉讼法及最高人民法院司法解释相关规定，当事人应当共同向有管辖权的基层人民法院提出确认申请。一方当事人提出申请，另一方表示同意的，视为共同提出申请。当事人提出确认申请，可以采用书面形式或者口头形式。当事人口头提出申请的，人民法院应当记入笔录，并由当事人签字或者盖章。当事人提出申请时，应当向人民法院提交下列材料：司法确认申请书、调解协议、身份证明或营业执照、与调解协议相关的财产权利证明等证明材料、双方当事人的送达地址、联系方式、双方当事人签署的承诺书等。

3. 提起确认调解协议案件的时限，是自调解协议生效之日起30日内。根据人民调解法的规定，经人民调解委员会调解达成调解协议的，可以制作调解协议书。当事人认为无需制作调解协议书的，可以采取口头协议方式，人民调解员应当记录协议内容。调解协议书自各方当事人签名、盖章或者按指印，人民调解员签名并加盖人民调解委员会印章之日起生效。口头调解协议自各方当事人达成协议之日起生效。明确了调解协议生效的时间点，才可明确双方当事人向法院申请司法确认的期间的起算点。

（二）管辖

确认调解协议案件的管辖法院为调解组织所在地的基层人民法院。由基层人民法院管辖，符合民事诉讼审级制度的要求，有利于发挥基层人民法院化解纠纷的主要功能，也有利于将当事人的矛盾纠纷化解在基层。而由调解组织所在地的基层人民法院管辖确认调解协议案件，则既方便当事人申请司法确认，也便于法院审查案件。

（三）审查

基层人民法院收到当事人司法确认申请后，应当对确认申请进行审查。

1. 受理。人民法院收到当事人司法确认申请，应当在3日内决定是否受理。法院决定受理的，应当编立“调确字”案号，并及时向当事人送达受理通知书。

2. 不予受理。属于下列情形的，人民法院不受理司法确认申请：①不属于法院受理民事案件的范围或者不属于接受申请的法院管辖的；②确认身份关系的；③确认收养关系的；④确认婚姻关系的；⑤涉及法院适用特别程序、公示催告程序和破产还债程序审理的纠纷。对于符合上述情形的申请，人民法院应当在3日内作出不予受理决定，并及时向当事人送达不予受理通知书。

3. 审限。人民法院应当自受理司法确认申请之日起15日内作出是否确认的决定。因特殊情况需要延长的，经本院院长批准，可以延长10日。在法院作出是否确认的决定前，一方或者双方当事人撤回司法确认申请的，法院应当准许。

（四）裁定

1. 裁定调解协议有效。人民法院受理申请后，经审查，符合法律规定的，裁定调解协议有效，一方当事人拒绝履行或者未全部履行的，对方当事人可以向人民法院申请执行。

2. 裁定驳回申请。人民法院审查后，发现调解协议不符合法律规定的，裁定驳回申请。具有下列情形之一的，人民法院不予确认调解协议效力：①违反法律、行政法规强制性规定的；②侵害国家利益、社会公共利益的；③侵害案外人合法权益的；④损害社会公序良俗的；⑤内容不明确，无法确认的；⑥其他不能进行司法确认的情形。

对于人民法院驳回申请的裁定，当事人可以通过调解方式变更原调解协议或者达成新的调解协议，也可以向法院提起诉讼。人民法院办理人民调解协议司法确认案件，不收取费用。

引例解析：王某和通达饲料有限公司可以向A市B区人民法院提出申请，要求确认双方在A市B区人民调解委员会签订的就工伤事故达成的处理协议。申请人双方在人民调解委员会主持下，在双方自愿基础上达成的调解协议系其真实意思表示，协议内容不违反法律法规的强制性规定，调解程序合法，双方了解司法确认后的协议具有强制执行效力。人民法院应当依照《民事诉讼法》的规定，确认调解协议合法有效。

第七节 实现担保物权案件

导入案例

2012年8月11日，邹某向洪某借款30万元，借款期限至2012年11月20日，邹某以无锡城区的一套房子提供抵押担保，抵押期限与借款期限一致。同月14日，洪某借款给邹某30万元，并办理了上述房产抵押的他项权证，抵押金额为30万元。借款期满后，邹某在洪某的催促下迟迟不还。2013年1月，洪某向法院提起诉讼，要求拍卖、变卖邹某的房产，支付其30万元。

问题：法院应适用何种程序处理该案？

知识点：实现担保物权案件的审理程序。

一、实现担保物权案件的概念

担保物权，是与用益物权相对应的他物权，指的是以确保债权实现为目的而设定的，以直接取得或者支配特定财产的交换价值为内容的权利。在借贷、买卖等民事活动中，债务人或者第三人将特定的财产作为履行债务的担保。担保物权包括抵押权、质权和留置权。担保物权的实现是指在债务人不履行债务时，担保物权人按照法定程序，通过将担保标的物进行折价、拍卖、变卖等，使其债权得到优先受偿的过程。

我国《物权法》第195条第2款明确规定，抵押权人与抵押人未就抵押权实现方式达成协议的，抵押权人可以请求人民法院拍卖、变卖抵押财产。第220条第1款规定，出质人可以请求质权人在债务履行期届满后及时行使质权；质权人不行使的，出质人可以请求人民法院拍卖、变卖质押财产。第237条规定，债务人可以请求留置权人在债务履行期届满后行使留置权；留置权人不行使的，债务人可以请求人民法院拍卖、变卖留置财产。这是我国立法首次明确实现担保物权可以通过非诉讼的方式。虽然物权法等实体法中对担保物权的实现方式作出了该规定，但并未对担保物权实现的具体程序作出规定。为了解决这个问题，2012年《民事诉讼法》借鉴有关国家和地区的立法及司法经验，在特别程序中专门增设了“实现担保物权案件”一节，对担保物权实现的相关程序性问题作出了规定。

二、关于增加实现担保物权案件的意义

第一，实现程序法与实体法的有效衔接，弥补程序法原来的缺陷。关于担保物权的实现方式，《民法通则》和《担保法》规定，抵押权人与抵押人协议不成的，抵押权人只能通过向人民法院提起诉讼的方式实现。《民事诉讼法》将实现担保物权案件作为非讼案件，单列为一种案件类型，相比只能通过民事诉讼得到实现的方式，在维护市场（尤其是金融信贷业务）交易安全方面具有鲜明的优越性，能够更好地保护担保物权人的合法利益。

第二，充分发挥非讼程序快速便利解决纠纷的功能，节约诉讼资源，方便担保物权的实现。如果只能通过诉讼的方式实现担保物权，程序复杂且时间较长，其局限性日益明显，不利于债权人利益的保障。而采用非诉讼方式实现担

保物权，可以疏减讼源，显著节约诉讼成本。同时，有效降低交易风险，提高交易效率，以实现市场主体在交易中利润的最大化。

三、实现担保物权案件的程序

（一）申请

1. 申请实现担保物权的主体。申请实现担保物权，由担保物权人以及其他有权请求实现担保物权的人提出。根据我国现行《物权法》及《担保法》的规定，有权申请法院实现担保物权的人主要是指抵押权人、出质人以及财产被留置的债务人。当然，物权法之外的其他实体法也可以作为申请实现担保物权的依据。如，根据《合同法》第 286 条规定，建设工程承包人也可以作为申请主体。另外，我国的海商法、民用航空器法等法律中规定的船舶抵押权、民用航空器抵押权的权利人等，均可以作为实现担保物权案件的申请人。

2. 实现担保物权案件的管辖法院。申请实现担保物权，由担保物权人以及其他有权请求实现担保物权的人依照物权法等法律，向担保财产所在地或者担保物权登记地基层人民法院提出。如果担保物为多个物并且分散在若干个法院辖区内的，应当根据民事诉讼法的现有规定确定管辖法院，即如果各个法院都有管辖权的，申请人可以选择向其中一个有管辖权的法院提出申请。

（二）审查

人民法院应当审核申请人提供的相关证据材料，如担保物权或其他权利是否存在的证明文件（包括主合同、担保合同、抵押权登记证明或者他项权利证书等）、担保的债务是否已经超出约定期限、担保物的现状等事实，必要时可以询问有关当事人，并可以依职权调查相关事实。

如果被申请人提出异议，人民法院应该进行审查。经审查，被申请人的异议确实成立的，则裁定驳回申请。申请人不服的可以另行起诉。

（三）裁判

1. 审判组织。人民法院受理的申请实现担保物权的案件，原则上采用由一名审判员独任审理的方式进行审理，但对于重大、疑难案件，则应当由审判员组成合议庭进行审理。

2. 裁定。人民法院受理申请后，经审查，符合法律规定的，裁定拍卖、变卖担保财产，当事人依据该裁定可以向人民法院申请执行；不符合法律规定的，裁定驳回申请，当事人可以向人民法院提起诉讼。

3. 审理期限。适用特别程序审理的案件审限的规定，即应当在立案之日起 30 日内审结，有特殊情况需要延长的，须由本院院长批准。

引例解析：法院应当按照实现担保物权案件程序的要求，审查抵押借款合同、房屋他项权证等证据，如果符合法律规定，法院应作出裁定，裁定被申请人邹某涉案房产准予采取拍卖、变卖等方式依法变价，申请人洪某对变价后所得款项优先受偿30万元。

本章重点内容小结

1. 特别程序是几类不同审理程序的概称。依照特别程序审理的六类案件，其间并无更为密切的关系，分别具有自身的特点，每一类案件都各自独立地适用一种审理程序，各种审理程序分别独立，相互之间不能混杂适用。

2. 选民资格案件，是选举过程中法院对公民的选民资格予以确认的一种程序。选民资格案件须以对选举委员会关于选民资格的申诉处理不服为起诉的前置程序。

3. 宣告失踪或宣告死亡案件是因公民下落不明，由法院判决宣告该公民失踪或死亡的程序。该类案件的申请必须满足法定的条件，由利害关系人提出。

4. 认定公民无民事行为能力或限制民事行为能力案件是法院根据利害关系人的申请，通过法定程序对是否患有精神疾病的公民进行确认并宣告为无民事行为能力或限制民事行为能力人的案件。

5. 认定财产无主案件是法院依照法定程序将某项所有人不明或者无所有人的财产认定为无主财产，并将其判归国家或集体所有的案件。

6. 确认调解协议案件是当事人之间民事权利义务的纠纷，经人民调解委员会或其他依法成立的具有调解职能的组织机构调解后，达成具有民事合同性质的协议，由双方当事人共同到人民法院申请确认调解协议法律效力的案件。这类案件是2012年《民事诉讼法》新增加的内容，对于推进多元纠纷解决机制发展具有重要意义。

7. 实现担保物权案件是在债务人不履行债务时，担保物权人按照法定程序，通过将担保标的物进行折价、拍卖、变卖等，使其债权得到优先受偿的过程。这类案件也是2012年《民事诉讼法》新增加的内容，弥补了程序法原来的缺陷，方便担保物权的实现。

关键词：特别程序　　非讼案件审理　　非讼案件裁判

实务训练

(一) 示范案例

案情：据浙江法制报报道，2011年8月，平安银行杭州分行与浙江某材料公司签订了一份《综合授信额度合同》，约定给予该材料公司2.4亿元的综合信用额度。同时双方签订了《最高额抵押担保合同》，最高额抵押为7500万元，约定以材料公司的土地及厂房作为抵押。2011年9月，平安银行杭州分行向该公司发放了7500万元贷款。截至2012年12月27日，借款已经逾期，平安银行杭州分行向法院提出实现担保物权申请。

1月9日，安吉法院举行了公开听证会。担保物权申请人及被申请人、金融界代表、企业界代表等参加了听证会。安吉法院审查后认为，双方签订的《综合授信额度合同》、《最高额抵押担保合同》等均合法有效，双方还办理了抵押物登记。材料公司对银行的债务，于2012年9月到期，到期时材料公司理应支付借款本息8174万元，但材料公司不履行到期债务，且双方未就抵押权实现方式达成协议。法院依法作出裁定：准予对被申请人浙江某材料公司的担保财产采取拍卖、变卖等方式依法变价，申请人对变价后所得款项优先清偿借款本息等。这是新《民事诉讼法》实施以来，浙江省首例采用公开听证方式审查实现担保物权的案件。

分析：《民事诉讼法》第196条、第197条对担保物权实现的申请主体、管辖法院等问题作出了详细规定。安吉法院民二庭庭长戴伟民介绍，新民事诉讼法对实现担保物权案件带来三个"利好"：一是程序简单，以前实现担保物权，必须通过诉讼程序解决，现在修改为特别程序解决，不需要开庭，且一审终审；二是办理期限短，特别程序的审限为30天；三是节省成本，以前要走诉讼程序，要预交诉讼费，现在的特别程序不收一分诉讼费。

（二）习作案例

渔民方某于2002年出海打鱼，遇到风浪一直未归。2008年其妻夏某向法院申请宣告死亡。方某夫妇有一孩子方甲，房屋6间，渔船一条（已经随方某失踪而消失了），摩托车一辆。法院依法判决宣告方某死亡后，方某留下的遗产开始继承。房屋1间由其父亲继承，其余财产均由夏某、方甲继承。方某死后，夏某生活十分困难，2009年，夏某将摩托车卖给同村的孙某。后迫于生活压力，夏某又将方甲送给李某作为养子。2010年，夏某改嫁周某。不久周死亡。2011年，方某出现。原来方某当时被海风刮到A国，失去记忆，现被送回。

问：

（1）方某是否有权要求其父亲返还继承的一间房屋？

（2）是否有权要求孙某必须返还摩托车？

（3）如果方某对夏某仍有感情，方某与夏某的婚姻关系能否自动恢复？

（4）方某是否有权要求李某解除与方甲的收养关系？

思考题

1. 特别程序包括哪几类案件？特别程序有哪些特点？

2. 如何正确选择解决民事纠纷的方法?

3. 选择分析：根据我国民事诉讼法的规定，下列哪些案件在审理程序中公告是必经的程序?(　　)

A. 2007 年 1 月甲失足掉入江水后一直杳无音信，2009 年 4 月其夫向法院申请宣告甲死亡

B. 乙因被陨石砸中头部导致精神失常，其子向法院申请要求认定乙为无民事行为能力人

C. 丙拿一张 10 万元的支票到银行兑现，途中被盗，丙向银行所在地的区法院申请公示催告

D. 某施工单位施工时挖出一个密封的紫玉匣子，内藏三个蛇眉铜鱼，该施工单位向法院申请认定铜鱼和匣子为无主财产

延伸阅读

申请实现担保物权的主体范围

《物权法》规定的担保物权是指债务人或者第三人为了保证债务的履行，将自己的或者第三人的财产设定担保，当债务不履行的时候，债权人可以就该财产优先受偿的权利。物权法规定的担保物权有抵押权、质权、留置权，考虑到民事诉讼法设立实现担保物权的程序，主要是针对物权法等实体法中对担保物权实现而作出的程序性规定，“担保物权人”和“其他有权请求实现担保物权的人”的适用范围应当以物权法等民事实体法作为依据。根据物权法的规定，有权向人民法院申请实现担保物权的主体包括“抵押权人”、“出质人”和“财产被留置的债务人”。在 2012 年《民事诉讼法》修改过程中，也有专家提出意见，对于实现担保物权的申请人不应该仅限于物权法规定的上述三种主体，还应当包括与上述三种主体相对应的主体，即与“抵押权人”相对应的“抵押人”、与“出质人”相对应的“质权人”、与“财产被留置的债务人”相对应的“留置权人”。对此，最高人民法院高民智认为，民事诉讼法的上述规定仅是对物权法等民事实体法中规定的实体权利的实现作出的程序性规定，该程序规定的依据来源于实体法，应当按照实体法的规定来确定实现担保物权的申请主体。因此，对于实现担保物权的申请主体应暂以物权法的规定为准，不宜做扩大性的解释。至于抵押人、质权人、留置权人是否可以成为实现担保物权的申请主体，留待今后的审判实践逐渐探索。

第十五章　督促程序

学习目标

1. 了解督促程序的含义和特点。
2. 掌握督促程序的适用范围。
3. 了解支付令申请的条件、支付令异议和支付令的效力。

学习任务

能够按照督促程序的要求解决相应的案件。

第一节　督促程序的概念和特点

导入案例

浙江甲服装商店于2005年10月20日与广东乙服装厂签订了联销服务协议，由乙服装厂在广东展销会期间代销服装。甲服装商店派人于同年12月送去各种规格服装477件，计货款50 600元。展销结束后，乙服装厂退还甲服装店部分未销售的服装，计货款25 000元，尚欠货款25 600元，至今未付。甲服装商店屡屡托收承付催讨债款，乙服装厂却因开户银行“存款不足”，拖至现在未付。

问题：可以采用什么法律手段最为迅速、便利地解决这一问题？

知识点：督促程序的特点及意义。

督促程序，是指基于债权人提出的以给付金钱或有价证券的财产上的请求，人民法院不经过开庭审理，直接向债务人发出附条件的支付令，以催促债务人限期履行义务；如果债务人在法定期间内既未履行义务又未提出异议，支付令即发生与生效判决同等效力的特殊程序。

随着社会经济的快速发展，现实生活中，因债权债务关系而发生的纠纷数量也大量增加。其中有些债权债务纠纷，当事人就债权债务的实体内容并无争议，只是债务人迟迟不予履行。如果法院通过诉讼程序来审理，既浪费诉讼资源，也消耗当事人的时间、精力。所以，民事诉讼法专门设立了督促程序，为没有争议的债权债务纠纷提供了一个简化程序，允许债权人不经过通常的诉讼程序，而是申请法院催促债务人及时清偿债务，简洁快速地实现债权人的实体权利，从而达到降低诉讼成本、提高诉讼效率的目的。因为督促程序并不涉及当事人之间实体上债权债务纠纷的解决，所以，督促程序在性质上属于一种非讼的特殊程序。

案例（15－1）：大顺建筑公司因施工需要，多次向大利混凝土公司购买商用混凝土。2013年1月，大顺公司向大利公司出具还款承诺书，确认欠大利公司货款66万余元。后大利公司因多次催要无果，于2013年3月起诉到法院。案件审理中，法官立即与被告大顺公司取得联系，得知被告对原告的欠款事实及数额均无异议。经审查，原告主张的欠款事实真实、欠款数额确定，且有相关证据予以佐证，被告亦无争议，如果仍通过一般的诉讼程序加以解决，不仅会浪费司法资源，而且不利于法院及时作出裁判，给当事人造成不必要的讼累。根据《民事诉讼法》第133条第1项的规定，符合诉讼程序转入督促程序的情形。承办法官随即向原告大利公司进行了相关法律释明，原告表示同意适用督促程序。随后，法院立即向被告送达了支付令，被告大顺公司在接到支付令当天即支付了全部的货款。该案在较短的时间内圆满解决。

作为非讼程序之一的督促程序，它以当事人之间不存在实体上的债权债务纠纷为前提，当事人不直接进行对抗。债权人是申请人而不是原告，其权利请求仅限于向人民法院申请以支付令的方式催促债务人履行到期债务，法院对债权人的申请只进行非实体性审查，期间没有双方当事人参加诉讼。因此，督促程序并不解决当事人之间的民事权益争议，具有非讼的特点。除此之外，督促程序还具有以下几个方面的特点：

（一）程序适用范围的特定性

督促程序的适用范围，仅限于特定的债权债务关系，即债权人请求给付的标的只能是金钱和有价证券。

所谓金钱，是指作为流通手段和支付手段的货币，通常是指人民币，在特定的情况下也包括外国货币。所谓有价证券，是指汇票、本票、支票、股票、债券、国库券以及可以转让的存单等，除此以外的其他财产和行为的给付请求，不适用督促程序。

（二）程序适用的可选择性

当事人并非一定要通过督促程序来解决。是依督促程序还是依一般的诉讼程序来主张债权，债权人可自主选择。

以给付金钱和有价证券为标的的债权债务案件，债权人可以申请适用督促程序。但是，法律并没有强制规定这类案件必须适用督促程序，当事人可以自主选择诉讼程序或督促程序来解决，只是选择诉讼程序时间更长，不利于纠纷的快捷简便解决。债权人如果先选择督促程序，在其申请被驳回或债务人在法定期间内提出异议后，仍然可以提起诉讼。债权人如果先选择诉讼程序，法院经过审查，当事人没有争议的，也可以转入督促程序。可见，督促程序不是解决这类案件的必经程序或唯一程序，法律赋予了当事人的程序选择权。

（三）程序过程的简捷性

人民法院适用督促程序审理案件，实行书面审查原则，无需传唤债权人、债务人，也无需开庭审理。法院只审查债权人请求的内容和债权债务关系的事实、提供的证据是否符合法定申请条件。对符合条件的，人民法院直接发出支付令；不符合条件的，人民法院驳回债权人的申请。并且，适用督促程序，由审判员独任审理，审级上实行一审终审。因此，与诉讼程序相比，督促程序具有简便、快捷的特点。

引例解析：浙江甲服装商店可以根据《民事诉讼法》第十七章的规定，依照督促程序向广东省有管辖权的基层法院申请支付令。债务人即乙服装厂在收到支付令之日起15日内清偿债务，或者向人民法院提出书面异议。否则，债权人甲服装商店可以向人民法院申请执行。

第二节　支付令的申请与受理

导入案例

孙某与朱某之间互负金钱债务。孙某应当在9月10日偿还朱某的借款2万元，朱某应当在9月13日支付孙某货款10万元。到9月15日双方都没有履行义务。孙某在当天向人民法院申请就货款向朱某发出支付令。

问题：孙某可以向法院申请支付令吗？

知识点：申请支付令的条件。

一、支付令的申请

（一）申请支付令的条件

债权人向法院申请支付令，必须符合以下法定条件：

1. 申请人必须是本案的债权人，任何第三人、案外人等无权申请。

2. 债权人请求债务人给付的标的，只能是金钱和有价证券，并且已经到期且数额确定。只有在债务已到履行期，债务人应当履行而不履行时，债权人才有权要求债务人履行。债权人在支付令申请中要求法院督促债务人给付的数额也必须是确定的，否则法院无从发出支付令。

3. 债权人与债务人之间没有其他债务纠纷。“其他债务纠纷”通常是指能对债权人的支付申请进行抗辩的债务纠纷，比如债权人与债务人之间存在对待给付义务，或者虽非对待给付义务，但债务人可以行使抵消权的义务。

4. 支付令能够送达债务人。支付令只有实际送达给债务人，才能够实际督促其履行债务或者及时提出异议。需要注意的是：

（1）必须用债务人能够实际接收的方式送达。法院一般采用直接送达的方式将支付令送达债务人；在直接送达有困难的情况下，法院也可以委托送达、转交送达、邮寄送达和留置送达。而公告送达是一种假设性的推定送达，债务人极有可能看不到公告，如果有异议也不能及时提出。所以，督促程序不能使用公告方式送达。

（2）债务人没有处于下落不明的状态且必须在我国领域内。如果债务人下落不明，只能用公告送达，债务人有可能看不到公告而无法行使异议权；如果债务人在国外，涉外送达方式较为复杂，手续繁琐，需要较长时间才能送达甚至无法送达，债务人无法在法定期间内提出异议，不符合督促程序快捷简便的特征。

5. 债权人申请支付令必须向有管辖权的法院提出。有管辖权的法院，是指债务人住所地的基层人民法院。管辖法院的具体确定适用民事诉讼法关于一般地域管辖的规定。

（二）申请支付令的方式

债权人向法院申请发出支付令，必须提交申请书。根据《民事诉讼法》第214条第2款的规定，申请书应当写明请求给付金钱或者有价证券的数量和所根据的事实、证据。依据该规定，申请书应当写明下列事项：

1. 债权人和债务人的基本情况。如双方的姓名、性别、年龄、职业、工作单位和住所或经常居住地，法人或其他组织的名称、住所地和法定代表人或主要负责人的姓名、职务，有诉讼代理人的，也一并写明。

2. 债权人要求债务人应当给付的金钱或有价证券的种类、数量。

3. 债权人请求给付所依据的事实、证据。包括引起债权发生的事实以及证明债权存在并已到期的事实和相关证据，并写明债权人与债务人之间没有其他债务纠纷。

4. 请求人民法院发出支付令。申请人要明确表达请求法院发出支付令，而不是提起诉讼的意思表示。

二、支付令申请的受理

债权人提出申请后，法院应当对债权人提交的申请书进行形式上的审查。审查内容主要包括：申请人是否具备申请资格和申请能力，是否是债权人本人；申请是否符合法定的条件和形式；案件是否属于本院管辖；债务人是否在我国境内，是否属于下落不明；支付令能否送达债务人等。经过审查，法院认为申请符合法定要件的，应当在5日内立案受理，并及时通知债权人；不符法定合要件的，也应在5日内通知申请人对该申请不予受理。

引例解析： 此时法院应该驳回孙某的申请，因为孙某对朱某负有可抵销的义务，即孙某与朱某之间存在“其他债务”的情形，不符合申请支付令的条件。

第三节　支付令的签发与效力

导入案例

2007年4月6日，浙江省甲县法院受理了以甲县A公司为申请人、甲县B公司为被申请人的督促程序案件。甲县人民法院经过审查，认为债权人与债务人之间的债权债务关系明确、合法，遂按法律规定向债务人B公司发出了支付令，限其在收到支付令之日起15日内清偿债务，或向法院提出书面异议。但B公司在15日内既未清偿债务，也未提出书面异议。

问题：A公司可以采取何种法律手段？

知识点：支付令的效力。

一、对申请的审查

法院受理支付令的申请后，应当在15日内对申请进行内容上的审查，并决定是否向债务人发出支付令。与受理阶段的形式上的审查不同，这种审查属实体审查，审查内容主要包括：债权债务关系是否明确、合法；申请人提供的事实和证据是否充分等。对申请的审查只采用书面形式，由一名审判员进行，无需询问债务人和开庭审理。

经审查，有下列情况之一的，法院应当裁定驳回申请：

1. 当事人不适格；

2. 给付金钱或者有价证券的证明文件没有约定逾期给付利息或者违约金、赔偿金，债权人坚持要求给付利息或者违约金、赔偿金；

3. 债权人要求给付的金钱或者有价证券属于违法所得；

4. 债权人申请支付令之前已向人民法院申请诉前保全，或者申请支付令同时又要求诉前保全。

人民法院驳回申请的裁定是终局裁定，债权人不得提出上诉，也不得申请复议。在法院发出支付令前，债权人可以撤回申请，此时法院应当裁定终结督促程序。

二、支付令的签发

法院通过对债权人申请的审查，认为债权人提供的事实、证据属实，债权债务关系明确、合法的，应当在受理之日起 15 日内，向债务人发出支付令。

支付令应记明以下事项：

1. 债权人、债务人姓名或名称等基本情况；

2. 债务人应当给付的金钱、有价证券的种类、数量；

3. 清偿债务或者提出异议的期限；

4. 债务人在法定期间不提出异议的法律后果。

支付令由审判员、书记员署名，加盖人民法院印章。

三、支付令的效力

支付令一经送达，将产生如下效力：

1. 债务人自收到支付令之日起 15 日内，应当向债权人清偿债务，或者向人民法院提出书面异议。

2. 债务人自收到支付令之日起 15 日内，既不清偿债务又不在法定期间内提出书面异议的，则支付令生效。生效的支付令与生效的判决书、裁定书和调解书产生同样的法律效力。债务人拒不履行清偿义务，债权人有权依据生效的支付令向法院申请执行。债权人申请执行支付令的期限为 2 年。

引例解析：本案中，债务人 B 公司自收到支付令之日起 15 日内，既不清偿债务又不在法定期间内提出书面异议，则支付令生效。生效的支付令与生效的判决书、裁定书和调解书产生同样的法律效力。A 公司可以以该支付令为依据向法院申请强制执行。

第四节　支付令的异议

导入案例

红日公司向蓝月公司购买了10万元的电脑设备，红日公司以蓝月公司提供的设备不符合约定为由拒绝付款。为此，蓝月公司向A区法院申请支付令，要求红日公司支付货款。在收到支付令后的15日内，红日公司既不履行债务，也不提出异议，而是向B区法院提起诉讼，要求退货。

问题：红日公司这一起诉行为是否影响支付令的效力？

知识点：支付令异议的适用。

一、异议成立的条件

对法院发出的支付令，债务人不能提起上诉，但在法定期间内有权提出异议。债务人如果认为该债权债务关系存在争议，自己不应当按照支付令的内容履行，即可以向人民法院提出异议。

1. 异议应在法定期间内提出。债务人应在收到支付令之日起15日内向人民法院提出异议。

2. 异议只能以书面形式提出。债务人必须向法院提交异议书，口头异议无效。

3. 异议的内容必须针对债权人的请求。如果债务人对债务本身无异议，而只是提出自己缺乏清偿能力，或者对清偿方式、清偿期限等提出不同意见，则异议不能成立。

4. 异议必须是向发出支付令的法院提出。如果债务人向其他法院提出异议或向法院起诉的，不能视为异议，不影响支付令的效力。

二、对异议的审查

法院对债务人在法定期间内提出的书面异议，在接到异议后5日内对其在形式上是否合法进行审查。债务人对支付令的异议如有下列情况，按异议无效处理：

1. 异议不符合成立要件的，应裁定驳回异议，债务人对此不得再提出异议。

2. 债权人基于同一债权债务关系，向债务人提出多项支付请求，债务人仅就其中一项或几项请求提出异议的，不影响其他各项请求的效力。

3. 债权人基于同一债权债务关系，就可分之债向多个债务人提出支付请求，多个债务人中的一人或几人提出异议的，不影响其他请求的效力。

三、异议成立的法律后果

人民法院收到债务人提出的书面异议后，经审查，异议成立的，将产生以下两个法律后果：

1. 法院裁定终结督促程序，支付令自行失效，将不再成为债权人申请执行的根据。裁定一经作出，债权人不得再提出异议，也不得提出上诉。

2. 支付令失效后，该案自动转入诉讼程序，但申请支付令的一方当事人不同意提起诉讼的除外。这样节约了当事人和法院的诉讼成本，不用再去重新立案；但是考虑到有些当事人可能不愿意进行诉讼，所以诉讼的权利仍然属于当事人，如果当事人不同意提起诉讼，法院终结督促程序即可，不进入诉讼程序。

四、督促程序的终结

在督促程序中，由于发生法律规定的情况或某种特殊原因，从而结束督促程序。有下述情况之一的，应当终结督促程序：

1. 申请不成立。法院受理支付令申请后，经审查认为申请不符合督促程序的适用范围和条件的，裁定驳回申请，从而终结督促程序。

2. 申请人撤回申请。在法院受理支付令申请后、发出支付令之前，申请人撤回申请的，法院应当准许并裁定督促程序终结。

3. 债务人清偿债务。债务人收到人民法院发出的支付令，在法定期间履行了债务，督促程序自然终结。

4. 债务人提出异议。债务人在法定期间内对支付令提出合法异议，支付令自行失效，法院裁定督促程序终结。债务人提出的支付令异议被法院裁定驳回的，支付令依法生效，法院也裁定终结督促程序。

5. 债权人又起诉。法院受理支付令申请后，债权人就同一债权债务关系又提起诉讼的，法院应裁定终结督促程序。

6. 支付令无法送达。法院自发出支付令之日起 30 日内无法送达债务人的，裁定终结督促程序。

7. 支付令错误。人民法院院长对本院已发生法律效力的支付令，发现确有错误，认为需要撤销的，应当提交审判委员会讨论决定后，裁定撤销支付令，驳回债权人的申请，终结督促程序。

引例解析：根据民事诉讼法的规定，债务人接到人民法院发出的支付令，认为自己与债权人存在债权债务关系争议，拒绝按照支付令的内容履行的，可以在法定期间内向发出支付令的法院提出异议。如果债务人向其他法院提出异议或向法院起诉的，不能视为异议，不影响支付令的效力。所以红日公司的起诉行为不能阻止支付令的效力。

本章重点内容小结

1. 督促程序是人民法院根据债权人申请，不经过开庭直接向债务人发出要求给付一定数量金钱或者有价证券的支付令，法定期限内债务人不提出异议，该支付令即具有强制执行力的制度。相较诉讼程序而言，督促程序更体现了高效、便利的优点。

2. 债务人自收到支付令之日起15日内，应当向债权人清偿债务，或者向人民法院提出书面异议。债务人在法定期限内，既不清偿债务又不提出书面异议的，则支付令生效。债权人有权依据生效的支付令向法院申请执行。

关键词：督促程序　支付令　支付令异议

实务训练

（一）示范案例

案情：大龙家具厂与飞凤公司签订了一份买卖办公桌椅的合同。飞凤公司在收到产品后提出很多桌椅都有瑕疵，要求退货。双方经过协商后达成协议：飞凤公司对桌椅自行修理，货款减半支付。后家具厂多次向飞凤公司追讨这笔货款，飞凤公司均以种种理由拒绝。于是大龙家具厂向法院申请发出支付令。法院受理后，审查了双方的买卖合同和协议，向飞凤公司发出了支付令。飞凤公司收到支付令后，认为桌椅板材质量太差根本无法修理使用，只能退货，所以拒绝履行支付令，并在第五天就该支付令向该法院提出了书面异议。

那么本案中的支付令异议能否成立？法院应当如何处理？

分析：如果债务人提出的异议在时间、方式、内容、管辖法院等方面都符合要求，法院应当裁定终结督促程序，支付令失效，并转入诉讼程序，但申请支付令的当事人不同意的除外。本案中，被告的支付令异议符合成立的条件，法院应当依法裁定终结督促程序，并转入诉讼程序，但是如果大龙家具厂不同意进行诉讼，则法院不能进行诉讼程序。

（二）习作案例

原告甲公司与被告乙公司于2012年8月签订了购销合同。被告乙按合同提走了原告价值80万元的产品，却未按时付款。原告情急之下求助于某县法院。该院立即办理了支付令法律手续。

问：

（1）在本案中，某县法院适用的是什么程序？适用该程序需要具备什么条件？

（2）人民法院向债务人乙公司发出的支付令具有什么样的法律效力？

(3) 乙公司是否可以对支付令提起上诉或者提出异议?

(4) 如果乙公司对支付令提出异议,法院应如何对待?

思考题

1. 什么是督促程序?督促程序有哪些特点?

2. 债权人向法院申请支付令需要符合哪些条件?

3. 选择分析:下列关于支付令的说法哪些是正确的?( )

A. 法院送达支付令,债务人拒收的,可以采取留置送达

B. 债务人收到支付令后不在法定期间提出异议而向其他法院起诉的,不影响支付令的效力

C. 债务人提出支付令异议的,法院无需审查异议理由客观上是否属实

D. 支付令送达后即具有强制执行力

延伸阅读

为了适应社会主义市场经济快速发展的需要,民事诉讼法在1991年制定的时候规定了督促程序,最高人民法院还于2000年11月13日颁布、2001年1月21日起施行《最高人民法院关于适用督促程序若干问题的规定》,专门就督促程序问题作了解释。我国理论界和法院等实务部门对此普遍关注并寄予厚望。然而,二十多年的司法实践证明,效果并不理想,督促程序并没有发挥出应有的快捷、便利解决债务纠纷的功效。督促程序在适用过程中存在一些缺陷:

1. 当事人普遍对督促程序不够熟悉。很多当事人只知道有普通的诉讼程序,根本不知道存在督促程序,即便是简单的债权债务纠纷也通过诉讼程序解决,不知道可以通过督促程序来实现权利。

2. 债务人往往滥用异议权。根据2012年《民事诉讼法》修正之前的规定,支付令发出后,如果被申请人在法定期间提出书面异议,人民法院无须审查异议是否有理由,支付令自行失效,法院直接裁定终结督促程序。实践中债务人为了拖延时间,逃避债务,使债权人损失申请费,恶意提出书面异议,使大量的支付令失效。

3. 程序未合理衔接。我国没有将督促程序与诉讼程序直接衔接,债权人申请的支付令一旦被债权人提出异议导致失效后,如果债权人想要起诉债务人,还需要另行起诉。这样一来,债权人还要另行交纳诉讼案件的相关费用,债权人白白损失了申请费,同时督促程序耗费的时间可谓徒劳无益。所以,在实践中,债权人为了不想交双重费用和重复起诉,一般都放弃适用督促程序,而直接选择诉讼程序。

根据2012年《民事诉讼法》的规定，人民法院收到债务人提出的书面异议后，不再是直接“裁定终结督促程序”，而是经过审查，异议成立的，法院才裁定终结督促程序，支付令自行失效。支付令失效的，转入诉讼程序，但申请支付令的一方当事人不同意提起诉讼的除外。这样规定，在一定程度上实现了督促程序和诉讼程序的合理衔接，诉讼程序成为督促程序的保障，将会使债务人谨慎使用支付令异议权，改善支付令的实践效果。

第十六章 公示催告程序

学习目标

1. 了解公示催告程序的特点。
2. 掌握申请公示催告程序的条件。
3. 除权判决的作出；对利害关系人的救济。

学习任务

能够按照公示催告程序的要求解决相应的案件。

第一节 公示催告程序概述

导入案例

七尚公司因丢失一张汇票向A市定海区法院申请公示催告。法院立案后发出公告。在公示催告期满后，八厦公司向定海区法院申报权利。经审查，八厦公司的申报成立。

问题：法院裁定终结公示催告程序正确吗？

知识点：公示催告程序的特点。

一、公示催告程序的概念和特点

公示催告程序，是指根据当事人的申请，法院以公告的方式催促不明的利害关系人在指定期间内申报权利；如逾期无人申报或者申报无效的，法院可根据申请人的申请，依法作出除权判决，宣告票据或其他事项无效的程序。

公示催告程序是为了适应社会经济发展的需要而设立的，目的主要是维护票据权利人的合法利益和保障票据流通的安全性。当票据权利人丧失票据后，将导致其不能正常行使票据权利；同时，由于票据的无因性，还可能被他人恶意行使票据上的权利。如果票据权利人仅通过向有关金融机构申请挂失或者声明作废，其保护作用相对较弱。通过公示催告程序，不仅可以宣告票据无效，防止票据被冒领的情形发生，更重要的是还可以恢复失票人的票据权利。

二、公示催告程序的特点

公示催告程序作为一种非讼程序，与通常的诉讼程序相比，具有以下特点：

1. 以申请引起程序，无对方当事人。公示催告程序的启动，是基于当事人的申请而不是起诉。同时，案件中也没有特定的被告，对方当事人处于不明状态，不知道会否有人来申报权利，更不知道是谁会来申报权利，因而不存在民事权益争议。如果有利害关系人向法院申报权利，那么在双方当事人之间就形成了民事权益的争议，法院应当裁定终结公示催告程序。

2. 适用范围特定。根据我国民事诉讼法的规定，公示催告程序的适用范围包括以下两项：一是按规定可以背书转让的票据被盗、遗失或灭失的；二是依法律规定可以申请公示催告的其他事项。

票据转让的形式有两种：一种是直接交付；另一种是背书转让。目前，我国相关法律规定的票据包括汇票、本票和支票三种。其中，汇票和银行本票允许背书转让，支票中只有中国人民银行总行批准的地区的转账支票才可以背书转让。不能背书转让的票据在被盗、遗失或灭失时，票据持有人不能向法院申请公示催告。

目前，在我国的其他一些法律中，对于可以适用公示催告程序的其他事项也出现了相应的规定。如《公司法》第 143 条第 1 款规定，记名股票被盗、遗失或者灭失，股东可以依照民事诉讼法规定的公示催告程序，请求人民法院宣告该股票失效。《海事诉讼特别程序法》第 100 条也规定，提单等提货凭证持有人，因提货凭证失控或者灭失，可以向货物所在地海事法院申请公示催告。

3. 程序分两个阶段。公示催告程序由公示催告和除权判决两个阶段构成。公示催告是任何公示催告程序的必经阶段，除权判决阶段则要根据具体情况，在具备法定的条件时才会进行。

4. 审判组织的特殊性。因为公示催告程序分两个阶段，在公示催告程序阶段，可由审判员一人独任审理；而判决宣告票据无效时，应当组成合议庭审理。

5. 审理过程简捷。法院适用公示催告程序审理案件时，无需开庭审理，也不需要传唤当事人，只是通过书面审查申请人提出的事实、证据。在审级上实行一审终审，当事人对生效的裁定和判决即使不服，也不得提出上诉，并且不得申请再审。

6. 结案方式特殊。公示催告程序的结案方式有两种：裁定和判决。裁定即裁定终结公示催告程序，判决即作出除权判决。在公示催告前申请人撤回申请；或者公示催告期间或除权判决作出之前，有利害关系人申报权利；或者申请人在法定期间内未申请法院作出判决，法院即可以裁定方式终结公示催告程序。如果没有以上情形，公告期满没有人主张权利，当事人申请法院作出除权判决。

而这种除权判决也不同于通常诉讼程序所作出的判决，后者一般都是形成、确认或变更某种权利的判决。

引例解析：法院裁定终结公示催告程序是正确的。公示催告程序作为一种非讼程序，它不解决民事权益争议，只是对现存的某种法律关系或法律事实进行确认。本案中，如果在进行公示催告程序中，有利害关系人向法院申报权利，说明在双方当事人之间存在着民事权益的争议，那么，法院只能裁定终结公示催告程序，告知当事人另行起诉，通过民事诉讼程序来解决。

第二节　公示催告案件的审理程序

导入案例

2001年7月16日，昆明毛纺织染工业公司销售人员王贵出差途经佛山时，在火车站被他人盗走了旅行包，包内有汇往江门采购原料的银行承兑汇票一张，汇票金额为80万元，支付人是中国银行江门分行。该公司于2001年7月20日向广东省江门市江海区人民法院申请公示催告。

江门市江海区人民法院接到申请后，经审查认为符合民事诉讼法的规定，决定受理申请，并于受理申请的当天，分别向申请人发出受理通知书和向支付人中国银行江门分行发出停止支付通知书，并在3日内发出公告，催促利害关系人在60日内申报权利。经60天公告期，没有利害关系人向该院申报权利。

问题：法院可否直接作出宣告该票据无效的除权判决？

知识点：公示催告的适用程序。

一、申请

公示催告程序只能依当事人的申请而开始，法院不得依职权主动发起。当事人申请公示催告，必须具备以下条件：

1. 申请的主体，必须是按照法律规定可以背书转让的票据的持有人，或按照法律规定可以申请公示催告的其他事项的最后持有人。其中，“票据持有人”是指票据被盗、遗失或灭失之前的最后持有人。

2. 申请的客体，只能是依照法律规定可以背书转让的票据或者可以申请公示催告的其他事项。

3. 申请的原因，必须是票据被盗、遗失或者灭失以及法定的其他事由，并且因以上事由使得票据等是否被他人持有或者被谁持有不明确，即利害关系人处于不明状态。所谓“不明状态”，是指利害关系人有无不明或者姓名不详。如果利害关系人只是住所不明，则可以公告的方式送达诉讼文书，应依照通常诉讼程序进行民事诉讼，并不能适用公示催告程序。另外，如果是因票据被伪造、变造、涂改等原因，票据付款人拒绝付款的，持票人也不能申请公示催告。

4. 申请须书面形式。申请人应递交书面申请书，申请书中应载明申请人的基本情况、票面金额、发票人、持票人、背书人等票据主要内容和申请的事实与理由。

5. 申请须向有管辖权的法院提出。公示催告案件由票据支付地的基层人民法院管辖，不因票据金额的大小等原因而有差异。所谓票据支付地，是指票据上指明的付款地；票据上未指明付款地的，票据付款人的住所地或主要营业地为票据支付地。

二、审查和受理

法院收到公示催告的申请后，应当立即进行审查，并决定是否受理。法院审查的内容主要包括：申请人是否适格；申请的对象是否属于法律规定的公示催告程序的适用范围；申请的原因是否属于被盗、遗失或灭失等情况；申请是否具备法定的内容和形式；接受申请的法院是否有管辖权等。

法院经审查，如认为符合受理条件的，应当通知申请人予以受理；如认为申请不符合受理条件的，应当在 7 日内裁定驳回申请。

三、发出止付通知

法院决定受理申请的，应当同时通知支付人停止支付。停止支付是法院为防止申请人以外的人行使票据权利而采取的、具有保全性质的必要措施。同时，停止支付还具有协助执行的性质。支付人在收到止付通知后、未接到法院终结督促程序的通知之前，不得以任何原因向票据持有人支付。支付人如在收到止付通知后拒不止付的，除可依照《民事诉讼法》第 102 条和第 103 条的规定采取强制措施外，在除权判决生效后，支付人仍应承担支付义务。如果因此而给申请人造成损失的，支付人还应承担损害赔偿责任。

但如果支付人在收到法院的停止支付通知以前，已经支付了该票据，法院应裁定终结公示催告程序，并及时通知申请人。申请人可以向有管辖权的法院起诉，以主张自己的权利。

四、发布公告

法院受理公示催告申请后，应当在 3 日内发出公告。公告应写明的内容有：①公示催告申请人的姓名和名称；②票据的种类、票面金额、发票人、持票人、背书人等；③申报权利的期间；④在公示催告期间转让票据权利以及利害关系人不申报权利的法律后果等内容。

公告的目的是告知相对的利害关系人法院已受理了公示催告申请，并催促其向法院申报权利。因此，公告应张贴于法院公告栏内，并在全国性的报刊或其他宣传媒介上登载；法院所在地有证券交易所的，还应张贴于该交易所。

公示催告的期间，国内票据自公告发布之日起60日，涉外票据可根据具体情况适当延长，但最长不得超过90日。如果票据持有人在公示催告期间转让票据，可能会引起更多纠纷，进而损害票据权利人和在票据上签章的其他主体的合法利益，为了避免这些问题的发生，民事诉讼法还规定，公示催告期间，转让票据权利的行为无效。

申请人在公示催告前撤回申请的，法院应予准许，并可以径行裁定终结公示催告程序。

五、申报权利

申报权利，是指票据等的利害关系人在公示催告期间，向法院主张票据权利的行为。利害关系人申报权利，应符合以下条件：

1. 申报人应当是受公示催告的利害关系人，一般最常见的应为善意的持票人，即不知道也不应当知道票据权利有瑕疵，并且经背书取得票据的人。而发票人、背书人、承兑人、付款人、保证人等都不是公示催告的利害关系人。

2. 申报权利一般应当在法院指定的公告期间内进行，但根据《民事诉讼法意见》的规定，在申报期间届满后除权判决作出前，利害关系人申报权利的，与在公示催告期间内申报权利具有同等效力。法院作出除权判决后，利害关系人不得再申报权利。

3. 申报人应当出示票据，并且出示的票据须与被公示催告的票据一致。

4. 申报只能向发出公示催告的法院作出。

法院对利害关系人的申报进行审查，如果认为符合法定条件，应当裁定终结公示催告程序，并及时通知申请人和支付人；如果法院审查后，认为不符合法定条件，应裁定驳回利害关系人的申报。对于终结公示催告的裁定和驳回申报的裁定，申请人、申报人均不得上诉，如不服法院作出的裁定，可以按普通程序或简易程序向被告住所地或票据支付地的人民法院起诉。其他事项依照相关法律规定确定管辖法院。

六、除权判决

（一）除权判决的作出

除权判决，是指在公示催告程序中，人民法院作出的宣告票据无效的判决。除权判决是通过对票据无效的宣告，以排除申请人以外的其他人享有票据上的权利，同时推定票据权利归申请人所有。因此，除权判决在某种意义上也具有确权的性质。法院作出除权判决，应当同时具备以下两个条件：

1. 申报权利期间或除权判决作出之前，无人申报权利或者申报被驳回；

2. 申请人在申报权利期间届满的次日起1个月内向法院提出申请。

如果在公示催告期间届满或除权判决作出之前，有利害关系人申报权利；或者申请人未在法定期间内申请作出除权判决的，法院不能主动作出除权判决而应当终结公示催告程序。

（二）除权判决的效力

除权判决作出后，应当进行公告，并通知支付人、申请人。自公告之日起，除权判决即为生效，并产生如下法律后果：

1. 票据失效，任何人（包括善意持票人）不得依票据请求支付人支付。

2. 公示催告申请人可依据除权判决，要求支付人支付票据的金额，支付人不得拒绝。

3. 公示催告程序终结。

除权判决书的格式如下：

__________人民法院民事判决书

（ ）民催字第 号

申请人：__________（写明姓名或者名称，住址或者住所，联系方式）

申请人申请宣告股权证无效一案，本院受理后依法于________年______月______日发出公告，催促利害关系人在60日内申报权利。现公示催告期间已满，无人向本院提出申报。依照《中华人民共和国民事诉讼法》第222条的规定，判决如下：

一、宣告申请人股权证（证号：________________________）无效。

二、自本判决公告之日起，申请人有权向发放机关申请重新办理股权证持有卡。

本判决为终审判决。

审判长：__________

审判员：__________

审判员：__________

________年________月________日

书记员：________________

七、对利害关系人的法律救济

法院作出除权判决，是依据申请人一方陈述的事实和理由，以及公示催告期间届满或除权判决作出之前无人申报权利的事实作出的，因而属于法律上的推定。如利害关系人确因正当理由而未能在法院规定的期间内申报权利，其合法权益就会因此而遭受损害。所以，《民事诉讼法》第223条规定："利害关系人因正当理由不能在判决前向人民法院申报的，自知道或者应当知道判决公告之日起1年内，可以向作出判决的人民法院起诉。"

引例解析： 申请人在申报权利期间届满的次日起1个月内，向法院申请作出除权判决。申请人未在法定期间内申请作出除权判决的，法院不能主动作出除权判决而应当终结公示催告程序。

本章重点内容小结

1. 公示催告程序是为了适应社会经济发展的需要而设立的，是维护票据权利人的合法利益的程序。法院根据当事人的申请，以公告的方式催促不明的利害关系人在指定期间内申报权利；如逾期无人申报或者申报无效的，法院可根据申请人的申请，依法作出除权判决，宣告票据或其他事项无效。

2. 票据等的利害关系人可以在公示催告期间向法院申报权利，主张自己对判决享有合法权利。

3. 公示催告期间或除权判决作出之前，无利害关系人申报权利的，或者申报被驳回的，申请人在申报权利期间届满的次日起1个月内，向法院申请作出除权判决。除权判决作出后，票据失效，申请人可依据除权判决，向支付人主张权利，公示催告程序终结。

关键词：公示催告　申报权利　除权判决

实务训练

（一）示范案例

案情： 张十三的汇票丢失，向法院申请公示催告。公告期满后无人申报权利，法院依据张十三的申请作出了除权判决。后陈十四拿着该票据来到该法院，并主张自己是该票据的合法持有人，只是因为自己在公示催告直到法院除权判决期间一直在外地出差，所以没能在法院判决前向法院申报权利。

陈十四应当如何保障自己的权益？

分析： 利害关系人因正当理由不能在判决前向人民法院申报的，自知道或者应当知道判决公告之日起1年内，可以向作出判决的人民法院起诉。本案中，只要从陈十四知道或应当知道判决公告之日起到此时，还未满1年，陈十四即可以向作出该判决的人民法院起诉。

（二）习作案例

某市飞达公司与刘东签订一份买卖合同。刘东按合同约定履行交货义务后，飞达公司为其开出可背书转让汇票一张，号码为CW200508，金额为50万元，承兑银行为某市工商银行。刘东于2006年3月12日在前去承兑的途中不慎将该票据遗失，于是在次日向某市工商银行所在地的区人民法院申请公示催告。该法院于申请当天受理了此案，在3月20日向某市工商银行发出了止付通知并发出公示催告公告，公告期为60天。公告期间届满后，仍无人申报权利，法院于是作出判决，除去原票据上的权利，终结公示催告程序。

问：本案在审理过程中，存在哪些程序性错误？

思考题

1. 什么是公示催告程序？公示催告程序有哪些特点？
2. 债权人向法院申请支付令需要符合哪些条件？

延伸阅读

随着经济的快速发展，票据的使用逐渐普遍，公示催告案件的数量也逐年增长。实践中也时有发生当事人滥用公示催告申请权逃避债务甚至通过谎称票据遗失来进行诈骗的情形。

为了避免这些情况发生，最高人民法院在《关于审理票据纠纷案件若干问题的规定》第38条中规定，“失票人向人民法院提起诉讼的，除向人民法院说明曾经持有票据及丧失票据的情形外，还应当提供担保。担保的数额相当于票据载明的金额。”因此法院在受理案件后，不仅要对失票人是否曾经持有票据及丧失票据进行必要的审查外，还应当要求其提供与票据金额相当的担保，以保证在失票人不实申请造成权利人损失时能给权利人必要的救济。同时，该规定第39条还规定，对于伪报票据丧失的当事人，人民法院在查明事实，裁定终结公示催告或者诉讼程序后，可以参照《民事诉讼法》第111条的规定，追究伪报人的法律责任。

另外，民事诉讼法规定公示催告期间不得少于60天，却没有规定上限。为了切实保障票据真正权利人的权利，法院可以将公告的期间规定在60日以上、票据到期日以后的一段期限。这样即使票据的真正权利人未能及时知晓公告内容，也会在票据到期日兑现票据权利时发现票据被公示催告，这样可以及时申报权利。除此之外，法院还可以在除权判决中规定，失票人必须在票据到期日之后才可以依据判决要求支付人付款。这样既能保护票据所载的权利，也能保护票据的真正权利人能够在票据到期日被兑现前及时申报权利，使伪报票据丧失的当事人的违法目的不能实现。

模块七　民事执行程序

第十七章　民事执行一般规定

学习目标

1. 理解民事执行的概念和条件。
2. 了解民事执行原则及其内容。
3. 掌握民事执行根据、执行管辖以及执行主体和客体的有关规定。

学习任务

能够处理申请执行程序的相关法律事务，依法保护当事人的合法权益。

第一节　民事执行概述

导入案例

朱宝忠向王贵信借款10万元，双方签订了借款合同，并到公证处办理了公证手续，双方同意该合同有强制执行效力。到了还款期，朱宝忠以生意亏损为理由仅归还约定的本息，王贵信多次催还均未讨回借款，后发现朱宝忠外出并一直杳无音信。

问题：王贵信可以通过什么途径收回自己的借款?

知识点：民事强制执行程序的内涵及意义。

正常情况下，人民法院或其他有关机构制作的生效法律文书通过义务人自觉履行义务而得到实现。但有的时候，少数义务人总以各种借口规避法律，拒不履行生效法律文书，致使权利人的权利得不到及时实现，并且也极大地损害法律文书的权威性。因此，有必要设置强制执行程序，以国家强制力作后盾，以各种执行措施为手段，强制义务人履行生效法律文书所确定的义务，以保护权利人的权利，维护法律的尊严。正是在这样的背景下，我国现行民事诉讼法设专编规范民事执行制度，当义务人拒不履行生效法律文书所确定的义务时，权利人可以依法申请法院实施强制执行措施。

一、民事执行的概念及条件

所谓民事执行，是指人民法院的执行机关根据民事诉讼法规定，运用国家公权力，采取法定措施强制义务人履行生效法律文书所确定的义务的行为。以强制力为后盾的民事执行，在审判、仲裁、公证中对当事人合法权益的实现起着重要的保障和促进作用，它是私权救济的最后保障性环节。

民事执行中，有权根据生效法律文书向人民法院申请执行的人，称为申请执行人；对方当事人，称为被执行人。由于申请人在实体权利义务关系中是债权人，而被申请人则是实体权利义务关系中的债务人，所以，执行当事人双方也分别被称为债权人和债务人。民事执行具有以下特点：

1. 执行主体的公权性。执行主体是国家赋予的具有强制执行力的人民法院，拥有国家的公权力。

2. 执行依据的有效性。执行所依据的是生效的、具有执行内容的法律文书。

3. 执行手段的强制性。人民法院针对债务人履行义务的内容及特点采取各项强制措施，迫使债务人履行义务，具有很强的强制性。

4. 执行程序的相对独立性。执行程序既不以审判程序为必然前提，也不当然是审判程序的继续。因为经审判程序处理的民事案件并非都要经过执行程序；执行程序所适用的案件不仅限于审判程序处理的案件范围，还包括仲裁机构或公证机关制作的具有执行内容的法律文书。

依据民事诉讼法的相关规定，民事执行须满足下列几个条件：

1. 民事执行须具有合法的根据，已生效的法律文书就是赖以执行的合法根据。没有执行根据或者执行根据被撤销、无效时，执行就必然终结，无法再继续进行。

2. 执行根据须具有给付内容，即生效法律文书是确定一方当事人向另一方当事人交付一定的财物、金钱或完成某种特定的行为。如支付赔偿金、继续履行合同等。没有这种执行内容的法律文书，不能也不需要进行执行。

3. 执行必须以义务人在自动履行义务期满后无故不履行义务为前提。生效法律文书都规定了义务人自动履行义务的时间，只有义务人逾期拒绝履行义务，权利人才可申请强制执行。但有些法律文书一旦生效后，无论义务人是否逾期履行义务，法院都可以直接实施执行措施，如对刑事判决中的财产部分的执行。

二、执行程序与审判程序的关系

执行程序是人民法院依靠国家强制力，采取法定措施强制当事人履行义务，保证实现判决、裁定及其他法律文书确定的内容的程序制度。民事执行的一般程序包括执行程序的开始、进行和完毕，这是每个执行案件都经历的过程和步骤。但是在执行过程中，由于出现法定的情形，某些案件可能会出现执行中止、执行终结、当事人执行和解以及代为执行等情形，我们称这些为执行中的特别程序。

民事执行作为重要的诉讼行为，与审判关系非常密切。它们都是民事诉讼制度的有机组成部分。对于民事诉讼而言，审判程序是执行程序的前提和基础，执行程序是审判程序的继续和保障。但两者存在很大的区别：首先，执行程序是以司法执行权为基础，而审判程序则是以审判权为基础；其次，执行程序是由多种执行方式和强制措施构成的单一程序，而审判程序是适用多种程序审理不同案件的程序；最后，执行程序的主要任务在于实现法律文书确定的内容，而审判程序的主要任务是依法确认权利义务关系或者确认事实状态并作出裁判。

设立执行程序对维护人民法院的裁判和法律的尊严，保障债权的实现，维护社会主义市场经济秩序具有重要作用。但是，实践中，由于多种原因，相当一部分判决、裁定没有得到执行，"执行难"成为人民群众反映强烈的问题。为了依法及时、有效地执行生效法律文书，维护当事人的合法权益，除了现行《民事诉讼法》专编规范执行程序以外，最高人民法院制定了一系列关于执行方面的司法解释，以此指导实践中的执行工作。如具体有：《最高人民法院关于人民法院执行工作若干问题的规定（试行）》（1998）、《最高人民法院关于人民法院民事执行中查封、扣押、冻结财产的规定》（2004）、《最高人民法院关于人民法院民事执行中拍卖、变卖财产的规定》（2004）、《最高人民法院关于人民法院执行公开的若干规定》（2006）、《最高人民法院关于适用〈中华人民共和国民事诉讼法〉执行程序若干问题的解释》（2008）、《最高人民法院关于委托执行若干问题的规定》（2011）等。另外，《民事诉讼法》第235条明确规定了人民检察院有权对民事执行活动实行法律监督。依照检察监督，人民检察院依法对人民法院不当的执行行为予以矫正。

三、民事执行的原则

执行原则是规范人民法院执行工作的指导思想和基本准则。根据我国现行民事诉讼法、《民事诉讼法意见》及《最高人民法院关于人民法院执行工作若干问题的规定（试行）》，结合执行工作的实际经验，可将我国执行程序的原则概括为以下几个：

（一）依法执行原则

依法执行原则，是指执行活动应当严格按照民事诉讼法和有关法律规定进行。既要符合实体法，又要符合程序法。具体来说，其一，执行必须以生效的法律文书为根据；其二，执行必须依法定方式开始。除法院依职权主动执行的情况外，其他案件均须依申请开始，而且权利人申请必须符合执行的全部条件；其三，执行活动必须按法定程序和步骤进行。

（二）执行标的有限原则

现行法律规范明确规定了执行的对象限于被执行人的财产和行为，不能对被执行人的人身采取强制措施。同时，在执行财产时也应当注意执行的范围。执行公民的财产时，应当兼顾被执行人的利益，要保留本人和所扶养的家属必需的生活费用和生活用品；在执行法人或其他组织的财产时，应当兼顾被执行人的生产和经营。

案例（17－1）：一日，秦某驾驶机动车发生交通事故，致李某三级伤残。此案经法院审理并作出判决，秦某赔偿李某各项损失450 000元。判决作出后，秦某未履行给付义务，李某申请法院强制执行。执行过程中发现秦某有一套面积为140平方米的商品房，李某申请拍卖该商品房，而秦某主张该房系其唯一住房，一旦拍卖将导致其无家可归。

法院能否强制执行秦某的“唯一住房”，司法实践中存在两种意见：一种意见认为，法院强制执行应当“保留被执行人及其所扶养的家属的生活必需费用、生活必需品或生活必需的居住房屋”。另一种意见认为，不能机械认为“唯一住房”就是法定的“生活必需”住房。背负巨额债务，仍继续享受大面积住宅，对债权人不公平。法院可依法强制拍卖，并提留必要的生活费及房屋租赁费用交给被执行人，以维持其正常居住和生活。我们认为第二种意见是正确的。现行法律并没有明确规定被执行人的“唯一住房”不能执行。“唯一住房不得执行”是对执行标的有限原则的误解，简单认定“唯一住房”就是“生活必需”，易使被执行人以“唯一住房”为由规避执行。

（三）申请执行和法院依职权主动执行相结合的原则

在判决、裁定及其他法律文书生效后，权利人是否实现自己的权利，原则上由权利人自己决定，因此，执行程序一般由权利人提出申请而开始，这是当事人行使处分权的一种体现；但是，涉及国家、社会和人民重大利益的案件，以及涉及公民急需的案件，在其判决、裁定或其他法律文书生效后，法院可依据职权主动启动执行程序，这是国家干预民事诉讼的体现，也是对申请执行的补充。把申请执行与法院依职权执行有机地结合起来，是我国执行程序的一个重要特点。

（四）强制与教育相结合的原则

强制是执行工作的根本特点。但我国社会主义法律的特点决定了说服教育是执行工作不可缺少的内容。法律文书生效后，对被执行人进行说服教育，限期自动履行，只有被执行人在指定期限内仍拒不履行义务的，法院才应及时采取强制措施。因此，在执行工作中，在强制的同时，辅之以说服教育，将强制执行与说服教育有机结合起来，才能确保执行工作顺利、有效地进行。

（五）法院执行与有关单位、个人协助执行相结合的原则

民事执行权属于法院，其他机关、团体和个人均不能行使。但在特殊情况下，有时也需要借助有关单位和个人的帮助才能顺利完成执行工作，如实施冻结、划拨被执行人存款的措施。有关单位和个人接到协助执行通知书后，拒绝协助执行或者妨碍执行的，法院可以依法采取强制措施，情节严重的追究其刑事责任。

（六）全面保护双方当事人合法权益原则

根据本原则精神，人民法院在执行生效法律文书时既要保护权利人的合法利益，又要考虑被执行人生活和生产的必需。在执行时，要保留被执行人及其所扶养家属的生活必需品及费用，不能因执行而使他们丧失基本生活保障，给社会带来不稳定因素。同时，在对被执行人的财产执行时，不得超出执行根据所确定的债务人应履行义务的范围。拍卖、变卖被执行人财产时，要依法进行，不得贱价出售。

引例解析：本案中，债权人王贵信可以自己主动寻找朱宝忠的下落，找到后要求其履行，无法实现时，可依法申请法院强制执行。所谓强制执行，是指债务人拒不履行生效执行依据确定的民事义务时，债权人可以主动申请或人民法院依职权运用国家公权力，依法对债务人采取各项强制执行措施，迫使债务人履行义务，从而实现债权人权利。

第二节　民事执行一般规定

导入案例

余某在2008年10月至2009年1月间向某快餐公司供货，快餐公司共拖欠余某货款2万余元。余某于2009年11月将快餐公司诉至法院，要求给付所拖欠的货款。法院依法向快餐公司送达出庭通知书等文件，但快餐公司未到庭。法

院对该案进行了缺席审理，于2010年3月25日作出一审判决，判决快餐公司给付余某20 100元。判决经公告送达后，余某于2010年6月22日向法院申请执行。

经执行法院调查，快餐公司因经营不善，已于2009年4月开始启动解散清算程序，2010年6月3日，工商局核准注销了快餐公司。快餐公司及清算组均未将公司清算事项告知余某和法院，也未通知余某申报债权。

问题：公司注销后能否进行执行？

知识点：执行根据、执行管辖、执行主体、执行客体的概念及内容。

一、执行根据

执行根据，是指法律规定由人民法院执行的生效法律文书，是申请人申请执行和执行人员进行执行的凭证。作为民事执行根据的法律文书须同时具备两方面条件：①具有执行性的法律文书必须已经发生法律效力；②生效法律文书必须具有规定一方当事人向另一方当事人交付一定的财物、金钱或完成某种特定行为的内容。根据民事诉讼法的规定，能够作为人民法院执行根据的法律文书主要包括以下类型：

1. 人民法院制作的已发生法律效力并具有执行内容的民事判决书、裁定书和调解书。调解书是在法院主持达成调解协议后制作的法律文书，与判决书有同等的效力。因此，《民事诉讼法》第234条规定：“人民法院制作的调解书的执行，适用本编的规定。”

2. 人民法院制作的已发生法律效力并具有财产内容的刑事判决书、裁定书。如依法判处罚金、没收财产或者赔偿被害人的经济损失等。

3. 人民法院依督促程序发布的支付令。根据民事诉讼法规定，债务人自收到人民法院依督促程序发布的支付令之日起15日内不提出异议又不履行支付令的，支付令可以作为执行根据。

4. 仲裁机构制作的生效裁决书。《民事诉讼法》第237条第1款规定：“对依法设立的仲裁机构的裁决，一方当事人不履行的，对方当事人可以向有管辖权的人民法院申请执行。受申请的人民法院应当执行。”

5. 公证机关制作的依法赋予强制执行效力的债权文书。《民事诉讼法》第238条第1款规定：“对公证机关依法赋予强制执行效力的债权文书，一方当事人不履行的，对方当事人可以向有管辖权的人民法院申请执行，受申请的人民法院应当执行。”

6. 人民法院制作的承认并同意协助执行外国法院判决、裁定或外国仲裁机构的裁定书和执行令。

二、执行管辖

执行管辖是根据法律规定，对人民法院受理执行案件权限和范围的划分。它是法院开展执行工作面临的首要问题。正确确定执行案件的管辖权，能够保证生效法律文书得到及时执行，维护国家的法制尊严。

《民事诉讼法》第224条规定："发生法律效力的民事判决、裁定，以及刑事判决、裁定中的财产部分，由第一审人民法院或者与第一审人民法院同级的被执行的财产所在地人民法院执行。法律规定由人民法院执行的其他法律文书，由被执行人住所地或者被执行的财产所在地人民法院执行。"可见，作为执行根据的法律文书不同，执行案件的管辖权也不同：

1. 无论终审判决、裁定由哪级法院作出，执行工作原则上由第一审人民法院或者与第一审人民法院同级的被执行的财产所在地人民法院执行。申请执行人向被执行的财产所在地人民法院申请执行的，应当提供该人民法院辖区有可供执行财产的证明材料。

2. 发生法律效力的支付令，由制作支付令的人民法院执行。

3. 法律规定由人民法院执行的其他法律文书，包括仲裁裁决书和公证债权文书。这些具有给付内容的法律文书应当由被执行人住所地或者被执行财产所在地人民法院执行。

对两个以上人民法院都有管辖权的执行案件，申请执行人在法律规定范围内享有执行管辖上的选择权。如果申请执行人向两个以上人民法院申请执行，由最先接受申请的人民法院执行。人民法院在立案前发现其他有管辖权的人民法院已经立案的，不得重复立案。立案后发现其他有管辖权的人民法院已经立案的，应当撤销案件；已经采取执行措施的，应当将控制的财产交先立案的执行法院处理。

人民法院受理执行申请后，当事人对管辖权有异议的，应当自收到执行通知书之日起10日内提出。人民法院对当事人提出的异议，应当审查。异议成立的，应当撤销执行案件，并告知当事人向有管辖权的人民法院申请执行；异议不成立的，裁定驳回。当事人对裁定不服的，可以向上一级人民法院申请复议。管辖权异议审查和复议期间，不停止执行。

案例（17－2）：刘伟诉张三一案经过甲市A区人民法院一审终结，判决张三赔偿刘伟人民币39 000元。张三不服判决，向甲市人民法院提起上诉，二审法院经过审理，驳回了张三的上诉。经查，刘伟居住在乙市B区，张三在甲市C区的银行有存款20 000元，在甲市D区的银行有存款20 000元。刘伟可以向哪个法院申请强制执行？

根据民事诉讼法规定，无论终审裁判由哪一级法院作出，执行工作原则上由第一审人民法院或与第一审人民法院同级的被执行的财产所在地人民法院执行。因此，刘伟既可以向甲市A区人民法院申请执行，也可以向甲市C区、D区法院申请执行。

三、执行主体和执行客体

（一）执行主体

执行主体，是指在执行法律关系中，根据执行法律规范享有权利和承担义务，并能引起执行程序发生、变更和终结的组织和个人。执行主体主要有以下三种：

1. 执行机构。它又称执行组织，是指人民法院内部设置的从事执行工作的专门职能机构。《民事诉讼法》第228条第3款规定："人民法院根据需要可以设立执行机构。"可见，我国民事诉讼法实行"审执分离"的制度。目前，我国各基层人民法院、中级人民法院都设立了执行庭，各高级人民法院和最高人民法院也都成立了专门的执行机构负责执行工作。执行机构的成员主要有执行员、书记员和司法警察。执行工作由执行员进行，执行员执行强制措施时，应出示证件；书记员负责执行情况的记录和其他日常性工作；在采取重大执行措施时，由司法警察维持执行工作的秩序。

2. 执行当事人。它是指执行程序中的债权人和债务人，也称为申请执行人和被申请执行人。其中，根据生效法律文书，要求执行机关强制债务人履行义务的是债权人；反之，被强制负有履行给付义务的是债务人。双方当事人都必须严格遵守执行程序的有关规定。如申请执行人在享有申请执行权的同时，必须遵守申请执行期限的规定；被申请执行人在履行生效法律文书指定给付义务的同时，也享有要求保留本人及家庭生活所需物品的权利。在执行过程中，如果由于某种特殊原因而导致当事人发生变化，人民法院应当依法予以变更或追加。如被执行人死亡，其遗产继承人也不放弃继承的，法院就可以裁定变更被执行人，由其在遗产范围内清偿债务。

3. 执行参与人。它是指人民法院和执行当事人以外的参与执行工作的组织和个人，主要包括协助执行人、执行见证人、被申请执行人的家属以及代理人和翻译人员等。其中，按法院协助执行通知书配合执行工作的组织和个人，称为协助执行人，如协助办理查询、冻结事务的银行等；在法院采取执行措施时亲自到场观看，证实执行情况的人称为执行见证人，如被执行单位的法定代表人或主要负责人等。

（二）执行客体

执行客体，也称执行标的，是人民法院执行行为所指向的、能够用于满足申请执行人实体权利请求的对象。其特点是：①执行对象的有限性。执行对象的范围是由法律直接规定的，而且受到严格的限制，如不得以拘押人身的方式替代被申请执行人履行义务；不得对案外人的财产或者行为实施执行等。②执行对象的确定性。民事执行中，法院必须依执行根据确定的给付内容确定执行标的，并对其采取执行措施，不得随意变更执行标的；没有法定的原因，不得停止对执行标的的执行。

执行客体具体包括财物和行为两方面：

1. 财物。作为执行客体的财物主要包括债务人现有的财产、可取得的财产以及非法处分的财产，如债务人的存款、工资、股息红利、投资权益等。根据《民事诉讼法》的相关规定，以下财物不能成为执行客体：①为维护被执行人的生计而不能执行的财物，包括被执行人及其供养家属的生活必需品和生活必须费用等，如本节案例中的人力三轮车是被执行人维持全家生计的职业必需品，因此不能把它作为执行客体进行强制执行；②法律禁止流通的财物，如违禁品、淫秽品、毒品等；③在性质上不能作为执行客体的财物，如被执行人的退休金、荣誉勋章、学校的教育设施、医院的医疗设备以及享有外交豁免执行权的财产等。

案例（17-3）：甲因乙拖欠借款而提起诉讼，法院判决乙在10日内偿还甲欠款共计2万余元，双方均未上诉。3个月后，乙仍未偿还债务，甲遂向法院申请强制执行。经查乙除一辆人力三轮车从事客运维持生计外，无其他财产可供执行，甲遂要求法院执行这辆三轮车。法院受理后认为：三轮车虽是乙的个人财产，但该财产是被执行人维持全家生计的职业必需品，因此不能把它作为执行客体进行强制执行。

根据民事诉讼法的规定，民事执行标的应该有所限制，如不得执行被执行人的人身及与人身性质密不可分的财物，其中就包括维护被执行人的生计的财物。法院的做法是符合法律规定精神的。

2. 行为。作为执行客体的行为包括两种：一种是可替代行为，根据《民事诉讼法》第252条的规定，对判决、裁定和其他法律文书指定的行为，被执行人未按执行通知履行的，人民法院可以强制执行或者委托有关单位或其他人完成，费用由被执行人承担。另一种是不可替代行为，如被执行人未按执行通知履行的，法院可以采取妨害民事诉讼的强制措施，构成犯罪的，追究刑事责任。

四、委托执行和协助执行

（一）委托执行

委托执行是指有执行管辖权的人民法院遇到特殊情况时，依法将由本院执行的案件交由其他人民法院代为执行的制度。民事诉讼法设立委托执行制度对有效约束来自法院系统内的干扰和影响，降低执行成本，提高执行效率具有十分重要的现实意义。

根据最高院关于委托执行司法解释的规定，如果执行法院发现被执行人在本辖区内已无财产可供执行，且在其他省、自治区、直辖市内有可供执行财产的，可以委托异地同级人民法院代为执行。据此，委托执行须具备以下条件：①委托法院具有案件的执行管辖权并已经过财产调查程序；②被执行人可供执行的财产不在管辖法院辖区内；③受托法院是可供执行的财产所在地的人民法院。

执行法院委托执行案件时，应当提供下列材料：委托执行函；申请执行书和委托执行案件审批表；据以执行的生效法律文书副本；有关案件情况的材料或者说明，包括本辖区无财产的调查材料、财产保全情况、被执行人财产状况、生效法律文书的履行情况等；申请执行人地址、联系电话；被执行人身份证件或者营业执照复印件、地址、联系电话；委托法院执行员和联系电话及其他必要的案件材料等。受托法院发现委托执行的手续、材料不全，可以要求委托法院补办。委托法院应当在30日内完成补办事项，在上述期限内未完成的，应当作出书面说明。委托法院既不补办又不说明原因的，视为撤回委托，受托法院可以将委托材料退回委托法院。

受托法院收到委托执行函后，应当在7日内予以立案，并及时将立案通知书通过委托法院送达申请执行人，同时将指定的承办人、联系电话等书面告知委托法院。受托法院未能在6个月内将受托案件执结的，申请执行人有权请求受托法院的上一级人民法院提级执行或者指定执行，上一级人民法院应当立案审查，发现受托法院无正当理由不予执行的，应当限期执行或者作出裁定提级执行或者指定执行。

案例（17－4）：甲诉乙侵权赔偿一案，经A市B区法院一审、A市中级人民法院二审，判决乙赔偿甲损失。乙拒不履行生效判决所确定的义务，甲向B区法院申请强制执行，B区法院受理后委托乙的财产所在地C市D区法院执行，在执行中，案外人丙向D区法院提出执行异议。

对于丙的执行异议，D区法院应当函告B区法院，由B区法院作出处理。

（二）协助执行

法院执行与有关单位或者个人协助执行相结合是我国执行制度的一项重要

原则。从有关的执行实践来看，协助执行包括有关单位的协助执行及个人的协助执行。

1. 有关单位的协助执行。主要有银行、信用合作社、需要办理有关财产权证照转移手续的单位及被执行人所在单位的协助执行。如银行、信用合作社根据法院的通知，冻结、扣划被执行人在银行、信用合作社的存款。办理房产证、土地证、山林所有权证、专利证书、车辆执照等有关财产权证照转移手续的部门根据法院通知而办理该财产权证照的转移手续。被执行人所在单位的财务部门扣交被执行人的工资或其他收入等。

民事诉讼法规定，需要相关单位协助执行的，人民法院应当作出协助执行通知书，有关单位必须履行。有义务协助调查、执行的单位拒不履行的，人民法院除责令其履行协助义务外，并可以予以罚款。如最高人民法院关于执行问题的司法解释具体规定，被执行人在有关单位的收入尚未支取的，人民法院应当作出裁定，向该单位发出协助执行通知书，由其协助扣留或提取。有关单位收到人民法院协助执行被执行人收入的通知后，擅自向被执行人或其他人支付的，人民法院有权责令其限期追回；逾期未追回的，应当裁定其在支付的数额内向申请执行人承担责任。

案例（17－5）：陈某与刘某道路交通事故赔偿纠纷一案，经法院判决，被告刘某赔偿陈某交通事故损失共计人民币 9600 元。判决生效后，刘某未在判决确定的时间内自觉履行义务。原告陈某遂向法院申请执行。执行中，法院经陈某举报发现被告刘某在其工作单位某汽车运输公司尚有上年度的承包收入 1.6 万元未领取，遂裁定扣留刘某在运输公司的收入 9600 元，并向运输公司发出了协助执行通知书，要求运输公司根据裁定书的规定，停止支付刘某的承包收入 9600 元。然而，运输公司经不住刘某的再三要求，在收到法院协助执行通知书的次日，将刘某的收入 1.6 万元悉数予以支付。法院遂向运输公司发出书面通知，要求其在接到通知书的 15 日内追回已支付给刘某的承包收入 9600 元，在法院规定的期限内，运输公司未追回该款。法院遂裁定由运输公司赔付给陈某 9600 元。

2. 公民协助执行。不管是直接执行还是委托执行，在执行中都可能发生公民协助执行人员进行执行的事项，如公民交出被执行人存放在该处的钱、物、证券、车辆等。公民拒绝协助执行的，应当承担相应的法律责任。

引例解析：根据现行民事诉讼法规定，执行依据所确定的义务人在裁决书生效后终止，因无法承担责任，需在执行程序中变更被执行主体。本案中，快餐公司虽已注销，但其与余某之间的债权债务未经清算。因其股东在注销前接收了快餐公司的剩余净资产，根据《最高人民法院关于人民法院执行工作若干问题的规定（试行）》第81条的规定，可直接变更其股东为被执行人，要求股东在接受资产范围内向余某履行给付义务。

本章重点内容小结

民事诉讼法确立了审执分立的制度。执行程序，也称强制执行程序，是义务人不履行生效法律文书而由法院依法定程序强制义务人履行义务的一种制度。执行必须有合法依据，执行原则是执行活动中必须遵守的行为规则。执行根据是各类机关制作的具有执行内容的法律文书；执行主体包括执行机构和执行当事人。

关键词：民事执行　执行原则　执行根据　执行标的

实务训练

（一）示范案例

案情：原告李某在2010年5月19日拿欠条起诉至武宁县人民法院要求被告周某偿还欠款9000元。该案在审理过程中经法官主持调解，原、被告双方就所欠金额进行重新确认，被告向原告重新出具了一张金额为8200元的欠条，并约定于2010年7月5日之前偿还欠款。后原告撤回起诉。2010年8月10日李某拿着经确认的欠条以周某仍不偿还欠款为由要求法院强制执行。

对该欠款能否申请法院强制执行？

分析：我国民事诉讼法规定可以作为人民法院强制执行依据的有法院生效裁判文书、行政处罚及行政处理决定、仲裁机构作出的裁决、经公证的债权文书等。经法院确认的债权文书不能等同法院制作的生效裁判文书，因此不能作为申请强制执行的依据。

经公证的债权文书之所以作为执行依据是因为该类债权文书内容、形式上要求很严格。如文书中必须载明债务人不履行义务或不适当履行义务时，债务人愿意接受依法强制执行的承诺。本案中，经法官见证的欠据并没有债务人放弃诉讼权利、自愿接受强制执行的内容，该欠款不能直接上升到作为强制执行的凭证。所以，李某只能以周某为被告重新起诉，不得以周某为被执行人直接申请法院强制执行。

（二）习作案例

在执行原告石某与被告白某担保借贷纠纷一案中，被告白某为债务人李某负连带责任的担保人。起诉时石某认为李某已无履行能力，所以仅以白某为被告提起诉讼，法院判决白某应履行担保义务向石某偿还李某的借款。案件进入执行程序后，石某发现债务人李某有一个祖传瓷瓶，价值不菲，遂向法院申请强制执行该瓷瓶。

问：

（1）石某对李某祖传瓷瓶的执行申请有无合法的执行根据？

（2）法院应如何处理石某的申请？

思考题

1. 简述民事执行的概念和条件。
2. 简述执行根据的种类和确定执行管辖的依据。
3. 简述执行主体和客体的具体内容。
4. 什么是委托执行？什么是协助执行？比较两者的区别。

延伸阅读

我国民事执行立法概况

民事执行法是指规定执行组织及其运用强制力实施执行行为的程序规范的总和。关于民事执行法的立法体例，从世界各国和地区的情况来看，主要分为以下四种：一是将民事执行内容并入民事诉讼法中，例如德国；二是将民事执行的内容分别在实体法和程序法中加以规定，相互补充，例如意大利；三是将民事执行的内容在破产法中加以规定，例如瑞士；四是制定单行的民事执行法，例如日本、法国及我国台湾地区。

新中国建立之初，还没有民事诉讼法，有关民事执行规定散见在一些司法解释或立法草案中。如1956年《最高人民法院关于各级人民法院民事案件审判程序总结》中对执行作了较细致的规定。首次以立法形式对民事执行作出系统规定的是1982年《民事诉讼法（试行）》，将民事执行作为重要内容规定在民事诉讼法中。之后，1991年《民事诉讼法》颁布，并先后于2007、2012两次进行修订，其中，专门针对实务中的“执行难”问题作出重要修改和补充。在这期间，最高法院也就民事执行工作制定一系列的司法解释，作为处理和解决民事执行工作的活动准则。

关于民事执行的现行主要法律渊源主要有：①《中华人民共和国民事诉讼法》第224~258条；②《关于适用〈中华人民共和国民事诉讼法〉若干问题的意见》第254~303条；③《最高人民法院关于人民法院执行工作若干问题的规

定（试行）》(1998)；④《最高人民法院关于人民法院民事执行中查封、扣押、冻结财产的规定》和《最高人民法院关于人民法院民事执行中拍卖、变卖财产的规定》(2004)；⑤《最高人民法院关于人民法院执行公开的若干规定》(2006)；⑥《最高人民法院关于适用〈中华人民共和国民事诉讼法〉执行程序若干问题的解释》(2008)；⑦《最高人民法院关于委托执行若干问题的规定》(2011) 等。

总体来说，现行的执行立法还相当零散，缺乏一部完善、单独的民事执行法。把执行程序规范作为民事诉讼法的一部分，这种立法体例本身就限制了执行规范的完善。尽管现在有些相关的规定和司法解释，但仍未改变内容过于概括、原则抽象、可操作性差的状况。目前，单独的《民事强制执行法》已列入立法规划中。

第十八章　民事执行措施

学习目标

1. 了解民事执行程序的过程。
2. 理解申请执行的条件。
3. 掌握民事执行各项措施的具体内容。
4. 了解执行中一些特殊问题的处理。

学习任务

熟练运用各种民事执行措施，并能针对违法执行依法进行执行救济，从而维护当事人的合法权益。

第一节　民事执行开始与准备

导入案例

2008年3月12日，王某与李某因电视机买卖合同纠纷一案向李某住所地人民法院起诉，要求人民法院判决李某支付尚欠货款及利息5.8万元。2008年5月21日，法院依法判令李某于2008年6月10日前支付王某货款及利息共计5.65万元。李某收到一审判决后既未上诉也未履行判决内容。经多次催讨无效，王某遂于2009年6月15日向人民法院申请强制执行。

问题：王某申请法院强制执行需要满足哪些条件？

知识点：执行开始方式及准备工作。

一、民事执行开始

执行程序的开始按启动的主体和形式不同，可分为移送执行与申请执行。

（一）人民法院移送执行

移送执行是指审判机关依职权直接向执行机关移送执行依据启动执行程序的法律活动。移送执行只适用于法院制作的法律文书，对其他机关制作的由法院强制执行的法律文书，不适用移送执行。

依照民事诉讼法及相关司法解释规定，需要移送执行的案件主要有三大类：①发生法律效力的具有给付赡养费、扶养费、抚育费内容的法律文书、民事制裁决定书；②具有财产执行内容的刑事附带民事判决书、裁定书、调解书；③审判人员认为涉及国家、集体或者公民重大利益的案件。另外，执行中或执行完毕后，据以执行的法律文书被人民法院或其他有关机关撤销或变更的，以撤销或变更已执行完毕的法律文书为内容的新判决书，人民法院也可以依照职权移送执行。

移送执行时，审判人员应填写移送执行书，写明执行事项和要求等，并连同执行根据一并移送执行组织。

（二）当事人申请执行

申请执行指申请人向人民法院递交申请执行书，请求启动执行程序，采取执行措施的法律活动。这是执行程序开始的一条主要途径。在司法实践中，绝大多数执行案件都是因权利人提出请求而开始的。

债权人之所以请求执行机关实施民事执行，是因为债务人拒绝履行生效法律文书确定的义务，使自己的权利实现遭到了阻碍。根据民事诉讼法规定，债权人申请执行应符合下列基本条件：

1. 执行依据已经生效。具体情形包括人民法院作出的裁判已经经过上诉期而当事人未上诉或终审裁判送达当事人；调解书已由当事人签收；具有强制执行效力的公正债权文书规定的履行期限届满；仲裁裁决送达当事人。

2. 执行当事人符合法定要求。即债权人（或称为申请执行人）是执行依据中的权利人或权利的继受人；债务人（也称被执行人）为执行依据中的债务人或债务的继受人。

3. 债务人未履行裁判的义务。债务人没有在法律文书确定的期限内履行义务，或债务人没有履行全部义务。

4. 在法定期限内提出。债权人在法定期间内申请启动执行程序，该法定期间为 2 年，从法律文书规定履行期间的最后一日起计算。

5. 受申请法院具有管辖权。生效民事判决、裁定，以及刑事判决、裁定中的财产部分，应向第一审人民法院或者与第一审人民法院同级的被执行的财产所在地人民法院申请执行；其他法律文书应向被执行人住所地或者被执行的财产所在地人民法院申请执行。

对于不符合执行条件的申请，人民法院不予立案。

当事人申请执行的，应当向人民法院提交申请执行书及其他文件或证件。申请执行书中应当写明申请执行的理由、事项、执行标的以及申请执行人所了解的被执行人的财产状况。申请执行人书写申请执行书确有困难的，可以口头提出申请。申请人还应提交其他文件或证件包括具有执行内容的生效法律文书及当事人身份证明等，并依法交纳申请执行费。

人民法院对申请执行人提交的文件和证件进行审查，认为符合申请执行的条件，手续齐备，可以立案执行的，在7日内予以立案；不符合申请执行条件之一的，在7日内裁定不予受理并送达申请执行人。

二、民事执行的准备

根据民事诉讼法规定，执行法院立案后，应当及时发出执行通知书、调查债务人财产状况，然后采取各类必要的执行措施。

1. 向债务人发出执行通知书，并可以立即采取强制执行措施。执行通知书的内容为责令债务人在指定的期间内履行生效法律文书确定的义务，并承担迟延履行期间的债务利息或迟延履行金。实践中，很多被执行人接到执行通知后，转移或隐匿财产，逃避执行，因此，法律规定执行人在发出执行通知同时可以“立即执行”。

2. 调查债务人的财产状况。执行机关决定受理案件后，应调查了解债务人的履行能力，主要是向债务人、债权人、有关机关和社会组织或公民个人查取有关债务人财产状况的证据，包括：属于债务人所有的财产或财产权利状况；属于债务人所有的财产所在的地点等。同时，为了查明债务人的财产状况和履行义务的能力，执行机关还可以传唤债务人或者债务人的法定代表人或负责人到人民法院接受询问。经两次传票传唤，无正当理由拒不到场的，可以对其拘传。

3. 被执行人须履行财产报告义务。被执行人未按执行通知履行法律文书确定的义务，应当报告当前以及收到执行通知之日前一年的财产情况。被执行人拒绝报告或者虚假报告的，人民法院可以根据情节轻重对被执行人或者其法定代理人、有关单位的主要负责人或者直接责任人员予以罚款、拘留。

引例解析：根据民事诉讼法的规定，债权人王某申请执行应符合下列基本条件：①须持有具有执行内容的生效法律文书；②须有债务人李某未履行裁判义务的事实证据；③须在法定2年的执行期限内提出，即在2010年6月10日之前提出；④须向原审人民法院提出书面申请。

第二节 民事执行措施

导入案例

甲在网上发表文章指责某大学教授乙编造虚假的学术经历，乙为此起诉。经审理，甲被判决赔礼道歉，但甲拒绝履行该义务。

问题：法院可以采取哪些措施？

知识点：执行措施的适用。

所谓执行措施，是指法院根据民事诉讼法的规定，强制义务人履行义务的方法和手段。它是法院执行机构完成执行任务的根本保证，是国家强制力在执行工作中的具体体现。由于执行对象不同，执行的具体措施也不尽相同，法院采取执行措施时，应当根据具体情况具体对待。

一、对财产的执行措施

（一）查询、冻结、划拨被执行人的存款

查询、冻结、划拨被执行人的存款是人民法院行使执行权的一项强制措施。主要适用于被执行人在银行、信用社或其他有储蓄业务的单位设有账户的执行案件。

1. 查询是人民法院向金融机构调查、询问被执行人存款情况的一种执行方法。接受查询的对象一般是金融机构；查询的内容是被执行人的存款情况；查询的目的是通过调查、询问等方法了解掌握被执行人的存款情况和其他有关履行能力状况，并为冻结、划拨打下基础。

2. 冻结是人民法院封存被执行人在金融机构的账户，禁止任何人擅自提取或转移其一定数额的款项。冻结是人民法院民事执行措施之一，冻结的内容是被执行人的存款，其目的是禁止提取或转移存款，促使被执行人履行义务。如果存款被冻结后被执行人仍不履行义务，冻结则为划拨、提取作好了准备。由此可见，冻结还不能使被执行人存款的所有权转移给申请人，冻结后被执行人仍不自觉履行义务，还必须采取划拨、提取等强制执行措施，才能使申请人的债权得以清偿。

3. 划拨是人民法院通过金融机构将被执行人的存款以转账的方式划入申请人或人民法院的账户。划拨是一种强制性很强的执行措施，无须征得被执行人同意。采取这种措施能够直接有效地实现执行目的。

法院决定冻结、划拨存款，应当作出裁定，裁定书应送达被执行人，并发出协助执行通知书，连同裁定书副本一并送达银行、信用合作社和其他有储蓄业务的单位，有协助义务的单位应当协助办理。

法院查询、冻结、划拨被执行人的存款，应当注意以下几点：①查询、冻结、划拨存款不得超出被执行人应当履行义务的范围。②冻结存款的期限一次有效期为6个月，超过期限法院没有采取措施继续冻结的，冻结措施自动解除。③被执行人为金融机构的，对其交存在人民银行的存款准备金和备付金不得冻结和划拨。④冻结、划拨被申请执行人的存款，执行人员应当制作笔录。

（二）扣留、提取被执行人的收入

扣留、提取被执行人的收入，是执行中经常采用的一种强制措施。主要适用于追索赡养费、抚养费、抚育费、抚恤金等案件的执行，亦可适用于其他追索债务案件的执行。

1. 扣留是人民法院委托被执行人所在单位或有关单位保存并不准被执行人领取其收入的一种强制执行措施。扣留属于临时性的措施，目的在于促使被执行人主动履行义务。其特点在于：①扣留由人民法院委托被执行人所在单位或有关单位代为实施，由受托单位保存被执行人的收入，不准被执行人领取；②扣留的对象是被执行人的劳动收入；③适用于被执行人是公民的情形，如果被执行人是法人或其他组织，则可适用冻结、划拨等执行措施。

2. 提取是人民法院依法取出被执行人在其单位或有关单位的存款或劳动收入并交给申请执行人的一种强制执行措施。其主要特点是：①提取可以是被执行人的劳动收入，还可以是被执行人的存款；②提取是处分性执行措施，是将被执行人已被扣留的款项或在金融部门的存款取出后交付申请人清偿债权；③提取是直接要求有关单位协助执行，提出被执行人劳动收入或存款交付申请执行人或由人民法院暂时保存。

法院适用扣留、提取被执行人收入的措施时，应当作出裁定，并向有关单位发出协助通知书，由被执行人所在单位或者有关单位、银行、信用合作社和其他有储蓄业务的单位办理。有关单位接到协助执行书时，必须给予办理。同时，扣留、提取收入，必须以被执行人应当履行义务部分的收入为限，不得扩大范围，而且要保留被执行人及其所扶养家属的必需生活费用。

（三）查封、扣押、冻结、拍卖、变卖被执行人的财产

查封、扣押、冻结、拍卖、变卖被执行人的财产，是对被执行人的财产经常采用的执行措施。

查封是法院将被执行人的财产贴上封条或公告，就地封存，不准任何人使用、处分的一种保全性措施。查封主要针对不动产或体积较大且难以移动的动

产采取的限制性、临时性措施。

扣押是法院将被执行人的财产运往异地或者就地扣留，暂不准许任何人使用、处分的一种保全性措施。扣押一般适用于动产，目的在于防止债务人转移和处分财产。

冻结是法院对被执行人的存款以外的财产权利限制其处分所采取的临时性的执行措施，如土地使用权、股权及知识产权中的财产权利的转让等。

拍卖是法院将被执行人的财产委托拍卖机构以公开竞价的形式，转让给最高应价者，以价款清偿债务的一种处分性强制执行措施。

变卖是法院对查封、扣押的财产交给有关单位出卖或者自行组织出卖，换取价款清偿被执行人债务的一种处分性强制执行措施。

根据民事诉讼法规定，法院查封、扣押财产时，被执行人是公民的，应当通知被执行人或者成年家属到场，其工作单位或者财产所在地的基层组织也应当派人参加；被执行人是法人或其他组织的，应通知其法定代表人或者主要负责人到场，拒不到场的，不影响执行。查封、扣押财产时应当保留被执行人及其所扶养家属的生活必需品。

被执行人的财产被查封、扣押后，执行法院应当责令被执行人在指定期间履行法律文书确定的义务。被执行人在法院指定的期限内履行了法律文书所确定的义务的，解除查封、扣押措施，返还财产；在指定期限内仍未履行义务的，法院有权按照民事诉讼法的规定拍卖、变卖被执行人的财产，以价款清偿其债务。

为理顺拍卖与变卖的关系，尤其是避免大量使用低价变卖方式损害被执行人的利益，民事诉讼法确立了拍卖优先的原则：财产被查封、扣押后，执行员应当责令被执行人在指定期间履行法律文书确定的义务。被执行人逾期不履行的，法院应当拍卖被查封、扣押的财产；不适于拍卖或者当事人双方同意不进行拍卖的，法院可以委托有关单位变卖或者自行变卖。

（四）对不动产的执行

根据相关法律规定，对不动产的执行措施主要是指强制被执行人迁出房屋或者退出土地，即法院强制搬迁被执行人在所占房屋内或土地上的财物，并将腾出的房屋或土地交给申请执行人的措施。强制迁出房屋，主要适用于房屋拆迁、买卖、租赁案件的执行；强制退出土地主要适用于强占耕地、宅基地纠纷、土地使用权纠纷、相邻关系中阻塞通道及排除妨碍等案件的执行。强制迁出房屋或退出土地，是执行程序难度较大的问题之一，法院采取这一执行措施，依法应当依照下列顺序进行：

1. 由院长签发公告，责令被执行人在指定期限内自动迁出房屋或退出土地。

2. 通知有关人员到场。强制执行时，被执行人是公民的，应当通知被执行人或者成年家属到场；被执行人是法人或者其他组织的，应通知其法定代表人或者主要负责人到场。拒不到场的，不影响执行。

3. 应由执行员、书记员、司法警察参加。搬迁财物的行为可由法院委托其他人员完成，并将迁出的财物运至指定处所，交给被执行人。因拒绝接受财物而造成的损失，由被执行人承担。搬迁费用由被执行人负担。

4. 书记员应当将强制执行情况记入笔录，并由执行人员、申请执行人、被执行人和其他有关人员签名或者盖章。

案例（18-1）：肖某是甲公司的一名职员，一次出差时不慎摔伤，住院治疗两个多月，花费医疗费若干。甲公司认为，肖某伤后留下残疾已不适合从事原岗位的工作，于是解除了与肖某的劳动合同。因与公司协商无果，肖某决定向甲公司所在地的某省A市B区法院起诉，要求甲公司继续履行劳动合同并安排其工作、支付其住院期间的医疗费、营养费、护理费、住院期间公司减发的工资、奖金等共计3.6万元。B区法院受理了此案。经审理，一审判决甲公司继续履行合同，支付相关费用。肖某以各项费用判决数额偏低为由提起上诉。二审法院对该案作出了维持原判的终审判决。履行期届满后，甲公司未履行判决书中确定的义务。肖某向法院申请强制执行，而甲公司则向法院申请再审。问：若执行中甲公司拒不履行法院判决，法院可以采取哪些与金钱相关的执行措施？

法院可采取以下与金钱有关的执行措施：查询、冻结、划拨被执行人的存款，强制被执行人加倍支付迟延履行债务的利息。

二、对行为的执行措施

当生效的法律文书确定一方当事人有义务履行一定的行为而拒不履行时，债权人有权请求法院强制该当事人履行一定的行为义务。

（一）强制被执行人交付法律文书指定的财物或票证

强制交付，是指法院通过一定的强制手段，责令和监督被执行人交付法律文书指定的财物或票证的措施。

法律文书指定交付的财物，可以是种类物，也可以是特定物；交付的票证，可以是有价证券，如股票、国库券；也可以是无价证券，如汽车驾驶证等。

生效法律文书确定被执行人交付特定标的物的，应当执行原物；原物被隐匿或非法转移的，法院有权责令其交出。原物确已变质、损坏或灭失的，应当裁定折价赔偿或按标的物的价值强制执行被执行人的其他财物。有关单位或个人持有法律文书指定交付的财物或者票证，在接到法院协助执行通知书后，协同被执行人转移财物或票证的，法院有权责令其限期追回；逾期未追回的，应当裁定其承担赔偿责任。

根据《民事诉讼法》第249条规定，强制交付法律文书指定的财物或者票证，可以采取以下方式：

1. 法律文书指定交付的财物或者票证，由执行员传唤双方当事人当面交付，或者由执行员转交，并由被交付人签收。

2. 有关单位持有该项财物或者票证的，应当根据法院的协助执行通知书转交，并由被交付人签收。

3. 有关公民持有该项财物或票证的，法院通知其交出，拒不交出的，强制执行。

（二）强制执行法律文书指定的行为

强制执行行为，是指法院通过一定的强制手段，强制被执行人履行法律文书所指定行为的措施。如修缮被损坏的房屋；不得搭建违章建筑等。这一执行措施是以被执行人的行为（包括作为或不作为）作执行对象，适用于以行为为给付内容的执行案件。根据有关法律规定，执行对象的性质、类别不同，其强制执行的方法也不同：

1. 法律文书明确规定执行对象是被执行人不作为的行为，而被执行人违反该规定而作为的，法院应责令被执行人将作为后的后果恢复到不得作为前的状态，不能恢复原状的，应赔偿损失。被执行人拒绝恢复原状或赔偿损失的，法院可以委托他人代为恢复原状，并由被执行人负担有关费用。

2. 执行对象是作为，被执行人拒不履行的是可替代的作为时，法院可以委托有关单位或者其他人完成，费用由被执行人承担；被执行人拒不履行的是不可替代的作为时，法院经说服教育被执行人仍拒不履行的，应当按照妨害执行行为的有关规定处理。情节严重构成犯罪的，还应追究其刑事责任。

（三）办理财产权证照转移手续

办理财产权证照转移手续是指，对执行中需要在转移标的物的同时转移财产权证照的，法院强制办理财产权证照转移手续。财产权证照包括房产证、土地证、山林所有权证、专利证、商标证书、车辆执照等。执行实践中，有些案件执行完毕不仅取决于是否将执行标的物移送给申请执行人，还决定于是否将该标的物的财产权证照转给申请执行人。因此就需要在产权转移的同时办理财产权证照的转移手续，否则，产权证照不转移，权利人的权利就不能真正得到实现。法院对这类案件进行执行时，应通知被执行人交出原权利证书。被执行人拒绝交出的，法院应向有关单位发出协助执行通知书，说明协助执行的事项和要求，有关单位必须按照协助执行通知书办理证照转移手续，拒不办理的，法院应当依照《民事诉讼法》第111条规定，对其主要负责人或直接责任人员予以罚款和拘留。

三、保障性的执行措施

（一）民事搜查

实践中，常有义务人隐匿财产，以此来拖延、抗拒执行，使执行工作受到阻碍。民事搜查即是依法对被执行人及其住所或财产隐匿地进行搜查，查找被执行财产的措施。《民事诉讼法》第248条第1款明确规定，“被执行人不履行法律文书确定的义务，并隐匿财产的，人民法院有权发出搜查令，对被执行人及其住所或者财产隐匿地进行搜查”。民事搜查是执行中最严厉的措施之一，涉及被执行人的人身自由、名誉、居住等权利，社会影响较大，因此，民事搜查必须在符合法定条件的情况下，按照法定的程序进行。

法院适用搜查的条件是：①生效法律文书所确定的履行期限已经届满。②被执行人不履行法律文书所确定的义务。③法院认为被执行人有隐匿财产的行为。

法院采取搜查措施，必须按照法律规定的程序进行：

1. 首先由法院院长签发搜查令。

2. 搜查人员搜查时，必须按规定着装并出示搜查令和身份证件。

3. 搜查时禁止无关人员进入搜查现场；搜查对象是公民的，应通知被执行人或者他的成年家属到场以及基层组织派员到场；搜查对象是法人或其他组织的，应通知法定代表人或者主要负责人到场，有上级主管部门的，也应通知主管部门有关人员到场。拒不到场的，不影响搜查。搜查妇女身体应由女执行员进行。

4. 搜查中发现被执行人隐匿的财产，应当依法查封、扣押。对于被查封、扣押的财产必须造具清单，由在场人员签名。

（二）强制支付迟延履行利息或迟延履行金

强制支付迟延履行利息、迟延履行金，是指法院对逾期拒不履行义务的被执行人采取的一种强制其交付迟延履行期间的利息或迟延履行金，以迫使其尽快履行义务的经济手段。

具体来说，被执行人未按生效裁判或其他法律文书指定的期间履行给付金钱义务的，应当按银行同期贷款基准利率加倍支付迟延履行期间的债务利息。《最高人民法院关于在执行工作中如何计算迟延履行期间的债务利息等问题的批复》中明确规定，强制支付迟延履行利息应当按照中国人民银行规定的同期贷款基准利率计算。如果多次还款期间发生利率变动，应采用分段计息的方法。

被执行人未按生效裁判或其他法律文书指定的期间履行非金钱给付义务的，未造成申请执行人的损失，一次性支付迟延履行金；已经造成损失的，双倍补偿申请执行人已经受到的损失。

案例（18－2）：申请执行人江某和被执行人某开发公司于2001年签订了承包租赁合同，江某利用该村集体土地进行投资开发。后来在租赁合同的履行过程中，双方产生了摩擦，诉至法院。案件经过一审、二审，最终江某胜诉，终审判决开发公司赔偿江某36万元。该公司不服，拒绝履行义务，并向省高级人民法院申请再审。同时，江某向第一审法院申请强制执行。高院经审查，裁定中止原判决执行并决定再审。再审历经9个月，最终判决维持一审判决。然而，在强制执行中，关于再审期间能否计算迟延履行利息，在法院内部产生了分歧。

再审是因为原判决可能存在错误才启动的。案件一旦进入再审程序，双方的权利义务就处于不确定的状态。原判决中止执行，被执行人在再审期间不履行义务不是被执行人的主观故意造成，因此不应该对被执行人进行惩罚。

强制被执行人支付迟延履行利息和迟延履行金具有双重性质：一是惩罚性，迟延履行不论是否已给申请执行人造成损失都要依法给付。二是补偿性，补偿权利人因迟延履行而遭受的损失。它表明被执行人迟延履行的时间越长，支付的利息或迟延履行金就越多。设立迟延履行期间计算债务利息制度的目的在于对被执行人进行惩罚，督促其尽快履行义务，从而保障申请执行人的权益。

（三）采取执行威慑机制，促使被执行人履行义务

在执行过程中，仅凭法院和法官查找到被执行人的踪迹和被执行人的财产是极其艰难的，这就需要运用全社会的力量，包括公安、工商、税务、房管、银行、海关等各职能部门相互配合，形成一整套执行威慑网络，才能使被执行人无处遁寻。2007年《民事诉讼法修改决定》第18条具体规定了对被执行人采取的限制性措施：①限制出境；②在征信系统记录；③通过媒体公布不履行义务信息；④法律规定的其他措施。最高人民法院2008年《关于适用〈中华人民共和国民事诉讼法〉执行程序若干问题的解释》和2010年《关于限制被执行人高消费的若干规定》又作了进一步细化的规定。当事人如果不履行生效法律文书规定的义务，就不能够信贷、置产、出境等，甚至直接影响其市场经济活动和日常的生活消费，从而促使其自动履行法律义务。

目前，最高法院为从根本上解决执行难，建立了国家执行威慑机制即执行

案件信息管理系统，现已初具规模，与金融、工商、房地产、出入境、交通等管理部门以及其他社会诚信系统对接，逐步从各个层面制约被执行人，最终实现上级法院和社会公众对执行工作的监督，最大限度地使债权人实现债权。

案例（18－3）：2010年10月10日，《最高人民法院关于限制被执行人高消费的若干规定》正式实施后第十天，青岛市市南区法院一件执行案件中的被执行人侯某在青岛流亭国际机场乘坐飞机时被拦截。3天后，其偿还了申请人的全部欠款16万元，案件快速执结，成为全国首起限制高消费的成功案例。

（四）对剩余债务的继续执行

在执行过程中，被申请执行人暂时无履行能力中止执行，待被执行人有履行能力时，申请人可以申请继续执行。或者被申请执行人转移、隐匿财产，抽逃资金或者外出躲债，申请执行人发现其财产后，可以申请继续执行。

继续执行不受申请执行期间的限制。

根据民事诉讼法规定，人民法院执行生效法律文书，一般应当在立案之日起6个月内执行结案，但中止执行期间应当扣除。确有特殊情况需要延长的，由本院院长批准。

（五）对第三人的执行

对第三人的执行是指被执行人不能清偿债务，但对第三人享有到期债权的，法院可依申请执行人或被执行人的申请，通知该第三人向申请执行人履行债务。第三人在收到通知后15日内，既可以向申请执行人履行债务，也可以向执行法院提出不履行义务的书面异议。异议成立，法院不得对第三人强制执行。未提出异议或者异议不成立，但又在通知指定的期限内不履行的，法院可以对第三人强制执行。

引例解析：根据民事诉讼法的规定，对本案，人民法院可以采取公告、登报等方式，将判决的主要内容公布于众，费用由甲负担；一次性要求甲向乙支付迟延履行金；如果甲仍拒不履行义务可以对其罚款，情节恶劣的，予以拘留。

第三节 执行中的特殊问题处理

导入案例

执行员根据人民法院的二审判决，查封被告范某的房屋和家具。这时，范某的前妻刘某提出，她与范某离婚时，此房作为共同财产正租给别人居住，没有进行分割。所以，她对此房屋享有一半所有权，要求法院停止执行。

问题：如何对待执行过程中案外人提出的异议？

知识点：执行异议、执行担保、执行回转等执行制度的适用。

一、执行救济

执行救济是指执行当事人或利害关系人因法院的执行行为违法或不当而受到侵害时依法请求有关机关采取保护和补救措施的一种救济方式。其功能主要通过加强执行当事人、利害关系人对执行活动的监督，在维护当事人合法权益的同时，实现对"执行乱"问题的有效治理。广义上的执行救济除正式的法律救济制度以外，还包括信访等非正式途径；而狭义的执行救济仅指制度化的法律救济。

（一）执行行为异议

1. 执行行为异议的概念。即程序上的救济，是指执行当事人、利害关系人认为执行机构的执行行为在程序上违法，在执行程序终止前，提请法院纠正其违法或不当的执行行为的制度。执行异议是针对执行实践的需要，专为规制执行机构程序上的违法或不当执行行为而设，以期实现保护当事人或案外人程序利益的立法宗旨。

2. 执行异议的主体。有权提出异议的主体应为当事人或利害关系人。当事人即指申请执行人和被申请执行人。利害关系人即指当事人以外的因违法执行行为的实施导致权益受到损害的案外人，如法院查封的标的物属第三人所有。

3. 执行异议的事由。执行异议的事由为法院执行行为违法或不当。具体包括执行行为无合法的执行根据；执行管辖错误；采取的执行措施错误；无法定事由随意裁定执行中止、终结等。

4. 执行异议的程序。当事人或利害关系人认为符合异议条件时，应当在执行程序开始后终结前，以书面形式向执行法院提出执行异议。当事人口头提出异议的，应当告知其采取书面形式；未提交书面异议的，视为未提出异议。

对当事人、第三人提出的执行异议，人民法院应当自收到书面异议之日起15日内审查，理由成立的，裁定撤销或者改正；理由不成立的，裁定驳回。当事人、利害关系人对裁定不服的，可以自裁定送达之日起10日内向上一级人民法院申请复议。

5. 执行异议的效力。撤销或更正原执行行为的裁定生效后，执行法院应停止执行行为并按裁定要求予以撤销或更正。

须强调的是，执行程序终结后，因违法执行行为而受到损害的当事人不能提出执行异议，但可以对债权人提起返还之诉或者损害赔偿的诉讼。

（二）案外人异议

1. 案外人异议的概念。即实体上的救济，是指在执行过程中，案外人对执行标的主张权利，对执行根据或执行对象提出不同意见的制度。案外人异议解决的是执行标的权利归属问题，是案外人维护自己合法权益的手段。

2. 提出异议的条件。根据民事诉讼法规定，案外人提出异议应当符合以下条件：

（1）有权提起异议的只能是案外人。案外人既可能是公民，也可能是法人或其他组织。

（2）提出异议的内容必须是对执行标的主张实体权利。案外人认为自己对执行标的一部分或全部拥有所有权。

（3）必须在执行开始后至结束前提出。

3. 提出异议的程序。案外人异议一般应当以书面形式提出，并提供相应的证据。以书面形式提出确有困难的，也可以口头形式提出。

执行法院应当在收到书面异议起15日内进行审查。经审查认为案外人的异议理由不成立的，裁定驳回其异议，继续执行；理由成立的，裁定中止对该执行标的的执行。

4. 诉讼。案外人、当事人对裁定不服，认为原判决、裁定错误的，依照审判监督程序办理；与原判决、裁定无关的，可以自裁定送达之日起15日内向人民法院提起异议之诉。所谓“与原判决、裁定无关的”，是指案外人提出异议的标的物是法院自行采取的执行措施所针对的标的物，而不是原判决、裁定中指定执行的标的物。

关于异议之诉，还须注意以下两个问题：①异议不成立，案外人不服的，可以申请执行人为被告或以申请执行人和被执行人为共同被告向执行法院起诉。诉讼期间不停止执行，案外人提供有效担保的除外。②异议成立，申请执行人不服的，申请人可以案外人为被告或者以案外人和被执行人为共同被告向执行法院提起许可执行之诉。

案外人或当事人提起诉讼后，人民法院应当按照民事诉讼通常程序审理和裁判，并以此裁判作为执行法院进行执行的依据。

（三）申请提级执行和指令执行

提级执行和指令执行也称督促执行或变更执行法院。人民法院自收到申请执行书之日起超过 6 个月未执行的，申请执行人可以向上一级人民法院申请执行。上一级人民法院经审查，可以责令原人民法院在一定期限内执行，也可以决定由本院执行或者指令其他人民法院执行。这是针对人民法院在司法实务中怠于执行、无正当理由逾期未执行而实施的一种救济途径。

上一级人民法院责令执行法院限期执行的，应当向其发出督促执行令，并将有关情况书面通知申请执行人。上一级人民法院决定由本院执行或者指令本辖区其他人民法院执行的，应当作出裁定，送达当事人并通知有关人民法院。上一级人民法院责令执行法院限期执行，执行法院在指定期间内无正当理由仍未执行完结的，上一级人民法院应当裁定由本院执行或者指令本辖区其他人民法院执行。

案例（18－4）：2009 年 1 月 10 日，李某依据某市中级人民法院作出的判决书向该市 A 区人民法院申请强制执行，要求债务人周某支付其赔偿金 20 万元。A 区人民法院立案执行后，发现周某有房产一处，登记在其妻子王某名下。2 月 5 日，A 区法院查封了王某名下的房产。两个月后，A 区法院对王某名下的房产进行拍卖，得价款 56 万元。法院将其中 20 万元交付李某，扣除拍卖费用和执行费用共 6.7 万元后，将剩余的 29.3 万元交给王某。

经查，被法院查封的房产系案外人王某婚前父母赠与她的个人财产，法院的查封行为严重侵害案外人的合法权益，故王某有权向法院提出异议。

二、执行和解和执行担保

（一）执行和解

执行和解是执行的方式之一。执行和解是指，执行中双方当事人在自愿协商、互谅互让的基础上，就生效法律文书确定的权利义务关系达成和解协议，从而结束执行程序的行为。执行和解是执行权利人行使处分权的结果，是民事诉讼法所规定的处分原则在执行程序中的具体体现。通过和解，当事人双方对生效法律文书所确定的给付内容、数额、方式以及期限等加以变更，使之更加符合当事人的实际情况，既有利于执行权利人的权利得以及时实现，又有利于增进当事人之间的理解。对于人民法院来说，可以节约执行所需的大量人力、物力和财力，避免法院因执行所要采取的各种强制措施，符合诉讼经济原则，而且还在一定程度上化解执行难的问题，有利于提升司法的权威和公信力。

执行和解作为一种法律行为，须符合一定的条件：①和解协议的主体必须是双方当事人即申请执行人和被执行人。②和解协议必须是双方当事人真实的意思表示。③和解协议的内容必须合法，不得损害国家、集体和第三人利益或者社会公共利益以及违反法律法规的强制性规定。④和解协议应提交人民法院或由人民法院记入笔录，并由双方当事人签字或盖章。

双方当事人达成执行和解协议的，人民法院应当裁定中止执行，当事人应当自觉遵守和履行和解协议。和解协议履行完毕的，法院终结执行。

由于执行和解协议没有强制执行的效力，因此，一方当事人不履行或者不完全履行执行和解协议的，对方当事人可申请恢复执行原执行根据。但是，和解协议一旦履行完毕，一方当事人反悔并申请按原生效的法律文书执行的，人民法院不予准许。另外，民事诉讼法明确规定，申请执行人因受欺诈、胁迫与被执行人达成和解协议，人民法院可以根据当事人的申请，恢复对原生效法律文书的执行。

案例（18－5）：在执行程序中，甲和乙自愿达成和解协议：将判决中确定的乙向甲偿还1万元人民币改为给付价值相当的化肥、农药。和解协议履行完毕后，甲以化肥质量不好向法院提出恢复执行程序。法院是否准许？

根据《民事诉讼法意见》第266条规定，和解协议已经履行完毕的，人民法院不予恢复执行。因此，本案中，因为双方和解协议已履行完毕，人民法院只能作执行结案处理。

（二）执行担保

执行担保是指在执行过程中，被执行人履行义务有困难时，通过向法院提供担保的方式，在经申请执行人同意后，由法院决定暂缓执行的制度。执行担保须满足以下几个要件：①被执行人向法院提出申请。②被执行人向法院提供可靠的担保。③经申请执行人同意。④经法院准许。

执行担保一旦成立，人民法院应当裁定暂缓执行，债务人应按照暂缓执行决定书中确定的期限履行生效法律文书指定的义务。在暂缓执行期间，债务人或担保人对担保的财产有转移、隐藏、变卖、毁损等行为的，人民法院可以恢复强制执行；暂缓执行的期限内仍不履行法律文书所确定的义务的，人民法院可以直接执行债务人提供担保的财产或者裁定执行担保人的财产。

案例（18－6）：在一起民事执行案件中，被执行人朱某申请暂缓执行，提出由吴某以自有房屋为其提供担保，申请执行人刘某同意。法院作出暂缓执行裁定，期限为6个月。对于暂缓执行期限届满后朱某仍不履行义务的情形，人民法院可以直接裁定执行吴某的担保房产。

三、执行承担

执行承担又称为执行承受，是指在执行过程中，由于发生法定事由，债务人的义务由与其有一定关系的公民、法人或者其他组织履行的制度。根据民事诉讼法的相关规定，下列几种情形适用执行承担：

1. 作为被执行人的公民死亡，其遗产继承人没有放弃继承的，法院可以裁定变更被执行人，由该继承人在继承遗产的范围内偿还债务。继承人放弃继承的，法院可以直接执行被执行人的遗产。

2. 作为被执行人的法人或其他组织合并、分立的，其权利义务由变更后的法人或其他组织承受；作为法人的被执行人被撤销的，由承受人承受权利义务。

3. 其他组织在执行中不能履行法律文书确定的义务的，法院可以裁定执行对该其他组织依法承担义务的法人或公民个人的财产。

4. 在执行中作为被执行人的法人或其他组织名称变更的，法院可裁定变更后的法人或其他组织为被执行人。

出现以上情形的，人民法院可以直接裁定变更或追加执行主体，无需再经过其他程序。

四、执行中止和执行终结

（一）执行中止

执行中止，是指在执行过程中，由于某种特殊情形的发生而暂时停止执行程序，待该特殊情形消失后再继续进行执行程序的制度。出现下列情形之一的，人民法院应当裁定中止执行：①申请人表示可以延期执行的；②案外人对执行标的提出确有理由的异议的；③作为一方当事人的公民死亡，需要等待继承人继承权利或者承担义务的；④作为一方当事人的法人或者其他组织终止，尚未确定权利义务承受人的；⑤人民法院认为应当中止执行的其他情形。

案例（18－7）：2008年元旦张某因结婚买房向好友吴某借款2万元，双方约定一年后还款。一年后，张某并未履行承诺，反而一再推托。2009年5月吴某诉至法院，要求张某归还借款。在诉讼过程中，双方自愿达成调解协议：张某须在2009年年底将全部借款还给吴某。但是，调解书生效后张某仍未在履行期限内还款，吴某遂向法院申请强制执行。在执行过程中，张某突发交通意外，重伤住院，费用较大，暂时没有能力清偿借款。法院考虑到张某的实际处境，遂裁定中止该案的执行。

本案被执行人张某突发交通意外，无力还款，即使继续执行也无法实现目的。这应该属于“人民法院认为应当中止执行的其他情形”。法院的裁定是正确的。

人民法院中止执行时，应当制作中止执行裁定书，裁定书一经送达，立即发生法律效力。当事人对于执行中止的裁定不能上诉。中止执行只是执行程序的暂时停止，不是执行程序的结束。中止情形消失后，执行法院可以根据当事人的申请或依职权恢复执行。恢复执行应当书面通知当事人。

（二）执行终结

执行终结，是指在执行过程中，由于某种特殊情形的发生使得执行工作无法进行或无需进行，从而结束执行程序的制度。出现下列情形之一的，人民法院裁定终结执行：①申请人撤销申请的；②据以执行的法律文书被撤销的；③作为被执行人的公民死亡，无遗产可供执行，又无义务承担人的；④追索赡养费、扶养费、抚育费案件的权利人死亡的；⑤作为被执行人的公民因生活困难无力偿还借款，无收入来源，又丧失劳动能力的；⑥人民法院认为应当终结执行的其他情形。

执行终结是执行程序在特殊情况下的结束方式。人民法院终结执行时，应当制作终结执行裁定书，裁定书一经送达，立即发生法律效力。当事人对于执行终结的裁定不能上诉。

案例（18－8）：许某与C公司的劳动争议纠纷，经过两年多时间许某最终胜诉，C公司需要支付许某工资和经济补偿金13万元。但是，当许某向法院申请执行时，C公司却人去楼空，找不到C公司存在可供执行的财产。过了几个月，法院裁定中止执行。许某担心，公司人去楼空，时间一长，执行就会终结。

根据民事诉讼法关于终结执行的几种情形，本案例中，C公司人去楼空，不是执行终结的法定情形。因此，一旦发现C公司又有可供执行的财产，人民法院仍应继续执行。

五、执行回转

执行回转，是执行程序中的特殊现象，是针对根据错误生效法律文书而导致执行工作有误的一种补救措施，能确保真正权利人合法权益的实现。《民事诉讼法》第233条规定："执行完毕后，据以执行的判决、裁定和其他法律文书确有错误，被人民法院撤销的，对已被执行的财产，人民法院应当作出裁定，责令取得财产的人返还；拒不返还的，强制执行。"

执行回转是人民法院依当事人的申请或法院依职权，按照新的生效法律文书作出裁定，责令原申请人返还已取得的财产及孳息。如果已执行的标的物系特定物的，应当退还原物；不能退还原物的，可以折价抵偿。

（一）执行回转的发生原因

1. 人民法院制作的判决、裁定已经执行完毕，但该判决、裁定又被本院或者上级法院经审判监督程序进行再审后依法撤销的。

2. 人民法院制作的先予执行的裁定，在执行完毕后，被本院的生效判决或上级法院的终审判决撤销的。

3. 其他机关制作的依法由人民法院强制执行的法律文书，在执行完毕后，又被制作机关或者上级机关依法撤销的，如仲裁机构撤销其制作的仲裁裁决，公证机构撤销其制作的具有强制执行力的债权文书。

（二）执行回转的条件

1. 必须发生在执行程序完毕之后，如果法律文书尚未执行或者正在执行过程当中，都不发生执行回转。

2. 必须是执行所依据的法律文书被依法撤销。

3. 必须是原申请人拒不履行返还财产的义务，人民法院才能采取执行回转措施。

引例解析：为了保护案外人的民事权利和合法利益，根据《民事诉讼法》第227条的规定，执行过程中，案外人如果主张自己对执行标的享有实体权利的，可以向执行法院提出异议。人民法院经审查，认为异议成立，裁定中止执行；异议不成立，裁定驳回。案外人或当事人对裁定不服，认为原判决、裁定错误的，依照审判监督程序办理；与原判决、裁定无关的，可以自裁定送达之日起15日内向人民法院提起诉讼。

本章重点内容小结

执行措施是执行程序中国家强制力的体现，是执行工作顺利进行的根本保证，针对不同的执行标的，法院应当采取的具体执行措施也不相同。执行救济、执行中止和终结以及执行回转都是执行程序中出现的特殊情况，如果出现阻碍执行程序正常进行的法定事由，则应依法处理。

关键词：执行开始　　金钱执行　　非金钱执行

实务训练

（一）示范案例

案情：甲因打伤乙，被某市区法院判决赔偿医药费5000元。甲不服区法院的判决提起上诉，被市中级人民法院驳回。在判决规定的履行期内，甲拒不给付乙的医药费，乙便向市中级人民法院申请执行。市中级人民法院的执行员丙接到乙的申请后，直接对甲的一辆三轮车进行扣押，并于次日委托寄卖店变卖。

问：本案的执行活动是否符合民事诉讼法的规定？为什么？

分析：本案的执行活动不符合民事诉讼法的规定。①根据民事诉讼法规定，本案应由第一审法院区人民法院负责执行，而不应由第二审法院市中级人民法院负责执行。②根据民事诉讼法规定，执行员接到申请执行书后，应当向被执行人发出执行通知。本案执行员没有向甲发出执行通知，便对甲的三轮车进行扣押是错误的。实践中，很多被执行人接到执行通知后，就转移或隐匿财产，逃避执行，因此，执行人在发出执行通知同时可以"立即执行"。③根据民事诉讼法规定，财产被查封、扣押后，执行员应当责令被执行人在指定期间履行法律文书确定的义务。被执行人逾期不履行的，人民法院可以按照规定交有关单位拍卖或者变卖被查封、扣押的财产。而本案中的执行员在变卖被扣押的三轮车前，并未指定被执行人履行义务的期间，责令其自觉履行义务。

（二）习作案例

1. 马某因经商急需周转资金，向刘某借款20万元并约定6个月后归还。后马某生意失败，无力还款，刘某起诉至法院。法院判决马某在指定期限内归还刘某20万元。但判决所确定的义务履行期届满后，马某仍未履行义务，刘某向法院申请强制执行。在执行过程中，法院根据刘某提供的线索扣押了马某日常使用的一辆价值16万元左右的轿车以及一辆价值4万元左右的货车。但在扣押措施采取后不久，案外人马某的姐姐马某某提出，这辆轿车是她借给马某使用的，并出具了该车的权属证明材料。

问：

（1）马某某的主张可否构成执行异议，法院对此应当怎样处理？

（2）审查期间法院能否继续扣押这辆轿车？

2. 申请人李某借给徐某100万元，用于A公司的成立和经营，双方约定偿还期限为一年，到期后还本付息。A公司向李某保证徐某偿还协议约定的欠款，并承担连带责任。约定期满后，徐某只偿还了部分利息，全部本金100万元及剩余利息未偿还。李某向人民法院提起诉讼。法院判决被执行人徐某应归还借款及利息，A公司承担连带责任。事后，徐某及A公司既未上诉，也未履行判决所确定的义务。李某于是向法院申请执行。

现了解到徐某的财产情况如下：在银行有存款5万元，房产一处，约值50万元左右。A公司银行账户有存款5万元，公司主要生产体育用品，仓库内约有存货20万元左右。另，该公司在北京五家商场内设立了体育用品专卖店，自主经营，销售款由各商场统一收取，在按约定比例扣除相关费用后返还给A公司。但是五家商场已拖欠A公司销售款，共计35万元。

问：执行法院依法可以采取哪些执行措施？

思考题

1. 简述申请执行的条件。
2. 执行准备过程中需要做哪些事项？
3. 什么是执行异议和异议之诉？如何处理执行异议？
4. 简述执行中止和执行终结的法定事由。

延伸阅读

打击老赖，解决“执行难”

“执行难”是长期困扰法院的问题。另外提起诉讼逃避执行、假离婚转移财产、销声匿迹躲着不见……实践中当事人规避执行、逃避执行的花样层出不穷。

为了加大对“老赖”们的惩处力度，进一步解决“执行难”，民事诉讼法经过多次修改，强化执行措施，专门增加规定，对逃避执行行为进行制裁，并提高对拒不执行法院生效判决、裁定等行为的罚款额度。

1. 增加“执行通知同时立即执行”的规定。“执行通知”是在法院执行前，先告知当事人法院即将执行的一项制度，旨在督促当事人自觉履行法律义务，避免使用强制措施。然而这一做法却在司法实践中事与愿违。当事人收到执行通知后，往往不履行义务，而是转移财产逃避执行。有人戏称这种执行通知制度等于是给当事人“通风报信”。针对这一弊端，2012年《民事诉讼法》规定，执行员接到申请执行书或者移交执行书，应当向被执行人发出执行通知，并可以立即采取强制执行措施。

2. 加大对规避执行行为打击力度。规避执行是“执行难”的另一个突出问题。最高人民法院统计显示，在执行难的案件中，大约有15%是由于被执行人规避执行造成的。对此，2012年《民事诉讼法》增加规定，被执行人与他人恶意串通，通过诉讼、仲裁等方式逃避履行法律文书确定的义务的，人民法院应当根据情节轻重予以罚款、拘留；构成犯罪的，依法追究刑事责任。此外，还对被执行人隐藏、转移已经查封、扣押的财产，拒不履行生效判决、裁定等行为加大了处罚力度。

3. 限制“老赖”高消费。2010年，最高人民法院公布《关于限制被执行人高消费的若干规定》，最大限度保护申请执行人和被执行人的合法权益。根据该规定，被执行人若被限制高消费的，不得有以下以其财产支付费用的行为：乘坐交通工具时，选择飞机、列车软卧、轮船二等以上舱位；在星级以上宾馆、酒店、夜总会、高尔夫球场等场所进行高消费；购买不动产或者新建、扩建、高档装修房屋；租赁高档写字楼、宾馆、公寓等场所办公；购买非经营必需车辆；旅游、度假；子女就读高收费私立学校；支付高额保费购买保险理财产品；其他非生活和工作必需的高消费行为。

被执行人违反限制高消费令进行消费的行为属于拒不履行人民法院已经发生法律效力的判决、裁定的行为，经查证属实的，依照民事诉讼法的规定，予以拘留、罚款；情节严重，构成犯罪的，追究其刑事责任。

4. 公布失信被执行人名单信息，压缩恶意逃债者的生存空间。最高人民法院于2013年7月1日通过了《关于公布失信被执行人名单信息的若干规定》。根据该《规定》，具有六种情形之一的被执行人将被纳入失信被执行人名单，即：以伪造证据、暴力、威胁等方法妨碍、抗拒执行的；以虚假诉讼、虚假仲裁或者以隐匿、转移财产等方法规避执行的；违反财产报告制度的；违反限制高消费令的；被执行人无正当理由拒不履行执行和解协议的；其他有履行能力而拒不履行生效法律文书确定义务的。失信被执行人名单将通过全国统一的名单库在互联网上向社会公布，同时也包括各地法院通过公告栏、报纸、广播、电视、网络、新闻发布会等方式向社会公布。法院还将把失信信息数据向政府相关部门、金融监管机构、金融机构、承担行政职能的事业单位及行业协会等，进行“点对点”通报。失信被执行人在政府采购、招标投标、行政审批、政府扶持、融资信贷、市场准入、资质认定等方面将遭遇瓶颈。

通过进一步强化执行权，对被执行人形成足够强大的法律压力，有助于进一步缓解和解决“执行难”问题。

模块八 其他民事程序规定

第十九章 涉外民事诉讼程序

学习目标

1. 了解涉外民事诉讼程序的含义及原则。
2. 掌握涉外民事诉讼管辖、期间及司法协助的相关法律规定。

学习任务

熟悉涉外民事程序的特别规定，并能够很好地与国内民事程序相衔接。

第一节 涉外民事诉讼程序概述

导入案例

中国某进出口公司租赁一艘外籍货轮承运进口大米。到我国某港口卸货后中方发现大米有部分被浸湿，损失很大。中方索赔遭拒绝。为此，进出口公司诉至某海事法院，要求外轮船东赔偿一切损失。外轮船东委托其本国一名律师作为诉讼代理人，参加本案的全部诉讼活动。

问题：外轮船东可否委托本国律师代为诉讼，为什么？

知识点：涉外民事诉讼程序的基本原则。

随着全球一体化的发展，国与国之间的政治、经济、文化等领域的交往愈加频繁，所产生的各类纠纷也随之增多。尤其是中国加入世贸组织后，涉外经济纠纷不断，在司法实践中也经常遇到许多涉外民事纠纷。在涉外民商事审判工作中，由于涉外案件的特殊性，如何适用法律，解决法律冲突，维护当事人合法权益和维护国家主权，是各国立法机关和司法机关面对的一个难点。基于此，针对涉外民事案件审理的特点，我国民事诉讼法设专编对涉外民事诉讼中的一般原则、管辖、送达、期间、仲裁、司法协助等作了特别规定。

一、涉外民事诉讼程序的概念

涉外民事诉讼程序是指人民法院审理具有涉外因素的民事案件所适用的程序。所谓涉外因素是指诉讼一方或双方当事人是外国人、无国籍人或外国企业和组织或者是当事人之间民事法律关系发生、变更、消灭的事实发生在国外，或者是当事人之间争议的标的物在国外。具有其中因素之一的民事诉讼就是涉外民事诉讼。

涉外民事诉讼由于所涉及的发生争议的民事法律关系的主体、内容或客体具有涉外因素，因而在程序上与国内民事诉讼的一般规定有所不同，有其自身的特点。具体表现为：

1. 涉外民事诉讼一般均涉及国家主权。在国内民事诉讼中，案件的审理、裁判和执行均由我国法院自行解决。在涉外民事诉讼中，其具体诉讼行为的进行如送达、传唤、执行等可能要在国外完成，这就需要有关国家在相互尊重国家主权和当事人利益的前提下进行司法协助，不能仅依靠一国力量解决。

2. 具有涉外因素的民事案件中的许多诉讼行为需要在域外进行，所需时间较长，手续也比较复杂，因而法律对之规定了较长的期间。

3. 涉外民事案件在裁判和法律适用上有时需要适用有关的国际条约、公约或外国法律，既包括程序法的选择，也包括实体法的选择。而国内民事诉讼适用的是我国的程序法和实体法，不存在涉外法律适用问题。

基于此，我国现行民事诉讼法设专编对涉外民事诉讼程序作了特别规定。人民法院审理涉外民事案件时，有特别规定的，适用有关的特别规定；没有特别规定的，适用民事诉讼法的其他有关规定。

需要说明的是，根据最高人民法院的有关司法解释，涉及海外华侨和港、澳、台同胞的民事诉讼，不属于涉外民事诉讼。但鉴于他们所处的特殊地位及当事人争议的财产或民事法律关系发生、变更、消灭的法律事实发生在港澳台地区或国外，我国民事审判实践中，一般对之做特殊处理。在审理此类案件时可参照涉外民事诉讼的特别规定办理。

二、涉外民事诉讼的一般原则

涉外民事诉讼的一般原则是法院审理涉外民事案件的基本准则，也是当事人和其他诉讼参加人必须遵循的行为准则。由于涉外民事案件不同于国内民事案件的审理，因此，法院在审理涉外民事案件时，除遵守民事诉讼法的基本原则，如当事人诉讼权利平等原则、辩论原则、处分原则、调解原则等，还应当遵守有关涉外民事诉讼程序的一般原则的规定。

根据我国民事诉讼法的规定，涉外民事诉讼程序的原则包括以下内容：

（一）适用我国民事诉讼法的原则

人民法院审理涉外民事案件，只能适用我国民事诉讼法。具体要求是：外国人、无国籍人或外国企业和组织在我国起诉、应诉，适用我国民事诉讼法；凡是属于我国人民法院管辖的案件，我国人民法院享有管辖权；外国法院的裁判必须经我国法院依法审查并予承认后，才能在我国领域内发生法律效力。

（二）适用我国缔结或参加的国际条约的原则

条约优先，这是国际法和处理国际关系公认的一个原则。凡在平等自愿原则基础上参加条约的国家和地区，都有信守和执行条约规定的义务。因此，我国法院审理涉外民事案件，应当遵守我国缔结或参加的国际公约。国际公约中的规定与国内法有冲突的适用公约规定，但是对于我国声明保留的条款除外。

（三）司法豁免原则

司法豁免权，是一个国家根据本国法律或参加、缔结的国际条约，对居住在本国的外国和国际组织的代表和机构赋予的免受驻在国司法管辖的权利。对享有外交特权与豁免权的外国人、外国组织以及国际组织提起民事诉讼，应当依照我国缔结或参加的国际公约以及我国有关法律的规定办理。民事司法豁免是一种有限的豁免，即享有司法豁免权的人其所属国主管机关宣布放弃司法豁免的，或享有司法豁免权的人因私人事务涉及诉讼的，或享有司法豁免权的人向驻在国起诉引起反诉的，均不享有司法豁免权。

（四）委托中国律师代理诉讼的原则

外国人、无国籍人或外国企业和组织在我国起诉、应诉，需要委托律师代理诉讼的，只能委托中国律师代理诉讼，外国律师不能以律师的身份参加诉讼；外国驻华使、领馆官员，受本国公民的委托，可以个人的名义担任诉讼代理人，但在诉讼中不享有司法豁免权；外国驻华使、领馆可以授权本馆的官员以外交代表的身份为其本国当事人在中国聘请诉讼代理人。

在我国领域内没有住所的外国人、无国籍人或外国企业和组织委托中国律师或其他人代理诉讼，从中华人民共和国领域外寄交或托交的授权委托书，应当经所在国公证机关证明，并经中华人民共和国驻该国使、领馆认证，或者履行中华人民共和国与所在国订立的有关条约中规定的证明手续，才具有效力。

港、澳、台地区的当事人在内地进行民事诉讼活动，有权根据我国民事诉讼法的规定，委托诉讼代理人代为诉讼，需要委托律师代理诉讼的，须委托内地的律师。如果委托港澳台律师，只能以普通公民的个人名义代理诉讼。

港澳当事人从港澳委托的诉讼代理人，其寄交内地的授权委托书，须经我国司法部授权的香港委托公证人、澳门有关机构证明，并明确代理权限；台湾地区当事人委托台湾地区居民代理诉讼的，从台湾地区向人民法院提交的授权委托书应当经公证证明。

居住在外国的中国公民从我国领域外寄给人民法院的授权委托书，须经我国驻该国使、领馆证明，没有使、领馆的，由当地的华侨团体证明。

（五）使用我国通用的语言、文字原则

人民法院审理涉外民事案件，应当使用我国通用的语言、文字，当事人要求提供翻译的，可以提供，费用由当事人承担。

引例解析：律师制度是国家司法制度的重要组成部分，具有主权的国家的司法制度只能在本国领域内适用，同时，主权国家也不允许外国律师在本国从业。我国也不例外。另外，外国律师对中国的情况并不太熟悉，不能胜任涉外民事诉讼的任务。当外国人、无国籍人、外国企业和组织以及港澳台地区同胞在人民法院进行民事诉讼时，可以亲自在人民法院进行起诉或应诉等活动，也可以委托诉讼代理人。如果需要委托律师代理诉讼的，则必须委托中国律师。

第二节　涉外民事诉讼程序的特别规定

导入案例

中日合资的甲公司与设在日本的日本乙公司（其在中国没有住所）在中国A县订立一份购销合同，合同约定乙公司向甲公司出售5台电子设备，并由乙公司负责将该电子设备运到甲公司所在地的B县。此外，还约定一旦发生争议无论向哪国法院起诉，均适用日本民事诉讼法。在合同履行过程中，甲公司发现乙公司提供的产品中有2台电子设备存在严重质量瑕疵，经交涉未能解决，于是向我国法院起诉，要求乙公司承担违约责任。

问题：对本案有管辖权的法院有哪些？

知识点：涉外民事诉讼程序的法律适用。

一、涉外民事诉讼管辖

涉外民事诉讼管辖是指一国法院受理涉外民事案件的范围。它所涉及的问题有两个：一是某一涉外民事案件是否应由我国法院管辖；二是由我国管辖的涉外民事案件应由哪一级的哪一个法院行使审判权。

涉外民事诉讼管辖的确定是国家主权原则在涉外民事诉讼中的一项具体体

现。一般而言，各国确定受理涉外民事案件的范围不受他国影响，但由于涉外民事诉讼的特点决定了涉外民事争议与其他国家具有一定的事实上的联系，该涉外诉讼的结果可能需要域外执行，因此，在进行涉外民事诉讼管辖确定时，如果过于强调本国司法主权，而完全无视其他国家行使国际司法管辖权的传统，拒绝国际合作，并不利于纠纷的及时解决，维护当事人的合法权益。所以，正确确定涉外管辖的原则不能仅作国内法研究，积极参与国际合作并适当借鉴其他国家行使涉外民事诉讼管辖权的一些规定也是极为必要的。

（一）涉外民事诉讼管辖的原则

我国民事诉讼法确定涉外民事诉讼管辖权以下列原则为依据：

1. 诉讼与法院所在地实际联系的原则。凡是诉讼与我国法院所在地存在一定实际联系的，我国人民法院都有管辖权。

2. 尊重当事人的原则。无论当事人一方是否为中国公民、法人和其他组织，在不违反级别管辖和专属管辖的前提下，都可以选择与争议有实际联系地点的法院管辖。

3. 维护国家主权原则。司法管辖权是国家主权的重要组成部分，对涉外民事诉讼案件行使专属管辖权，充分体现了维护国家主权的原则。

（二）涉外民事案件管辖特殊规定

根据《民事诉讼法》以及《最高人民法院关于涉外民商事案件诉讼管辖若干问题的规定》（以下简称《涉外管辖规定》），涉外民事诉讼管辖包括级别管辖和地域管辖，地域管辖又包括一般地域管辖、特殊地域管辖、协议管辖和专属管辖。

1. 级别管辖。根据《民事诉讼法》第二章管辖制度的规定，涉外民事案件可由基层人民法院管辖，重大涉外案件由中级人民法院管辖。为提高审理涉外案件的质量，《涉外管辖规定》具体就涉外案件作出特殊规定，涉港、澳、台案件参照涉外案件的规定处理。

《涉外管辖规定》第 1 条第 1 款规定，第一审涉外民商事案件由下列人民法院管辖：①国务院批准设立的经济技术开发区人民法院；②省会、自治区首府、直辖市所在地的中级人民法院；③经济特区、计划单列市中级人民法院；④最高人民法院指定的其他中级人民法院；⑤高级人民法院。

《涉外管辖规定》第 3 条对下列涉外案件作了由上述所列的法院集中管辖的规定：①涉外合同和侵权纠纷案件；②信用证纠纷案件；③申请撤销、承认与强制执行国际仲裁裁决的案件；④审查有关涉外民商事仲裁条款效力的案件；⑤申请承认和强制执行外国法院民商事判决、裁定的案件。

2. 地域管辖。

（1）一般地域管辖。在涉外民事诉讼中，不论被告是否是本国人，只要其在我国领域内有住所，我国法院对该案件都有管辖权。

（2）特殊地域管辖。对在我国领域内没有住所的被告提起的诉讼，如果合同在我国领域内签订或者履行，或诉讼标的物在我国领域内，或者被告在我国领域内有可供扣押的财产，或者被告在我国领域内设有代表机构，可以由合同签订地、合同履行地、诉讼标的物所在地、可供扣押财产所在地、侵权行为地或代表机构住所地人民法院管辖。

（3）协议管辖。涉外协议管辖与国内协议管辖统一适用《民事诉讼法》第34条（明示协议管辖）和第127条（默示协议管辖）的规定。

（4）专属管辖。凡属于我国法院专属管辖的案件，我国概不承认外国法院对此行使管辖权及其所作的判决，也不认可当事人协议由他国法院管辖（当事人协议选择仲裁机构的除外）。根据我国《民事诉讼法》及相关法律规定，属于我国法院专属管辖的案件有：①因在中国领域内履行中外合资经营企业合同、中外合作经营企业合同、中外合作勘探开发自然资源合同发生纠纷提起的诉讼，由中国法院管辖。②依据我国《民事诉讼法》第33条及相关法律规定的专属管辖案件，若含有涉外因素的，则由我国法院专属管辖。

二、涉外民事诉讼的期间

在涉外民事诉讼中，当事人在我国领域内有住所的，适用民事诉讼法关于期间的一般规定；当事人在我国领域内无住所的，则应适用民事诉讼法涉外诉讼程序中的特别规定。具体内容为：

1. 被告在我国领域内没有住所的，人民法院应当将起诉状副本送达被告，并通知被告在收到起诉状副本后30日内提出答辩状。被告申请延期的，是否准许，由人民法院决定。

2. 在我国领域内没有住所的当事人，不服第一审人民法院判决、裁定的，有权在判决、裁定书送达之日起30日内提起上诉。被上诉人在收到上诉状副本后，应当在30日内提出答辩状。当事人不能在法定期间提起上诉或者提出答辩状，申请延期的，是否准许，由人民法院决定。

3. 人民法院审理涉外民事案件期限不受民事诉讼法第一审普通程序和第二审程序审理期限的限制。

案例（19－1）：王长江与张瑞是大学同学，2004年两人在上海登记结婚。婚后感情一般。2005年王长江去加拿大留学，开始时，二人信件来往还较频繁。2007年1月王长江加入加拿大籍后，二人感情迅速降温。2009

年后，二人完全失去联系，张瑞寄给王长江的信均因“查无此人”被退回。2010年1月，张瑞向某人民法院起诉离婚。法院受理后，因王长江下落不明，以公告送达的方式送达起诉状副本，公告期为60日，要求王在公告期届满后15日内提出答辩状。因王长江未提出答辩状，也没有委托诉讼代理人。2010年12月，该人民法院缺席判决二人离婚。并以公告的方式向王送达判决书，说明本送达公告期为60日，受送达人如对本判决不服，可在公告期届满后15日内向上一级人民法院起诉。

本案是一起被告在我国领域内没有住所的涉外离婚案件，法院应当适用涉外民事诉讼程序中的相关规定。而本案的审理法院却在很多地方适用了国内一般民事诉讼的规定，导致程序适用上出现错误，主要有：①对被告王长江的公告送达起诉状副本的公告期错误，应当为3个月，而不是60日。②要求被告王长江提出答辩状的期间错误，应当为30日，而不是15日。③对被告王长江的公告送达判决书的公告期错误，应当为3个月，而不是60日。④上诉期的确定错误，应当为30日，而不是15日。

三、涉外民事诉讼送达

民事诉讼的进行需以司法文书或司法外文书被正当送达当事人为条件。在涉外诉讼中以当事人涉外最常见，法院经常需要进行域外送达。在涉外民事诉讼中，如果当事人在我国领域内有住所，诉讼文书和法律文书的送达方式适用我国民事诉讼法的一般规定；如果当事人在我国领域内没有住所，则按照涉外民事诉讼程序的特别规定送达。

1. 依条约规定的方式送达，即依照受送达人所在国与我国缔结或者共同参加的国际条约中规定的方式送达。

2. 通过外交途径送达，即人民法院将需要送达的诉讼文书交给我国外交机关，由我国外交机关转交给受送达人所在国驻我国的外交机构，再由其转送该国的外交机关，然后由该国外交机关将诉讼文书转交给该国有管辖权的法院，最后由法院将其送达受送达人。

3. 由我国驻外国使、领馆代为送达。对居住在外国的中国籍当事人可以由我国司法机关直接委托我国驻当事人所在国使、领馆代为送达诉讼文书。

4. 向受送达人委托的人送达。

5. 向受送达人设在我国的代表机构送达。

6. 邮寄送达。受送达人所在国的法律允许邮寄送达的，可以邮寄送达，自邮寄之日起满3个月，送达回证没有退回，但根据各种情况足以认定已经送达的，期间届满之日视为送达。

7. 采用传真、电子邮件等能够确认受送达人收悉的方式送达。

8. 不能用上述方式送达的，公告送达，自公告之日起满3个月，即视为送达。

四、涉外仲裁

涉外仲裁是当事人依据仲裁协议将涉外经济贸易、运输和海事中发生的纠纷提交仲裁机构进行审理并作出裁决的制度。涉外仲裁与国内仲裁的根本区别在于它是解决涉外经济贸易、运输和海事中发生的纠纷的一种方式。这种纠纷的特点是具有涉外因素，因而这类纠纷案件属于涉外纠纷案件。

中国国际经济贸易仲裁委员会和海事仲裁委员会是我国的常设涉外仲裁机构，也是受理涉外仲裁案件的具有典型性、代表性的仲裁机构。目前，我国除了中国国际经济贸易仲裁委员会和海事仲裁委员会受理涉外仲裁案件，按照有关规定，依据《仲裁法》设立或重新组建的仲裁机构也有权受理涉外仲裁案件。

涉外仲裁纠纷案件的当事人将其争议提交仲裁后，仲裁机构即应按照一定的程序进行审理，并作出终局裁决。我国的涉外仲裁程序制度是由《民事诉讼法》第二十六章关于涉外仲裁的规定，《仲裁法》第七章涉外仲裁的特别规定以及各受理涉外纠纷案件的仲裁委员会的仲裁规则的相关规定构成。

引例解析：对于涉外民事诉讼管辖，根据《民事诉讼法》第265条规定，合同签订地、合同履行地、诉讼标的物所在地、可供扣押财产所在地、侵权行为地或代表机构住所地人民法院都可以管辖，据此，本案A县、B县人民法院均享有对该案的诉讼管辖权。

第三节 司法协助

导入案例

山东横店公司与约翰迪尔公司签订农机设备买卖合同。合同货物由美国和欧洲厂商生产，合同约定的装运港为美国和西欧港口，约翰迪尔公司依约交付了合同货物。横店公司支付部分货款后，对约定应当支付的97万美元的货款未予支付。约翰迪尔公司于是将争议提交中国国际经济贸易仲裁委员会，请求裁决横店公司支付欠款并承担仲裁费用。仲裁委员会认为，本案合同合法有效，本案所涉货物的交付始于国外，具有涉外因素，合同争议的处理适用中华人民共和国法律。故裁决横店公司向约翰迪尔公司支付欠款97万美元及利息，仲裁费184 907元由横店公司承担。横店公司认为，本案争议双方的主体都是中国企业法人，且双方在中国境内订立合同，仲裁标的物是设备款，其交付也在中国境内，本案应属国内争议案件而非涉外案件，因此，向东营市中级人民法院提出不予执行仲裁裁决申请。

问题：法院如何处理？

知识点：司法协助的种类和条件。

一、司法协助的概念

司法权是国家主权的重要组成部分，原则上一国的司法机关只能在本国领域内行使司法权，不能在其他国家行使这种权力。但随着国际交往的日益频繁，涉外案件大量增加，涉外民事诉讼就需要在不同国家之间进行经常性的司法协助。

司法协助是指不同国家的法院之间，根据本国缔结或者参加的国际条约，或者按照互惠原则，在司法事务上相互协助，代为一定的诉讼行为。司法协助不仅有助于促进涉外民事诉讼活动的顺利进行，而且有助于法院裁决的顺利进行，使当事人之间的实体权利义务得以实现，并使国家之间的交流和合作得到巩固和发展。

司法协助可分为：一般司法协助，即代为送达文书和调查取证；特殊司法协助，即对外国法院裁判和仲裁裁决的承认与执行。

二、一般司法协助

根据我国民事诉讼法规定，一般司法协助主要指人民法院和外国法院可以相互请求、代为送达文书、调查取证及其他诉讼行为。

我国人民法院与外国法院之间的司法协助有两种途径：一是依照我国缔结或者参加的国际条约所规定的途径进行；二是没有条约关系的通过外交途径进行。此外，外国驻中国使领馆可以向该国公民送达文书和调查取证，但不得违反中国的法律，并且不得采取强制措施。外国法院委托我国法院协助的事项不得有损于中华人民共和国的主权、安全或社会公共利益。

外国法院请求我国法院提供司法协助的，应当提交请求书以及所附文件，应当附有中文译本或者国际条约规定的其他文字文本。

我国提供司法协助，依照中国法律规定的程序进行。外国法院请求采用特殊方式的，也可按照其请求的特殊方式进行，但请求采用的特殊方式不得违反中国法律。

三、特殊司法协助

（一）对外国法院裁判的承认和执行

外国法院的裁判，需要在中国承认与执行的，可以通过两种渠道提出：一是直接由当事人向我国有管辖权的中级人民法院提出申请。二是由外国法院按照我国与外国间的条约关系或互惠关系向我国法院提出申请。

案例（19－2）：美国公民汤姆在美国起诉我国公民刘某，美国法院依法作出判决，需要申请我国法院执行，则汤姆可以直接向我国中级人民法院申请承认和执行。

请求承认与执行的外国法院的裁判必须是发生法律效力的裁判，并且该裁判确实需要在中国领域内执行。这是外国法院的裁判得以承认与执行的基本条件。

我国人民法院接到申请后，应当依照我国缔结或参加的国际条约或按照互惠原则进行审查。如果外国法院的裁判符合法定的执行条件，并且其内容不违反中华人民共和国法律的基本原则，不违反我国的主权安全，人民法院可以裁定承认其效力，人民法院发出执行令，依照民事诉讼法规定的执行程序和措施予以执行。

（二）对外国仲裁裁决的承认与执行

外国仲裁裁决需要我国法院承认与执行的，由当事人直接向被执行人住所地或财产所在地的中级人民法院提出申请，人民法院依照我国缔结或参加的国际条约，或者按互惠原则办理。

按照我国1986年12月2日加入的《联合国关于承认及执行外国仲裁裁决公约》（即《纽约公约》），我国仅对另一缔约国领土内作出的仲裁裁决的承认与执行适用该公约。因此，国外仲裁机构的仲裁裁决，需要由我国法院承认与执行的，如果其所在国是《纽约公约》的成员国，应当按照该公约的规定办理；如果不是《纽约公约》的成员国，但同我国订有双边司法协助条约的，按条约规定办理；如果既不是《纽约公约》的成员国，又与我国没有司法协助条约关系，则按互惠原则处理。

引例解析：本案虽然争议双方的主体都是中国企业法人，但部分法律事实发生在国外。因此，仲裁委员会认定本案属涉外民事案件符合法律规定。根据民事诉讼法规定，对涉外仲裁裁决的司法审查，仅限于仲裁程序方面的审查，对仲裁裁决实体内容的异议不予审查。对此，法院应当裁定驳回横店公司不予执行的申请。

本章重点内容小结

1. 涉外民事诉讼程序是人民法院审理具有涉外因素的民事案件所适用的程序。由于所涉及的发生争议的民事法律关系的主体、内容或客体具有涉外因素，因而在诉讼管辖、期间、送达、仲裁、执行等程序方面与国内民事诉讼的规定有所不同，有其自身的特点。

2. 司法协助是不同国家的法院之间，根据本国缔结或者参加的国际条约，或者按照互惠原则，在司法事务上相互协助，代为一定的诉讼行为。主要包括一般司法协助、对外国法院裁判和外国仲裁裁决的承认与执行。

关键词：涉外民事诉讼　涉外管辖　涉外仲裁　司法协助

实务训练

（一）示范案例

案情：2006年7月，法国一家海运公司与我国某轮船公司在广州签订远洋货轮租用合同，合同约定，法国海运公司租用中国轮船公司远洋货轮两艘，租期2年，租金1.2千万美元。另外，双方当事人在该合同中还约定了如果发生纠纷，由中国国际仲裁委员会裁决的仲裁条款。事后，法国海运公司以所租远洋货轮吨位与合同不符为由，一直没有按照合同约定向中国轮船公司支付租金，中国轮船公司多次索要未果。

问：

（1）中国轮船公司能否向人民法院起诉？

（2）如经仲裁裁决法国海运公司应如数支付租金，若法国海运公司不履行该裁决，中国轮船公司应当如何做？

分析：

（1）该中国轮船公司向人民法院起诉的做法不正确。在涉外民事诉讼中，如果当事人在合同中订有仲裁条款或者事后达成书面仲裁协议，任何一方当事人都不能再向人民法院起诉。本案当事人事先在合同中订有仲裁条款，因此，中国轮船公司应依合同的约定将该纠纷提交中国国际经济贸易仲裁委员会申请仲裁。

（2）应当直接向法国有管辖权的法院申请承认和执行裁决。

（二）习作案例

1990年2月，厦门某进出口贸易公司作为供方，与德国一食品公司签订了一份20个集装箱中国芦荟的合同。合同约定：第一批集装箱到岸卸货期为1990年5月，第二批集装箱的到岸卸货期为6月。双方还协商确定凡一切纠纷均由德国汉堡交易所商品协会的仲裁庭最终作出裁决。合同签订后，德国食品公司依约按时开出了信用证，但作为供方的进出口贸易公司却将应于5月间到岸卸货的10个集装箱只运出了1个，其余9个集装箱的到岸期发生延误。1992年3月，食品公司在索赔未果的情况下向德国汉堡交易所商品协会的仲裁庭申请仲裁，要求进出口贸易公司赔偿因迟延履行合同给其造成的损失。仲裁庭于1993年2月作出仲裁裁决，裁决进出口贸易公司应向德国食品公司偿付13 339美元，并负担仲裁费。因进出口贸易公司一直未履行该裁决，现德国食品公司欲向中国申请执行。

问：该仲裁裁决欲在中国执行，其条件和程序是什么？

思考题

1. 涉外民事诉讼是具有哪些涉外因素的民事诉讼？
2. 试述涉外民事诉讼管辖的种类。
3. 涉外民事诉讼期间有哪些特点和具体的规定？
4. 进行一般司法协助的内容和途径是什么？
5. 承认和执行外国法院判决应具备哪些条件？

延伸阅读

区际司法协助

区际司法协助，是指存在于同一主权国家内部不同法域的司法机关之间在司法领域的合作和互助。目前，回归后的香港、澳门特别行政区依照各自的基本法，实行高度自治，享有行政管理权、立法权、独立的司法权和终审权。内地与两个特别行政区之间所实行的法律制度不同，在民事法律适用方面彼此之间难免产生冲突，再加上内地和特别行政区的法院是彼此独立的司法审判系统，因此，区际司法协助十分必要。

区际司法协助首先必须坚持“一国两制”原则，在维护国家统一和领土完整的前提下尊重特别行政区法律制度。允许香港、澳门特别行政区的司法机关保留自己的制度与做法，不能要求其与内地各地区司法机关之间提供强制性的义务协助。另外，在区际司法协助中还应注意及时、有效地保护当事人的合法权益。

针对一般性司法协助，经与香港、澳门有关部门协商，最高人民法院分别于1999年和2001年出台了《关于内地与香港特别行政区法院相互委托送达民商事司法文书的安排》和《关于内地与澳门特别行政区法院就民商事案件相互委托送达司法文书和调取证据的安排》，就两地之间的诉讼文书的送达和取证问题作出了规定。目前，内地与香港尚未就各自法院的判决和裁定的承认和执行形成统一规范，与澳门分别在 2006 年 2 月 28 日、2007 年 10 月 30 日签署了《关于内地与澳门特别行政区相互认可和执行民商事判决的安排》、《关于内地与澳门特别行政区相互认可和执行仲裁裁决的安排》，该安排就内地和澳门对相互间的认可和执行对方的判决、仲裁的申请条件、审查事项和执行等相关问题均作了具体规定。除此以外，对尚未形成同一规范的，我国法院审理涉港澳经济纠纷案件时，应参照涉外案件程序规范办理，包括判决和裁定的承认和执行。

第二十章　仲裁程序

学习目标

1. 了解仲裁的含义及原则。
2. 掌握仲裁程序相关法律规定。

学习任务

熟悉仲裁程序的特别规定，并能够很好地与诉讼程序相衔接。

第一节　仲裁与仲裁法

导入案例

王某面临多起民事纠纷，拟通过诉讼或仲裁的方式解决，但王某对诉讼和仲裁的含义以及两者相互之间关系等不够了解，遂就此问题向律师咨询。

知识点：仲裁的含义、特点及仲裁法基本原则。

一、仲裁概述

（一）仲裁的概念和特点

仲裁是指双方当事人在争议发生前或争议发生后达成协议，将争议事项提交非司法机关的第三者审理，第三者就纠纷居中评判是非，并作出对争议各方均有拘束力的裁决的一种纠纷解决方式。

与调解和诉讼一样，仲裁也是解决争议的一种方式，但仲裁是非经司法诉讼途径即具有法律约束力的争议解决方式。这一方式广泛运用于民商事的争议解决过程中，同时也成为解决劳动争议和农业承包合同纠纷的重要方式，即劳动争议仲裁和农业承包合同纠纷仲裁。本书仅指民商事仲裁。仲裁具有以下特点：

1. 自愿性。纠纷产生后，是否将其提交仲裁、交给谁仲裁、仲裁庭的组成人员如何产生、仲裁适用何种程序规则和实体法，都是在当事人自愿的基础上，由当事人协商确定的，故仲裁能充分体现当事人意思自治原则。

2. 专业性。由于仲裁的对象大都是民商事纠纷，常涉及复杂的法律、经济贸易和技术性问题，所以，各仲裁机构大都备有按专业设置的仲裁员名册，供当事人选定仲裁员，从而保证仲裁的专业权威性。

3. 灵活性。由于仲裁充分体现当事人的意思自治，仲裁中的诸多具体程序都是由当事人协商确定与选择的，因此，与诉讼相比，仲裁程序更加灵活，更具有弹性。

4. 保密性。仲裁以不公开审理为原则。有关的仲裁法律和仲裁规则也同时规定了仲裁员及仲裁秘书人员的保密义务。因此当事人的商业秘密和贸易活动不会因仲裁活动而泄露。

5. 快捷性。仲裁实行一裁终局制，仲裁裁决一经仲裁庭作出即发生法律效力。这使得当事人之间的纠纷能够迅速得以解决。

6. 限定性。依据仲裁法的规定，只有财产权益纠纷才能选择仲裁。因此，作为一项纠纷解决制度，仲裁解决纠纷的范围是有限定的。

（二）仲裁与诉讼的关系

仲裁和民事诉讼都是解决纠纷的方法，但两者存在很大的不同。

1. 仲裁的前提是当事人双方达成仲裁协议，表明自愿将争议提交仲裁机关。而民事诉讼不需要双方协商，只要一方的起诉符合法定条件，法院就会受理。

2. 当事人有权选择仲裁员，而民事诉讼的审判人员由人民法院决定。

3. 仲裁一般不公开审理，这有利于保守当事人的商业秘密。而民事诉讼无特殊情况必须公开审理。

4. 仲裁实行一审终局制。当事人不得就同一事实再次申请仲裁，也不能向人民法院再行起诉、上诉。而民事诉讼可经过一审、二审和再审三个阶段。

（三）仲裁的类型

根据不同的分类标准，仲裁可以划分为不同的类型。

1. 国内仲裁和涉外仲裁。根据仲裁案件是否具有涉外因素，仲裁可分为国内仲裁和涉外仲裁。国内仲裁是指不具有涉外因素的国内民商事纠纷的仲裁；涉外仲裁则是指涉及外国或外法域的民商事纠纷的仲裁。

2. 机构仲裁和临时仲裁。根据是否在常设的专门仲裁机构进行仲裁，仲裁可以划分为机构仲裁和临时仲裁。机构仲裁是当事人根据仲裁协议，将纠纷提交给约定的某一常设仲裁机构所进行的仲裁。临时仲裁是当事人根据仲裁协议，将纠纷提交给由双方当事人选择的仲裁员临时组成的仲裁庭所进行的仲裁。我国法律没有规定临时仲裁制度。

二、仲裁法

（一）仲裁法的概念

仲裁法是国家制定或认可的，规范仲裁法律关系主体的行为和调整仲裁法律关系的法律规范的总称。仲裁法有广义和狭义之分。狭义的仲裁法即仲裁法典，是国家最高权力机关制定颁行的关于仲裁的专门法律。我国1994年8月31日第八届全国人民代表大会常务委员会第九次会议通过的《中华人民共和国仲裁法》（以下简称《仲裁法》）即为狭义的仲裁法。广义的仲裁法除指仲裁法典外，还包括所有涉及仲裁制度的法律中的相关法律规范。

（二）仲裁范围

仲裁范围是由仲裁法加以规定的。根据我国《仲裁法》第2条、第3条的规定，平等主体的公民、法人和其他组织之间发生的合同纠纷和其他财产权益纠纷，可以仲裁。下列纠纷不能仲裁：①婚姻、收养、监护、扶养、继承纠纷；②依法应当由行政机关处理的行政争议。

案例（20－1）：下列纠纷，当事人可申请仲裁的有（　　）。

A. 李某的房屋被赵某倒车时撞坏的侵权纠纷

B. 周某委托赵某代理其事务而发生的纠纷

C. 孙某因公开散布王某的隐私而与王某发生的侵害人格权纠纷

D. 何某的父母因车祸遇难，其姨与其姐就其抚养问题发生纠纷

根据我国仲裁法关于仲裁范围的规定，当事人可以对A、B两项纠纷申请仲裁。C、D两项属于人身权纠纷，不属于仲裁收案的范围。

根据《仲裁法》第77条的规定，劳动争议和农业集体经济组织内部的农业承包合同纠纷的仲裁，另行规定。即劳动争议和农业集体经济组织内部的农业承包合同纠纷，不属于仲裁法所规定的仲裁范围。

（三）仲裁法的基本原则

1. 自愿原则。自愿原则是仲裁制度存在和发展的基础。仲裁的自愿原则主要体现在：①当事人是否将他们之间发生的纠纷提交仲裁，由双方当事人自愿协商决定；②当事人将哪些争议事项提交仲裁，由双方当事人自行约定；③当事人将他们之间的纠纷提交哪个仲裁委员会仲裁，由双方当事人自愿协商决定；④仲裁庭如何组成，由谁组成，由当事人自主选定；⑤双方当事人还可以自主约定仲裁的审理方式、开庭方式等有关的程序事项。

2. 根据事实、符合法律规定、公平合理解决纠纷原则。这一原则是对“以事实为根据，以法律为准绳”原则的肯定和发展。即仲裁要坚持以事实为根据、以法律为准绳的原则，同时，在法律没有规定或者规定不完备的情况下，仲裁庭可以按照公平合理的一般原则来解决纠纷。

3. 独立仲裁原则。《仲裁法》明确规定仲裁应依法独立进行，不受行政机

关、社会团体和个人的干涉。独立仲裁原则体现在仲裁与行政脱钩，仲裁委员会独立于行政机关，与行政机关没有隶属关系，仲裁委员会之间也没有隶属关系。同时，仲裁庭独立裁决案件，仲裁委员会以及其他机关、社会团体和个人不得干预。

三、仲裁委员会与仲裁协会

（一）仲裁委员会

仲裁委员会是常设性仲裁机构，是独立、公正、高效地解决平等主体的公民、法人和其他组织之间发生的合同纠纷和其他财产权益纠纷的常设仲裁机构。一般在直辖市和省、自治区人民政府所在地的市设立，也可以根据需要在其他设区的市设立，不按行政区划层层设立。仲裁委员会由市的人民政府组织有关部门和商会统一组建，并应经省、自治区、直辖市的司法行政部门登记，未经设立登记的，其仲裁裁决不具有法律效力。

根据《仲裁法》第11条的规定，仲裁委员会应当具备下列条件：①有自己的名称、住所和章程；②有必要的财产；③有仲裁委员会的组成人员；④有聘任的仲裁员。

仲裁员会应当从公道正派的人员中聘任。仲裁员应当符合下列条件之一：①从事仲裁工作满8年的；②从事律师工作满8年的；③曾任审判员满8年的；④从事法律研究、教学工作并具有高级职称的；⑤具有法律知识、从事经济贸易等专业工作并具有高级职称或者具有同等专业水平的。仲裁委员会按照不同专业设仲裁员名册。

（二）仲裁协会

中国仲裁协会是社会团体法人，是仲裁委员会的自律性组织。中国仲裁协会实行会员制，各仲裁委员会是中国仲裁协会的法定会员。中国仲裁协会的章程由全国会员大会制定。

仲裁协会章程应载明下列事项：名称；宗旨；组织机构；仲裁协会会长的产生程序和职权；职责；对仲裁委员会和仲裁员的监督；经费来源；章程的修改程序；其他必要事项。

设立仲裁协会，应向民政部申请登记。申请时应提交下列材料：由仲裁协会筹备组负责人签署的登记申请书；有关部门的审查文件；中国仲裁协会章程草案；拟设的中国仲裁协会的住所；仲裁协会筹备组负责人的姓名、年龄、简历；会员状况。中国仲裁协会经民政部登记后成立，并取得社会团体法人资格。

中国仲裁协会指导、协调仲裁委员会的工作。中国仲裁协会根据仲裁法和民事诉讼法的有关规定制定仲裁规则，以及其他仲裁规范性文件。同时，中国仲裁协会对仲裁委员会及其组成人员、仲裁员的违纪行为进行监督。

引例解析： 对解决民事纠纷而言，仲裁与诉讼都是解决纠纷的有效方式，但在选择适用何种方式时，应当注意几点：①在收案权限方面，采取的是“或裁或讼”制度，即选择了仲裁就不能提起诉讼，反之亦然。②当事人选择仲裁须以仲裁协议为前提。当事人之间若没有签订仲裁协议，只能向法院提起诉讼。

第二节　仲裁程序

导入案例

甲公司与乙公司签订了一份买卖节能灯的合同。双方约定：如果发生纠纷，应提交仲裁委员会仲裁。后来乙公司作为买方提货时发现甲公司提供的货有严重的质量问题，于是向甲公司提出赔偿损失的要求，甲公司不允，双方协商未果。乙公司遂向仲裁委员会申请仲裁，提出申请的时间为 8 月 18 日。仲裁委员会于 8 月 28 日受理此案，并决定由 3 名仲裁员组成仲裁庭。甲、乙公司分别选定了一名仲裁员。乙公司作为申请方又委托仲裁委员会主任指定了首席仲裁员。乙公司所选的仲裁员恰好是乙公司上级单位的常年法律顾问。此三名仲裁员公开对此案进行了审理。当事人当庭达成了和解协议，仲裁庭依和解协议制作了仲裁调解书。

问题：仲裁委员会在程序上有无不当之处？

知识点：仲裁的基本程序及其相关内容。

一、仲裁的申请与受理

（一）仲裁申请

仲裁申请是平等主体的公民、法人和其他组织之间所发生的合同纠纷和其他财产权益纠纷、根据仲裁协议，提请仲裁机构进行仲裁的行为。当事人申请仲裁，必须符合下列条件：

1. 存在有效的仲裁协议。仲裁协议是当事人双方自愿将已经发生的或将来可能发生的纠纷提交仲裁机构进行裁决的共同意思表示。从本质上说，仲裁协议就是一种合同。仲裁协议的签订建立在双方当事人自愿、平等和协商一致的基础上，以授权仲裁庭通过仲裁的方式解决争议，并得到公证裁决为目的。在民商事仲裁中，仲裁协议是仲裁的前提，没有仲裁协议，就不存在有效的仲裁。

根据《仲裁法》第 16 条的规定，仲裁协议应当包括下列内容：①请求仲裁的意思表示；②仲裁事项；③选定的仲裁委员会。

如果当事人对这三项内容没有约定或约定不明确，从国际上的习惯做法看，通常是由当事人自行协商补充完善，仲裁委员会不宜直接受理。

> **案例**（20－2）：在明确仲裁委员会的名称时，应注意其名称的规范性和准确性。例如当事人约定提请海口市仲裁委员会仲裁，而我国没有海口市仲裁委员会这个称谓，只有海口仲裁委员会。在仲裁实践中，还有的当事人在选定仲裁机构时只约定仲裁地点，而不指定具体的名称，如约定发生争议的由海南的仲裁机构仲裁。如果当地只有一个仲裁委员会，那么这个约定可看做是明确的；如果当事人约定由广州的仲裁机构仲裁，而广东有多个仲裁委员会，那么当事人的约定就是不明确的。

仲裁协议一经有效成立，即授予特定的仲裁机构对该案的仲裁管辖权，同时排除了法院对该案的司法管辖权。发生纠纷后，当事人只能向仲裁协议中所确定的仲裁机构申请仲裁，如果一方当事人违背仲裁协议，就仲裁协议规定范围内的争议事项向法院起诉，另一方当事人有权在首次开庭前依据仲裁协议要求法院终止诉讼程序，法院也应当驳回当事人的起诉。另一方当事人在首次开庭前未对人民法院受理该案提出异议的，视为放弃仲裁协议，人民法院应当继续审理。

> **案例**（20－3）：甲公司和乙公司签订了一份技术转让合同，并单独签订了一份仲裁协议。甲公司和乙公司在履行合同过程中发生了纠纷。甲公司向法院起诉，要求乙公司支付转让费并赔偿损失，但未声明有仲裁协议。法院受理后通知乙公司应诉，乙公司未提出异议且对甲公司的请求进行了答辩。开庭审理过程中，在法庭调查时，乙公司出示了仲裁协议书并指出法院无管辖权的问题，对此，法院依据《仲裁法》第26条的规定，应当继续审理。

2. 有具体的仲裁请求和事实、理由。

3. 属于仲裁委员会的受理范围。

当事人申请仲裁，必须采用书面方式。即向仲裁机构递交仲裁申请书。

仲裁申请书应当载明下列内容：①当事人的姓名、性别、年龄、职业、工作单位、住所、电话和法定代表人或者主要负责人的姓名、职务。②仲裁请求和事实根据、理由。③证据、证人姓名和住所。④所申请的仲裁委员会的名称。⑤申请仲裁的年月日。⑥申请人的签名、盖章。

(二) 审查与受理

当事人向仲裁委员会申请仲裁后，仲裁委员会就要对当事人的申请是否符合申请仲裁的条件进行审查，从而决定是否受理。仲裁程序的开始是当事人申请仲裁的行为与仲裁委员会受理行为相结合的结果。

1. 仲裁委员会对仲裁申请的审查主要从以下几个方面进行：

(1) 审查当事人申请仲裁是否符合申请仲裁的条件。即是否存在有效的仲裁协议；是否有具体的仲裁请求和事实、理由；是否属于仲裁委员会的受理范围。

(2) 审查仲裁申请书的内容是否完整、明确，申请手续是否齐备。

2. 仲裁委员会经审查后作出如下处理：

(1) 仲裁委员会自收到仲裁申请书之日起5日内，经审查认为符合受理条件的，应当受理，并通知当事人；

(2) 认为不符合受理条件的，应当书面通知当事人不予受理，并说明不予受理的理由。

3. 对仲裁申请一旦受理，产生下列法律后果：

(1) 仲裁程序开始启动，仲裁申请人和被申请人取得仲裁当事人的资格。

(2) 仲裁委员会应当在仲裁规则规定的期限内将仲裁规则和仲裁员名册送达申请人，并将仲裁申请书副本和仲裁规则、仲裁员名册送达被申请人。

(3) 被申请人收到仲裁申请书副本后，应当在仲裁规则规定的期限内向仲裁委员会提交答辩书。仲裁委员会收到答辩书后，应当在仲裁规则规定的期限内将答辩书副本送达申请人。被申请人未提交答辩书的，不影响仲裁程序的进行。

(4) 申请人可以放弃或者变更仲裁请求，被申请人可以承认或者反驳仲裁请求，并有权提出反请求。仲裁反请求是指仲裁的被申请人为保护其合法权益所提出的与原仲裁请求有牵连的，旨在吞并或抵销申请人仲裁请求的独立请求。

二、仲裁庭的组成

仲裁庭是指由当事人选定或者仲裁委员会主任指定的仲裁员组成的，对当事人申请仲裁的案件依仲裁程序进行审理并作出裁决的组织形式。按照我国仲裁法的规定，仲裁委员会受理仲裁案件后，应按程序组成仲裁庭对案件进行审理和裁决。因此，仲裁庭是行使仲裁权的主体。

(一) 仲裁庭的组成形式

仲裁庭可以由3名仲裁员或者1名仲裁员组成。由3名仲裁员组成的，设首席仲裁员。根据这一规定，我国仲裁庭的组成形式有两种，即合议仲裁庭和独任仲裁庭。

（二）仲裁庭的组成程序

仲裁庭的组成必须按照法定程序进行。这一程序包括：

1. 约定仲裁庭的组成形式。当事人收到仲裁委员会的仲裁规则和仲裁员名册后，应约定仲裁庭的组成形式，并在仲裁规则规定的期间内加以确定。如果当事人没有在仲裁规则规定的期限内约定仲裁庭的组成方式的，则由仲裁委员会主任指定。

2. 确定仲裁员。当事人约定由 3 名仲裁员组成仲裁庭的，应当各自选定或者各自委托仲裁委员会主任指定 1 名仲裁员，第三名仲裁员由当事人共同选定或者共同委托仲裁委员会主任指定。第三名仲裁员是首席仲裁员。如果当事人约定由 1 名仲裁员成立仲裁庭的，应当由当事人共同选定或者共同委托仲裁委员会主任指定该独任仲裁员。当事人没有在仲裁规则规定的期限内选定仲裁员的，由仲裁委员会主任指定。

仲裁庭组成后，仲裁委员会应当将仲裁庭的组成情况书面通知当事人。

三、仲裁审理

仲裁审理是仲裁庭按照法律规定的程序和方式，对当事人交付仲裁的争议事项作出裁决的活动。仲裁审理的主要任务是审查、核实证据，查明案件事实，分清是非责任，正确适用法律，确认当事人之间的权利义务关系，解决当事人之间的纠纷。仲裁审理是仲裁程序的中心环节。

（一）仲裁审理的方式

仲裁审理的方式分为开庭审理和书面审理两种。

开庭审理是指在仲裁庭的主持下，在双方当事人和其他仲裁参与人的参加下，按照法定程序，对案件进行审理并作出裁决的方式。开庭审理是仲裁审理的主要方式。

书面审理是指在双方当事人及其他仲裁参与人不到庭参加审理的情况下，仲裁庭根据当事人提供的仲裁申请书、答辩书以及其他书面材料作出裁决的过程。书面审理是开庭审理的必要补充。

（二）开庭通知

仲裁委员会应当在仲裁规则规定的期限内将开庭日期通知双方当事人。向双方当事人通知开庭日期是仲裁程序的重要环节，它有利于切实保障当事人参加仲裁审理的权利，并使双方当事人按时参加仲裁审理。

（三）开庭审理程序

1. 开庭仲裁。由首席仲裁员或者独任仲裁员宣布开庭。随后，首席仲裁员或者独任仲裁员核对当事人，宣布案由，宣布仲裁庭组成人员和记录人员名单，告知当事人有关的仲裁权利义务，询问当事人是否提出回避申请。

2. 仲裁庭通常按照下列顺序进行开庭调查：①当事人陈述；②告知证人的权利义务，证人作证，宣读未到庭的证人证言；③出示书证、物证和视听资料；④宣读勘验笔录、现场笔录；⑤宣读鉴定结论。

3. 所有与案件有关的证据应当在开庭时出示，并经双方当事人质证。当事人应当对自己的主张提供证据。仲裁庭认为有必要收集的证据，可以自行收集。仲裁庭对专门性问题认为需要鉴定的，可以交由当事人约定的鉴定部门鉴定，也可以由仲裁庭指定的鉴定部门鉴定。不论是当事人提供的证据，还是仲裁庭收集的证据，都应当在开庭时出示，并由当事人相互质证。

4. 当事人进行辩论。当事人在仲裁过程中有权进行辩论。辩论终结时，首席仲裁员或者独任仲裁员应当征询当事人的最后意见。当事人辩论是开庭审理的重要程序，也是辩论原则的重要体现。

当事人进行辩论通常按照下列顺序进行：①申请人及其仲裁代理人发言；②被申请人及其仲裁代理人发言；③双方相互辩论。

开庭辩论终结前，首席仲裁员或者独任仲裁员可以按照申请人、被申请人的顺序征询当事人的最后意见。

在仲裁程序中，仲裁申请人和被申请人都应当按时出庭，未经仲裁庭许可不得中途退庭。否则按照《仲裁法》第42条的规定，对申请人经书面通知，无正当理由不到庭或者未经仲裁庭许可中途退庭的，视为撤回仲裁申请；对被申请人经书面通知，无正当理由不到庭或者未经仲裁庭许可中途退庭的，则缺席裁决。

（四）开庭笔录

仲裁庭应当将开庭情况记入笔录。当事人和其他仲裁参与人认为对自己陈述的记录有遗漏或者差错的，有权申请补正。如果仲裁庭不予补正，应当记录该申请。笔录由仲裁员、记录人员、当事人和其他仲裁参与人签名或者盖章。

当事人、其他仲裁参与人拒绝签名、盖章的，记录人员应当附卷记明情况。

四、仲裁中的和解、调解和裁决

（一）仲裁和解

仲裁和解是指仲裁当事人通过协商，自行解决已提交仲裁的争议事项的行为。仲裁和解是仲裁当事人行使处分权的表现。

当事人达成和解协议的，可以请求仲裁庭根据和解协议作出裁决书，也可以撤回仲裁申请。当事人撤回仲裁申请后反悔的，仍可以根据仲裁协议申请仲裁。

（二）仲裁调解

仲裁调解是指在仲裁庭主持下，仲裁当事人在自愿协商、互谅互让基础上达成协议，从而解决纠纷的一种制度。

经仲裁庭调解，双方当事人达成协议的，仲裁庭应当制作调解书。调解书应写明仲裁请求和当事人协议的结果，并由仲裁员签名，加盖仲裁委员会印章。仲裁调解书经双方当事人签收后即发生法律效力。在调解书签收前当事人反悔的，仲裁庭应当及时作出裁决。仲裁庭除可以制作仲裁调解书之外，也可以根据协议的结果制作裁决书。调解书与裁决书具有同等的法律效力。

（三）仲裁裁决

仲裁庭对当事人之间所争议的事项进行审理后，作出仲裁裁决。根据《仲裁法》第54条的规定，仲裁裁决书应当写明仲裁请求、争议事实、裁决理由、裁决结果、仲裁费用的负担和裁决日期。

我国仲裁实行一裁终局制，仲裁裁决一经作出，即发生法律效力，当事人不能就同一纠纷再向仲裁委员会申请仲裁，也不能就同一纠纷向人民法院起诉或上诉。

五、仲裁裁决的执行与撤销

（一）仲裁裁决的执行与不予执行

仲裁裁决书自作出之日起发生法律效力，当事人应当主动履行仲裁裁决。一方当事人不履行仲裁裁决的，另一方当事人可请求人民法院强制执行仲裁裁决。《民事诉讼法》第237条第1款规定："对依法设立的仲裁机构的裁决，一方当事人不履行的，对方当事人可以向有管辖权的人民法院申请执行。受申请的人民法院应当执行。"

但是，如果被申请人提出证据证明仲裁裁决有下列情形之一的，经人民法院组成合议庭审查核实，裁定不予执行：①当事人在合同中没有订有仲裁条款或者事后没有达成书面仲裁协议的；②裁决的事项不属于仲裁协议的范围或者仲裁机构无权仲裁的；③仲裁庭的组成或者仲裁的程序违反法定程序的；④裁决所根据的证据是伪造的；⑤对方当事人向仲裁机构隐瞒了足以影响公正裁决的证据的；⑥仲裁员在仲裁该案时有贪污受贿、徇私舞弊、枉法裁决行为的。同时，人民法院如果认定执行该裁决违背社会公共利益的，应当裁定不予执行。

不予执行的裁定书应当送达双方当事人和仲裁机构。仲裁裁决被人民法院裁定不予执行的，当事人可以根据双方达成的书面仲裁协议重新申请仲裁，也可以向人民法院起诉。

（二）仲裁裁决的撤销

仲裁庭作出仲裁裁决后，任何一方当事人均可以依据特定的事由，向法院提出撤销仲裁裁决的申请。按照《仲裁法》的规定，申请撤销仲裁裁决必须符合下列条件：

1. 提出撤销仲裁裁决申请的主体必须是仲裁当事人。包括仲裁申请人和被申请人。

2. 必须向有管辖权的人民法院提出撤销仲裁裁决的申请。当事人申请撤销仲裁裁决，必须向仲裁委员会所在地的中级人民法院提出。向其他人民法院提出的，人民法院不予受理。

3. 必须在法定的期限内提出撤销仲裁裁决的申请。当事人应当自收到裁决书之日起6个月内提出申请。

4. 必须有证据证明仲裁裁决有法律规定的应予撤销的情形。

人民法院在受理当事人提出的撤销仲裁裁决的申请后，必须组成合议庭对当事人的申请及仲裁裁决进行审查。经审查，人民法院可以根据不同的情况作出不同的处理。

（1）撤销仲裁裁决。人民法院经审查，认定当事人提出申请所依据的理由成立，应当在2个月内裁定撤销该仲裁裁决。仲裁裁决被人民法院依法撤销后，当事人之间的纠纷并未解决，当事人可以重新寻求解决纠纷的方法。

（2）驳回撤销仲裁裁决的申请。人民法院经过审查未发现仲裁裁决具有法定可被撤销的理由的，应在受理撤销仲裁裁决申请之日起2个月内作出驳回申请的裁定。对人民法院依法作出的驳回当事人申请的裁定，当事人无权上诉。

引例解析：本案中仲裁委员会从收到申请书到受理申请间隔的时间违反程序。根据《仲裁法》第24条的规定，仲裁委员会应在收到仲裁申请书之日起5日内作出受理或不受理的决定。本案的间隔时间为10天，显然不合法。

选定仲裁员的方法是错误的。《仲裁法》第31条规定，当事人应当各自选定或者各自委托仲裁委员会主任指定1名仲裁员。第三名仲裁员由当事人共同选定或共同委托仲裁委员会主任指定。本案中乙公司独自委托仲裁委员会主任指定首席仲裁员，是违反法律规定的。

本章重点内容小结

1. 仲裁是当事人根据他们之间订立的仲裁协议，自愿将其争议提交由非官方身份的仲裁员组成的仲裁庭进行裁判，并受该裁判约束的一种制度。这一纠纷解决方式广泛运用于民商事争议的解决过程中。

2. 仲裁法是国家制定或认可的，规范仲裁法律关系主体的行为和调整仲裁法律关系的法律规范的总称。仲裁法坚持自愿、公平合理、独立仲裁原则。

3. 仲裁的基本程序包括申请与受理、组成仲裁庭、开庭审理、调解与裁决、执行等相关内容。

4. 仲裁裁决一旦作出即具有法律拘束力，除依法定程序经法院裁定撤销外，当事人应当履行裁决。一方当事人不履行的，另一方当事人可以依照民事诉讼法的规定向法院申请执行。

关键词：仲裁　仲裁协议　仲裁程序　仲裁裁决的撤销和执行

实务训练

（一）示范案例

案情：甲乙两公司发生合同纠纷，两公司在合同中订有："双方若在合同履行中发生纠纷应协商解决。若不能协商解决则任何一方有权要求仲裁。"甲遂向公司所在地的仲裁委员会申请仲裁，乙则向公司所在地的法院起诉。仲裁委员会受理该案后作出了裁决。乙不服，遂以原仲裁协议无效为由向仲裁委员会所在地的基层人民法院申请撤销仲裁裁决。法院认为，甲乙公司的仲裁条款中没有明确规定具体的仲裁委员会，因此该仲裁条款无效，裁定撤销仲裁裁决。

问：

（1）仲裁委员会受理该案是否正确？

（2）如果乙公司不服仲裁裁决，应向哪一级法院申请撤销？

（3）该仲裁裁决能否撤销？

分析：

（1）该仲裁条款没有约定仲裁委员会。当事人应当补充协议。若达成补充协议，则仲裁委员会应当受理该案，不能通过诉讼来解决。如果达不成仲裁补充协议，则仲裁委员会不能受理，只能通过诉讼解决。

（2）若乙不服仲裁裁决，应当向仲裁委员会所在地的中级人民法院申请撤销。

（3）若当事人达成补充协议，则仲裁条款有效。该仲裁裁决不能撤销。但从本题材料来看，当事人并未达成补充协议，因此仲裁条款无效。仲裁裁决可以撤销。

（二）习作案例

按照我国仲裁法规定，当事人之间发生合同纠纷、继承纠纷和其他财产权益纠纷，无论是否有仲裁协议，一方均可向被申请人所在地的仲裁委员会申请仲裁。裁决应当按照仲裁庭多数仲裁员的意见作出，仲裁庭形不成多数意见时，报仲裁委员会决定。当事人对裁决不服的，可以上诉。裁决发生法律效力后，任何单位无权撤销。一方不履行的，另一方可以向作出此裁决的仲裁委员会申请执行。

问：上面表述中存在哪些法律错误？

思考题

1. 什么是仲裁？有什么特点？与诉讼相比，它有什么局限性和优越性？

2. 仲裁裁决不予执行的理由有哪些？
3. 申请撤销仲裁裁决的条件和理由分别是什么？
4. 如何完善我国仲裁法律制度？

延伸阅读

仲裁的受案范围

我国现行法律对仲裁受案范围的规定主要体现在《中华人民共和国仲裁法》中。《仲裁法》第2条规定："平等主体的公民、法人和其他组织之间发生的合同纠纷和其他财产权益纠纷，可以仲裁。"第3条规定："下列纠纷不能仲裁：①婚姻、收养、监护、扶养、继承纠纷；②依法应当由行政机关处理的行政争议。"就上述规定来看，现行的仲裁受案范围明显存在着不确定性和范围过窄的问题。

仲裁在我国作为一种纠纷的解决机制，相对于诉讼有其特有的优势。然而由于实务中仲裁的受案范围过窄，导致许多纠纷被挡在了仲裁的大门之外，使得仲裁实践中对于具体的纠纷是否可以仲裁无法可依。这不仅影响个案的仲裁，而且对我国整个仲裁制度的发展是十分不利的。很有必要在立法上就仲裁受案范围的"其他财产纠纷"加以明确化和具体化。同时，还应在适当的范围内对其进行扩大。在具体的操作上，既要符合国际的通行做法，也要充分尊重当事人的意思表示，还要同我国的基本国情相符。

合理确定仲裁受案范围，应从以下三方面加以考量：

1. 纠纷主体的平等性。争议的双方当事人必须是平等的民事主体，同时还必须签订有仲裁协议，只有符合这两个条件才具有可仲裁性。

2. 争议的可争讼性。若纠纷可以通过诉讼的方式加以解决，那么也可以纳入具有"准司法"属性的仲裁的调整范围。

3. 民事纠纷的可处分性。可处分是双方当事人对于争议的实体权利可以在法律规定的范围内自由处置。争议的双方当事人在不违反法律规定、公共秩序及道德良俗的情况下，可在合意的情况下自主选择纠纷解决方式。

扩大仲裁受案范围，具体做法就是将"其他财产权益纠纷"作一个明确的界定，即具体哪些纠纷是可以仲裁的。如明确将物权、交通、医疗等侵权案件、知识产权案件纳入仲裁范围。此外，像金融、体育、证券等方面产生的纠纷都可以纳入到仲裁中来。还可以建立专门的仲裁委员会、聘请对相关领域精通的法律专家来处理这些案件，从而保证案件的公正性。

主要参考文献

1. 江伟主编：《民事诉讼法》，中国人民大学出版社 2013 年版。
2. 田平安主编：《民事诉讼法》，中国人民大学出版社 2013 年版。
3. 奚晓明主编：《中华人民共和国民事诉讼法修改条文适用解答》，人民法院出版社 2012 年版。
4. 法律出版社法规中心编：《新民事诉讼法 300 问》，法律出版社 2012 年版。
5. 肖建国主编：《民事诉讼法》，中国人民大学出版社 2013 年版。
6. 叶青主编：《民事诉讼法：案例与图表》，法律出版社 2013 年版。
7. 江伟、肖建国主编：《民事诉讼法练习题集》，中国人民大学出版社 2013 年版。
8. 丁兆增、林艺容等编著：《民事案例与法条分析》，厦门大学出版社 2013 年版。
9. 江伟、李浩主编：《〈民事诉讼法〉配套教学案例分析》，高等教育出版社 2009 年版。
10. 江伟主编：《民事证据法学》，中国人民大学出版社 2011 年版。
11. 戴鹏主编：《司法考试名师讲义：民事诉讼法与仲裁制度》，法律出版社 2014 年版。
12. 国务院法制办公室编：《最高人民法院关于民事诉讼证据的若干规定（实用版）》，中国法制出版社 2010 年版。
13. 陈贤贵：《当事人适格问题研究》，厦门大学出版社 2013 年版。
14. 郭晓光：《民事诉讼调解新论》，中国政法大学出版社 2013 年版。
15. 江必新主编：《新民事诉讼法执行程序讲座》，法律出版社 2012 年版。
16. 谭秋桂：《民事执行法学》，北京大学出版社 2010 年版。

图书在版编目（CIP）数据

民事诉讼法原理与实务/陆岳松主编. —北京：中国政法大学出版社，2014.7
ISBN 978-7-5620-5465-8

Ⅰ. ①民… Ⅱ. ①陆… Ⅲ. ①民事诉讼法—基本知识—中国 Ⅳ. ①D925.1

中国版本图书馆CIP数据核字(2014)第140610号

出版者　中国政法大学出版社
地　址　北京市海淀区西土城路25号
邮　箱　fadapress@163.com
网　址　http://www.cuplpress.com（网络实名：中国政法大学出版社）
电　话　010-58908435(第一编辑部) 58908334(邮购部)
承　印　保定市中画美凯印刷有限公司
开　本　720mm×960mm　1/16
印　张　23.5
字　数　435千字
版　次　2014年7月第1版
印　次　2017年8月第3次印刷
印　数　6001-9000册
定　价　39.00元